纯粹哲学丛书
黄裕生 主编

生命与信仰

SHENGMING YU XINYANG

克尔凯郭尔假名写作时期基督教哲学思想研究

王 齐 著

江苏人民出版社

图书在版编目（CIP）数据

生命与信仰——克尔凯郭尔假名写作时期基督教哲
学思想研究/王齐著. —南京：江苏人民出版社，2010.8(2023.7 重印)
（凤凰文库·纯粹哲学系列）
ISBN 978 - 7 - 214 - 05891 - 1

Ⅰ.①生… Ⅱ.①王… Ⅲ.①克尔凯郭尔(1813～1855)-哲学思想-研究 Ⅳ.①B534

中国版本图书馆 CIP 数据核字（2010）第 153454 号

书　　　名	生命与信仰——克尔凯郭尔假名写作时期基督教哲学思想研究
著　　　者	王　齐
责 任 编 辑	鲁从阳　陈伟龄
装 帧 设 计	武　迪　姜　嵩　许文菲
责 任 监 制	王　娟
出 版 发 行	江苏人民出版社
出版社地址	南京市湖南路 1 号 A 楼，邮编：210009
照　　　排	江苏凤凰制版有限公司
印　　　刷	江苏凤凰数码印务有限公司
开　　　本	652 mm×960 mm　1/16
印　　　张	22　插页 3
字　　　数	266 千字
版　　　次	2010 年 10 月第 1 版
印　　　次	2023 年 7 月第 2 次印刷
标 准 书 号	ISBN 978 - 7 - 214 - 05891 - 1
定　　　价	88.00 元

（江苏人民出版社图书凡印装错误可向承印厂调换）

从纯粹的学问到真实的事物
——"纯粹哲学丛书"改版序

江苏人民出版社自 2002 年出版这套"纯粹哲学丛书"已有五年，共出书 12 本，如今归入凤凰出版传媒集团"凤凰文库"继续出版，趁改版机会，关于"纯粹哲学"还有一些话要说。

"纯粹哲学"的理念不只是从"纯粹的人"、"高尚的人"、"摆脱私利"、"摆脱低级趣味"这些意思引申出来的，而是将这个意思与专业的哲学问题，特别是与德国古典哲学的问题结合起来思考，提出"纯粹哲学"也是希望"哲学""把握住""自己"。

这个提法，也有人善意地提出质询，谓世上并无"纯粹"的东西，事物都是"复杂"的，"纯粹哲学"总给人以"脱离实际"的感觉。这种感觉以我们这个年龄段或更年长些的人为甚。当我的学生刚提出来的时候，我也有所疑虑，消除这个疑虑的理路，已经在 2002 年的"序"中说了，过了这几年，这个理路倒是还有一些推进。

"纯粹哲学"绝不是脱离实际的，也就是说，"哲学"本不脱离实际，也不该脱离实际，"哲学"乃是"时代精神"的体现；但是"哲学"也不是要"解决"实际的具体问题,"哲学"是对于"实际-现实-时代""转换"一个"视角"。"哲学"以"哲学"的眼光"看""世界","哲学"以"自己"的眼光"看"世界,也就是以"纯粹"的眼光"看"世界。

为什么说"哲学"的眼光是"纯粹"的眼光?

"纯粹"不是"抽象",只有"抽象"的眼光才有"脱离实际"的问题,因为它跟具体的实际不适合;"纯粹"不是"片面",只有"片面"的眼光才有"脱离实际"的问题,因为"片面"只"抓住-掌握""一面",而"哲学"要求"全面"。只有"全面-具体"才是"纯粹"的,也才是"真实的"。"片面-抽象"都"纯粹"不起来,因为有一个"另一面"、有一个"具体"在你"外面"跟你"对立"着,不断地从外面"干扰"你,"主动-能动"权不在你手里,你如何"纯粹"得起来?

所以"纯粹"应在"全面-具体"的意义上来理解,这样,"纯粹"的眼光就意味着"辩证"的眼光,"哲学"为"辩证法"。

人们不大谈"辩证法"了,就跟人们不大谈"纯粹"了一样,虽然可能从不同的角度来"回避"它们,或许以为它们是相互抵触的,其实它们是一致的。

"辩证法"如果按日常的理解,也就是按感性世界的经验属性或概念来理解,那可能是"抽象"的,但那不是哲学意义上的"辩证"。譬如冷热、明暗、左右、上下等等,作为抽象概念来说,"冷"、"热"各执一方,它们的"意义"是"单纯"的"抽象",它们不可以"转化",如果"转化"了,其"意义"就会发生混淆;但是在现实中,在实际上,"冷"和"热"等等是可以"转化"的,不必"变化"事物的温度,事物就可以由"热""转化"为"冷",在这个意义上,执著于抽象概念反倒会"脱离实际",而坚持"辩证法"的"转化",正是"深入""实际"的表现,因为实际上现实中的事物都是向"自己"的"对立面""转化"的。

哲学的辩证法正是以一种"对立面""转化"的眼光来"看-理解"世

界的,不执著于事物的一面——偏,而是"看到-理解到"事物的"全面"。

哲学上所谓"全面",并非要"穷尽"事物的"一切""属性",而是"看到-理解到-意识到"凡事都向"自己"的"相反"方面"转化","冷"必然要"转化"为"非冷",换句话说,"冷"的"存在",必定要"转化"为"冷"的"非存在"。

在这个意义上,哲学的辩证法将"冷-热"、"上-下"等等"抽象-片面"的"对立""纯粹化"为"存在-非存在"的根本问题,思考的就是这种"存在-非存在"的"生死存亡"的"大问题"。于是,"哲学化"就是"辩证化",也就是"纯净化-纯粹化"。

这样,"纯粹化"也就是"哲学化",用现在流行的话来说,就是"超越化";"超越"不是"超越"到"抽象"方面去,不是从"具体"到"抽象",好像越"抽象"就越"超越",或者越"超越"就越"抽象",最大的"抽象"就是最大的"超越"。事实上恰恰相反,"超越"是从"抽象"到"具体","具体"为"事物"之"存在"、"事物"之"深层次"的"存在",而不是"表面"的"诸属性"之"集合"。所谓"深层",乃是"事物"之"本质","本质"亦非"抽象",而是"存在"。哲学将自己的视角集中在"事物"的"深层",注视"事物""本质"之"存在"。"事物"之"本质","本质"之"存在",乃是"纯粹"的事物。"事物"之"本质",也是"事物"之"存在",是"理性-理念"的世界,而非"驳杂"之"大千世界"-"感觉经验世界"。"本质-存在-理念"是"具体"的、"辩证"的,因而也是"变化-发展"的。并不是"现象""变"而"理念-本质""不变",如果"变"作为"发展"来理解,而不是机械地来理解,则恰恰是"现象"是相对"僵化"的,而"本质-理念"则是"变化-发展"的。这正是我们所谓"时间(变化发展)"进入"本体-本质-存在"的意义。

于是,哲学辩证法也是一种"历史-时间"的视角。我们面对的世界,是一个历史的世界、时间的世界,而不仅是僵硬地与我们"对立"

的"客观世界"。"客观世界"也是我们的"生活世界",而"生活"是历史性的、时间性的,是变化发展的,世间万事万物无不打上"历史-时间"的"烙印","认出-意识到-识得"这个"烙印-轨迹",乃是哲学思考的当行,这个"烙印"乃是"事物-本质-存在""发展"的"历史轨迹",这个"轨迹"不是直线,而是曲线。"历史-时间"的进程是"曲折"的,其间充满了"矛盾-对立-斗争",也充满了"融合-和解-协调",充满了"存在-非存在"的"转化",充满了"对立面"的"转化"和"统一"。

以哲学-时间-历史的眼光看世界,世间万物都有相互"外在"的"关系"。"诸存在者"相互"不同",当然也处在相互"联系"的"关系网"中,其中也有"对立",譬如冷热、明暗、上下、左右之类。研究这种"外在"关系,把握这种"关系"当然是非常重要的,须得观察、研究以及实验事物的种种属性和他物的属性之间的各种"关系",亦即该事物作为"存在者"的"存在""条件"。"事物"处于"外在环境"的种种"条件""综合"之中,这样的"外在""关系"固不可谓"纯粹"的,它是"综合"的、"经验"的;然则,事物还有"自身"的"内在""关系"。

这里所谓的"内在""关系",并非事物的内部的"组成部分"的关系,这种把事物"无限分割"的关系,也还是把一事物分成许多事物,这种关系仍是"外在"的;这里所谓"内在"的,乃是"事物""自身"的"关系",不仅仅是这一事物与另一事物的关系。

那么,如何理解事物"自身"的"内在""关系"?"事物自身"的"内在""关系"乃是"事物自身""在""时间-历史"中"产生"出来的"非自身-他者"的"关系",乃是"是-非"、"存在-非存在"的"关系",而不是"白"的"变成""黑"的、"方"的"变成""圆"的等等这类关系。这种"是非-存亡"的关系,并不来自"外部",而是"事物自身"的"内部"本来就具备了的。这种"内在"的"关系"随着时间-历史的发展"开显"出来。

这样,事物的"变化发展",并非仅仅由"外部条件"的"改变"促使而成，而是由事物"内部自身"的"对立-矛盾"发展-开显出来的，在这个意义上，"内因"的确是"决定性"的。看到事物"变化"的"原因""在""事物自身"的"内部"，揭示"事物发展"的"内在原因"，揭示事物发展的"内在矛盾"，这种"眼光"，可以称得上是"纯粹"的（不是"驳杂"的），是"哲学"的，也是"超越"的，只是并不"超越"到"天上"，而是"深入"到事物的"内部"。

以这种眼光来看世界，世间万物"自身"无不"存在-有""内在矛盾"，一事物的"存在"必定"蕴涵"该事物的"非存在"，任何事物都向自身的"反面""转化"，这是事物自己就蕴涵着的"内在矛盾"。至于这个事物究竟"变成""何种-什么"事物，则要由"外部""诸种条件"来"决定"，但是哲学可以断言的，乃是该事物-世间任何事物都不是"永存"的，都是由"存在""走向-转化为""自己"的"反面"——"非存在"，"非存在"就"蕴涵""在"该事物"存在"之中。在这个意义上，我们对事物采取"辩证"的态度，也就是采取"纯粹"的态度，把握住"事物"的"内在矛盾"，也就是把握住了"事物自身"，把握住了"事物自身"，也就是把握住了"事物"的"内在""变化-发展"，而不"杂"有事物的种种"外部"的"关系"；从事物"外部"的种种"复杂关系"中"摆脱"出来，采取一种"自由"的、"纯粹"的态度，抓住"事物"的"内在关系"，也就是"抓住"了事物的"本质"。

抓住事物的"本质"，并非不要"现象"，"本质"是要通过"现象""开显"出来的，"本质"并非"抽象概念"，"本质"是"现实"，是"存在"，是"真实"，是"真理"；抓住事物的"本质"，就是要"透过现象看本质"。"哲学"的眼光，"纯粹"的眼光，"辩证"的眼光，"历史"的眼光，正是这种"透过现象""看""本质"的眼光。

"透过现象看本质"，"现象"是"本质"的，"本质"也是"现象"的，"本质""在""现象"中，"现象"也"在""本质"中。那么，从"本质"的眼光来"看""现象–世界"又复何如？

从"纯粹"的眼光来"看""世界"，则世间万物固然品类万殊，但无不"在""内在"的"关系"中。"一事物"的"是–存在"就是"另一事物"的"非–非存在"，"存在""在""非存在"中，"非存在"也"在""存在"中；事物的"外在关系"，原本是"内在关系"的"折射"和"显现"。世间很多事物，在现象上或无直接"关系"，只是"不同"而已。譬如"风马牛不相及"，"认识到–意识到""马""牛"的这种"不同"大概并不困难，是一眼就可以断定的。对于古代战争来说，有牛无马，可能是一个大的问题。对于古代军事家来说，认识到这一点也不难，但是要"意识到–认识到""非存在"也"蕴涵着""存在"，二者是一而二、二而一的，并不因为"有牛无马"而放弃战斗，就需要军事家有一点"大智慧"。如何使"非存在""转化"为"存在"？中国古代将领田单的"火牛阵"是以"牛"更好地发挥"马"的战斗作用的一例，固然并非要将"牛""装扮"成"马"，也不是用"牛"去"（交）换""马"，所谓"存在–非存在"并非事物之物理获胜或生物的"属性"可以涵盖得了的。"存在–非存在"有"历史"的"意义"。

就我们哲学来说，费希特曾有"自我""设定""非我"之说，被批评为主观唯心论，批评当然是很对的，他那个"设定"会产生种种误解；不过他所论述的"自我"与"非我"的"关系"却是应该被重视的。我们不妨从一种"视角"的"转换"来理解费希特的意思：如"设定"——采取一种"视角"——"A–存在"，则其他诸物皆可作"非 A–非存在"观。"非 A"不"＝（等于）""A"，但"非 A"却由"A""设定"，"非存在"由"存在""设定"。我们固不可说"桌子"是由"椅子""设定"的，这个"识见"是"常识"就可以判断的，没有任何哲学家会违反它，但是就"椅子"与"非椅子"的关系来说，"桌子"却是"在""非椅子"之内，而与"椅子"有一种"对立统一"的关系，"非椅子"是由于"设定"了"椅子"而来的。扩大开来说,"非存在"皆由"存在"的"设定"而来,既然"设定""存在",则必有与其"对立"的"反面"——"非存在""在","非存在"由"存在""设定",反之亦然。

"我"与"非我"的关系亦复如是。"意识-理性""设定"了"我",有了"自我意识",则与"我""对立"的"大千世界"皆为"非我",在这个意义上,"非我"乃由"(自)我"之"设定"而"设定",于是"自我""设定""非我"。我们看到,这种"设定"并不是在"经验"的意义上来理解的,而是在"纯粹"的意义上来理解的,"自我"与"非我"的"对立统一"关系乃是"纯粹"的、"本质"的、"哲学"的、"历史"的,因而也是"辩证"的。我们决不能说,在"经验"上大千世界全是"自我""设定"——或者叫"建立"也一样——的,那真成了狄德罗批评的,作如是观的脑袋成了一架"发疯的钢琴"。哲学是很理性的学问,它的这种"视角"的转换——从"经验"的"转换"成"超越"的,从"僵硬"的"转换"成"变化发展"的,从"外在"的"转换"成"内在"的——并非"发疯"式的胡思乱想,恰恰是很有"理路"的,而且还是很有"意义"的:这种"视角"的"转换",使得从"外在"关系看似乎是"风马牛不相及"的"事物"都有了"内在"的联系。"世界在普遍联系之中"。许多事物表面上"离"我们很"远",但作为"事物本身-自身-物自体"看,则"内在"着-"蕴涵"着"对立统一"的"矛盾"的"辩证关系",又是"离"我们很"近"的。海德格尔对此有深刻的阐述。

"日月星辰"就空间距离来说,离我们人类很远很远,但它们在种种方面影响人的生活,又是须臾不可或离的,于是在经验科学尚未深入研究之前,我们祖先就已经在自己的诗歌中吟诵着它们,也在他们的原始宗教仪式中膜拜着它们;尚有那人类未曾识得的角落,或者时间运行尚未到达的"未来",我们哲学已经给它们"预留"了"位置",那就是"非我"。哲学给出这个"纯粹"的"预言",以便一旦它们"出现",

或者我们"发现"它们,则作出进一步的科学研究。"自我"随时"准备"着"迎接""非我"的"挑战"。

"自我"与"非我"的这种"辩证"关系,使得"存在"与"非存在""同出一元",都是我们的"理性""可以把握-可以理解"的:在德国古典哲学,犹如黑格尔所谓的"使得""自在-自为之物""转化"为"为我之物";在海德格尔,乃是"存在"为"使存在",是"动词"意义上的"存在","存在"与"非存在"在"本体论-存在论"上"同一"。

就知识论来说,哲学这种"纯粹"的"视角"的"转换",也有相当重要的意义。知识论也"设定"一个不以人的意志为转移的"客体",这个"客体"乃是一切经验科学的"对象",也是"前提",但是哲学"揭示"着"客体"与"主体"也是"对立统一"的"辩证关系",一切"非主体"就是"客体",于是仍然在"存在-非存在"的关系之中,那一时"用不上"的"未知"世界,同样与"主体"构成"对立统一"关系,从而使"知识论"展现出广阔的天地,成为一门有"无限"前途的"科学",而不局限于"主体-人"的"眼前"的"物质需求"。哲学使人类知识"摆脱""急功近利"的"限制",使"知识"成为"自由"的。"摆脱""急功近利"的"限制",也就是使"知识-科学"有"哲学"的"涵养",使"知识-科学"也"纯粹"起来,使"知识-科学"成为"自由"的。古代希腊人在"自由知识"方面给人类的贡献使后人受益匪浅,但这种"自由-纯粹"的"视角",当得益于他们的"哲学"。

从这个意义来看,我们所谓的"纯粹哲学",一方面当然是很"严格"的,从康德到黑格尔的德国古典哲学,哲学有了自己很专业的一面,再到胡塞尔,曾有"哲学"为"最为""严格"(strict-strenge)之称;另一方面,"纯粹哲学"就其题材范围来说,又是极其广阔的。"哲学"的"纯粹视角",原本就是对于那表面上似乎没有关系的、在时空上"最为遥远"的"事物",都能"发现"有一种"内在"的关系。"哲学"有自己的"远"、"近"观。"秦皇汉武"已是"过去"很多年的"事情",但就"纯粹"的"视角"看也并不"遥远",它仍是伽达默尔所谓的"有效应的历史",仍在"时间"的"绵延"之"中",它和"我们"有"内在"的关系。

于是,从"纯粹哲学"的"视角"来看,大千世界、古往今来,都"在""视野"之"中",上至"天文",下至"地理","至大无外"、"至小无内",无不可以"在""视野"之"中";具体到我们这套丛书,在选题方面也就不限于讨论康德、黑格尔、海德格尔等等专题,举凡社会文化、政治经济、自然环境、诗歌文学,甚至娱乐时尚,只要以"纯粹"的眼光,有"哲学"的"视角",都在欢迎之列。君不见,法国福柯探讨监狱、疯癫、医院、学校种种问题,倡导"穷尽细节"之历史"考古"观,以及论题不捐细小的"后现代"诸公,其深入程度,其"解构"之"辩证"运用,岂能以"不纯粹"目之?

"纯粹哲学丛书"改版在即,有以上的话想说,当否敬请读者批评指正。

叶秀山

2007 年 7 月 10 日于北京

序"纯粹哲学丛书"

　　人们常说，做人要像张思德那样，做一个"纯粹的人"，高尚的人，如今喝水也要喝"纯净水"，这大概都没有什么问题；但是说到"纯粹哲学"，似乎就会引起某些怀疑，说的人，为避免误解，好像也要做一番解释，这是什么原因？我想，这个说法会引起质疑，是有很深的历史和理论的原因的。

　　那么，为什么还要提出"纯粹哲学"的问题？

　　现在来说"纯粹哲学"。说哲学的"纯粹性"，乃是针对一种现状，即现在有些号称"哲学"的书或论文，已经脱离了"哲学"这门学科的基本问题和基本要求，或者可以说，已经没有什么"哲学味"，但美其名曰"生活哲学"或者甚至"活的哲学"，而对于那些真正探讨哲学问题的作品，反倒觉得"艰深难懂"，甚至断为"脱离实际"。在这样的氛围下，几位年轻的有志于哲学研究的朋友提出"纯粹哲学"这个说法，以针砭时弊，我觉得对于哲学作为一门学科的发展是有好处的，所以也觉得是可以支持的。

　　人们对于"纯粹哲学"的疑虑也是由来已久。

在哲学里,什么叫"纯粹"? 按照西方哲学近代的传统,"纯粹"(rein, pure)就是"不杂经验"、"跟经验无关",或者"不由经验总结、概括出来"这类的意思,总之是和"经验"相对立的意思。把这层意思说得清楚彻底的是康德。

康德为什么要强调"纯粹"? 原来西方哲学有个传统观念,认为感觉经验是变幻不居的,因而不可靠,"科学知识"如果建立在这个基础上,那么也是得不到"可靠性",这样就动摇了"科学"这样一座巍峨的"殿堂"。这种担心,近代从法国的笛卡尔就表现得很明显,而到了英国的休谟,简直快给"科学知识""定了性",原来人们信以为"真理"的"科学知识"竟只是一些"习惯"和"常识",而这些"习俗"的"根据"仍然限于"经验"。

为了挽救这个似乎摇摇欲坠的"科学知识"大厦,康德指出,我们的知识虽然都来自感觉经验,但是感觉经验之所以能够成为"科学知识",能够有普遍的可靠性,还要有"理性"的作用。康德说,"理性"并不是从"感觉经验"里"总结-概括"出来的,它不依赖于经验,如果说,感觉经验是"杂多-驳杂"的,理性就是"纯粹-纯一"的。杂多是要"变"的,而纯一就是"恒",是"常",是"不变"的;"不变"才是"必然的"、"可靠的"。

那么,这个纯一的、有必然性的"理性"是什么? 或者说,康德要人们如何理解这个(些)"纯粹理性"? 我们体味康德的哲学著作,渐渐觉得,他的"纯粹理性"说到最后乃是一种形式性的东西,他叫"先天的"——以"先天的"译拉丁文 a priori 不很确切,无非是强调"不从经验来"的意思,而拉丁文原是"由前件推出后件",有很强的逻辑的意味,所以国外有的学者干脆就称它作"逻辑的",意思是说,后面的命题是由前面的命题"推断"出来的,不是由经验的积累"概括"出来的,因而不是经验的共同性,而是逻辑的必然性。

其实,这个意思并不是康德的创造,康德不过是沿用旧说;康德的创造性在于他认为旧的哲学"止于"此,就把科学知识架空了,旧的逻辑只是"形式逻辑"——"止于"形式逻辑,而科学知识是要有内容的。康德觉得,光讲形式,就是那么几条,从亚里士多德创建形式逻辑体系以来,到康德那个时代,并没有多大的进步,而科学的知识,日新月异,"知识"是靠经验"积累"的,逻辑的推演,后件已经包含在前件里面,推了出来,也并没有"增加"什么。所以,康德哲学在"知识论"的范围里,主要的任务是要"改造"旧逻辑,使得"逻辑的形式"和"经验的内容"结合起来,也就是像有的学者说的,把"逻辑的"和"非逻辑的"东西结合起来。

从这里,我们看到,即使在康德那里,"纯粹"的问题,也不是真的完全"脱离实际"的;恰恰相反,康德的哲学工作,正是要把哲学做得既有"内容",而又是"纯粹"的。这是一件很困难的工作,康德做得很艰苦,的确也有"脱离实际"的毛病,后来受到很多的批评,但是就其初衷,倒并不是为了"钻进象牙之塔"的。

康德遇到了什么困难?

我们说过,如果"理性"的工作,只是把感觉经验得来的材料加工酿造,提炼出概括性的规律来,像早年英国的培根说的那样"归纳"出来的,那么,一来就不容易"保证""概括"出来的东西一定有普遍必然性,二来这时候,"理性"只是"围着经验转",也不大容易保持"自己",这样理解的"理性",就不会是"纯粹"的。康德说,他的哲学要来一个"哥白尼式的大革命",就是说,过去是"理性"围着"经验"转,到了我康德这里,就要让"经验"围着"理性"转,不是让"纯粹"的东西围着"不纯"的东西转受到"污染",而是让"不纯"的东西围着"纯粹"的东西转得到"净化"。这就是康德说的不让"主体"围着"客体"转,而让"客体"围着"主体"转的意义所在。

我们看到,不管谁围着谁转,感觉经验还是不可或缺的,康德主观上并不想当"脱离实际"的"形式主义者";康德的立意,还是要改造旧逻辑,克服它的"形式主义"的。当然,康德的工作也只是一种探索,有许多值得商讨的地方。

说实在的,在感觉经验和理性形式两个方面,要想叫谁围着谁转都不很容易,简单地说一句"让它们有机地结合起来"当然并不解决问题。

康德的办法是提出一个"先验的"概念来统摄感觉经验和先天理性这两个方面,并使经验围着理性转,以保证知识的"纯粹性"。

康德的"先验的"原文为 transcendental,和传统的 transcendent 不同,后者就是"超出经验之外"的意思,而前者为"虽然不依赖经验但还是在经验之内"的意思。

康德为什么要把问题弄得如此的复杂?

原来康德要坚持住哲学知识论的纯粹性而又具有经验的内容,要有两个方面的思想准备。一方面"理性"要妥善地引进经验的内容,另一方面要防止那本不是经验的东西"混进来"。按照近年的康德研究的说法,"理性"好像一个王国,对于它自己的王国拥有"立法权",凡进入这个王国的都要服从理性为它们制定的法律。康德认为,就科学知识来说,只有那些感觉经验的东西,应被允许进入这个知识的王国,成为它的臣民;而那些根本不是感觉经验的东西,亦即不能成为经验对象的东西,譬如"神-上帝",乃是一个"观念-理念",在感觉经验世界不存在相应的对象,所以它不能是知识王国的臣民,它要是进来了,就会不服从理性为知识制定的法律,在这个王国里,就会闹矛盾,而科学知识是要克服矛盾的,如果出现不可避免的矛盾,知识王国-科学的大厦,就要土崩瓦解了。所以康德在他的第一批判——《纯粹理性批判》里,一方面要仔细研究理性的立法作用；另一方面要仔细厘定理性的职权范围，防止越出经验的范围之外，越过了自己的权限——防止理性的僭越，管了那本不是它的臣民的事。所以康德的"批判"，有"分析"、"辨析"、"划界限"的意思。

界限划在哪里？正是划在"感觉经验"与"非感觉经验-理性"上。对于那些不可能进入感觉经验领域的东西，理性在知识王国里，管不了它们，它们不是这个王国的臣民。

康德划这一界限还是很有意义的，这样一来，举凡宗教信仰以及想涵盖信仰问题的旧形而上学，都被拒绝在"科学知识"的大门以外了，因为它们所涉及的"神-上帝"、"无限"、"世界作为一个大全"等等，就只是一些"观念"（ideas），而并没有相应的感觉经验的"对象"。这样，康德就给"科学"和"宗教"划了一条严格的界限，而传统的旧形而上学，就被断定为"理性"的"僭越"；而且理性在知识范围里一"僭越"，就会产生不可克服的矛盾，这就是他的有名的"二律背反"。

在这个意义上，我们看到，在知识论方面，康德恰恰是十分重视感觉经验的，也是十分重视"形式"和"内容"的结合的。所以批评康德知识论是"形式主义"，猜想他是不会服气的，他会说，他在《纯粹理性批判》里的主要工作就是论证"先天综合判断"如何可能，既然是"综合"的，就不是"形式"的，在这方面，他是有理由拒绝"形式主义"的帽子的；他的问题出在那些不能进入感觉经验的东西上。他说，既然我们所认知的是事物能够进入感觉经验的一面，那么，那不能进入感觉经验的另一面，就是我们科学知识不能达到的地方，我们在科学上则是一无所知；而通过我们的感官进得来的，只是一些印象（impression）、表象（appearance），我们的理性在知识上，只能对这些东西根据自己立的法律加以"管理"，使之成为科学的、具有必然真理性的知识体系,所以我们的科学知识"止于""现象"(phenomena),而"物自身"(Dinge an sich)、"本体"(noumena)则是"不可知"的。

原来,在康德那里,这种既保持哲学的纯粹性,又融入经验世界的"知识论"是受到"限制"的,康德自己说,他"限制""知识",是为"信仰"留有余地。那么,就我们的论题来说,康德所理解的"信仰"是不是只是"形式"的? 应该说,也不完全是。

我们知道,康德通过"道德"引向"宗教-信仰"。"知识"是"必然"的,所以它是"科学";"道德"是"自由"的,所以它归根结蒂不能形成一门"必然"的"科学知识"。此话怎讲?

"道德"作为一门学科,讨论"意志"、"动机"、"效果"、"善恶"、"德性"、"幸福"等问题。如果作为科学知识来说,它们应有必然的关系,才是可以知道、可以预测的;但是,道德里的事,却没有那种科学的必然性,因而也没有那种"可预测性"。在道德领域里,一定的动机其结果却不是"一定"的;"德性"和"幸福"就更不是可以"推论"出来的。世上有德性的得不到幸福,比比皆是;而缺德的人往往是高官得做、骏马得骑。有那碰巧了,既有些德性,也有些幸福的,也就算是老天爷开恩了。于是,我们看到,在经验世界里,"德性"和"幸福"的统一,是偶尔有之,是偶然的,不是必然的。我们看到一个人很幸福,不能必然地推断他一定就有德性,反之亦然。在这个意义上,这种关系,是不可知的。

所谓"不可知",并不是说我们没有这方面的感觉经验的材料,对于人世的"不公",我们深有"所感";而是说,这些感觉材料,不受理性为知识提供的先天法则的管束,形不成必然的推理,"不可知"乃是指的这层意思。

"动机"和"效果"也是这种关系,我们不能从"动机"必然地"推论"出"效果",反之亦然。也就是说,我们没有足够的理由说一个人干了一件"好事",就"推断"他的"动机"就一定也是"好"的;也没有足够的理由说一个人既然动机是好的,就一定会做出好的事情来。

之所以会出现这种情况,乃是因为"道德"的问题概出于意志的"自由",而"自由"和"必然"是相对立的。

要讲"纯粹",康德这个"自由"是最"纯粹"不过的了。"自由"不但不能受"感觉经验-感性欲求"一点点的影响,而且根本不能进入这个感觉经验的世界,就是说,"自由"不可能进入感性世界成为"必然"。这就是为什么康德把他的《实践理性批判》的主要任务定为防止"理性"在实践-道德领域的"降格":理性把原本是超越的事当做感觉经验的事来管理了。

那么,康德这个"自由"岂不是非常的"形式"了?的确如此。康德的"自由"是理性的"纯粹形式",它就问一个"应该",向有限的理智者发出一道"绝对命令",至于真的该做"什么",那是一个实际问题,是一个经验问题,实践理性并不给出"教导"。所以康德的伦理学,不是经验的道德规范学,而是道德哲学。

那么,康德的"纯粹理性"到了"实践-道德"领域,反倒更加"形式"了?如果康德学说止于"伦理学",止于"自由",则的确会产生这个问题;但是我们知道,康德的伦理道德乃是通向宗教信仰的桥梁,它不止于此。康德的哲学"止于至善"。

康德解释所谓"至善"有两层含义:一是指单纯意志方面的,是最高的道德的善;一是更进一层为"完满"的意思。这后一层的意义,就引向了宗教。

在"完满"意义上的"至善",就是我们人类最高的追求目标:"天国"。在这个意义上,我们人类要不断地修善,"超越""人自身"——已经孕育着尼采的"超人"(?),而争取进入"天国"。

在"天国"里,一切的分离对立都得到了"统一"。"天国"不仅仅是

"理想"的,而且是"现实"的。在"天国"里,凡理性的,也就是经验的,反之亦然。在那里,"理性"能够"感觉"、"经验的",也就是"合理的",两者之间有一种"必然"的关系,而不像尘世那样,两者只是偶尔统一。这样,在那个世界,我们就很有把握地说,凡是幸福的,就一定是有德的,而绝不会像人间尘世那样,常常出现"荒诞"的局面,让那有德之人受苦,而缺德之人却得善终。于是,在康德的思想里,"天国"恰恰不是"虚无缥缈"的,而是实实在在的,它是一个"理想",但也是一个"现实";甚至我们可以说,唯有"天国"才是既理想又现实的,于是,我们可以说这是一种"完满"意义上的"至善"。

想象一个美好的"上天世界"并不难,凡是在世间受到委屈的人都会幻想一个美妙的"天堂",他的委屈就会得到平申;但是建立在想象和幻想上的"天堂",是很容易受到怀疑和质询的,中国古代屈原的"天问",直到近年描写莫扎特的电影 *Amadeus*,都向这种想象的产物发出了疑问,究其原因,乃是这个"天堂"光是"理想"的,缺乏"实在性";康德的"天国",在他自己看来,却是"不容置疑"的,因为它受到严格的"理路"的保证。在康德看来,对于这样一个完美无缺、既合理又实实在在的"国度"只有理智不健全的人才会提出质疑。笛卡尔有权怀疑一切,康德也批评过他的"我思故我在"的命题,因为那时康德的领域是"知识的王国";如果就"至善-完满"的"神的王国-天国"来说,那么"思"和"在"原本是"同一"的,"思想的",就是"存在的",同理,"存在"的,也必定是"思想"的,"思"和"在"之间,有了一种"必然"的"推理"关系。对于这种关系的质疑,也就像对于"自然律"提出质疑一样,本身"不合理",因而是"无权"这样做的。

这样,我们看到,康德的"知识王国"、"道德王国"和"神的王国-天国",都在不同的层面和不同的意义上具有现实的内容,不仅仅是形式的,但是没有人怀疑康德哲学的"纯粹性",而康德的"(纯粹)哲学"

不是"形式哲学"则也就变得明显起来。

表现这种非形式的"纯粹性"特点的,还应该提到康德的第三批判:《判断力批判》。就我们的论题来说,《判断力批判》是相当明显地表现了形式和内容统一的一个领域。

通常我们说,《判断力批判》是《纯粹理性批判》和《实践理性批判》之间的桥梁,或者是它们的综合,这当然是正确的;这里我们想补充说的是:《判断力批判》所涉及的世界,在康德的思想中,也可以看做是康德的"神的王国-天国"的一个"象征"或"投影"。在这个世界里,现实的、经验的东西,并不仅仅像在《纯粹理性批判》里那样,只是提供感觉经验的材料(sense data),而是"美"的,"合目的"的;只是"审美的王国"和"目的王国"还是在"人间",它们并不是"天国"。在这个意义上,我们具有(有限)理性的人,如果努力提高"鉴赏力-判断力",提高"品位-趣味",成了"高尚的人","脱离了低级趣味的人",那么就有能力在大自然和艺术品里发现"理性"和"感性"、"形式"和"内容"、"合目的性"和"合规律性"等等之间的"和谐"。也就是说,我们就有能力在经验的世界里,看出一个超越世界的美好图景。康德说,"美"是"善"的"象征","善"通向"神的王国",所以,我们也可以说,"美"和"合目的"的世界,乃是"神城-天国"的"投影"。按基督教的说法,这个世界原本也是"神""创造"出来的。

"神城-天国"在康德固然言之凿凿,不可动摇对它的信念,但是毕竟太遥远了些。康德说,人要不断地"修善",在那绵绵的"永恒"过程中,人们有望达到"天国"。所以康德的实践理性的"公设"有一条必不可少的就是"灵魂不朽"。康德之所以要设定这个"灵魂不朽",并不完全是迷信,而是他觉得"天国"路遥,如果灵魂没有"永恒绵延",则人就没有"理由"在今生就去"修善",所以这个"灵魂不朽"是"永远修善"所必须要"设定"的。于是,我们看到,在康德哲学中,已经含有了"时间"

绵延的观念,只是他强调的是这个绵延的"永恒性",而对于"有限"的绵延,即人的"会死性"(mortal)则未曾像当代诸家那么着重地加以探讨;但是他抓住的这个问题,却开启了后来黑格尔哲学的思路,即把哲学不仅仅作为一些抽象的概念的演绎,而是一个时间的、历史的发展过程,强调"真理"是一个"全""过程",进一步将"时间"、"历史"、"发展"的观念引进哲学,形成了一个庞大的哲学体系。

黑格尔哲学体系可以说是"包罗万象",是百科全书式的,却不是驳杂的,可以说是"庞"而不"杂"。人们通常说,黑格尔发展了谢林的"绝对哲学",把在谢林那里"绝对"的直接性,发展为一个有矛盾、有斗争的"过程",而作为真理的全过程的"绝对"却正是在那"相对"的事物之中,"无限"就在"有限"之中。

"无限"在"有限"之中,"有限""开显"着"无限",这是黑格尔强调的一个非常重要的思想。这个思路,奠定了哲学"现象学"的基础,所以,马克思说,《精神现象学》是理解黑格尔哲学的钥匙。

"现象学"出来,"无限"、"绝对"、"完满"等等,就不再是抽象孤立的,因而也是"遥远"的"神城-天国",而就在"有限"、"相对"之中,并不是离开"相对"、"有限"还有一个"绝对"、"无限"在,于是,哲学就不再专门着重去追问"理性"之"绝对"、"无限",而是追问:在"相对"、"有限"的世界,"如何""体现-开显"其"不受限制-无限"、"自身完满-绝对"的"意义"来。"现象学"乃是"显现学"、"开显学"。从这个角度来说,黑格尔的哲学显然也不是"形式主义"的。

实际上黑格尔是在哲学的意义上扩大了康德的"知识论",但是改变了康德"知识论"的来源和基础。康德认为,"知识"有两个来源:一个是感觉经验,一个是理性的纯粹形式。这就是说,康德仍然承认近代英国经验主义者的前提:知识最初依靠着感官提供的材料,如"印象"之类的,只是康德增加了另一个来源,即理性的先天形式;黑格尔的"知识"则不依赖单纯的感觉材料,因为人的心灵在得到感觉时,并不是"白板一块",心灵-精神原本是"能动"的,而不仅仅是"被动"地接受。"精神"原本是自身能动的,不需要外在的感觉的刺激和推动。精神的能动性使它向外扩展,进入感觉的世界,以自身的力量"征服"感性世界,使之"体现"精神自身的"意义"。因而,黑格尔的"知识",乃是"精神"对体现在世界中的"意义"的把握,归根结蒂,也就是精神对自身的把握。所以在这个意义上,黑格尔的"科学-知识"(Wissenschaft),并不是一般的经验科学知识理论,而是"哲学",是"纯粹的知识",即"精神"在历史发展的进程中、在时间的进程中对精神自身的把握。

精神(Geist)是一个生命,是一种力量,它在时间中经过艰苦的历程,征服"异己",化为"自己",以此"充实"自己,从一个抽象的"力"发展成有实在内容的"一个""自己",就精神自己来说,此时它是"一"也是"全"。精神的历史,犹如海纳百川,百川归海为"一",而海因容纳百川而成其"大-全"。因此,"历经沧桑"之后的"大海",真可谓是"一个"包罗万象、完满无缺的"大-太一"。

由此我们看到,黑格尔的《精神现象学》作为"现象学-显现学",乃是精神——通过艰苦卓绝的劳动——"开显""自己""全部内容"的"全过程"。黑格尔说,这才是"真理-真之所以为真(Wahrheit)"——一个真实的过程,而不是"假(现)象"(Anschein)。

于是,我们看到,在康德那里被划为"不可知"的"本体-自身",经过黑格尔的改造,反倒成了哲学的真正的"知识对象",而这个"对象"不是"死"的"物",而是"活"的"事",乃是"精神"的"创业史",一切物理的"表象",都在这部"精神创业史"中被赋予了"意义"。精神通过自己的"劳作",把它们接纳到自己的家园中来,不仅仅是一些物质的"材料"-"质料",而是一些体现了"精神"特性(自由-无限)的"具体共相-

理念"，它们向人们——同样具有"精神"的"自由者-无限者(无论什么具体的事物都限制不住)"——"开显"自己的"意义"。

就我们现在的论题来说，可以注意到黑格尔的"绝对哲学"有两方面的重点。

一方面，我们看到，黑格尔的"自由-无限-绝对"都是体现在"必然-有限-相对"之中的，"必然-有限-相对"因其"缺乏"而会"变"，当它们"变动"时，就体现了有一种"自由-无限-绝对"的东西在内，而不是说，另有一个叫"无限"的东西在那里。脱离了"有限"的"无限"，黑格尔叫做"恶的无限"，譬如"至大无外"、"至小无内"，一个数的无限增加，等等，真正的"无限"就在"有限"之中。黑格尔的这个思想，保证了他的哲学不会陷于一种抽象的概念的旧框框，使他的精神永远保持着能动的创造性，也保持着精神的历程是一个有具体内容的、非形式的过程。在这个意义上，黑格尔的"绝对"并不是一个普遍的概念，而是具体的个性。这个"个性"，在它开始"创世"时，还是很抽象的，而在它经过艰苦创业之后"回到自己的家园"时，它的"个性"就不再是抽象、空洞的了，而是有了充实的内容，成了"真""个性"了。

另一方面，相反的，那些康德花了很大精力论证的"经验科学"，反倒是"抽象"的了，因为这里强调的只是知识的"普遍性"，这种普遍性又是建立在"感觉的共同性"和理性的"先天性-形式性"基础之上的，因而它们是静止的，静观的，而缺少精神的创造性，也就缺少精神的具体个性，所以这些知识只能是"必然"的，而不是"自由"的。经验知识的共同性，在黑格尔看来，并不"纯粹"，因为它不是"自由"的知识；而"自由"的"知识"，在康德看来又是自相矛盾的，自由而又有内容，乃是"天国"的事，不是现实世界的事。而黑格尔认为，"自由"而又有内容，就在现实之中，这样，"自由"才是具体的，不是抽象的形式。这样，在黑格尔看来，把"形式"与"内容"割裂开来，反倒得不到"纯粹"

的知识。

于是,我们看到,在黑格尔那里,"精神"的"个性",乃是"自由"的"个性",不是抽象的,也不是经验心理学所研究的"性格"——可以归到一定的"种""属"的类别概念之中。"个体"、"有限"而又具有"纯粹性",正是"哲学"所要追问的不同于经验科学的问题。

那么,为什么黑格尔哲学被批评为只讲"普遍性"、不讲"个体性"的,比经验科学还要抽象得多的学说? 原来,黑格尔在《精神现象学》中许诺,他的精神在创业之后,又回到自己的"家园",这就是"哲学"。"哲学"是一个概念的逻辑系统,于是在《精神现象学》之后,尚有一整套的"逻辑学"作为他的"科学知识(Wissenschaften)体系"的栋梁。在这一部分里,黑格尔不再把"精神"作为一个历史的过程来处理,而是作为概念的推演来结构,构建一个概念的逻辑框架。尽管黑格尔把他的"思辨概念-总念"和"表象性"抽象概念作了严格的区别,但是把一个活生生的精神的时间、历史进程纳入到逻辑推演程序,不管如何努力使其"自圆其说",仍然留下了"抽象化"、"概念化"的痕迹,以待后人"解构"。

尽管如此,黑格尔哲学仍可以给我们以启示:黑格尔的"绝对精神"既是"先经验的-先天的",同样也是"后经验的-总念式的"。

"绝对精神"作为纯粹的"自由",起初只是"形式的"、没有内容的、空洞的、抽象的;当它"经历"了自己的过程——征服世界"之后",回到了"自身",这时,它已经是有内容、充实了的,而不是像当初那样是一个抽象概念了。但是,此时的"精神"仍然是"纯粹"的,或者说,这才是真正意义上的有了内容的"纯粹",不是一个空洞的"纯粹",因为,此时的经验内容被"统摄"在"精神-理念"之中。于是就"精神-理念"来说,并没有"另一个-在它之外"的"感觉经验世界"与其"对立-相对",所以,这时的"精神-理念"仍是"绝对"的,"精神-理念"仍是其"自身";不仅如此,此时的"精神-理念"已经不是一个"空"的"躯壳-形式",而是有血肉、有学识、有个性的活生生的"存在"。

这里我们尚可以注意一个问题:过去我们在讨论康德的"先验性-先天性"时,常常区分"逻辑在先"和"时间在先",说康德的"先天条件"乃是"逻辑在先",而不是"时间在先",这当然是很好的一种理解;不过运思到了黑格尔,"时间"、"历史"的概念明确地进入了哲学,这种区分,在理解上也要作相应的调整。按黑格尔的意思,"逻辑在先-逻辑条件"只是解决"形式推理"问题,是不涉及内容的,这样的"纯粹"过于简单,也过于容易了些,还谈不上真正意义上的"纯粹";真正的"纯粹"并不排斥"时间",相反,它就在"时间"的"全过程"中,"真理"是一个"全"。这个"全-总体-总念"也是"超越","超越"了这个具体的"过程",有一个"飞跃","1"+"1"大于"2"。这就是"meta-physics"里"meta"的意思。在这个意思上,我们甚至可以说,真正的、有内容的"纯粹"是在"经验-经历"之"后",是"后-经验"。这里的"后",有"超越"、"高于"的意思,就像"后-现代"那样,指的是"超越"了"现代"(modern)进入一个"新"的"天地","新"的"境界",这里说的是"纯粹哲学"的"境界"。所以,按照黑格尔的意思,哲学犹如"老人格言",看来似乎是"老生常谈",甚至"陈词滥调",却包容了老人一生的经验体会,不只是空洞的几句话。

说到这里,我想已经把我为什么要支持"纯粹哲学"研究的理由和我对这个问题的基本想法说了出来。最后还有几句话涉及学术研究现状中的某些侧面,有一些感想,也跟"纯粹性"有关。

从理路上,我们已经说明了为什么"纯粹性"不但不排斥联系现实,而且还是在深层次上十分重视现实的;但是,在做学术研究、做哲学研究的实际工作中,有一些因素还是应该"排斥"的。

多年来,我有一个信念,就是哲学学术本身是有自己的吸引力的,因为它的问题本身就在一个更高的层面上涉及现实的深层问题,所以不是一种脱离实际的孤芳自赏或者闲情逸致;但它也需要"排斥"某些"急功近利"的想法和做法,譬如,把哲学学术当做仕途的敲门砖,"学而优则仕","仕"而未成就利用学术来"攻击",骂这骂那,愤世嫉俗,自标"清高",学术上不再精益求精;或者拥学术而"投入市场",炒作"学术新闻",标榜"创新"而诽谤读书,诸如此类,遂使哲学学术"驳杂"到自身难以存在。这些做法,以为除了鼻子底下、眼面前的,甚至肉体的欲求之外,别无"现实"、"感性"可言。如果不对这些有所"排斥",哲学学术则无以自存。

所幸尚有不少青年学者,有感于上述情况之危急,遂有"纯粹哲学"之论,有志于献身哲学学术事业,取得初步成果,并得到江苏人民出版社诸公的支持,得以"丛书"名义问世,嘱我写序,不敢怠慢,遂有上面这些议论,不当之处,尚望读者批评。

叶秀山

2001 年 12 月 23 日于北京

目　录

作者的话

　　不了解基督教就无法读懂克尔凯郭尔，这是我最初接触克尔凯郭尔的著作的时候就被告知的，同时也是我个人的第一印象。2000年我出版了自己的博士论文《走向绝望的深渊》，那是对克尔凯郭尔的审美生活境界的研究。选择这个题目显然是因为审美生活境界所反映出的问题相对容易把握，而我那时差不多是从以萨特和加缪为代表的所谓"无神论存在主义"的立场和视角出发来理解克尔凯郭尔的，这是我在当时能够找到的并且能够有较透彻的理解的惟一"思想武器"。虽然在书中我把克尔凯郭尔的思想出发点正确地归结为"个体在永恒下的生存"，但是对于"永恒"、"永恒下的生存"这些字句在克尔凯郭尔文本中的确切涵义及其意义却不甚了了，当时的理解在今天看来只能用"肤浅"来描述。

　　1999年到2001年，我到丹麦哥本哈根大学神学系下属的"克尔凯郭尔研究中心"从事博士后研究工作，其间我掌握了丹麦语阅读，了解了国际克尔凯郭尔研究界的历史和现状，接触到了一些知名学者的颇有影响力的著作。"克尔凯郭尔研究中心"成立的初始目的是为了整理出版一套包括克尔凯郭尔日记和文牍在内的28卷本的《克尔凯郭尔全集》(*Søren Kierkegaards Skrifter*，简称SKS)，而与每卷文本相对应的都有一本"集释卷"(Kommentarer)，其中对于克尔凯郭尔写作中所涉及到的历史文化背景有非常详细到位的解说,对克尔凯郭尔行文中所引用的《圣经》文字或者是注释者认为的对《圣经》文句的"互文"(intertextuality)都有说明,对理解克尔凯郭尔很有帮助,虽然有时也生出"诠释过度"的感觉。渐渐地,我心目中原有的在"存在主义"视角之下透视和勾勒出来的克尔凯郭尔被一个生活在特定历史年代的、有着特定的问题意识和焦虑的更加丰满的克尔凯郭尔的形象所取代,而掌握作为克尔凯郭尔的生命支柱和写作重心的基督教思想的重要性也就显得愈加紧迫。2003年,我有幸加入了由叶秀山和王树人先生总主编的《西方哲学史》学术版多卷本第3卷"中世纪哲学"课题组,承担了13世纪经院哲学家邓斯·司各脱一章的写作任务。面对一个全新的课题,只好从基督教史和《圣经》开始读起,逐步熟悉中世纪的思维方式,一点一点构筑起关于基督教思想和基督教哲学的框架体系,感觉受益匪浅。有了这段学术经历,再来反观克尔凯郭尔假名时期的写作,突然之间,"基督教哲学"的概念犹如电光一闪,照彻了我以前在阅读克尔凯郭尔的时候所发现的诸多难点,而且克尔凯郭尔不同假名作品之间的关联以及假名写作与后期的真名写作之间的关联得以彰显。于是,在"基督教哲学"的线索之下,围绕着克尔凯郭尔最具哲学意味的三部作品《非此即彼》《哲学片断》以及《最后的、非学术性的附言》,就有了呈现在读者面前的这本书,它期待着诸位有识之士的批评和指正。

只要提到"基督教哲学",似乎都面临着对这个概念的"合法性"进行论证的问题,本书亦不例外。在校正了对于中世纪之为"黑暗时期"的认识之后,大家普遍接受了基督教对于哲学的问题域的扩展和补充的事实,只是我们不能忽略这样一个问题:基督教在提出了它对哲学产生了重大影响的观念和问题的时候,它的目的在于完善基督教的教义体系。只是,自由的思想往往能够突破自身的"界限"甚至走向自身的反面而达到意想不到的效果。当奥古斯丁提出人的"自由意志"的学说的时候,他的目的并不是为了彰显人的自由,而是为了完善基督教关于"罪与罚"的理论体系。直到文艺复兴和启蒙时代,随着人类理性的逐步觉醒,人才开始真正意识到自己的自由和尊严。这也就是说,只有在理性对于那些充满循环论证的基督教教义体系进行批判的时候,基督教对于哲学的问题域的扩展的意义才能开显出来。

在中国学界,克尔凯郭尔的地位一直比较"另类",作为一个中国的 Kierkegaard scholar,我也在不断思考着自己今后的任务和发展方向。一般来说,在研究了克尔凯郭尔假名写作时期的作品之后,很自然地似乎应该转向对他的所谓"基督教时期"的作品的研究。但是,至少在我目前的感受和理解之下,一旦脱离了"基督教哲学"这个哲学批判的视角,克尔凯郭尔在"基督教时期"的作品在很多方面已经成为对基督教立场的"自我描述",或者成为对基督教基本概念和原则——例如,爱、原罪——的一种"互文"。如果说从克尔凯郭尔的假名作品当中我们能够不断找到克尔凯郭尔本着自由的哲学批判精神对思想的"界限"以及对于他从小即被荒谬地抛入的基督教文化背景的突破,那么,到了"基督教时期",随着自由思想和基督教信仰之间张力的减弱,克尔凯郭尔的作品所反映出的思想强度也逐渐减弱,以至于有的时候我甚至觉得,抛开了从"基督教哲学"的视角出发对于基督教所做的讨论的克尔凯郭尔显得有些乏味。在一个社会生活向着"合理的"世俗化方向发展的时代里,在一个人们已经普遍意识到人的尊严和价值的时代,克尔凯郭尔却不合时宜地向他的哥本哈根"教众"重申着基督教关于"原罪"、"爱"和"上帝与人之间的不可逾越的鸿沟"的论调;不合情理地要求国教会成员像《新约》要求的那样固守贫穷,不拿固定的工资,不过养儿育女的世俗化生活。此时的克尔凯郭尔已经忘记了他在假名写作时期对于中世纪修道院道路的批判,他也不再满足于将信仰落实在主体的"内心性"之上,而是试图通过"事功"挽救日渐式微的基督教信仰。幸好克尔凯郭尔有他的自我"救赎"的法宝——他的"间接沟通"的思想和写作方式。"间接沟通"的写作使得克尔凯郭尔常常突破自己思想的"界限",也使得他的作品开显出了"建设性"的意义。克尔凯郭尔除了对哲学和基督教神学界产生重大影响之外，他对文学艺术界、尤其是北欧文艺界产生了深刻的影响。《尖叫》的作者、著名挪威画家蒙克（Edvard Munch，1863—1944）曾在日记和文稿中多次提到克尔凯郭尔；瑞典电影艺术家英格玛·伯格曼（Ingmar Bergman，1918—2007）在 20 世纪 50、60 年代的作品明显受到了克尔凯郭尔的影响。在完成了对克尔凯郭尔假名写作时期的基督教哲学思想研究的课题之后，在对他的"基督教时期"的作品暂时丧失兴趣、甚至颇感尴尬的时候（虽然我不知道自己是否会随着时间的推移和思想水平的增进，又能从他的后期作品中读出新的旨趣），克尔凯郭尔对艺术界的影响成为了一个有意义的课题。克尔凯郭尔一生都在探寻个体"拯救"的问题，但没有给出答案：他擅长批判性的、辩证的思维，但却又认为哲学思辨脱离"现实性"，不能帮助一个"大活人"解决"生活世界"所提出的问题和要求；审美感性生活虽然绚丽多彩，但它只集中于"直接性"而缺少了"永恒"的维度，从而难免坠入"绝望"的深渊；伦理生活要求个体在日复一日、年复一年的生命历程中把每一天都当成是具有决定意义的一天来过，但这样的生活多少有些呆板、单调。至于宗教生活——基督教生活，在克尔凯郭尔极度强调信仰之为"个体"与"上帝"之间的"密谋"的前提下，宗教生活将永远也摆脱不了"痛苦"的"情致"。其实，克尔凯郭尔完全有能力通过文字和思想的创造实现自我"救赎"，只是他在骨子里不相信人能够通过自己的力量"拯救"自己，不相信我们能够"创造自我"，而只相信要在"上帝"存在的前提下"选择自我"。克尔凯郭尔属于一种精神气质，他有突破各种"界限"的能力，但在关键的时刻却又因软弱而放弃，非要将"拯救"任务交付给一个理性自身所"悬设"的"绝对他者"。所幸有一批艺术家在克尔凯郭尔的影响下，勇敢地走在以艺术创造来"拯救"自我的道路之上，他们的探索或许可以解答克尔凯郭尔未能解答的问题。

导论：克尔凯郭尔与基督教哲学
——理解克尔凯郭尔假名著作的一个新视角

一 一个新的视域："基督教哲学"

在汉语世界里，"克尔凯郭尔"这个名字最早出现在现代思想家和作家鲁迅的作品当中。1908 年，鲁迅在杂文《文化偏至论》当中首次提到克尔凯郭尔这位丹麦哲人，称他对个体极度推崇，视个体为至上的伦理原则。① 1933 年，鲁迅再次在杂文《帮闲法发隐》当中提及克尔凯郭尔，时称"吉开迦尔"。鲁迅这样写道：

> 吉开迦尔是丹麦的忧郁的人，他的作品，总是带着悲愤。不过其中也有很有趣味的，我看见了这样的几句——"戏场里失了火。丑角站在戏台前，来通知了看客。大家以为这是丑角的笑话，喝采了。丑角又通知说是火灾。但大家越加哄笑，喝采了。我想，人世是要完结在当作笑话的开心的人们的大家欢迎之中的罢。"②

---

① 参见《鲁迅全集》，人民文学出版社 1991 年版，第 1 卷，第 44—62 页。
② 参见《鲁迅全集》，人民文学出版社 1991 年版，第 5 卷，第 272—273 页。

鲁迅所引这段文字出自克尔凯郭尔假名著作《非此即彼》上卷"间奏曲"当中的"戏院小丑"一节,他所参考的则是《非此即彼》的日文节译本《忧郁的哲理》,译者宫原晃一郎(Koichiro Miyahara)是日本的丹麦语文学学者,他是第一位将克尔凯郭尔的作品直接从丹麦文译为日文的人。① 鲁迅所引这段文字成为克尔凯郭尔最早被译成汉语的著作片段。

不过,鲁迅对克尔凯郭尔的介绍最终被现代文学史所淹没,而克尔凯郭尔为中国读者所认识还是因为上世纪 80 年代存在主义哲学思潮在大陆学界的兴起②,克尔凯郭尔是顶着"存在主义先驱"的桂冠登场的,尽管当时,存在主义思潮在国际范围内已经渐渐淡出了人们的视线,更有法国当代哲学家利科在题为《克尔凯郭尔之后的哲学》的演讲当中称,"存在主义哲学"是一个只存在于哲学教科书当中的有名无实的称谓,因为被划归在这一阵营中的主要人物几乎无人认可它,这些人物也没有共同的信念和方法论。③ 这个说法虽然正确地强调了存在主义哲学家之间的差异,确立了克尔凯郭尔之为哲学家的独特性,但是它也同时忽略了一点,即能够将这些哲学家聚集在同一大旗之下的是他们围绕 Existenz 所做的思考,尽管分歧仍然存在。④ 在关于 Existenz 的问题上,克尔凯郭尔抛开了对 Existenz 的形而上学的讨论,他借助高超的观察能力和丰

---

① 鲁迅所引的克尔凯郭尔作品出自《非此即彼》上卷的"间奏曲"。为了便于查证,这里附上这段文字的英译:"In a theater, it happened that a fire started offstage. The clown came out to tell the audience. They thought it was a joke and applauded. He told them again, and they became still more hilarious. This is the way, I suppose, that the world will be destroyed——amid the universal hilarity of wits and wags who think it is all a joke." (*EO* I, p. 30.)

② 最早对克尔凯郭尔与存在主义哲学的关系的梳理见汝信先生为《西方著名哲学家评传》第八卷所撰写的"克尔凯郭尔"一章,山东人民出版社 1985 年版。次年,徐崇温主编的《存在主义哲学》(中国社会科学出版社)一书当中亦有"克尔凯郭尔"一章,但其中有不少事实性错误。

③ Paul Ricoeur, "Philosophy after Kierkegaard", in *Kierkegaard: A Critical Reader*, edited by Jonathan Rée & Jane Chamberlain, Oxford: Oxford: Blackwell Publishers, 1998, p. 10.

④ 在海德格尔那里,Existenz 是被"降格"使用的,它只是作为理解 Dasein 的根据而运用的;而在雅斯贝尔斯那里,人则被描述成真正的 Existenz,而不是 Dasein 当中的一个。参见叶秀山《思·史·诗》,人民出版社 1988 年版。

富的想象力，直接从个体的生命体验和生活本身入手，塑造并描述了"审美的"、"伦理的"和"宗教的"三种典型的个体生活方式，称之为"生存阶段"（Eksistensstadier）或者"生存境界"（Existents-Sphærer），有时还称"人生观"（Livs-Anskuelse），把 Existenz 这个概念拉回到了人的"生存"、"生活"的层面之上，从而构成了黑格尔绝对哲学的反面，并且以一种"非哲学"的、"异"于传统思辨哲学的方式为存在主义哲学的发展提供了丰富的养料。

随着阅读的深入和拓展，我们逐渐感到，仅用"存在主义先驱"这样的称号来概括克尔凯郭尔确有其不尽如意之处，因为他同时还是一位"宗教思想家"和"作家"。从克尔凯郭尔的自我定位来看，他认定自己是一名"作者—作家"（Forfatter），而且从始至终都是一名"宗教作者"，这个宗教就是基督教。1848 年，克尔凯郭尔曾撰写《关于我的写作生涯的观点》一书，想以此书作为写作生涯的终结，该书于克尔凯郭尔去世后由他的兄长彼得·克里斯钦·克尔凯郭尔（P. C. Kierkegaard）负责出版。显然，克尔凯郭尔并没有自视为"哲学家"或"神学家"。在克尔凯郭尔生活的时代，一个拥有哥本哈根大学神学系博士学位的人或者担任大学里的神学、哲学教授，或者在教会谋得一席之地。但是克尔凯郭尔凭借父亲留下的大笔遗产摒弃了这两条常规之路。除了曾经在日记中表达过想当一名乡村牧师的愿望之外，他再也没有动过从事某项职业的念头，只是过着非自食其力的自由写作、自费出书的生活。这种自由写作的生活方式带来的好处之一就是，他既不用通过创新体系来谋取教授职位，也不用靠迎合读者趣味、争取销量的方式来获取优厚的报酬，他只需考虑如何完全独立地表达自己的思想。从克尔凯郭尔著作的实情以及接受情况来看，他确实配得上这两个称号。就前者而言，在当代神学界曾享有盛誉的保罗·蒂利希、卡尔·巴特和布尔特曼毫不讳言受到过克尔凯郭尔的启发；正是通过蒂利希的影响，克尔凯郭尔才在美国基督教界和大学神学系占据了一个牢固的位置。而就后者来说，克尔凯郭尔以其多产的著作、多样性的文风以及在遣词造句方面的大胆开拓丰富了丹麦语言和文学。但是，我们所做的这些称谓的改变和叠加难道只是为了粉饰或抬高某个历史人物而采取的"旧瓶装新酒"的无意义之举吗？我的答案是否定的。对于一位曾经在思想的、精神的世界当中留下印迹的人来说，每一个新的称谓都意味着一种新的阅读视野的开启，意味着扩大理解和唤起新生的可能性。对于克尔凯郭尔来说尤其如此。

克尔凯郭尔是多产的。在他短暂的 42 年的生命历程当中，他为我们留下了多达 40 本书以及数量可观的报刊文章。针对他生前出版作品的写作时间和内容，西方学界一般把克尔凯郭尔的写作分成两个阶段：1843－1846 年的"假名写作时期"和 1847－1851 的所谓"基督教时期"；其中出版于 1846 年的《对〈哲学片断〉的最后的、非学术性的附言》（以下简称《附言》）一书成为两个阶段的分水岭。在第一阶段里，克尔凯郭尔除了以真名 S. Kierkegaard 发表了 18 则"建设性演讲"之外，还以不同的假名写作并出版了如下作品：《非此即彼：一个生活的片断》（*Enter-Eller：Et Livs-Fragment*）、《反复：一个试验心理学的尝试》（*Gjentagelsen：Et Forsøg i den experimenterende Psychologi*）、《畏惧与颤栗：一则辩证的抒情诗》（*Frygt og Bæven：Dialektisk Lyrik*）（以上均出版于 1843 年）；《哲学片断或者片断的哲学》（*Philosophiske Smuler eller En Smule Philosophi*）、《忧惧的概念：一则就原罪所做的单纯的心理学考量》（*Begrebet Angest：En simpel psychologisk-paapegende Overveielse i Retning af det dogmatiske Problem om Arvesynden*）、《前言》（*Forord*）（1844 年）；《人生道路诸阶段》（*Stadier paa Livets Vei*）（1845 年）；《附言》（*Afsluttende uvidenskabelig Efterskrift til de philosophiske Smuler：Mimisk-pathetisk-dialektisk Sammenskrift，Existentielt Indlæg*）（1846

年)。① 而在第二个阶段,除了以"反克利马克斯"(Anti-Climacus)的假名发表《致死之疾病》(*Sygdommen til Døden*)和《基督教的训练》(*Indøvelse i Christendom*)之外,其余作品如《爱的作为》(*Kjerlighedens Gjerninger*)、《不同情境下的建设性演讲》(*Opbyggelige Taler i forskjellig Aand*)、《基督教演讲》(*Christelige Taler*)均用真名发表。本书的研究对象是克尔凯郭尔假名写作时期的作品。为此,我们必须首先解决一个问题,克尔凯郭尔前后两个阶段的写作之间的关系是怎样的?单从字面上看,上述两个阶段的划分和描述是不对称的,前者描述了克尔凯郭尔写作的外在特征,而后者则是对其主题思想的总结。再进一步问,如果克尔凯郭尔从 1847 年以后通过多则"建设性的"(opbyggelig)和"基督教"(christelig)演讲以及《爱的作为》这样的作品直接讨论基督教问题,那么,作为其著述生涯起点的假名著作与基督教的关系何在?我们又应该在何种意义上理解克尔凯郭尔之为"宗教作家"呢?为了解决这个问题,我将研究的重点放在《非此即彼》、《哲学片断》和《附言》之上,这不仅因为它们是克尔凯郭尔最具哲学意味的作品,而且还因为它们所传达的是"基督教哲学"(Christian Philosophy),其余的几部假名作品都是在心理学和宗教心理学方向上所做出的尝试,对此我们从其副标题的确立之上即可见一斑,遗憾的是,这些意味深长的副标题以前常常被忽略。从"基督教哲学"这个新的阅读视域出发,我认为克尔凯郭尔写作的连续性得以清楚地开显出来,"假名写作时期"与"基督教时期"这两个颇不对称的总结在内里得到了统一。克尔凯郭尔的全部写作都围绕着一个主题,即"宗教",正如他自己的总结。克尔凯郭尔所讨论的不是作为人类文化产品的一般意义上的宗教,而是人类历史上的一种具体的、特

---

① 克尔凯郭尔的假名著作大多有一个长长的副标题,它们很容易被忽略,但却极具指示性,能够为我们理解作品的主旨和情感基调提供重要的线索。

殊的宗教形态即基督教,一种与他的生命息息相关的宗教。所不同之处在于,他的假名写作不是对基督教的直接讨论,而是最终指向了对"基督教哲学"的讨论。借助假名策略和反讽技巧,克尔凯郭尔不仅有意识地拒绝了基督教会所赋予的权威,甚至拒绝了"基督教徒"的称谓,他有计划地与以基督教会所代表的正统基督教立场——即基督教的"自我描述"的立场——划清界限,试图从一个"局外人"的视角出发来审视基督教。在进一步展开克尔凯郭尔的基督教哲学的内容之前,我们首先要解决的问题是,何谓"基督教哲学"? 在何种意义上克尔凯郭尔的假名作品能够被视为是对"基督教哲学"的讨论?

二 何谓"基督教哲学"

"基督教哲学"不是一个自明的概念,它需要加以论证和澄清。在一个受过现代科学思维训练的人看来,"基督教哲学"似乎是一个带有悖论性质的概念。自启蒙运动以来,"基督教"和"哲学"清楚地分属于不同的"平面"和"领域",它们"耕种自己的园地",其中"哲学"听从"理性"的声音构建自足真理的体系,而"基督教"则在"启示"的引导下寻求个体的"拯救",它们似乎成了两种不相容的东西,任何一种把它们整合在一起的企图都很容易构成对二者的自主性的损害。从哲学史的角度出发,"基督教哲学"并不能直接被视为是西方中世纪哲学的历史形态,因为在中世纪思想史上,神学曾经高高地占据着一切科学的顶峰的地位,有很多思想家更乐意身为基督徒,他们对哲学并不感兴趣。还有些思想家不过把哲学视为是接受基督教义或者与之保持一致的工具和手段,哲学成了护教论或神学。在这种意义上,"基督教哲学"与"基督教神学"并无本质的差别,它还不能构成一种有意义的"哲学"的门类。所以,当著名的中世纪哲学史家吉尔松在《中世纪哲学的精神》一书当中郑重讨论建立

"基督教哲学"的可能性的时候,他首先要解决的就是"基督教哲学"这一概念所面临的逻辑和意义上的困难。吉尔松首先从中世纪丰富的思想文化史料和西方哲学思想发展史的轨迹出发,通过对笛卡尔、马勒伯朗士和莱布尼茨的哲学体系的分析最终发现,这些纯粹的哲学体系在不同程度上受到了基督教信仰的影响。同时,吉尔松还以思辨的态度指出,基督教有可能通过向人类理性开启、通过信仰的调和而改变哲学的发展轨迹,开启哲学所未曾梦想过的新的维度[1],比如由摩西确立的绝对的一神论原则[2]。这也就是说,基督教对于哲学的影响是历史性的、实在的,哲学不一定非得成为"宗教的婢女",相反,哲学可以从基督教信仰当中获得启示,而基督教亦有能力为哲学提供新的维度和方向。正是在这个意义上,"基督教哲学"的概念才是有意义的,而"构成基督教哲学的内容的主体就是理性在启示的帮助之下所发现的、探寻的或者捍卫的理性真理"[3]。换言之,尽管哲学理性和宗教启示有着形式上的区别,但是,如果一种哲学能够把基督教启示视为是理性不可或缺的辅助,这种哲学就可以被称为是"基督教哲学"。

如果说吉尔松对于"基督教哲学"这一概念的可能性的讨论是立足于中世纪哲学的发展轨迹并且更多带有学理诉求的意味,那么,哈佛大学教授约翰·瓦尔德于上世纪 50 年代末重提该话题则有着更多的现实的考虑,他希望通过建立"基督教哲学"把 20 世纪从"焦虑的时代"当中拯救出来。在《人类自由与社会秩序——论基督教哲学》一书的开首处,瓦尔德教授指出,在西方,"基督教哲学"并没有成为一门独立的"学科",

---

[1] Etienne Gilson, *The Spirit of Mediaeval Philosophy*, translated by A. H. C. Downs, London: Sheed & Ward, 1936, p. 12.

[2] Etienne Gilson, *The Spirit of Mediaeval Philosophy*, translated by A. H. C. Downs, London: Sheed & Ward, 1936, p. 51.

[3] Etienne Gilson, *The Spirit of Mediaeval Philosophy*, translated by A. H. C. Downs, London: Sheed & Ward, 1936, p. 35.

甚至这个术语并没有得到完全的认可的事实暴露出了西方思想史的问题,即理性主义传统与信仰主义传统之间的差距。[①] 随着焦虑情绪逐渐成为被普遍体验的东西,同时越来越多的人开始对于理性凭借自身的逻辑力量和自足性而采取的僭越自身权限的行为提出了质疑和批判,瓦尔德教授认为,基督教对人类生存和自由的开显和理解有可能为这个陷入焦虑和困惑的时代提供出路,于是构建"基督教哲学"的理想再次被提出。"基督教哲学不是一个从基督教原则当中推论出来的体系。……它毋宁是一种将由信仰而生的判断带到人的行为之上、以及把哲学带入到一种能够面对这种判断并且为之所照亮的状态之中的尝试。"[②]这也就是说,"基督教哲学"既是一门真正的人的哲学,它建立在向所有人敞开的世俗的证据之上;同时它又是真正的基督教的,因为它自觉地以基督教精神为导向并且进一步向澄明开显。换言之,哲学作为一门对于人自身、对于人所栖居其中的世界的理解的学科,它不可能从完全空白的头脑中产生;哲学开始于如亚里士多德所说的某些自明的前提,任何哲学都会源自某种"价值意象"(value image)并以之为导向。基督教因其在生存深度和哲学性的深广度方面具有一些鲜明的优势,它能够将超越性、内在性和生存性的因素整合起来,从而成为哲学的有力向导。[③] 正是在这个意义上,"基督教哲学"的建立才是有意义的。

在中国学界,对"基督教哲学"这个概念的认识经历了由浅及深的变化。过去,"基督教哲学"只是被当成为基督教神学作论证的理论体系,

---

① John Wild, *Human Freedom and Social Order: An Essay in Christian Philosophy*, Durham: Duke University Press, 1959, "preface".

② John Wild, *Human Freedom and Social Order: An Essay in Christian Philosophy*, Durham: Duke University Press, 1959, p. 101.

③ John Wild, *Human Freedom and Social Order: An Essay in Christian Philosophy*, Durham: Duke University Press, 1959, p. 122.

被当成是基督教神学的附庸。① 后来,"基督教哲学"这一概念所强调的中世纪哲学的意识形态特性和文化背景这一点被接纳了,由此而来的"中世纪哲学"在整个西方哲学发展史上的独立地位也获得了承认。② 最新的观点认为,"基督教哲学"所标识的是以基督教作为哲学的内在要素的理性的真理体系,标识着把基督教的启示真理转化成非启示真理的哲学。在这个意义上,"基督教哲学"是哲学在与基督教信仰相遇、碰撞的过程当中所提出的新问题,开辟出的新维度和导向。基督教与哲学的相遇不仅从深层上改变了基督教,使理性原则成为了我们走向启示真理并且向启示真理敞开的方式与维度;这种相遇也从深层上改变了西方哲学的走向,扩大了西方哲学的问题域。以追问世界的本原为使命的哲学在面对启示真理的时候必须承认,哲学从来就不可能直接把握这个本原,人并非"全知全能",理性也不可能在反思的理解之中完全把握由绝对本原所传达出来的启示真理。因此,真正成熟的哲学在根本上并不反对宗教,相反它将引领人们走向对独一的、绝对他者的信仰。③ 对"基督教哲学"的看法的转变说明学界对西方文化和西方哲学的理解达到了一个新的阶段。

在吉尔松和瓦尔德关于"基督教哲学"的构想的启发下,我希望从"基督教哲学"的角度出发重新阅读和理解克尔凯郭尔假名时期的写作,以期更好地透视克尔凯郭尔的心灵世界。

三 面向"生活世界"的"片断哲学"

克尔凯郭尔假名写作所构筑的"基督教哲学",正如其名称所显示的那样,它首先是一种"哲学"形态,而不是作为教会的理论支柱"基督教神

---

① 傅乐安:《托马斯·阿奎那基督教哲学》,上海人民出版社 1990 年版。
② 赵敦华:《基督教哲学 1500 年》,人民出版社 1994 年版。
③ 《西方哲学史》(学术版)第三卷《中世纪哲学卷》,黄裕生主编,江苏人民出版社 2005 年版。

学"而存在。

哲学与神学的关系是西方思想文化史上的一大课题,在此我无意细究。这里我想展开的只是,如果我们认可了前述"基督教哲学"概念的可行性,那么,在"基督教哲学"与"基督教神学"之间就应该存在着一条分界线。"基督教哲学"是在基督教信仰的启示和光照之下对于意义、真理和确定性的探讨。再进一步,倘若所讨论的就是基督教的原则和命题,那么,"基督教哲学"也就应该是从哲学的自由精神出发对基督教原则的理解。而"基督教神学"则有所不同,它是从宗教的角度——具体而言就是基督教的角度——出发所揭示的一种基督教的立场(a Christian stance),它讨论的是"基督教的语法和逻辑",换言之,"基督教神学"是从基督教内部出发的、对于基督教所做的一种"自我描述"(self-description)。① 我认为最能反映克尔凯郭尔假名著作的"基督教哲学"而非神学的立场的著作便是他的《哲学片断》。这部高度反讽性的作品所讨论的核心问题就是基督教"道成肉身"的原则,而且整个讨论是以一种隐晦但却系统的方式进行的。在全书的开篇部分,假名作者克利马克斯首先宣布,摆在读者面前的这个小册子是他"亲笔所写,代表自己,一切后果自负"(*proprio Marte*, *propriis auspiciis*, *proprio stipendio*);他只想在自己的思想之中"轻松起舞",而拒绝让他人去揣测自己写作的"意思"。② 很明显,克利马克斯希望表白,他是独立的,他不依附任何他人、组织、教派,他只是拿自己的生命在思想的世界之中进行一次"冒险"。至于这个"冒险"的具体内容,他在《哲学片断》每一章的结尾处都透露给了我们。克利马克斯设计了一个与虚构的"第一读者"的情景对话,其中,"第一读者"公开指责克利马克斯是一个"剽窃者",因为他自诩

---

① Hans W. Frei, *Types of Theology*, edited by George Hunsinger & William C. Placher, New Haven and London: Yale University Press, 1992, p. 40.

② *SKS*, vol. 4, pp. 215–217.

独创的"思想方案"只不过是一个妇孺皆知的故事,也就是基督受难的故事。为此,他把克利马克斯比喻成一个拿着人人轻易可见的东西骗钱的"流浪汉"。而每逢此时,克利马克斯总是做出一副善解人意的样子,对"第一读者"的愤怒表示理解。他还大度地承认自己是在"剽窃",只是他并没有"剽窃"其他作者,他所"剽窃"的是某种更高的、堪称"奇迹"的东西。这个"奇迹"究竟是什么,直到全书的尾声,克利马克斯才吞吞吐吐地说出了"基督教"一个词,不过他许诺将来或许会为这个论题"披上历史的外衣"。两年后,克尔凯郭尔果然以同一假名作者克利马克斯的名义出版了《附言》一书,指名道姓地讨论起了基督教。一个有趣的问题出现了,克利马克斯何以会生出"剽窃"家喻户晓的基督教的念头呢? 这里涉及到克利马克斯对其时代病症的诊断。在他看来,在基督教流传的一千八百四十六年的历史当中(1846 年正是《附言》一书的出版年份),人们关于基督教已经"听"得太多了,"知道"得太多了;在一个"体系的时代"里,基督教早已通过与形形色色的"观念"、"主义"相"结合",被转变成了知识和教条的体系。而广大会众对基督教的所闻所知又是通过国教会从基督教内部出发对基督教所进行的"自我描述",结果在一定程度上,"幻听"出现了,关于信仰的过量知识使信仰褪了色、走了样甚至成了腐蚀心灵的一剂"毒药"。于是乎,克利马克斯决意从一个基督教的"槛外人"的身份出发"剽窃"基督教故事,用"诗化的"和"形而上学的"方式"重构"基督教的原则,旨在"陌生化"人们早已耳熟能详、烂熟于胸的基督教原则,"疏远"正统的、既有的基督教会对基督教的"自我描述",重新唤醒人们对基督教信仰的敏锐和警觉。抛开关于"国教"的荒谬概念和"基督教国家"的迷梦,抛开从还在襁褓之中就听到的关于基督教的全部"幻听",抛开基督教开教以来的漫长历史,让每个个体以"单一者"的面目直面"上帝",按《哲学片断》中的话说,每个人将亲自从"上帝"手中接受理解真理的条件,从而切实地承担起思考"信仰之于个人的灵魂拯救的意义"之类的本真问题的责任,在激情的推动之下完成个人心灵的"天梯历程"。

其次，作为一种"哲学"形态，克尔凯郭尔的"基督教哲学"不同于传统的欧洲哲学，尤其是不同于在当时的欧洲已达至巅峰状态的客观哲学。它不是一个关于"宇宙—世界"（cosmos-world）的"知识""体系"，不是黑格尔意义上的作为"科学"的哲学，而是关于人的"生活世界"（Lebenswelt）以及人生意义的考量，因而这种哲学不可能是体系的，而只能是"片断的"（fragmental），它与充满了喧哗与骚动、谜团和悖谬的生活的原貌相一致。

克尔凯郭尔以"片断的哲学"来对抗"体系的哲学"，这个意义不仅在于对哲学思想的表达形式上的突破，同时，它还是一种哲学的叙述角度的改变，并且由此最终实现了对传统哲学的思想维度的突破。这里我想以《非此即彼》（Enten-Eller）一书为例。如果说"非此即彼"这个标题多少会让人联想到黑格尔、丹麦的黑格尔主义者们以及辩证思维，那么，该书的副标题"一个生活的片断"（Et Livs-Fragment；A Life's Fragment）则会令人耳目一新，或者大吃一惊，因为这实在不是一个可能从西方哲学传统当中出来的标题。但是，"一个生活的片断"比"非此即彼"更加旗帜鲜明地点明了克尔凯郭尔的立场和出发点。它指示着，克尔凯郭尔已经突破了他初到柏林听谢林哲学讲座时对"现实性"概念所产生的困惑的局面，他把"现实性"从思辨哲学所关心的逻辑和思想的层面拉回到了真实生活的层面上，拉回到了一个生动活泼的、交织着矛盾困惑的错综复杂的人的世界之上。从此，人与世界的关系不再构成简单的"主体"与"客体"的关系，哲学不再承载着追求全体性的客观真理体系的任务，而是回归到人的"生活世界"，向着人在这个世界生存下去的意义敞开。正是为了实现这个回归和转换，克尔凯郭尔才有意识地改变了哲学的叙述方式。传统意义上的哲学著作所呈现给我们的是一个"无人"的自在自足的世界，哲学家能够以一双冷峻的双眼从一定距离之外"不动声色

地—客观地"对一个不以人的意志为转移的"宇宙—世界"进行概念化的
观照和思考。但是在《非此即彼》当中情况却发生了逆转。在这里,传统
意义上的"作者"不见了,全书不再具有一个"鸟瞰"式的全知视角,有的
只是不同的生活样态的"代言人"。这些"代言人"全都是生活的"槛内
人",他们个性鲜明、血肉丰满;他们没有哲学家的客观冷峻、高瞻远瞩,
也不再对生活的材料进行"去粗取精"的提炼和升华,他们就像人生大舞
台上的演员一样,将自己真实而芜杂的"生活世界"、生活样态展现给了
观众。因此,我们从《非此即彼》当中读到的不再是"概念"、"推理",而是
挣扎在生活之流当中的个体的喜怒哀乐、矛盾困惑以及悲观绝望,甚至
是莫名其妙、无所适从的心情。于是,克尔凯郭尔假名写作策略的意义
完全得以开显。假名写作的意义不仅在于它可以把选择和评判的权利
交给作为个体的读者,更为重要的是,它能够轻松地实现哲学思考的重
心和视角的转换。从此,哲学不再追求客观的真理体系,而是面对一个
鲜活的"生活世界",并且探究生活在其中的"槛内人"的生活意义这样事
关每个人的紧迫问题。

　　克尔凯郭尔通过对"片断的"哲学的追求而完成了哲学重心的转换,
这中间是否有着更为深刻的原因呢? 换言之,他是在何种思想的启发之
下完成这种哲学重心的转换的? 我的答案是:基督教信仰。克利马克斯
在《附言》一书当中曾提出了一个重要的命题:"一个逻辑的体系是可能
的","一个生存的体系是不可能的"。[1] 紧接着,他对此做出了充分的解
说:"生存本身就是一个体系(System)——为上帝而在的体系,但却不是
为任何大活人(existerende Aand)而在。"[2]在克利马克斯所采用的哲学
语言的背后,存在的正是一个源自基督教的基本原则,即绝对的、至高无

---

[1] *SKS*, vol. 7, p. 105; *CUP* I, p. 109.
[2] *SKS*, vol. 7, p. 114; *CUP* I, p. 118.

上的"上帝"是存在的,而人与"上帝"之间存在着一条绝对的、不可逾越的鸿沟;"上帝"是全知全能者,而人只是有限的认知者。因此,只有"上帝"才具有俯瞰世界的能力,所有外表杂乱无章的生存在他眼中仍然是一个"体系",而我们凡人却从未逃出柏拉图的"洞喻"所描述的处境,我们眼中的"生活世界"只能是些"片断"。也就是说,克尔凯郭尔追求"片断的"哲学的根本原因除了基于他对生存问题的高度关注之外,还在于隐藏于其思想深处的基督教基本原则。

作为克利马克斯的立论依据的"人与上帝之间的差别"是基督教的基本原则之一,它贯穿于中世纪基督教哲学的发展史。① 但是,在同样恪守这条底线的前提下,克尔凯郭尔的"基督教哲学"又与中世纪哲学在精神气质上存在着很大的差异。我们不难观察到,中世纪基督教哲学家的著作存在着强烈的体系化的倾向,而这与中世纪基督教哲学产生的背景和内容不无关系。无论是教父哲学还是经院哲学,都是在基督教信仰遭遇到希腊理性哲学的质疑和挑战的境况下产生的,它们是基督教信仰为了证明自身、强化自身而向哲学寻求理解和帮助的产物,其结果是,哲学和基督教之间构成了"互惠、双赢"的局面,基督教开启了哲学思考的新维度,而基督教信仰的理论性得到了强化。渐渐地,一个围绕着基督教的"知识"系统出现了,其中,根据吉尔松,中世纪哲学家所关注的问题集中在能够对人们的宗教生活发生影响的面向之上,"人与上帝的关系"成为其核心,并由此发展出了"关于上帝和我们自身的知识"、"人与上帝的关系"等基本问题。只是在中世纪的观念当中,"人与上帝之间的差别"得到了彻底的贯彻,人们不认为我们能够达到对"上帝"的完满认识,而

---

① 事实上,克尔凯郭尔在"上帝与人之间的差别"的问题上走得更远。他把这种差别视为是"本质性的"、"绝对的",也就是说,在人与神之间横亘着一条不可逾越的鸿沟。如果这一点成立的话,那么"自然神学"的立论基础将被彻底瓦解。但是,我认为这个态度是有违《圣经》精神的。具体的分析论述参见本书第五章第二节。

这方面的欠缺要由我们对"上帝"的"爱"来弥补。而且,信仰和启示在获得知识的过程中具有绝对的意义,人的理智是"上帝"所赋予的,因此知识最终来源于"上帝"。

显然,克尔凯郭尔面临的问题和境遇与中世纪基督教哲学家们完全不同,他有自己的焦虑。克尔凯郭尔根本不用担心基督教的地位,因为基督教早已被确立为"国教",基督教信仰和基督教文化早已成为每一位出生在"基督教国家"当中的个体"被抛"入其中的背景。只是,如此一来,基督教信仰的本真意义被抽空了,剩下的只是空洞的形式。尤其是在经过启蒙运动的洗礼之后,宗教问题不再可能成为知识的全部焦点,世俗的科学文化与宗教之间的功能日益分化,科学技术蒸蒸日上,社会面貌日新月异,如今的人们一任求知的"好奇心"纵横驰骋,无人再会像奥古斯丁、圣伯纳德和波那文图拉那样为这"好奇心"贴上"徒劳的"、"不端的"的标签了(*vana curiositas*, *turpis curiositas*),人们似乎也不再重视"人与上帝之间的差别"。19世纪的欧洲是一个"美丽的新世界",欧洲的精神风俗发生了转向。神人界限日益模糊,城市化的生活方式开始取代田园诗般的乡村生活方式(这个转换的环节在《共产党宣言》中有深刻的反映),伴随着城市化进程的是社会生活的世俗化倾向。虽然"上帝死了"的呼声因尼采《查拉图斯特拉如是说》才成为西方思想文化界的一件"大事",但青年黑格尔派成员鲍威尔早在1841年出版的《对无神论者和反基督的黑格尔的最后审判》一书中就已明确提出了这个说法,只不过当时的欧洲社会和文化环境尚无力接受这个观点,"上帝死了"只是作为一种潜流存在着。克尔凯郭尔的焦虑正是在这种背景之下产生的。克尔凯郭尔的父亲是生活在日德兰半岛的穷苦农民,是新教"虔敬派"的忠诚信徒。虽然日后通过个人奋斗而成为哥本哈根首屈一指的富商,但在骨子里,老克尔凯郭尔仍然保持着农民阶层对基督教的虔诚,而这份虔敬之心又通过他近乎疯狂的宗教教育传递给了小克尔凯郭尔,使得后者的心中存有一份对基督教的虔诚之心,尽管这种虔诚与其具有原创性的自由思想之间常常发生冲突。克尔凯郭尔没有被"国教"、"基督教国家"的说法所迷惑,这只是基督教表面的辉煌,实际上基督教信仰正遭遇着前所未有的被解构的危险,人们只是屈从于传统而虚伪地保留着基督教徒的名分和躯壳。他清明的思想告诉他,人是有死的,人不是神,这种生存的有限性决定了在这个世界上存在着我们的认识能力所不及的东西;同时,人的有死性又指示着,这个世界上存在着某种只有我们自己才能经历的、他人无法替代的东西,比如说,我的死亡。他的智慧的双眼看透了社会进步和人性进步背后所潜伏的危机,人的精神生活日趋"平面化",主体性深度和个体性正在逐渐消失,现代民主所追求的"平等"最终沦落为人的"平均化"。面对这种状况,他想到了基督教信仰,那是他的父辈自他出生之日起就给予他的东西,是他毫无理由地、荒谬地"被抛"入其中的生存背景,他希望通过对这种信仰注入新鲜的力量的办法来挽救处于堕落之中的人。他捐弃了以"遁入修道院"为标识的中世纪的精神风俗,摒弃了以创造体系为荣的19世纪的精神风气;他没有构建试图解释一切的包罗万象的哲学、神学体系,而是将目光转向实实在在的平凡生活,把思考的重心转移到了"如何使个体在扎根现实性的同时使其有限的生命历程具有意义"这样的根本问题之上。同时,他抛开了教会、神职人员的阻隔,让个体以"单一者"的身份直接面对上帝。人生意义的获得不能靠套用哲学观念和理论,亦不能靠教会抛出的救世理论,更不能通过逃离尘世来完成,人生意义必须靠个体在生存的漩涡中日复一日、年复一年地去完成生存所提出的要求来创造,通过履行生活当中的各项职责来开显出生活的精神性面向的意义,就像威廉法官的所作所为。威廉法官是一个非常具有指示性的形象。他的身份既非哲学家,亦非关心"抽象的、形式的自由"的伦理狂热分子,更不是只关心"天上"而忘记"人间"的宗教狂,他甚至都不去教堂听牧师讲道而只是自己读《圣经》。克尔凯郭尔赋予了他以每天都需要回应生活的要求的芸芸众生当中的普通一员的身份,他三句话不离工作、家庭、职责,俨然一个中产阶级。但是,威廉法官却是一个有"信念"的人,也就是说,他有一个无须论证即可自动拥有的思想前提和行动的出发点,即"人是自由的",生活的领域是一个自由的领域,这里完全没有"必然性"的位置,人生的领域充满了"选择"。面对"选择",威廉法官坚信,这个世界上存在着绝对意义上的选择,即"选择自我",因此,他多次强调,在"赢得整个世界"和"培育灵魂"之间他将选择后者。于是,在忠实履行包括结婚生子这样的"职责"的前提下,在扎根于时间之流并且努力把每一天当做具有决定意义的、接受考验的那一天的同时,他所想的只是为自己寻找生活当中的各种"任务"并且努力完成它们,而不是去算计这些任务能否引领我们有所"成就"并最终获得"拯救",因为后者不在我们的能力范围之内。毫无疑问,威廉法官的信念和行为准则来自《圣经》和基督教信仰,正是这一点使得威廉法官在忠实履行各项人生职责并且享受着世俗生活的乐趣的同时,没有忘记培育个体"灵魂"这一更高的目标。从这个意义上说,威廉法官就是一个现代意义上的基督徒,对他来说,基督教信仰的意义不在于使个人在会众之中找到归属感,而在于使个体的灵魂有所依托,使世俗化的生活开显出精神性的意义。

四 假名写作的陷阱和阅读策略

阅读克尔凯郭尔有时感觉就像在解谜,他的作品不断挑战着我们的阅读和思想习惯。克尔凯郭尔自出生即被"抛入"到一个基督教"虔敬派"的生存背景之中,从小受到了近乎严苛的基督教教育;而他偏偏又培养起了天才般的感受性和高度辩证性的批判头脑,这与他的"被抛"入其中的生存背景之间必定形成巨大的张力,从而使他无可避免地成为一个痛苦的灵魂。尤其是,当他不可能将内心的痛苦全部倾泄出来的时候,创造出一个个观点连环相扣、彼此叠压冲突的"中国盒子"式的作品就成了他的精神出路。面对他的"间接沟通"的写作方式,作为读者,我们既不能走"直白阅读"的道路,因为那样很容易就中了"间接沟通"的圈套,同时也不也应放弃对他的写作的"意义"——其实是"多重意义"——的追问。因此,每一个克尔凯郭尔的阅读者都要力争成为法国作家莫洛亚所说的灵敏的"猎犬",在一个作家像被追捕的动物那样时刻注意掩埋自己的脚印的时候,其踪迹仍然能够被发现。

克尔凯郭尔是一位"另类的"哲学家,甚至是一个反(思辨)哲学的哲学家。在英语世界,尤其是在美国,克尔凯郭尔研究是在神学系、神学院进行的,虽然近年来在后现代主义思潮的影响之下,越来越多的哲学家开始重视克尔凯郭尔。究其原因,第一可能是由于克尔凯郭尔在美国的影响力是通过保罗·蒂利希的神学传播和树立起来的;第二个可能的影响来自第一位把克尔凯郭尔的著作译成英语、并且首次用英语为克尔凯郭尔写传记的美国牧师沃尔特·劳瑞(Walter Lowrie,1868—1959)的基本态度。劳瑞在退休后的 1936 年至 1944 年间,怀着对克尔凯郭尔的热爱翻译了包括"基督教训导文"在内的克尔凯郭尔的许多主要著作,著有两本克尔凯郭尔传记[①]。在他的笔下,克尔凯郭尔从来都被视为是正统基督教信仰的"卫道者",而在评价克尔凯郭尔晚年与丹麦国教会论战的时候,克尔凯郭尔更是被浓墨重彩地描摹成一位"基督教的殉道士(Martyr)",他认为克尔凯郭尔反对"基督教世界"(Christendom)、反对丹麦国教会的态度其实是在为普通基督教徒树立了一个难以企及的"高标准"。这个有些原教旨主义意味的态度在相当长的一段时间内成为英

---

① Walter Lowrie, *Kierkegaard*, New Jersey: Princeton University Press, 1938; *A Short Life of Kierkegaard*, New Jersey: Princeton University Press, 1942.

语世界克尔凯郭尔研究的主基调。这样的解读方式完全忽视了克尔凯郭尔作为一个创造性的"作者—作家"的意义,忽视了他采用包括假名策略、反讽手法等在内的"间接沟通"的写作方式的意义,从而成为英国学者罗杰·普尔提出的在西方克尔凯郭尔研究界广为人知的"blunt reading"(意为"直白的阅读"甚或"迟钝的阅读")的典型例证。①

不仅如此。当我们阅读作为基督教哲学家的克尔凯郭尔的作品的时候,我们不仅需要抛开旧有的阅读习惯,甚至还需要挑战我们已有的知识系统。我不是基督教徒,也没有受过正统的、系统的基督教神学训练,对基督教的"自我描述"甚至还存在着知识上的空白点,基督教思想对于我来说是一个异域的思想系统,我正在努力接近它的问题、核心和主旨。从这个方面说,阅读克尔凯郭尔也是我努力进入基督教思想的问题系统的良好契机。不过,考虑到克尔凯郭尔借助他的假名策略"陌生化"、"距离化"基督教的企图,我在关于基督教知识方面的不足或许反而可以成为我的优势,因为我可以不带任何成见、偏见,不受任何既定教条的左右,以完全自由的精神和开放的态度面向克尔凯郭尔的文本,从而体验他的焦虑,把握他所提出的问题。我相信,面对克尔凯郭尔这样一位特立独行的、具有思想原创性的作者,我们不应该从正统的基督教思想体系出发来阅读他、评判他,例如,哪位假名作者够得上是真正的基督徒,哪个观点是真正基督教的,凡此等等,这些诘难在一些西方神学家专论克尔凯郭尔的著作中比比皆是。我们应该换个阅读的方向,应该从克尔凯郭尔的写作本身出发,看看他为基督教这个有着悠久历史的宗教说了什么话、提出了什么问题、做出了哪些有意义的"增补"。这一点恐怕才是克尔凯郭尔的假名作品所希望向我们开显出来的意义。

---

① Roger Poole, *Kierkegaard: The Indirect Communication*, Charlottesville: Virginia University Press, 1993.

第一部

哲学批判：来自生命的逼问

　　克尔凯郭尔的假名作者们认定，19世纪的哲学是有问题的，并且由哲学产生的问题直接影响到了个体对"永恒福祉"的追求。但是，哲学的问题究竟出在哪里？假名作者们又是以"怎样"的方式来指出并纠正这些问题的？这正是本书第一部分所要讨论的。由于不同假名作者所代表的立场不同，他们在从事哲学批判的时候所采取的方式也不尽相同，因此必须逐一加以分析，而不便笼统得出结论。

第一章　视角的转换：回归"生活世界"

一　从思辨哲学的"现实性"到"生活的片断"

《非此即彼》首版于 1843 年，其时克尔凯郭尔刚刚步入而立之年。尽管在此之前克尔凯郭尔已经出版了评论安徒生小说的文学评论《尚存者手记》(1838 年)和学位论文《论反讽概念》(1841 年)，但是《非此即彼》应该算作克尔凯郭尔作为自由作家生涯的起步之作。在写作《非此即彼》的时候，克尔凯郭尔抛开了评论安徒生作品时"故作深沉"的生涩以及试图借晦涩哲学术语以压倒对方的"虚张声势"；同时，因为没有了取得学位的顾忌和压力(当然不仅仅是为了学位)，克尔凯郭尔得以抛开既有学术规范的制约，最大限度地发挥自己的想象力和写作才华，从而最终造就了这部与传统哲学著作风格迥异的作品。《非此即彼》没有作者，构成全书的文稿是编者 Victor Eremita 即"胜利的隐士"无意间从一张旧书桌的抽屉里发现的，原作者无从查考。不仅如此，构成《非此即彼》是一些可以独立成章的散落文稿，文稿之间并不构成连贯性的章节关系，尤其是上卷当中的很多作品，它们甚至可以被作为单独的文学作品来阅读。编者只是根据文稿内容而将其分为上下两卷,并分别将其作者称为 A 和 B,他们作为代言人分别展示了审美和伦理的生活方式,全书最后没有得出结论。

《非此即彼》是一部典型的具有"复调"结构的作品,其中至少同时包含着年轻的克尔凯郭尔个人情感生活和哲学思想创造这两条线索。1841 年 9、10 月是克尔凯郭尔个人生活史上的"多事之秋"。9 月 16 日,他出版了学位论文《论反讽概念》,29 日通过答辩;10 月 11 日,他解除了与雷吉娜·奥尔森(Regina Olsen,1822 - 1904)的短暂婚约。为了躲避不幸的婚约事件所带来的烦恼,同时也为了回避当时哥本哈根上流社会的议论,10 月 25 日,克尔凯郭尔前往柏林,而《非此即彼》的写作计划就是在他滞留柏林期间启动的。1842 年 1 月 6 日,克尔凯郭尔在写给友人埃弥尔·博伊森(Emil Boesen)的信中,透露说他正在勤奋写作,并且已经完成了《非此即彼》的主要部分的写作。1842 年 2 月,他信告埃弥尔,他计划提前返回哥本哈根,以便完成《非此即彼》的写作。3 月 6 日,克尔凯郭尔返回哥本哈根;同年 11 月,完成了全书的"序言";1843 年 2 月 20 日,《非此即彼》上下两卷全部付梓。[①] 从时间和内容上看,《非此即彼》与克尔凯郭尔不幸的婚约事件之间是有着某种联系的,不了解这条线索,我们就会对行文当中并不少见的一些急转直下的主题切换和情感爆发感到突兀。但是,《非此即彼》绝非如克尔凯郭尔在日记中所"表白"只是他与雷吉娜之间的"暗码通信"。这部书之所以能够跨越时空在当今世界范围内仍然引起人们的关注,说明它有着更为广阔而深远的思想动机。《非此即彼》是一部"纯粹的创造",一部真正的"诗人之作"。作为一部"另类"的哲学著作,《非此即彼》一反当时占据欧洲哲学主导地位的德国唯心主义传统,没有走从概念到概念的、注重逻辑和推理的道路,而是

---

① *SKS*,K2 - 3,p. 38.

通过塑造人物形象的办法间接地阐明自己的主旨，无论是立意还是写作手法，《非此即彼》都开启了哲学向"生活世界"回归的新动向。

为了更清楚地阐明克尔凯郭尔创作《非此即彼》的思想背景以及该书所开启的哲学动向，我们要暂时将时间向前移至 1835 年，阅读正在人生的十字路口上徘徊的克尔凯郭尔写下的一则日记。当时的克尔凯郭尔年仅 23 岁，他正在哥本哈根大学神学系读书。日记的内容是这样的：

> 我自己真正需要搞清楚的是，我要做什么，而不是我要知道什么，除非知识必须先于行动。这事关对我的命运的理解，我要看上帝真正意愿我做什么；问题的关键在于寻找一种为我而在的真理，寻找一种我将为之生、为之死的观念。而且，这些对我何用之有呢，如果我找到了所谓客观真理；如果我遍检哲学体系，并且在被要求时能够对其进行检视；如果我能够在任意一个圆圈内指出其前后不一致之处；——这些对我何用之有呢，我能够发展出一种国家理论，并且把各处撷取的细节连缀成一个整体，建构一个我并不在其中生活、而只是捧给他人观看的世界；——我能够展开基督教的意义，能够解释很多具体的现象，如果它们对于我自己和我的生活并无深刻意义的话，它们对我何用之有呢？……这对我何用之有呢，真理就在我面前，冰冷，赤裸，对于我是否认可它漠不关心，它带来的勿宁是令人焦虑的颤抖，而非信任的顺从？

在经过了痛苦的灵魂拷问式的反思之后，克尔凯郭尔认定，自己的问题在于受到了一种"知识的绝对命令"（Erkjendelsens Imperativ）的左右，认为自己真正缺乏的是一种"完满的人性的生活"（et fuldkommen menneskeligt Liv），而不仅仅是知识的生活。但是，如何才能实现"完满的人性的生活"呢？克尔凯郭尔首先对思辨哲学的"现实"（丹 Virkelighed；德 Wirklichkeit；英 Actuality）概念进行了彻底的否定。

19世纪的欧洲哲学以德国唯心主义为主导,而在丹麦,从克尔凯郭尔的学生时代开始,黑格尔就是丹麦哲学界的领军人物,克尔凯郭尔的大学老师们如马腾森(H. L. Martensen)、西伯恩(F. C. Sibbern)、缪勒(P. M. Møller)等都经历过一段"黑格尔主义时期",而不管他们后来更多地是支持和宣传还是反对与批判黑格尔的哲学,他们自身的思想方式都受到了黑格尔的极大影响,这种情况在克尔凯郭尔身上也不例外。黑格尔是古典唯心主义哲学的集大成者,他不仅完成了始自康德的使哲学成为一门"科学"的工作,而且还以其包罗万象的庞大体系登上了哲学发展史上的高峰。至黑格尔的时代,欧洲哲学已经形成了一套通过概念和范畴来构造和把握"现实"的思维方式和话语系统,并且达到了相当高的专业化水准。克尔凯郭尔虽然承认19世纪的思辨哲学代表着哲学发展史上的伟大成就,甚至他本人无论是在哲学思维方式还是写作方式上都无可否认地受到了来自黑格尔的诸多影响,但是,他的人生志向与这些他所称之为的"德国哲学教授们"存在着隔膜。在思辨哲学传统之下,"现实"是一个抽象的和逻辑的范畴,它被定位于一个超越出实际存在者的形而上的存在。当黑格尔写出那句屡遭误解的名言"凡合理的都是现实的,凡现实的都是合理的"时候,他心目中的"现实"并不是指那些无限的具体存在者,而是指自然和精神的世界中那些合乎理性的层面。只有这些层面才是黑格尔所理解的作为"科学"的哲学所要研究的对象,也正因为如此,他才会把哲学的内容认定为"现实"①。但是克尔凯郭尔所关心的是个体的人及其生活。因此,他不可能不怀疑,黑格尔的哲学体系在面对个体的人生困惑的时候是否有效。在对黑格尔的哲学表示失望之后,克尔凯郭尔一度把新的"理智的"希望寄托在了谢林身上,希望谢林能够帮助他澄清在哲学上的困惑。谢林自1840年获得柏林大学教授

---

① 黑格尔:《小逻辑》,贺麟译,商务印书馆1994年版,第43页。

席位后,于次年秋天在该校主持自 1831 年黑格尔逝世后就一直空缺的哲学讲座。1841 年 10 月克尔凯郭尔在柏林访学期间的重要工作之一就是聆听谢林关于"启示哲学"(Philosophie der Offenbarung)的讲座。讲座不仅吸引了很多风华正茂的大学生,还吸引了恩格斯和巴枯宁。① 克尔凯郭尔存有谢林自 1841 年 11 月 15 日首讲至 1842 年 2 月 4 日之间的全部演讲笔记的誊写本,可见他对谢林的重视程度。在 1841 年 11 月 22 日的日记当中,克尔凯郭尔还清楚地记录了他听谢林演讲时的感受。他写道:

> 我真高兴听到了谢林的第二场演讲——无法言传。我已经叹息太久了,而且思想在我身内叹息;当他就哲学与现实的关系提到'现实'一词的时候,思想的胚胎快活地在我体内跳动,就像以利沙伯一样。我记住了他随后所说的几乎每一个词。也许就在这里一切都可以明晰起来。这个词令我想起我在哲学方面所受的所有痛苦和折磨。②

但是很快,他再次感到失望,因为在谢林的哲学当中,"现实"仍然是一个抽象的逻辑范畴,而不是他所希望的那种关于人的实在的"现实"也就是关于"生存"的涵义。克尔凯郭尔感到再次受到了欺骗。他称谢林是"满口胡言",《非此即彼》上卷"间奏曲"中有一则格言式的"片断",表达的就是他的失望之情,其中这样写道:"哲学家们所谈论的现实常常是令人失望的,其情形如同人们在二手货商店看到的一个招牌,上面写道:熨衣在此。假如某君真的把他的衣服拿来熨烫,他就会上当受骗,因为

---

① 参见 *EO* I, "Historical Introduction", p. viii.
  丹麦学者尤金姆·加尔夫(Joakim Garff)在其长达 7 百余页的克尔凯郭尔传当中指出,当时与克尔凯郭尔同听谢林讲座的人是卡尔·马克思。但此说并无依据,应该是一个错误。参见 Joakim Garff, *SAK:En Biografi*, Copenhagen:Gads Forlag, 2000, p. 182.
② *SKS*, vol. 19, p. 235.

那块招牌只是用来卖的。"①从此,克尔凯郭尔彻底放弃了对"德国哲学家"的希望,潜心创作《非此即彼》,打算以一种"反(传统)哲学"的方式展现他所理解的"现实"的真正内涵,也就是说,"现实性"意味着个体真实的生活状态、生存方式。

为了达到这一目的,克尔凯郭尔从选择"非此即彼"这个标题的时候就是有所考虑的。1842年2月,克尔凯郭尔向友人坦言:"'非此即彼'的的确确是一个绝妙的标题。它既刺激,同时又具有思辨的意味。"②这个标题在哥本哈根引起了轰动效应。当克尔凯郭尔的假名作者身份暴露之后,哥本哈根的街头顽童时常会冲着他高喊 enten-eller 取乐。不过,enten-eller 并非克尔凯郭尔的首创,它是拉丁短语 aut... aut 的丹麦语对应语,而 aut... aut 在黑格尔展开其辩证逻辑思想时即已被作为"非此即彼"的传统逻辑学和旧的形而上学思维方式而受到了批判。传统逻辑学认为,两个相互矛盾的命题不可能同时为真(矛盾律),我们只能肯定其一必真、另一必假(排中律)。但从思辨哲学的角度出发,这种 aut... aut 的"非此即彼"的思维方式是片面的、独断的,而思辨哲学所要做的是把认识矛盾看成是哲学思考的本质,从而使矛盾的性质成为逻辑思维的辩证环节。在辩证思维方式的观照之下,世界既是有限的,又是无限的,我们不必在这两种判断之间做出唯一的选择。③ 由此,思辨哲学打破了真理的片面性,从而追求"全体"的真理。黑格尔对 aut... aut 的批判及其辩证逻辑思想在丹麦学界曾引发了热烈的讨论,从而导致 aut... aut 和 enten-eller 这两个术语不止一次出现在克尔凯郭尔的老师西伯恩、马腾森以及他父亲的老朋友大主教明斯特的文章当中。很明显,克尔凯郭尔对这场讨论及争论的焦点是有着详尽了解的,从这个角度出发,他选

---

① *SKS*, vol. 2, p. 41; *EO* I, p. 32.

② *SKS*, K2-3, p. 47.

③ 黑格尔:《小逻辑》,贺麟译,商务印书馆1994年版,第101页、第132页。

择 enten-eller 作为自己在哲学上的起步之作不是偶然的，而是对丹麦学界对黑格尔辩证逻辑思想的讨论的一种主动回应，只是他的回应方式不像他的老师们那样仍然驻足在逻辑思想的领域，他不是"硬碰硬"地对传统逻辑学的 aut...aut 原则以及黑格尔的辩证逻辑思想进行辨析和批判，而是巧妙地通过塑造审美感性的人和伦理者的不同人物形象的方式，将讨论的重心移到了个体的人的生活领域，从而探讨 aut...aut 原则在现实的"生活世界"当中的有效性。

如果说克尔凯郭尔选择"非此即彼"作标题的时候仍然想着以自己的方式回应黑格尔逻辑学及其在丹麦学界所引发的学术讨论，那么，当他启用"生活的片断"(Et Livs-Fragment)这样咄咄逼人的字句作为全书的副标题的时候，他已经彻底走上了一条与传统哲学决裂的道路。"生活的片断"旗帜鲜明地指示出，克尔凯郭尔已经突破了他在 1841 年柏林之行前后对于"现实性"概念所产生的困惑，表明他已经毫不犹豫地把"现实性"从思辨哲学所关心的逻辑和思想的层面拉回到了具体的人的生活现实的层面之上，把哲学从"天上"拉回到了"人间"。从此，哲学面向的将不再是纯粹的、逻辑的思想世界，而是一个生动活泼的、错综复杂的人的世界。人与世界的关系也不再简单地构成"主体"与"客体"的关系，哲学亦不再承载着追求全体性的客观真理体系的任务，而是回归到人的"生活世界"(Lebenswelt)，并且向着人在这个世界生存下去的意义敞开。为了实现这个回归和转换，克尔凯郭尔有意识地改变了哲学的叙述方式。传统意义上的哲学著作是哲学家以客观冷峻的双眼从一定距离之外"不动声色"地对一个不以人的意志为转移的"宇宙"(cosmos)、"世界"进行概念化的观照和思考的结果，因此我们可以不需要了解关于作者个人生活的任何背景材料，因为他的生活世界往往是被有意隐藏起来的，他提供给我们的世界其实是一个"无人"的、自在自足的世界。但是在《非此即彼》当中情况发生了逆转。在这里，传统意义上的全知全能的"作者"克尔凯郭尔隐身不见了,全书也不再是从一个"鸟瞰"式的全知视角出发而成;相反,克尔凯郭尔巧妙地提供了不同生活样态的"代言人",这些个性鲜明、血肉丰满的大活人抛开了哲学家的客观冷峻,他们不再充当生活的"槛外人",而是心满意足地充当着"槛内人"的角色,十分自然地把自己的"生活世界"和生活样态呈现给了读者,其中包括个体的喜怒哀乐、矛盾困惑以及悲观绝望。这种视角的转换注定了《非此即彼》所提供的只能是一个"生活的片断",而不可能是关于生活的整体的、超越的认识,因为后者对于一个仍然活着的人来说是不可能的,只要人仍然活在世间,此人对自己的世界的感知就只能是有所限制的,甚至就是"主观的—主体的"(subjective),因为人非全知全能者。这种感知也必定是带有"偏见"的,因为在面对"生活世界"的时候,一个人不可能完全抛开自己的情感。于是,克尔凯郭尔采用假名写作的策略的意义完全得以开显。假名写作使克尔凯郭尔避免就个体对其生活方式的选择发表自己的意见,他把选择和评判的权利交还给作为独立个体而存在的读者。更为重要的是,假名写作轻松地帮助克尔凯郭尔完成了哲学的重心从追求客观的真理体系向鲜活的人的"生活世界"的转换。

二　审美生命形态:逼向"生活世界"

《非此即彼》的主旨之一便是向"生活世界"的回归。但是,由于上下卷的代言人身份不同、使命不同,他们提醒我们注意到我们身边的这个"生活世界"的方式有所不同,而最终展现出来的"生活世界"的样态亦然。

《非此即彼》上卷展示的是一种审美感性生命形态,它由 8 篇风格各异但文字生动感人的独立作品组成。其中,《间奏曲》、《影子戏》和《最不幸的人》集中表达了审美感性的人对人生的有限性和虚无性所做的观察和感喟。这些作品文字优美,极具抒情性和艺术感染力,它们完全可以被视为文学艺术作品。而《情欲的直接性阶段或者音乐性的情欲》《古代戏剧中的悲剧性》和《初恋》这三篇作品记录的则是审美感性的人直接面对经典艺术作品时的审美经验和哲理思考。审美感性的人提出并讨论了黑格尔美学中的两个话题,即经典艺术作品的标准和关于古代悲剧艺术的问题。此外,上卷中还有两部不易归类的且具有多种阅读可能性的作品——《轮作原则》和《诱惑者日记》,前者至少可以被解读成审美感性的人游戏人生的宣言书,审美感性的人漠视一切的外表难掩其内心的无聊和空虚;而后者表面看像是一个通常意义上的始乱终弃的故事,但它实际揭示的却是埋藏在审美感性的人心底的难以排遣的"绝望"。抛开对上卷这些作品的多种其他阅读的可能性,单就其展现审美感性的人的生命形态这一点而论,我们可以看到,审美感性生命形态的首要特点便是"直接性",也就是说,审美感性的人与生活之间没有丝毫距离,他们只生活在"当下"、"瞬间",扎根于生活的洪流之中,他们的生活就是以其敏锐的触角和感受能力去捕捉生活带给他们的各种感受。正因为如此,审美感性的人的生活样态呈现出零散的、非连贯性的特点,而审美感性的人也不可能固定成一个特定的形象,我们能够直接看到的只是审美感性生命形态的各种"直接性"的表现,具体言之就是各种"心情"(Stemning;mood),它们都是审美感性的人在与"生活世界"直接接触或发生碰撞之时所产生的结果。在上卷中经过刻意描绘的"心情"当中,否定性的"心情"占据了主导,像"不幸"(ulykkelighed;unhappiness)、"厌倦"(Kjedsommelighed; boredom)、"忧"(Sorg; sorrow)、"忧郁"(Tungsind;melancholy)、"忧惧"(Angst;Anxiety)、"虚无"(Intethed; nothingness)等。作为"直接性"的人,审美感性的人绝非浑浑噩噩之辈,他们敏锐、多情、感受力极强,珍视自己的"心情"和人生感受。这样的人从不缺少精神性,但却不会被各种哲学、理论牵着鼻子走,比之于体系哲学和空洞的大道理,他们更相信自己的眼睛和感受,宁愿在人生之旅中跟着自己的感觉走。毫无距离地沉浸在"生活世界"之中,审美感性的人凭借敏锐的感受力透视出了生存当中各种盘根错节且无法消解的矛盾和荒谬之处。他们从有些昆虫在受胎时死去的现象中得到启示,认为"生活当中最高的、最为灿烂辉煌的享乐总是与死亡相伴。"①人们在生活当中努力打拼以期获得的功名利禄甚至快乐、友谊都只不过是过眼烟云,万事皆空,活着就是荒谬的。"没有人从死亡中复生;没有人不是带着啼哭来到这个世间。没有人去问一个人何时要进入这个世界;没有人问他何时想要离开。"②人被毫无理由地抛到这个世界,行色匆匆地走过这个世界,最终走向冰冷的坟墓,生存的意义何在? 在审美感性的人的眼中,世界上最不幸的人不是永生者,而恰恰是无法死去的人;能够得享天年者是幸福的,但最最幸福的是那些从未出生的人。③ 审美感性的人感觉不到人生的乐趣,相反,生存成为了一种摆脱不掉的负担。"人生如一杯苦酒,但是我必须一滴滴地将其咽下"④。因为审美感性的人无力行动,他没有力量做出主动割断生命之绳索的决断。比之于追求思辨哲学体系的哲学家,审美感性的人能够全身心地投入到"生活世界"之中,让那些自然流露的"心情"成为主宰,一任自己的思绪自由流淌。可是,审美感性的人的病根在于,面对纷乱如麻的"生活世界",面对复杂难解的人生难题,他们无法做出决断,无力采取行动。审美感性的人认为,人生而自由,人可以自由地思想,因此费力争取言论的自由就是一种无意义的非理性之举。⑤ 问题是,在很大程度上,审美感性的人滥用了思想的自由,以致于他们从根本上否定行动的意义,最终完全被生存的矛盾和悖

① *SKS*, vol. 2, p. 28; *EO* I, p. 20.
② *SKS*, vol. 2, p. 34; *EO* I, p. 26.
③ *SKS*, vol. 2, p. 214; *EO* I, pp. 220 - 221.
④ *SKS*, vol. 2, p. 34; *EO* I, p. 26.
⑤ *SKS*, vol. 2, p. 28; *EO* I, p. 19.

谬所俘获,以致于提出了一个"结婚,你会后悔。不结婚,你也会后悔。不论结婚还是不结婚,你都会感到后悔"①的彻底虚无主义的论调。

如此,审美感性的人通过与"生活世界"的零距离的接触和体验把我们"逼向"了这个我们栖居其间的"生活世界",以切身的感受完成了对生存的"现实性"的展示。这个世界是矛盾的、偶然的、悖谬的,个体被抛到这个世界上但却要"向死而生"就是人在这个世界上所面临的最为严酷的"现实性"。审美感性的人以一双清澈的眼透视出了人类生存的基本状况,不加粉饰地将它们呈现在我们面前,使我们得以充分领悟到生存层面上的"现实性"所具有的严酷性和不容争辩的紧迫性。但是与此同时,审美感性的人也暴露出了自己的问题,他们完全沉陷入"生活世界"之中,自认看透了"生活世界"的虚无本质,但却缺乏"入世"的愿望和能力,一任生活之流推动着他们被动地向前,而不知如何在这个世界上行事,如何为这种生活带来意义,从而成为生活这本难念的大书的俘虏。对审美感性生命形态的问题及其出路的寻求将落在《非此即彼》下卷伦理代言人威廉法官的身上,他将着力回答"个体如何在我们的世界上过有意义的生活"这个问题。

三 "生活世界"与"思想世界"的分界

如果说审美感性的人对"生活世界"的展示是以"直接的"方式进行的,那么伦理者的身上则多了几分反思。当审美感性的人透视出"生活世界"的矛盾悖谬并且面对生活难题放弃了行动意愿的时候,伦理者勇敢地直面生存的压力,希望通过选择和行动走出虚无主义的泥淖。

与审美感性生命形态的"直接性"特点相一致,审美感性的人没有固定的形象,他更多表现出来的是一些不连贯的、带有波动性的"心情",时

---

① *SKS*, vol. 2, p. 47；*EO I*, p. 38.

而多愁善感,时而冷酷无情;此时风趣幽默,彼时悲伤感怀;此时激情洋溢,彼时忧郁绝望。与之相对的是,伦理者则被塑造成了一个具体的人物形象,因为伦理事关个体如何在这个世界上行动的问题,一个有着伦理准则的人必须是一个知道自己应该如何在这个世界上行事并且其行事方式具有内在连贯性的实干家。于是,克尔凯郭尔笔下的伦理代言人就拥有了这样的形象:威廉,男,法官,已婚,且身为人父。以威廉法官之名写给审美感性的人的两封长信《婚姻的审美有效性》《人格发展方面审美与伦理的平衡》以及《最后的话》构成了《非此即彼》的下卷。这些信件写得洋洋洒洒,其中不乏哲学的思辨,但是威廉法官却不止一次地声明,自己绝非哲学家、神学家、伦理学家,他只是一个平凡的公务员、一个丈夫和父亲;他的全部书写都只针对审美感性的人一人,他的书写并没有"权威"。在威廉法官的这个自我定位的前提下,信件的形式可以最大限度地保证他以平等的姿态与审美感性的人交谈。威廉自觉地脱下了法官的外衣,把审美感性的人看作是自己的朋友甚至是孩子。虽然他从旁观者的角度观察和描述了审美感性的人的生活方式,并尖锐地指出了审美感性的人的人格弱点,但他并不是在对审美感性的人提起"诉讼",即便是难以避免的"训诫"口吻也是出自爱而非出自"权威"。在他看来,审美感性的人生活的最大问题在于,他只关注"现在",而不去操心"过去"和"未来",这种生活方式导致他害怕"连续性"和"责任",并继而缺乏了真正的"人生观"和生活目标,所以审美感性的人才没有生存的耐心和信心,从而感到人生的空虚。威廉法官从自己的切身体会出发,滔滔不绝地讲起了自己的"家庭经",包括婚姻生活的美感、孩子在家庭生活当中的重要性等,因为"结婚不结婚"正是审美感性的人无法做出决断的一件人生大事,因为审美感性的人害怕日复一日、年复一年的家庭生活会把恋爱期间所积攒的关于爱人的美好印象都消磨殆尽。身为法官,威廉并没有关心那些"罪与罚"之类的大事,工作上的事情也谈得很少,却偏偏在这些婆婆妈妈的家庭琐事上发表长篇大论,这一点与《非此即彼》向"生活世界"回归的主旨是相吻合的。在这个意义上,威廉法官与审美感性的人都是以其直接性的感受将我们推向"生活世界",只是一个的方式是否定性的,另一个则是肯定性的。

当然,威廉法官并不是一个单纯的形象,而是一个有着多种声音的人物。除了对审美感性的人生命形态及人格疾病进行诊断之外,有的时候他也乐于或者说忍不住做一点哲学的思考,甚至我们可以从他身上听到康德和黑格尔哲学的回响。只是,作为一个哲学的"门外汉",作为一个每天都得应对生活问题的"凡夫俗子",威廉法官没有奢望着构建什么新的哲学理论,而只想对一个人"如何在'生活世界'当中过上一种有意义的生活"这样的问题做出反思和尝试性的解答。为此,他有意识地提出要在"思想世界"和"生活世界"之间做出区分,而他的途径就是对作为"现代哲学的宠儿"的"矛盾律之消解"原则提出自己的批判。①

前面说过,"非此即彼"这一标题能够被克尔凯郭尔选作他作家生涯的首部"纯粹诗人之作",这一点折射出了当时丹麦哲学界的动向之一,即对黑格尔逻辑学对 aut. . . aut 原则的批判以及"调和"(mediation)原则的讨论,其热烈程度甚至连威廉法官这样的实干家都忍不住要发表一点自己的看法。在威廉法官看来,"矛盾"在生活中无处不在,哲学家所提供的"调和"原则根本解决不了一个人在现实生活当中时刻都会遇到的"我该怎么办"的问题。在对待"矛盾"的问题上,思辨哲学家甚至还不如审美感性的人,因为审美感性的人对行动、对未来其实充满无限的憧憬,只是他陷入了选择的无限多样性而无力自拔,举步维艰,结果他对"矛盾"的"调和"变成了一种"疯狂",变成了"不论结婚还是不结婚,你都会后悔"的虚无主义的感叹。哲学家自始至终都处在思辨的层面,他的目

---

① *SKS*, vol. 3, p. 166; *EO* II, p. 170.

光投向了过去,投向了"已然经历过的世界历史的整体",他的"调和"是在诸种要素之间达到一种"更高的统一"。这种"调和"在思想的层面上是正确的,只是在人的生存领域中却是无效的,因为思辨哲学甚至连"结婚还是不结婚"这样的基本问题都解答不了。由此,威廉法官进一步指出了哲学家的根本问题,即哲学家混淆了"思想"和"自由"的领域。思想面对的是逻辑和自然,在此"必然性"是"统治者","调和"也是有效的,因为矛盾不仅存在,而且还可以通过正、反、合的步骤达到更高的统一。但是,在"自由"的领域中却没有"必然性"的位置,这里存在的是"矛盾",因为"自由"排斥"矛盾"。① 在威廉法官的眼中,这个"自由"的领域就是"生活世界",生活总会不断向人提出诸种非做出决断不可的问题,而个体也必须相应地做出 aut...aut 式的"决断"。这也就是说,"矛盾律的消解"在思想的世界当中是有效的,但在"生活世界"里则显得苍白无力。

威廉法官对思辨哲学家的批判集中在了他们对"思想"和"生活"领域的混淆,那么,他的根据何在? 威廉法官认为,人是"自由的","自由"就是"普遍的人性",因此"生活"就是一个"自由"的领域,这是一个无须论证、不容争辩的事实。不仅如此,"自由的"个体都具有"实践"的能力,这几乎是人的生存本能,个体在面对生活当中的"矛盾"的时候必须采取"行动",做出"非此即彼"的"选择",以回应生活提出的问题。如此一来,威廉法官不仅在"思想世界"和"生活世界"之间做出了区分,而且还为活在"生活世界"中的个体确立了一条必须遵循的绝对的伦理原则——"选择"。

现在要问的是,威廉法官何以能够不加论证地在"思想"和"自由"之间进行区分呢? 在哲学史上,对"思想"和"自由"加以区分的一个重要人物就是康德。康德展开"批判哲学"的根本目的就是为了树立"自由的可

---

① *SKS*, vol. 3, p. 169; *EO* II, p. 173.

能性"，为此他努力在研究"自然法则"的"理论性的"哲学与研究"自由法则"的"实践性"的哲学之间做出区分。威廉法官虽然认定，人是自由的，生活的领域就是自由的领域，但是他与康德的"批判哲学"的方法是不同的，他甚至并不真正关心康德为之付出的努力。他一再声明，自己并不是一个关心"形式的、抽象的自由"的伦理狂热分子，他宣讲的也非"学理智慧"，他只是一个每天都需要回应生活的要求的芸芸众生当中的普通一员，因此，他可以名正言顺地回避哲学的方法，直接从一个前提出发展开自己的观点，而这个前提又是一个无需加以论证—证明的"信念"，即人是自由的，生活的世界就是一个自由的世界。

再进一步追问，威廉法官关于"人是自由的""信念"又是从何而来的呢？或者说，他是在何种"启示"之下才把人的"自由"不加论证地作为前提接受下来的呢？

威廉法官的坚定"信念"源自基督教传统。中世纪哲学史家吉尔松曾指出，对"自由"问题的讨论是基督教对哲学的贡献，但这并不是我们做出如此结论的唯一根据。从文本出发我们不难看到，威廉法官作为伦理代言人，在就"人如何在这个世界上过一种有意义的生活"的问题上提出自己的看法的时候，他的思想明显受到了基督教和《圣经》文本的直接启发。对于信仰基督教的人而言，基督教不是一个关于"世界"的知识体系，它也不是一门"科学"，至少不是黑格尔意义上的作为一门"科学"的哲学；基督教是以"人的拯救"为核心的有效的行为方式，它不是从"客观的"角度，即从外部考察人与世界的关系，而是从"主观的"，即从生活的内部出发思考一个人如何在这个世界上生活的问题。威廉法官所拥有的正是这个"主观的"、"内部的"视角，他是这个"生活世界"当中的一名凡夫俗子，他没有采用哲学家所追求的"客观的"视角，抛开了哲学的论证方法，以"非哲学的"方式直接从《圣经》中寻找思想和行动的根据。尤为重要的是，威廉法官不是拥有圣职的牧师，因此他对《圣经》的解读是

"非权威"的、"自由的"。从这个意义上说,威廉法官的立场可以被称为是"伦理—宗教"的,也就是说,作为伦理代言人,威廉法官立足于我们栖居其中的"生活世界",以"槛内人"的身份、从生活的内部出发、以"片断的"方式对伦理学的基本问题做出了自己的解答;另一方面,他对人生意义的思考又是主动在基督教信仰的启示下进行和完成的。

我们知道,克尔凯郭尔曾提出过"人生三境界"的主张,即审美感性的、伦理的和宗教的,那么,为什么我们要用"伦理—宗教的"这个说法来概括威廉法官的立场呢?事实上这个说法来源于《附言》一书。其中假名作者约翰尼斯·克利马克斯不仅提出了三种典型的人生境界,而且还提出了以"反讽"作为审美感性和伦理之间的边界,"幽默"作为伦理与宗教之间的边界。换言之,这个排序可以写为:直接性—反讽—伦理—幽默—宗教。[1] 这就使得人生三境界之间的关系显得愈加复杂。从《非此即彼》的结构安排上看,我们似乎很容易得出印象,认为下卷所代表的伦理生活方式是对上卷所展现的审美感性生活方式的直接反对。如此一来,倘若从我们所熟悉的黑格尔辩证法的套路出发,我们似乎就期待着宗教境界作为审美感性和伦理生活的合题出现。但是事实上,除了《非此即彼》曾明确宣布它通过不同的卷册分别展示审美感性和伦理生活之外,我们并没有从克尔凯郭尔的著作中找到一部完整展现"宗教境界"或者更确切地说"基督教境界"的假名作品,但是却能够在几乎所有作品当中找到宗教尤其是基督教的主题。究其原因,一是因为克尔凯郭尔所展示的是比较典型的人的生存样态,在生存的"现实性"的层面上,这些生存样态不可能是纯粹的,它们之间也不存在正—反—合式的辩证关系。相反,每一种生存样态都可能包含其他生存样态的因素,每一种生存样态都有向其他样态转化的可能性。另一个重要原因在于,从威廉法官的

---

[1] *SKS*, vol. 7, pp. 453 – 457; *CUP* I, pp. 501 – 504.

伦理立场可以看到，孤立的"宗教生活境界"根本就不存在，因为一个基督教徒不是要"出世"，像中世纪所崇尚的那样遁入修道院；一个真正的基督徒应该像威廉法官那样积极地"入世"，扎根在这个"生活世界"当中，实现着人的"普遍性"，其中包括结婚生子、养家糊口，同时又要努力使这种日复一日、年复一年的平凡的日常生活开显出精神性的意义。

在以下的篇幅当中，我们将具体分析威廉法官的"伦理—宗教"的立场，看看基督教思想是怎样以建设性的和启示性的姿态与伦理人生结合在一起，从而为个体在"生活世界"的活动指明方向的。

四 "伦理—宗教"维度在"生活世界"的导入

威廉法官认定并且相信，人是"自由"的，因为"自由"是"上帝"赐予人的"礼物"和对人的祝福。威廉法官并没有从抽象的、理论的层面对"自由"发表言论，他只是从平凡的日常生活和婚姻关系当中读出了这一点。

威廉法官不仅是婚姻的支持者，而且面对审美感性的人的消极和虚无态度，他坚定地主张婚姻具有"审美的有效性"。他认为，婚姻并非如人们通常从《圣经》中撷取的句子所说的那样，"那人独居不好，我要为他造一个配偶帮助他"①，仿佛婚姻是"上帝"为了解决男人的孤寂并为他配备生活助手的一项设计似的。相反，婚姻是"神圣的"，婚姻得到了"上帝"的祝福，但这一点却往往被忽略。② 威廉法官所说的"祝福"出自《创世记》。

> 神说："我们要照着我们的形象，按着我们的样式造人。使他们管理海里的鱼、空中的鸟、地上的牲畜，和全地，并地上所爬的一切

---

① 《创世记》2:18。
② *SKS*，vol. 3，p. 75；*EO II*，p. 70.

昆虫。"

神就照着自己的形象造人，

乃是照着他的形象

造男造女。

神就赐福给他们，又对他们说："要生养众多，遍满地面，治理这地，也要管理海里的鱼、空中的鸟，和地上各样行动的活物。"①

在描述亚当被造的时候，《圣经》是使用了这样的字句："神用地上的尘土造人，将生气吹在他鼻孔里，他就成了有灵的活人，名叫亚当。"②

不难看出，威廉法官所说的"上帝的祝福"究竟所指为何。从上述《圣经》引文中可以看到，人是"上帝"作为"造物主"（creator）按照自己的形象创造出来的"被造物—生物"（creature），这就等于说，"上帝"主动地使自己与自己的"被造物——人"之间建立起了一种关联，"上帝"使人具有了"灵气"，进而赋予人类以一定的权柄管理世间其他"被造物—生物"。面对"上帝"，人是"被造物"，受"上帝"的直接管辖；但面对"上帝"的其他"被造物"，人又成了主人。问题是，"上帝"对人的祝福是"从天而降的"、"赐予的"，也就是说是有条件的，"上帝"为人设定了一条不可逾越的底线，即：人不可僭越"上帝"的权威，要对"上帝"言听计从。于是，"上帝"在把人安置在衣食无忧的伊甸园中后，就给人下了一道死令："园中各样树上的果子，你可以随意吃；只是分别善恶树上的果子，你不可吃，因为你吃的日子必定死。"③但是，事与愿违，事物的发展是自由的，对此连"上帝"也始料未及。"上帝"在依照自己的样子造人的时候，他同时赋予了人以自由的意志；而人一旦有了自由的意志，他就能够做出自己的选择和判断。于是，当蛇以挑战者和诱惑者的姿态出现在夏娃面前的

---

① 《创世记》1：26—28。

② 《创世记》2：7。

③ 《创世记》2：16—17。

时候,"上帝"的权威第一次遭到了动摇。蛇说:"你们不一定死,因为神知道,你们吃的日子眼睛就明亮了,你们便如神能知道善恶。"①蛇的话向人展示了与"上帝"的禁令完全相反的另一种可能性,即人们有可能与"上帝"一比高低。人最终选择了后者,公然违背了"上帝"的命令,其结果也的确如蛇所说,人不仅没有死,反而从此获得了明辨善恶的智慧。这个结果原本就是"上帝"所害怕的,但是"上帝"的权威如此轻易地遭到人的自由意志的挑战和否定恐怕也出乎了"上帝"的预料。为了维护"造物主"的绝对权威,"上帝"首先将人逐出了伊甸园,并且针对不同的犯罪者宣布了相应的惩罚措施。其中,直接针对女人的惩罚是这样的:"我必多多加增你怀胎的苦楚,你生产儿女必多受苦楚。你必恋慕你丈夫,你丈夫必管辖你。"②只是,这一条"惩罚"首先就遭到了威廉法官的否定,他从"自由"的立场出发对之进行了"另类的"解读。

在威廉法官看来,妇女生儿育女过程中伴随的痛苦是件自然的事,倒并不一定是"上帝"加诸女人头上的惩罚。如同他对婚姻的神圣性的解读一样,他把生儿育女解读成是"上帝"对人的祝福。这么说不仅是因为"上帝"曾令人类"要生养众多,遍布满地",而且还因为一个孩子的出生是人的幸福。③ 一个孩子来自于家庭生活当中最为内在的、最为隐秘的部分,孩子的出生具有一定的神秘性,他们仿佛上天赐给我们的"礼物"。一个孩子有能力把过去和未来联接起来,孩子的成长能使我们的姓氏传递下去,使人类这一物种走向"未来"。通过孩子,我们还能看到自己的"过去",当我们惊讶地看着孩子长大的时候,我们仿佛是第一次"看到"了自己的成长历程。有趣的是,在威廉法官眼中,孩子身上还有某种能够使一切抽象原则和定理显得苍白的原创力,这种能力无疑会使

---

① 《创世记》3:4—5。
② 《创世记》3:16。
③ *SKS*, vol. 3, pp. 75 - 78; *EO* II, pp. 72 - 76.

成人相形见绌。既然孩子对于人生如此重要，那么承载着生育功能的女性就不应该被轻视。在这种想法的支配下，威廉法官对使徒保罗的"男尊女卑"思想提出了尖锐的批判。保罗在《提摩太前书》中曾说："女人要沉静学道，一味的顺服。我不许女人讲道，也不许他管辖男人；只要沉静。因为先造的是亚当，后造的是夏娃。且不是亚当被引诱；乃是女人被引诱，陷在罪里。然而女人若常存信心爱心，又圣洁自守，就必在生产上得救。"①对此，威廉法官针锋相对地指出："使徒保罗在某个地方相当严厉地命令女人在沉默当中接受指令，怀着谦卑，而且是沉默的，然后，在令其沉默之后，他进一步地羞辱她，他又加上了一句：她将通过生儿育女而得救。"②威廉法官认为，保罗必须再补充一句，即孩子能够延续信仰、爱和神圣性，否则他无法原谅保罗对女人的轻蔑。显然，在威廉法官看来，生儿育女是"上帝"对人类的祝福而不是惩罚，"生养众多"的所谓"惩罚"事实上使女人成为了一定意义上的"创造者"，她们接续了"上帝"造人的使命，为此她们付出痛苦的代价也是值得的。

针对"上帝"所施惩罚当中隐含的"丈夫必管辖你"的"男尊女卑"思想，威廉法官从"生活世界"和重视生命的视角出发给予了全盘的否定。他像个东方哲人似的指出，痛苦总与人生相伴，如果女人会因为生产而痛苦，那么男人就会因思考理念而痛苦。与男性追求"无限性"的倾向相对，女性先天即具有对"有限性"的过人的理解和驾驭能力，这一点使她们得以避免因为追求"无限性"而产生出的焦虑和绝望的"致死之疾病"。作为"生活世界"当中的一员，威廉法官不仅不轻看"有限性"，他还把"有限性"视为"生命之根"，视为生命当中最为隐秘的、最为深刻的东西。③靠着对"有限性"的理解和驾驭，女性比男性更可爱、更快乐、更容易与生

---

① 《提摩太前书》2:11—15。
② *SKS*, vol. 3, p. 75; *EO II*, p. 70.
③ *SKS*, vol. 3, pp. 293 - 295; *EO II*, pp. 310 - 311.

存和谐相处。他这样称颂女性：

> 让男人放弃身为自然的主人和王子的宣称吧；让他让位给女人。女人是自然的主人，……女人是男人的全部，她为他提供了有限性；没有女人，男人只是一种不安稳的精神，一个永远找不到安宁的不幸生灵，一个无家可归者。①

女人有能力将人们聚合起来，在这个意义上，女人可以成为"会众的象征"。以此为根据，威廉法官再次从《圣经》中所说的"人要离开父母，与妻子结合，二人成为一体"②这句话中读出了新意。《圣经》上说是男人要主动离开父母与女人结合，这说明女性的名字并不是弱者，相反，女人比人更强，因此男人才需要在女性那里寻求安慰。

女性不仅不是弱者，在威廉法官看来，女性还有可能成为误入歧途的男性的救星。他大胆地指出，腐败来源于男人，而拯救来源于女人。他甚至语出惊人地指出，在这个世界上误入歧途的一百个男人当中，有九十九个都是由女性拯救的，只有一个是为"直接的天恩"所拯救，由此女性弥补了当年犯下的罪所造成的损害。③

"上帝"先造男人、后造女人的顺序是保罗"男尊女卑"思想的主要依据，问题是，保罗似乎有意漏读了"上帝"在完成创造女人之后所说过的话："这是我骨中的骨，肉中的肉，可以称他为'女人'，因为他是从男人身上取出来的。"④在希伯来文当中，"男人"和"女人"的发音是接近的，"男人"被命名为"亚当"（Adam），其实就是"人"的意思，其发音又接近"土"，这可能指示着在那个年代，男人要面朝黄土背朝天地养活自己和家人；而"女人"被命名为"夏娃"（Eve），这个词很可能就是"生命"的意思，由此

---

① *SKS*，vol. 3，p. 296；*EO* II，p. 313.
② 《创世记》2：24。
③ *SKS*，vol. 3，p. 199；*EO* II，p. 207.
④ 《创世记》2：23。

"女人"与"生命的创造"联接在一起,这实际上是对女性的高度赞扬。而"骨中的骨,肉中的肉"指示的是一种"你中有我、我中有你"的亲密关系,表达的是一种珍爱之情,而并不一定是在贬低女性的存在。如果结合威廉法官对女性的礼赞以及他对"生活世界"、"有限性"以及"生命"的重视程度,那么我们相信,他肯定留意过《圣经》当中这句被保罗漏读的句子。顺着这个思路,威廉法官不仅彻底否定了"女人祸水论",而且他从《创世记》当中读出的不是"罪与惩",而是"上帝"对人类的爱与祝福。

在《创世记》当中,"上帝"除了宣布了对诱惑者夏娃的惩罚之外,还对偷食禁果的实施者亚当进行了这样的惩罚:"地必为你的缘故受咒诅;你必终身劳苦,才能从地里得吃的。……你必汗流满面,才得糊口,直到你归了土,因为你是从土而出的;……"①

人类作为"上帝"参照自己的形象所造的"有灵"生物是拥有自由意志的,这一点使得人在"上帝"的命令与蛇的诱惑之间做出了选择,公然违反了"上帝"的禁令,被逐出了伊甸园,开始了以艰苦劳作为标记的尘世生活,这是人为自己的自由所付出的代价。问题是,自从人类有了智慧后,"那人已经与我们相似,能知道善恶"②,人类能否重新解读"终身劳苦才能从地里得吃的"的"惩罚"呢?威廉法官所做的正是这种重新解读的尝试,他从"上帝"对男人所实施的必须靠辛苦劳作才得以糊口的"惩罚"当中读出的恰恰是人的"自由及其代价"。

在威廉法官看来,"你必汗流满面,才得糊口"是人类生存的一个"被给定"的"现实性",它不仅不是惩罚,相反,这是上天对人类的偏爱,是人类的完美性的表现,因为"为生存而劳作"这一点最为集中地表达了人的"自由"。③ 他举出《福音书》中"田野的百合和空中的飞鸟"的例子,它们

---

① 《创世记》3:17—19。
② 《创世记》3:22。
③ *SKS*, vol. 3, p. 268; *EO II*, p. 282.

不种不收，但上帝让它们衣食无忧。① 威廉法官承认，看到天恩眷顾这些卑微的生灵是美好的，但是，植物的不种不收只能指示着它们的"无能"，而人能够劳作却指示着人有能力自己照顾自己、自己养活自己；通过劳作，人类解放了自身，成为了自然的主人，从而立于自然之上。人类通过劳作把自身提升到人世间的至尊者的地位，通过劳作人成为了自己的"天恩"，于是，人类"为生存而劳作"并不是人类的缺陷，不是"上帝"的惩罚，而恰恰是人类尊严和完美的体现，是"人是自由者"的标志。

为什么威廉法官能够将"上帝"施予人类的"惩罚"扭转成为"人是自由者"的体现呢？人类偷食了分别善恶的智慧之果，"眼睛明亮了"，他们第一次意识到了自己的自由，同时也意识到了他们为无忧无虑的天堂般的生活所付出的代价。这代价就是，他们必须无条件地俯首听命于"上帝"，以"自由"的代价换取"幸福"。人是"上帝"依照自己的形象所造的"有灵"生物，人的"灵气"首先表现在人是自由的，其中包括"犯罪"的自由。人的"灵气"还表现在人是有理智的。基督教在与希腊理智主义相互碰撞之后得出结论，人是有理智的生物，而人类理智源自"上帝"，"上帝"出自对人类的爱赋予人类以理智，从而使得人在一定程度上能够认识"上帝"以及"上帝"所创造的这个世界。有了自由意志和理智，人类便能够做出选择并且为选择承担全部的后果。人类被逐出伊甸园，开始了艰苦但却自由的尘世生活，这一点标志着人类历史的真正开端。从此，人类成为了历史的主人，在"天国"与"尘世"之间、"该撒的物"和"神的物"之间也就有了区分。"上帝"不能完全干预人类的历史了，因为覆水难收，人类不仅拥有智慧，而且还具有自由的"灵性"，因此"上帝"永远地丧失了在人类心目中的绝对权威。在这个意义上，"失乐园"的意象不仅适用于人类，它也同样适用于"上帝"。或许正因为如此，《新约》中的"上

---

① 《马太福音》6:26-33；《路加福音》12:22—31。

帝"不能再维持《旧约》当中那个动辄施行惩罚的严厉的"上帝"的形象了,他必须化身为人,让他的儿子以爱来拯救这个世界和有罪的世人。

从威廉法官对《创世记》的解读来看,他的立场是《新约》基督教的,他更多的看到的不是"上帝"对人类的惩罚,而是祝福,因为人类的自由和理智最终源于"上帝",它们是"上帝"赠给人类的"礼物"。

五 "生活世界"的伦理原则

作为一个扎根于"生活世界"当中且活得有滋有味的人,作为一个每天都得回应生活所提出的要求的普通人,威廉法官的首要任务不是长篇大论地阐述"什么是人的本性",而此前关于"人是自由者"的论述在他那里其实只表现为只言片语,前节的论述当中有我个人在威廉法官的启发之下对《圣经》文本的理解。克尔凯郭尔希望通过威廉法官的形象告诉我们,一个普通人在"生活世界"当中的首要任务不是去为"存在还是不存在"这样的问题伤脑筋,而是要以自己的实际行动回答"我应该怎么办"的问题。于是,威廉法官从个体的切身体会出发,就个体如何积极投身于这个"生活世界"同时又不忘个人"灵魂"的培育的根本任务提出了建设性的意见,这些意见构成了《非此即彼》下卷当中所展示的伦理生活的基本原则。

A. "绝对的选择"原则

在对"思想的领域"和"自由的领域"即"生活世界"做出区分之后,威廉法官为我们在这个"生活世界"的行动确立了一个基本原则,即个体的选择。他指出,生活当中矛盾无处不在,应对矛盾的有效方法就是"enten-eller"或者说 aut. . . aut 式的"选择"。

威廉法官指出,虽然我们可以为"选择"加上"审美的"或"伦理的"这样的限定词,但是,"审美式的选择"往往会因陷入选择的无限多样性而最终无可选择,所以真正有意义的"选择"都是"伦理的"。"选择就是伦理的一个内在性的、严苛的术语。在严格意义上任何一个存在着'非此即彼'的问题的地方,人们都可以肯定,伦理是与之相关的。"(Overhovedet er det at vælge et egentligt og stringent Udtryk for det Ethiske. Overalt hvor der i strengere Forstand er Tale om et Enten-Eller,der kan man altid være sikker paa,at det Ethiske er med i Spillet.)①"选择"之所以是"伦理的"就因为"伦理"具有"普遍性",且以"命令"的形式出现。因此,确立了"选择"的"伦理性"就等于确立了"选择"原则的"必然性—必要性"(necessity),从而把"选择"变成是个体为了"自由"而在人生历程当中必须执行的一项"命令"。

　　真正有意义的"选择"不仅是"伦理的",而且还是"绝对的"。这个意思是说,事关"选择"问题的关键不在于"选择"这个或那个,甚至不是选择善或者选择恶,而在于"绝对地选择",在于"选择还是不选择",其情形一如莎士比亚笔下的丹麦王子所发出的"to be or not to be"的感叹那样紧迫,"选择"意味着生存,"不选择"意味着死亡,尽管这里所说的死亡更大程度上意味着精神的死亡,就像审美感性的人那样,一任自己堕入虚无之中,求生不得、求死不成。问题是,我们如何才能做到"绝对地选择"? 我们身处的"生活世界"是一个感性的"花花世界",其间可供"选择"的"可能性"无穷无尽,我们应该怎样做才能避免陷入审美感性的人那样的境地呢? 威廉法官没有回避这个问题,他从"选择"与人格的关系的角度出发指出,所谓"绝对地选择"也就是说,伦理个体并不去操心选择某个具体的、有限的东西,他只操心"选择绝对"(vælger det Absolute; choose the absolute)。何谓"绝对"? "绝对"就是"自我",而且是"具有永

---

① *SKS*,vol. 3,p. 163;*EO* II,p. 166.

恒有效性的自我"(mig selv i min evige Gyldighed；myself in my eternal validity)。① 这种"自我"不是"抽象的"，也不是一般意义上的"自由意识"，因为"自由意识"仍然是思想领域中的一个概念，而是拥有无限丰富的"内容"和无限多样性的"特质"的"自我"，这个"自我"是有"历史"的、有延续性的，而能够拥有"历史"恰恰是人类尊严的一种体现。与审美人格的"直接性"特点形成对照，伦理人格处于不断"生成"、不断"发展"的状态，而且伦理个体"生成"的根据是"自由"。伦理个体对自己的存在有着清楚的意识，他意识到个体存在的"特定性"，个体具有特定的秉赋并且受到特定的社会环境的影响。伦理个体并不想抹去自己生存的"特定性"，他坦然接受了生存的先定条件，把它们当成了构筑人格的"材料"。伦理个体不想成为别人，不想"无中生有"地"创造""自我"，他只想"选择"成为"自己"，具体言之，通过他的"历史""选择""自我"。如何做到这一点？威廉法官提出了"悔悟"(Anger；Repentance)的概念，指出个体通过"悔悟"回到自身、回到家庭、回到族类，最后在"上帝"那里找到"自我"，这是个体绝对地选择自我的唯一途径。② 通过"选择"，伦理个体最终找到了自己在世界上的位置，找到了人生的目标，因而也牢牢地掌握着"自己"。正因为如此，伦理个体敢于宣布自己是自己的"主人"，因为他勇敢地承担起了伴随着"选择"的全部"责任"，其中包括对自己的"责任"，因为他的"选择"必将对自身产生一定的影响。他也承担起了对自己栖身其间的"事物的秩序"的"责任"；最后，还有对"上帝"的"责任"。

　　威廉法官在关于"选择"及其"责任"的问题上与一百年后的萨特形成了鲜明的对照。萨特提出了"存在先于本质"的命题，其核心思想在

---

① *SKS*，vol. 3，p. 205；*EO* II，p. 214.

② *SKS*，vol. 3，p. 207；*EO* II，p. 216. 十分有意思的是，审美感性的人在讨论安提戈涅的悲剧的时候甚至也提出了一个类似的观点，二者可相互佐证。"任何个体，无论他多么具有原创性，他都是上帝的孩子，是他的时代、他的民族、他的家庭、他的朋友的孩子，只有在他们中间他才是真自我。"(*SKS*，vol. 2，p. 144；*EO* I，p. 145.)

于,人是自由的,人在这个世界上涌现出来,然后才给自己下定义;人在不断生成的过程中没有任何模本可以参照。但是他自"被抛"到这个世界的那一刻起,他就要通过选择为自己的一切行为负责,同时也要为全人类负责。萨特坚决认为"上帝"并不存在,并且要把"上帝"不存在的结果推衍到底。① 与萨特的思想相反,克尔凯郭尔借助威廉法官之口否定了个体能够"创造自我"的可能性,他指出人只能"选择自我"(jeg skaber ikke mig selv, jeg vælger mig selv)②,而且要在"上帝"存在的前提下完成此项"选择",否则该"选择"就不是"绝对的",个体也没有与"上帝"建立起一种"自由的"关系,而这样的个体必将成为一颗"不安的灵魂"。由此,威廉法官为个体指出的是一条从"绝望"出发、通过"悔悟"最终达到"具有永恒有效性的自我"的路线,一步一步地把我们推向基督教的核心思想"原罪"和"悔悟"之上,推向个体对"上帝"的责任的问题之上。他承认,"原罪"是我们生存的基本事实和出发点。他说过,不要幻想着"原罪"从未步入这个世界,这想法会把人类引到一种更加不完美的境地。"原罪"来了,我们谦卑地屈身,由此我们会站得比先前更高。一个人必须勇敢地承担起先祖的"罪过"(Skyld; guilt)并且"悔悟","不愿为先祖的罪过而悔悟,如果这不是怯懦,它就是心灵的虚弱;如果这不是可鄙的小气,它就是心胸狭窄、缺乏气量。"③为什么要"悔悟"? 因为"悔悟"是我们发自内心地、自由地去爱"上帝"的唯一的代名词。而我们之所以爱"上帝",其原因不是别的,而是因为"神先爱我们"④。

至此可以看到,威廉法官的立场已经完全与基督的立场重合了,他从"选择"、"绝对地选择"和"选择绝对"的概念出发,经过了"罪过"以及

---

① 萨特:《存在主义是一种人道主义》,周煦良、汤永宽译,上海译文出版社 1988 年版。
② *SKS*, vol. 3, p. 207;*EO* II, p. 215.
③ *SKS*, vol. 3, p. 209;*EO* II, p. 218.
④ 《约翰一书》4:19。

对"罪过"的"悔悟",最终使个体在"上帝"那里找到了"自我"。

但是,威廉法官并不是一个只关心"天上"的宗教狂热分子,相反,他把宗教关怀更多地投向了"人间",他认为宗教生活应该在"生活世界"当中实现。于是,他提出了伦理个体必须在生活当中履行"职责"并进一步寻找自己的"天职"的行动原则。

B. "职责"、"天职"及"成就"

威廉法官从他所立足其间的"生活世界"出发,对审美感性的人的人生虚无主义态度和中世纪的隐修制度提出了严厉的批判。在批判的进程之中,威廉法官还以建设性的姿态提出了人必须履行生活当中的各项"职责"的伦理观点,同时又以寻找生命当中的"天职"和"培育灵魂"的观念将这种伦理立场提升至宗教的高度。

针对审美感性的人害怕履行人生当中诸如结婚、生子这类基本"职责"的情况,威廉法官指出,审美感性的人只看到了"职责"所具有的"命令"的意味,但却没有深究这种"命令"的来源:它是来自某个外在的权威因而被强加于个体之上呢,还是源自个体的自由意志因而听从它就是个体的自愿行为。审美感性的人只看到了"职责"作为伦理命令所具有"普遍性"的意味,但却没有想到,伦理的"普遍性"只能通过"我"、"你"、"他"这些具体的人来实现:"我的职责"是伦理对我的"特殊的"要求,但是作为职责它们仍是"普遍的"。从词源角度来看,"职责"(丹麦语 Pligt,德文 Pflicht)所昭示的应该是一种内在的关系。"职责"不是从外部强加(Paalæg)在个体头上的东西,而是某种原本就放在那里(paalige)的东西。[1] 因此,真正的"职责"不是某种偶然的东西,而应是发自人的内心并与个体的本性相吻合的东西。如此一来,婚姻关系中的"职责"就只能意

---

[1] *SKS*, vol. 3, p. 242; *EO* II, p. 254.

味着一件事，即发自内心的爱；爱在根本上是不能靠"命令"的，爱只能是"自愿去爱"。于是威廉法官说："当我把职责从外在的东西翻译成内在的东西的时候，我因此超越了职责。"①威廉法官在这里与康德在《实践理性批判》中提出的将"职责"树立成一条"自动进入心灵"的"法则"的思路是一致的。康德认为，正是"职责"才使人类能够自己给予自身价值，使人超越自然的自己，凌驾于自然世界和自然法则之上，它能使人成为有尊严的、自由的主体。② 人优越于其他生物的地方就在于人是自由的，人能够自由选择，能够自己照顾自己，还能够把外在的命令自觉转化成内心的道德法则。

如果我们再深究一步，威廉法官这种将外在的"职责"、"命令"内化为"内心的道德法则"的做法其实也可以追溯到《新约》中耶稣的教导。从摩西的世界到《福音书》的世界，我们可以看到，对"上帝"的信仰的方式发生了巨大的变化。在摩西的世界当中，人与"上帝"之间的关系的维系靠的是"上帝"的愤怒、训诫、律法和惩罚；而在《福音书》的世界当中，"上帝"通过"道成肉身"为我们提供了一个爱的模本，"上帝"以其无边无垠的爱唤起了我们对"上帝"的"尽心、尽性、尽意"（with all your heart, with all your soul, with all your mind)的爱。摩西的世界所提倡的是"以眼还眼，以牙还牙"的复仇原则③，而在《福音书》的世界中，复仇的原则被"爱你们的仇敌"④这样的具有至上的道德完满性的教导所取代。从这个方面说，威廉法官在根本上恪守的就是《新约》基督教的立场。

但是，将"职责"内化为内心性原则和至上的道德意向这一点只是威廉法官的主张的一个侧面。我们不要忘了，作为扎根"生活世界"当中的

---

① *SKS*, vol. 3, p. 146; *EO* II, p. 148.
② 康德：《实践理性批判》，韩水法译，商务印书馆1999年版，第94页。
③《出埃及记》21:24。
④《马太福音》5:44。

普通一员,威廉法官还是一个积极"入世"的行动主义者。他反对将道德的追求单纯地停留在思想的层面之上,主张履行"生活世界"中的各项"职责"和义务,一点一滴地构筑起生活的意义。为此,他对中世纪神秘隐修主义者提出了尖锐的批判。

威廉法官指出,神秘主义者所走上的是一条既"危险"又"错误"的道路,他们并没有"恰当地选择自我",因而他们的选择是"抽象的"、"形而上的",而非"宗教的"。① 事实上,如果一个人很好地领会了基督教的主张就会看到,"宗教性"与"人性"并没有那么敌对,"上帝"创造了这个世界和人类,"上帝"赋予人类以管理这个世界的权柄,因此,"上帝"不仅不会要求人否弃尘世,反而会要求人勇敢地投入"生存"的漩涡之中,勇敢地面对那些与他有着各种各样关联的、他本该以爱去面对的人们,勇敢地接受"上帝"为我们在这个"生活世界"中指派的位置。威廉法官指出,神秘隐修主义者没有正确理解《圣经》中所说的"爱神胜于爱父母"的教导,他在拒绝"生存"的同时也拒绝了"上帝"对我们的要求和爱,他推卸了自己作为个体的"责任"以及随之而来的对"事物的秩序"的"责任",在这个意义上,神秘主义者是"生活世界"当中的懦夫。

那么,一个人应该如何在扎根于"被给定的现实性"之中的同时过上一种"宗教的"生活呢?尤其是,绝大多数人注定是要过一种平凡甚至平淡无奇的生活,如何使这种生活体现出"宗教性"也就成了摆在每个普通人面前的问题。"宗教"生活的一个重要方面是理顺"时间性"、"现世性"(Timelighed;temporality)与"永恒性"(Evighed;eternity)的关系。个体是有"历史"的,每个人都要经历一个从出生、到成长、最终步入死亡的过程。可是,以"时间性"生存为标志的个体却要追求无始无终的"永恒",如何才能做到这一点?一个人可以躲进修道院,通过与尘世割裂联

---

① *SKS*, vol. 3, pp. 232 - 238; *EO* II, pp. 243 - 249.

系的办法来弃绝"时间性"，这一点已经遭到了威廉法官的否定。或者，一个人可以扎根在"时间"之流当中，通过把握"每天"的意义来与"时间"做"斗争"，这一点正是威廉法官所倡导的。他认为神秘主义者没有体验到"时间性"的美妙，他们只看到了"时间性"当中的"有限精神"的一面，而没有意识到这种"有限性"恰恰是"上帝"赐给人类的最佳礼物，因为拥有"历史"并且使之具有"延续性"正是人的神圣的尊严之所在。再进一步，在威廉法官眼中，人的"历史"还可以分为"内在的"和"外在的"两种，"外在历史"是个体追求某个外在目标的过程，而"内在的历史"则是个体发展自身、"成为自己"的过程，因而它具有至上的意义。对于个体的"内在历史"而言，每个瞬间都是有意义的，都是"实在的"。所以威廉法官说，一个人要"努力把每一天当作具有决定意义（afgjørende）的那一天，把每一天当成是接受考验的那一天"。① 在这个思想的指导下，赢得爱情的关键就不会像中世纪传奇和浪漫小说所描述的那样与妖魔鬼怪打架，而是在平凡生命历程的每一天、通过切实的行动去实现；一个完美的丈夫并不是曾经有过一次完美的行动的人，而是每天都表现得出色完美的人。时间的流逝并没有那么可怕，只要我们使每一个瞬间获得意义，通过这些瞬间，个体也就在自由之中得到了发展。

但是，如何使平凡生活当中的每一个瞬间都获得意义？威廉法官把思考的重心落在了"天职—使命"（Kald；calling）这一概念之上，认为拥有"天职"是每个人在这个有着理性的秩序和目的的世界当中所拥有的属于他的"特殊的""位置"，只有找到它，个体才能为自己找到一系列必须遵循的"规范"和必须完成的"任务"。我们应该通过努力争取实现这些"任务"，但却不去理会、不去算计这些努力是否会引导个体走向"成就"（achievement）；因为所谓"成就"指示的是个体的行动与某种外在的

---

① *SKS*, vol. 3, p. 34; *EO* II, p. 26.

东西之间的一种关系，它并不在个人的能力和掌握之中。

　　至此可以看到，威廉法官的立场不仅是《新约》的，而且还与新教路德宗的主张如出一辙。路德的宗教改革否定了中世纪的苦修主义，他强调人要履行世俗义务，人的日常世俗活动本身即具有道德和宗教的意义。威廉法官亦是如此：我们应该接受"上帝"指派给我们的"位置"，努力完成各项"任务"——"事功"，完成个人在现世里被赋予的责任和义务。至于这"事功"是否能通达"成就"，也就是基督教语境中的个体的"拯救"，则要仰仗"神恩"，这一点不在我们的掌控之内，因此没有必要在这方面浪费时间和心思。

　　如此一来，威廉法官所遵循的新教伦理是否会使他导向马克斯·韦伯所说的以劳动本身为目的、追求最大限度地创造财富的"资本主义精神"呢？我的答案是否定的。威廉法官虽然强调在现实生活当中履行世俗义务具有道德的和宗教的意义，但是他的出发点和落脚点却是康德所说的"人是目的"的古典哲学的精神，以及基督教所强调的对"灵魂"的培育。威廉法官指出，虽然生活当中有着"各项任务"，但是这些"任务"归根到底可以集中为一点，即"发展自我"。从"内在的历史"的观念出发，"发展自我"也就是个体要在有限的生命历程之中通过切实的行动不断充实这段"历史"，丰富和发展自己的"灵魂"和"自我"，并且从中获得满足和安宁。威廉法官高度重视《圣经》中关于"赢得世界"与"损害灵魂"之间的关系的陈述："人若赢得全世界，但却赔上了自己的灵魂，有什么益处呢？人还能拿什么换灵魂呢？"①对此威廉法官多次加以引证。而在培育"灵魂"和"自我"的过程中，威廉法官多次体验到"绝望"（Fortvivlelse；despair）。"绝望"并非如一般人所认为的那样可怕，相

---

① 《马太福音》16：26。这里我根据英文本《圣经》将中译本中的"生命"改为"灵魂"（soul），因为"灵魂"表达了对"生命"中灵性的、精神的层面的重视。

反，"绝望"之于个体的"拯救"具有绝对的意义，一个未曾品尝过"绝望"的苦涩滋味的人，其生活的意义被缩减了，不管其人生看起来有多么美丽。① 从这一点上讲，威廉法官恰恰可能会成为"资本主义精神"和文化的激烈批判者。

---

① *SKS*, vol. 3, p. 200；*EO* II, p. 208.

第二章　面向"生活世界"的"片断"哲学

如果说《非此即彼》是通过对"生活世界"的召唤并以之作为与"思想世界"对立的间接方式完成了对思辨哲学的批判的任务，那么，在克尔凯郭尔的另外两本重要假名著作《哲学片断》和《对〈哲学片断〉的最后的、非学术性的附言》当中，假名作者约翰尼斯·克利马克斯则直入主题，以直接的方式对传统思辨哲学提出了质疑和批判。克利马克斯不仅明确提出了他心目中的哲学的样态，即关于个体"生存"（Existentz；Tilværelse）的"生活哲学"（Lebensphilosophie），而且他的出发点不再是一个着眼于"现在"的单纯的"生活世界"，而是一个不断走向"未来"、拥有"永恒"的坐标的"生活世界"。

一　来自"生活世界"的困惑和任务

为了更好地阐明《哲学片断》以及《附言》两书的主旨，这里有必要从假名作者约翰尼斯·克利马克斯的困惑和任务谈起。在《非此即彼》当中，"胜利的隐士"只是一些散落文稿的发现者和编纂者，他本人没有对文稿的内容起到实质性的作用。但是约翰尼斯·克利马克斯就不同了，他就像伦理代言人威廉法官一样,是一个我们可以对之进行形象分析的"人物"。

《哲学片断或片断的哲学》(*Philosophiske Smuler eller En Smule Philosophi*)于 1844 年 6 月 13 日正式面世,作者署名为约翰尼斯·克利马克斯(Johannes Climacus),而"克尔凯郭尔"的名字(写为 S. Kierkegaard)则是作为"出版人"出现在封面上的。与这本书同时出版的还有另外三部作品:6 月 8 日,克尔凯郭尔用真名发表的《三则建设性演讲》(*Tre opbyggelige Taler*);6 月 17 日,用假名 Vigilius Haufniensis(拉丁文,意为"哥本哈根的守望者")发表的《忧惧的概念——一则就原罪所做的单纯的心理学考量》;6 月 17 日,用假名 Nicolaus Notabene(拉丁文,意为"批判性的注解",其简写形式 N. N 意可作"无名氏"解)发表的《前言》(*Forord*)。这一切均表明,年轻的克尔凯郭尔虽然没有构建体系或者创新体系的计划,但他却有一个庞大的写作和思想计划,而这些计划都围绕着一个核心而展开,这个核心就是基督教,具体而言就是基督教与哲学之间的碰撞和摩擦。但是"基督教"这个词直到收尾之际才出现在《哲学片断》一书当中,当时克利马克斯许诺说,如果有可能,他将为《哲学片断》写一个续篇,为这里的论题披上一件"历史的外衣",而这件"历史的外衣"就是基督教,它不会产生自任何一种哲学、任何一种神话以及任何一种历史知识,它并非能够自人心产生出来。这个续篇就是出版于 1846 年的《附言》。具有反讽意味的是,作为《哲学片断》的续篇,《附言》的篇幅要远远大于《哲学片断》;而从内容上看,《哲学片断》名为"片断",实则是一部有计划的系统之作,它甚至构成了一个作者所声讨的思想"体系",而《附言》才真是结构散乱、观点混杂,不仅章节之间的层递关系不很清楚,而且前后重复甚至是矛盾的地方亦不在少数。所幸克利马克斯这个人物的困惑和目标在两本书中得到了连贯的表达。

像克尔凯郭尔所有的假名作者一样,Johannes Climacus 这个名字并非随手拈来,而是有来历的、具有隐喻意义的。Climacus 对应于希腊文 Klimaks,原为"阶梯"、"台阶"的意思。在历史上,曾有一位希腊僧侣和隐士(约 579 - 649)在年轻时即进入西奈的修道院,但是很快便退出,独自一人在洞里居住 40 年,同时为其他苦行僧提供指导。后来他被选为西奈修道院院长,几年后他再度退出,重新过起了隐居生活。这位僧侣撰写有旨在为世人走向精神完美提供具体的指导、包括修道士应该摒弃的诱惑以及应该追求的美德的 Scala Paradisi 一书,意为《天堂之梯》,其意象取自《创世记》当中雅各所梦见的"顶天立地"的"梯子"(28:12),因而得此诨名"克利马克斯"。① 可以看到,借助这个具有历史渊源和隐喻意义的姓氏"克利马克斯",克尔凯郭尔似乎是想说明,《哲学片断》是一部"通天之作"。它看似是对"哲学"的讨论,但却绝不止于"哲学",其最终目的是要超越"哲学"的界限,向上通达至"宗教"。具有反讽意味的是,这么一个志向高远的姓氏却和 Johannes 这个普通的丹麦男子名结合在一起,这似乎又在指示着,"爬天梯"的高尚追求不应该驻足"天上",而应降临到"人间",与我们栖居其间的平凡"生活世界"结合在一起。透过"爬天梯的约翰尼斯"这个假名我们看到的是一个平凡的、扎根于"生活世界"的人对超越于这个"生活世界"之上的高远目标的追求,是"时间性"的人对"永恒"和"无限"的追求,而这个人就是你、我、他,因为每个平凡的人在内心里都有"爬天梯"的愿望,亦有实践这种愿望的可能。从这个意义说,凡人约翰尼斯的天梯历程可以在一定程度上成为他人的天梯历程的参照甚至模本,但却绝对不能替代他人对"天梯"的攀登。正如"结婚不结婚"这样的人生决断只能由个体自己做出,一个人必须自己完

---

① 关于 Climacus 的名字的来历参考 *SKS*,K4,p. 197。另外,Climacus 按英文和丹麦文发音应译为"克利马克斯",按拉丁文发音则念作"克利马库斯"。

成在"生活世界"当中的任务,同样的,一个人的天梯历程也只能由个体独自完成。

那么,"爬天梯的约翰尼斯"到底是一个怎样的人物呢? 根据散落文本各处的自述,约翰尼斯·克利马克斯应该是一个 30 岁的男性哥本哈根市民,一个"懒惰的无所事事的人"①。他从未标榜自己是"宗教个体",而只称自己为"幽默家",有时甚至自称为"幽默的、想象建构性的心理学家"②。出于懒惰或者其他未坦白的"充足的理由",克利马克斯无意为"体系"服务,他自我定位为"小册子"(Piece)作者,即便在完成了《附言》这部大部头著作之后仍未改变。作为一个"小册子"作者,克利马克斯坚决否认自己的书写具有某种"意思"(Mening),他不希望有读者出于善意或者别的目的从他的"小册子"当中挖掘出他们自己想要的东西。他说:"我可以拿我自己的生活来冒险,我可以郑重地与我自己的生活开玩笑,而不是别人的生活。这是我能够做到的,是我能为思想做的唯一的事。"③一本"小册子"与科学研究无关,不具备"世界历史"的意义,甚至也不会为作者赚得任何报偿。但是,克利马克斯享受着这种没有"权威"的"孤独作者"的自由,他只为个人的乐趣而写作,而从来不是"以人类、世纪、时代、公众、大多数人的名义"而写作。④ 于是问题出现了。克利马克斯为什么反复重申自己的写作仅仅是"代表自己"呢? 他为自己写作的"乐趣"何在? 换言之,是什么问题在困扰着他,从而使他决心放弃自己无所事事的状态并且甘愿冒着遭受误解的风险而成为一名作者呢? 要想了解克利马克斯的困惑和任务,我们要从《附言》当中撷取一个充满反讽意味的片断,从中我们可以明确地看出克利马克斯所反对和所欲纠正

① *SKS*, vol. 7, p. 170; *CUP* I, p. 186.
② *SKS*, vol. 7, p. 454, p. 438; *CUP* I, p. 501; p. 483.
③ *SKS*, vol. 4, p. 217.
④ *SKS*, vol. 7, p. 561; *CUP* I, p. 618.

的东西。

在《附言》的第二部分、第一章"成为主体的"的末尾处①,有一段看上去与上下文极不连贯的、颇有几分突兀的文字,正是这段克利马克斯的内心独白或者"闪回"使我们得以了解他的心曲。"闪回"开始于克利马克斯完成《哲学片断》的 4 年之后的一天。当时克利马克斯像平常一样坐在腓特烈斯贝公园的露天咖啡馆里,悠闲地边吸烟边陷入漫无目的的思绪之中。他早已脱离了校园生活,读过很多书,但至今依然一事无成,不过他似乎对这种无所事事的悠闲生活感到满意。可是今天的胡思乱想使他不经意地想到了一个事实:自己正在变老,而周围的世界则正经历着巨大的变化——生活正在变得越来越容易。那些"时代的恩人们"或者通过发明铁路、蒸汽轮船、电报,或者通过发表简明易懂的调查报告而使生活变得日益容易。更有甚者,这个时代"真正的"恩人是通过"体系化的思想"而使"精神性的存在变得日益简单明了且更加意味深长"。克利马克斯深知自己并无别才,在担心自己或许会一事无成地了此一生之时,他突然萌生一个念头:既然他无法使生活变得容易,他至少可以使之变得困难起来,这是生活为像他这样才能有限的人所留下的唯一的"任务"。

可是,克利马克斯为什么要有意去"制造困难"? 他嗅出了生活中的哪一桩"危险"是因为过于容易所导致的呢? 克利马克斯认为,在这个时代成为一名基督徒过于容易了。19 世纪的丹麦是以新教路德宗为国教的单一民族国家。② 这也就意味着,一个人只要是丹麦公民,只要出生在

---

① *SKS*,vol. 7,pp. 170 - 173;*CUP* I,pp. 185 - 188. 克尔凯郭尔著作中的地名都是真实的。腓特烈斯贝公园(Frederiksberg Have)位于哥本哈根西门外 3 公里处,它环境优美,是市民休闲的好去处。从西门到公园沿途上有很多餐馆和娱乐场所,这是城市化和社会生活世俗化的标志之一。

② 事实上自 17 世纪初起就有富裕的犹太人开始在哥本哈根生活,他们在封闭的社区里从事自己的宗教活动,但却没有公民权。直到 1814 年,犹太人才获得"临时丹麦公民权",1849 年获得正式公民权,很多犹太人自此开始讲丹麦语,着欧式服装,呈现出与丹麦社会相融合的趋势。

基督教徒的家庭里,从他降生之日起就自动地成为一名基督徒,而婴儿洗礼式的举行则相当于被教会正式接受。在克利马克斯看来,这种做法完全背离了成为一名基督教徒的本义,于是,他于闲散慵懒之中为自己设定了一个"使成为一名基督徒变得困难起来"的任务。听上去克利马克斯似乎是要掀起一场"清理"、"净化"基督教的"运动",其实不然。克利马克斯从一开始就剥夺了自己写作的"权威",他的写作只以自己的名义且只代表自己。作为一个"幽默家",成为某种"权威"是一桩过于沉重的生活状态。而且,克利马克斯从未自视为基督徒,他想表明的就是,成为一名基督徒是困难的。

如何理解克利马克斯为自己设定的任务和他的自我表白?这里涉及到如何正确地理解克尔凯郭尔采用假名和反讽策略的"间接沟通"的写作方式及其意义的问题。从历史上看,在克尔凯郭尔研究的初起阶段,研究者对其假名作者一般不加区分,而是笼统地称之为"克尔凯郭尔"。自上世纪 70 年代以来,越来越多的学者注意到了"间接沟通"的写作策略及其解构性力量,只是这中间又存在着一种将"意义"彻底消解的极端倾向,仿佛克尔凯郭尔的全部写作都只是在与读者玩一场"猫捉老鼠"的游戏。但是,不管是否在假名作品之间做出区分,凡是拥有基督教神学背景的研究者往往都会得出结论,认为克利马克斯/克尔凯郭尔提出的"使成为基督教徒变得困难起来"的目标实际上是在为基督教徒树立一个更高的"标准",如此一来,克利马克斯的任务就成了在基督教徒的内部实施"清洗",而克尔凯郭尔相应地也就被塑造成了一个具有基督教原教旨主义色彩的人物。这中间以最早将克尔凯郭尔的作品翻译成英语的美国牧师沃尔特·劳瑞(Walter Lowrie)为代表,他在为克尔凯郭尔做传的时候,不遗余力地把克尔凯郭尔描绘成正统基督教的"殉道士"。较之年轻一代的神学家们,例如斯蒂芬·伊万斯(Stephen Evans),则抓住克利马克斯自我标榜的"幽默家"身份不放,坚持认为他还没有达到基督教徒的标准，主张真正的基督教徒的形象一定要到克尔凯郭尔后期的所谓"基督教时期"的作品中去寻找。① 我认为，这两种解读都错失了克尔凯郭尔"间接沟通"的写作的意义，忽略了克尔凯郭尔借助假名策略和反讽策略对"内在的就是外在的"黑格尔主义的原则的破解，被假名作者或者克尔凯郭尔本人在不同时间所做出的所谓"坦言"、"表白"、"声明"迷惑住了，忘记了它们很可能都是克尔凯郭尔为我们设下的圈套。更为严重的是，拥有基督教神学背景的研究者往往是从既有的关于基督教的正统立场、也就是关于基督教的"自我描述"的立场出发来阅读克尔凯郭尔，他们的心目中已经有了一个关于"什么是真正的基督教徒"的标准，只是这个标准来自基督教的内部，来自教会的"权威"。他们恰恰忘记了，克尔凯郭尔采用"间接沟通"的写作策略的首要任务就是解除作者的"权威"。克尔凯郭尔从来不想树立任何"权威"，他蔑视一切世俗的"权威"，包括教会的"权威"，因为教会归根到底仍然是一个"世俗"的组织。从这个角度出发，把克尔凯郭尔塑造成正统基督教会的卫道士未免有失偏颇。我认为对待"间接沟通"的正确方法应该是，我们必须时刻警惕克尔凯郭尔的反讽，不要被他的文字所呈现出的表面现象所迷惑，而要深入到文本的内里，像敏锐的猎人一样捕捉住他的思想核心。按照这个路径，让我们暂时将"克利马克斯是不是一个基督徒"这个问题搁置起来，而要着手考察，克利马克斯为了完成他自己设定的任务做了什么样的工作，以及支撑着他的思想动力是什么。作为一个"幽默家"，克利马克斯的工作是批判性的，而他的批判首先针对的是思辨哲学；其次才是对基督教神学以及教会实践的批判，对此我们将在下一部分具体展开。

---

① C. Stephen Evan, *Faith Beyond Reason*, Edinburgh: Edinburgh University Press, 1998.

二　"生活哲学"的构建

就哲学批判的资质而言,克利马克斯为自己做出了如下描述:一个普通的"大活人",具有合乎理性的自然能力,同时不缺乏某种辩证才能,而且绝对不缺少学识。因此,他自视自己是一个哲学上的"麻烦人物","受召开辟一个新的方向"。① 这里所用的"受召"(Kaldet;called)是一个蕴含有使命感的字眼,于是,一时间,我们仿佛感觉到,克利马克斯要在强烈的使命感的"感召"之下推翻某种"旧的哲学",而开辟一个"新的方向"。但是,克利马克斯的这种严肃劲头很快就被他自己破除了。当他以 Philosophiske Smuler 作为自己"开辟一个新的方向"的著作的标题的时候,他的反讽动机已经显露无遗。这是一个很难翻译的标题,不仅对汉语翻译而言。这里将之译为《哲学片断》一方面是因为参照了英译本Philosophical Fragments 的译法,另一方面也是考虑到克利马克斯对哲学"体系"的激烈批判态度,因此这个译法是符合克尔凯郭尔的意思的。只是,克尔凯郭尔所选择的 Smuler 这个丹麦语词汇与有着拉丁语源的Fragment 的意趣大相径庭。Smuler 在丹麦语当中是一个极为平常的生活用语,它本意为"渣儿"、"碎屑",引申意为"一小部分"、"一点点"。丹麦语有成语曰"Smuler er også brød",意为"面包渣也是面包",相当于汉语所说的"麻雀也是肉"、"有聊胜于无"的意思。于是乎我们看到,克利马克斯一方面宣称自己"受召开辟一个新的方向";另一方面,他又极力低调处理自己的使命,认为自己为哲学所做的只是一个微小的、碎片式的思考,一本"小册子"。但是,"面包渣也是面包",再微不足道的哲学思考也是哲学,它仍然应该引起我们的重视。

克利马克斯的哲学建构首先表现在对思辨哲学的批判。他的哲学

---

① *SKS*,vol. 7, p. 564;*CUP* I, p. 621.

批判的方式散漫而多样,时而表现为正襟危坐的辩证分析,时而表现为蜻蜓点水式的高谈阔论,时而干脆成了讽刺揶揄。但是,克利马克斯与威廉法官一样,都紧扣人的生存的问题。为此,克利马克斯首先要厘清"存在"(Væren;Sein)、"本质"(Væsen)、"生存"(Existent)这些概念的涵义,正是在对这些概念的理解上,克利马克斯与思辨哲学之间产生了很大的分歧。

在《哲学片断》的一则注脚当中,克利马克斯借助对斯宾诺莎"存在包含本质"(*essentia involvit existentiam*)的命题的分析,批判了思辨哲学对"存在"和"本质"的概念混淆。针对斯宾诺莎所说的"某物依其本性越完美,它所包含的存在也就越多、越必然"的命题,克利马克斯指出,这个命题只是一个深刻的同语反复,斯宾诺莎从"现实性"、"存在"来解释"完美",混淆了"理想的存在"(ideel Væren)和"真实的存在"(faktisk Væren);而我们一旦从理想的角度谈论"存在",这个讨论实际上已经"变了质"、"转了向",它所涉及的已不是"存在",而是"本质"。对于克利马克斯来说,"存在"就是"存在",它不论高低贵贱,不能以量化的标准来加以描述。他指出:"一只苍蝇,当其存在之时,它有着与神同样多的存在。就真实的存在而论,我所写下的愚蠢论点与斯宾诺莎的深刻论点有着同样多的存在。就真实的存在而言,起作用的是哈姆雷特的辩证法:在还是不在"。① 思辨哲学语汇表中的"存在"是囿于思想的层面之中的,就像"现实性"概念,因此它们实际上是"理想的存在",所讨论的是"本质"。倘若从"生活世界"的视角出发,"存在"只能是"真实的存在",这种"存在"不折不扣地"分有"着"存在"的全部,并且漠视一切本质规定性之间的差异。

但是克利马克斯并没有止步于此。他要把这种"真实的存在"

---

① *SKS*, vol. 4, p. 247.

(faktisk Væren)与人的生活结合在一起,于是就有了个体的"生存"(Existent;Tilværelse)的概念。需要加以说明的是,在克利马克斯/克尔凯郭尔的行文当中,他几乎不加区别地使用着 Existent 和 Tilværelse 这两个词。Existents 是一个具有拉丁语源的丹麦词汇,在进入丹麦语之后主要用来表达两层意思:一是表示"活着"(det at leve),二是表示"活着的方式"(maade at leve paa);而 Tilværelse 则是一个丹麦本土词汇,它是 Existents 的同义词,它指示着在现实世界中的"存在",尤其是人和其他生物在现实世界当中的"存在"。对克尔凯郭尔来说,无论是 Existents 还是 Tilværelse,它们都标识着人在"生活世界"当中实在的、真实的存在以及这种存在的方式。而一旦哲学思考的重心落在了个体的"生存"之上,那么,这种哲学在根本上所走的就是一条与追求纯粹理论知识的思辨哲学完全相反的道路,它成为了以追求生活的意义、价值和目标为主旨的"生活哲学"(Lebensphilosophie)。

　　早在 1844 年,丹麦著名的作家和黑格尔主义哲学家海贝尔(Johan Ludvig Heiberg,1791－1860)在评介克尔凯郭尔假名作品《反复》的时候,就用 Lebensphilosophie 这个德文词来指称克尔凯郭尔的哲学。"生活哲学"一词最早见于 1772 年由施拉赫(G. B. von Schirach)撰写的题为《论道德之美和生活的哲学》的论文集当中。当时,"Lebensphilosophie"(生活哲学)与"Lebensweisheit"(生活智慧)、"Lebenskunst"(生活艺术)为同义词,它们的主旨在于为正确的人生提供具有普遍性的伦理和行为准则。经过了哈曼、赫尔德和德国浪漫主义的发展,"生活哲学"成为了一种重视情感、直接性以及可经验的真理的哲学,这种哲学不以抽象的理性为至上原则,而是把"生活"视为是一种具有统一性的至上原则,而且对该原则的把握只能在"生活"的内部完成。如果追溯源头,在 Lebensphilosophie 作为术语正式出现在文本当中之前,这个词汇所包涵的意蕴就已经出现在古希腊哲人的思想之中了,而古希腊哲学正是克尔凯郭尔心目中理想的哲学形态。克尔凯郭尔并非一概地反哲学,他只是一名现代哲学的批判者,他对古希腊哲学寄予了美好的期望,尤其是,他一直把苏格拉底视为人生楷模,不仅选择了苏格拉底的"反讽"概念作为自己的博士学位论文的主题,而且假名作者克利马克斯还把自己的任务描述成"苏格拉底式的",也就是说,他从不自称是基督徒,但要以此揭示出,其他的人比自己更不如,由此重新审视做一名基督徒的意义。在个人生活当中,克尔凯郭尔甚至有意识地仿效苏格拉底在大街上与普通人进行哲学讨论的活动,他每天要在固定的时间内在城中漫步,与他所遇到的各类人等高谈阔论,这个特点使他成为哥本哈根家喻户晓的人物。在《前言》当中,假名作者曾经这样写道:

> 美好的希腊的学术研究……是极其益于投身其中的……,因为它没有为了能够听上去像是来自云端的声音的目的而放弃人,它留在了大地上、市场中,留在了各个阶层的人们中间。它是某种尤其被那个人所理解的东西,那人放弃了艺术、放弃了对自然事物的探索,并且随后开始在工场里和市场中进行哲学活动。①

这里对苏格拉底的赞誉是显而易见的。到了《附言》,克利马克斯更是把"美好的希腊的学术研究"与现代思辨哲学直接对立,认为"在希腊,注意力集中在这一点之上:即生存意味着什么"②;相应的,古希腊哲学家在身为思想家的同时"还是一个因自己的思想而热情洋溢的大活人"③。他常常对专业哲学家和大学编外讲师(Privatdocent)进行抨击,认为这些人远离了生活和生存的真问题,沉浸于自造的伪问题之中,从而背叛了哲学的真义,成为了现代的诡辩论者。总而言之,在克利马克斯看来,

---

① *SKS*, vol. 4, p. 503.
② *SKS*, vol. 7, p. 289; *CUP* I, p. 318.
③ *SKS*, vol. 7, p. 280; *CUP* I, p. 308.

以苏格拉底为代表的希腊哲学扎根于"大地"之上,始终保持着对生存问题的关切,而现代思辨哲学则发展成为一门专业,一门拥有自己特定的专业术语和专业问题的"科学",它或许有着合乎理性和科学精神的主旨和目标,但是,它远离人的生活,因而不过是二手货店里的幌子和招牌,显得文不对题、南辕北辙。克利马克斯从来都没有否定思辨哲学思想的价值的企图,他甚至明确表示,否认思辨思想的价值的行为对那些以谦卑的态度将自己生命的绝大部分都奉献给思想的事业的人来说,对那些崇尚古希腊的人来说是愚蠢的。[①] 问题是,哲学不应远离"人间烟火",而应立足于人的"生活世界",并且为其提供指导。在这个意义上,现代哲学不仅解决不了一个为生活所迫的"大活人"的根本问题,甚至还会使人遗忘自己的"生存"。这一点才是克利马克斯/克尔凯郭尔对思辨哲学采取激烈批判态度的根源,同时也是"生活哲学"与"思辨哲学"之间的对立。

三 "片断"与"体系"之争

克利马克斯提供给我们的是一种立足于个体的"生活世界"的"生活哲学"、"生存哲学",这种哲学应该具有怎样的形态呢?

一种"生活哲学",如果不是打着"生活"的旗号试图对"生活"进行思辨的总结,它必须首先打破那种从外部对"生活"进行"客观的"观照的方式,深入到"生活"的内里,以一个"槛内人"的身份对"生活"本身进行体验和感悟。正如在《非此即彼》当中所显示的那样,个体在这个"生活世界"中的生命体验方式将表现为"片断"或者"残片"(Fragment)的样态,那么,如果一种哲学要向"生活世界"当中的人的精神生活敞开,它必须破除"体系"的桎梏,与"生活世界"的"片断"的样态保持一致,成为"片断

---

① *SKS*, vol. 7, pp. 59 - 60; *CUP* I, pp. 55 - 56.

的"哲学。

"生活哲学"之为"片断"而非"体系"的观点与思辨哲学的努力是直接反对的。黑格尔认为,哲学、真理只有成为"体系"才是现实的,因为这是"精神"的表达;哲学只有成为"体系"、"全体"才能接近"科学"的形式,也才能超越希腊人将哲学定位于"对知识的爱"的涵义,而将哲学升格为"真实的知识"。在思辨的层面上这无疑是深刻的,只是,克利马克斯与威廉法官一样有着一致的划界思想,"思想的、逻辑的世界"与人的"生活世界"是不同的两重天,于是他提出了这样的命题:"一个逻辑的体系是可能的",而"一个关于生存的体系(Tilværelsens System)则是不可能的"。① 在克利马克斯看来,所谓"体系"意味着秩序和整体性。一个逻辑的、思想的体系之所以是可能的,皆因思想者找到了某种"终结点"(Afsluttethed;conclusiveness),借助这个支点,思想者可以依靠反思的力量将思想的"碎片"连缀成一个具有内在逻辑关系的整体。于是,一个逻辑的体系能够"把一切都变成结果",②也就是说,它能够解释和解决我们在该体系范围之内的任何问题。在这个意义上,所谓"体系"只是思想的、逻辑的体系,即使再高明的体系构建者也不应超出思想和逻辑的"圆圈"。事实上,克利马克斯是懂得黑格尔思想的要义的。黑格尔认为,人的反思活动具有无限性,因此,"体系"的根本作用是去限制这种反思活动的无限性,"体系"的开端和终结的确立其实只是为了研究哲学的主体的方便,这是体系哲学的合理性之所在,对此克利马克斯显然是认同的。问题在于,克利马克斯关心的并不是建构一个"思想的、逻辑的世界",他关心的是我们栖居其间的"生活世界",以及人在这个世界当中面临的许许多多非自己回答不可的问题。这些生存问题不仅与逻辑体系无关,逻

---

① *SKS*,vol. 7,p. 105;*CUP* I,p. 109.
② *SKS*,vol. 7,p. 73;*CUP* I,p. 107.

辑体系当中的一切要素对"生存"都是漠不关心的①,甚至二者还呈"势不两立"之态。为什么要这么说?

克利马克斯指出,建立一个逻辑的、思想的体系的关键的两项要求——"主客统一关系"和"思维与存在的同一性"——在"生存"当中都无法实现,因为"生存"恰恰是对这种"统一性"和"同一性"的分离。② 在逻辑体系的建构中,人作为认知"主体"而存在,"主体"的任务便是去把握我们所在的作为一个自在"客体"的外在世界,在此过程之中,"主体"要尽可能"客观",也就是排除个人的情感和意志力的作用,这样才能达到"客观知识体系"的建立,也才能达到"思维与存在的同一性"。这个思想听上去很美,但问题是,我们凡人能否真正做到这一点?

克利马克斯指出,"思想世界"所认定为"肯定的"方面,像感性确定性、历史知识的确定性、思辨的结论,其实都是"虚幻的"(illusorisk),所有这些"确定性"都未能触及到生存当中的认知主体的实际情况,即每一个"主体"都是"生存"之中的"主体",而这一点必定将从根本上反映到他的认知活动之中。③ 感性的确定性得自我们就所观察对象而得出的不正确的结论,历史知识充其量只是一种"近似"的知识,而思辨活动根本帮助不了个体回答"结婚还是不结婚"这样的问题。在克利马克斯看来,"生存"之中的"主体"不是一个认知机器,而是一个"大活人",一个具有凡人的视角、情感、意志的血肉之躯,因此成为一个"客观的主体"既是一种自我欺骗,也是对他人的愚弄。这样的"主体"在"生存"当中所能获得的唯一的确定性便是:"我生存着"、"我活着"(jeg er til; I exist),这一点仅对说此话的"主体"有效,因为每个人只能确定自己的"生存",任何他者都无法替代之。在历史上,关于我们认识的错误的来源以及思维的障

---

① *SKS*, vol. 7, p. 107; *CUP* I, p. 110.

② *SKS*, vol. 7, p. 118; *CUP* I, p. 123.

③ *SKS*, vol. 7, p. 81; *CUP* I, p. 81.

碍的讨论有很多。希腊怀疑主义者认为，人的直接性的感觉和认识并没有欺骗我们，错误在于人们急于得出结论，于是他们以悬置判断、延缓做出结论甚至不肯定地得出结论的办法来保护自己心智的平静。而笛卡尔则进一步指出，错误不在于理性，而在于人的意志和情感。培根深刻地揭示出人心中"固有的"和"外来的"四种认知"假象"即"族类假象"、"洞穴假象"、"市场假象"以及"剧场假象"的最终目的是为了通过实施"新工具"而克服人类思维的障碍。很显然，一个像克利马克斯这样的仅把"我活着"当成"生存"当中的"确定性"的人来说，他既没有像培根那样以批判的态度列举出人类思维和认知的局限性，更没有培根实现"科学的伟大复兴"的宏大愿望。面对丹麦的黑格尔主义者马腾森（他是克尔凯郭尔的大学指导老师之一）希望使"体系"的思想超出"哲学的、科学的"层面而渗透到"宗教、文艺、政治、工业、贸易的"这些生活面向的野心①，克利马克斯却要竭力把人拉回到柏拉图所描绘的"洞喻"之中，认为我们人根本看不到"生活世界"的全貌。克利马克斯说，思想之所以能够构成一个"体系"是因为思想者找到了某个"终结性"，但是"生存恰恰与终结性相反"，因此我们不可能构建出一个关于"生存"的"体系"，我们所能感受到的仅只是"生存—生活"的"片断"，它们常常表现为无序的、武断的乃至变幻莫测的。那么，现在的问题是，为什么说我们凡人眼中的"生存"是"片断的"？只有找到"生存"之为"片断"的原因，我们才能理解，为什么这种以"生存"为对象的"生活哲学"只能呈现出"片断"的而非"体系"的形态。对这个问题的回答将涉及到克利马克斯/克尔凯郭尔对"生存"以及人的生存的理解。

在《非此即彼》当中，克尔凯郭尔通过对审美的和伦理的两种生命样态的描摹告诉了我们，人的"生存"就像是一团乱麻，"剪不断，理还乱"；

---

① SKS, K4, p. 199.

人的生命体验最终向我们呈现出的是一个个"残片"。即使是在威廉法官不遗余力地罗列结婚的理由的时候，在他享受着日复一日、年复一年的平凡生活并且坚信这种生活终将引领他走向"永恒福祉"的时候，我们仍然不难感觉到他身上的"绝望"。而到了《附言》，克利马克斯则为"生存"给出了如下定义：

> 生存本身，也就是去生存（at existere），是一场斗争，它既充满悲情同时又显得很滑稽。说它充满悲情是因为这斗争是无止境的，它冲着无限而去，且不会终结，而这一点正是最高程度的情致。说它滑稽则是因为这斗争本身就是一个自我矛盾。①

> 什么是生存？生存就是无限与有限、永恒与瞬间所孕育的孩子，因此它是持续不断地斗争着的。这一点正是苏格拉底的意思：爱就是持续不断地斗争着的，也就是说，那个正在思想着的主体是生存着的。可是那些体系哲学家们和客观思想家们已经停止为人而变成了思辨，思辨的家园在于纯粹存在（den rene Væren）。②

克利马克斯是有一定的哲学基础的，他在"生存"与"纯粹存在"之间做出的区分当中有黑格尔的影子，这个区分与威廉法官的划界思想也是一致的。在黑格尔的逻辑学当中，"纯粹存在"即"纯粹的抽象"是作为一种无规定性的"自在存在"而成为逻辑学的开端的。同时，汉语译为"实存"的 Die Existenz 则具有"从某种事物而来"的意思，它是一种以本质为根据的"存在"（Sein）。"实存就是从根据发展出来的存在，经过中介的扬弃过程才恢复了的存在"。③ 克利马克斯/克尔凯郭尔显然同意黑格尔以"纯粹存在"作为逻辑学和纯粹思辨的起点，但他认为黑格尔所说的"实

---

① *SKS*，vol. 7，pp. 90 - 91；*CUP* I，p. 92.
② *SKS*，vol. 7，p. 91；*CUP* I，p. 92.
③ 黑格尔：《小逻辑》，贺麟译，商务印书馆 1994 年版，第 266 页。

存"依然是一种囿于思辨王国之内的逻辑抽象，它还没有使事物真正地"出来"。倘若要使"实存"真正地"出来"，它首先就要从思辨的家园中"出来"，投入到生活之流、也就是时间的流程之中。作为逻辑学起点的、以思辨为家园的"纯粹存在"是无时间性的、静止的，它可以而且必须成为一个思想的"体系"。但是，克利马克斯/克尔凯郭尔所说的"生存"只能是"人的生存"，也就是"活着"、"活下去"，这样一来，"生存"就成了人的生命的流程，它是时间性的、动态的、开放的过程，从根本上说，人的生命流程是"自由的"，它是非体系的、非逻辑的、非必然的，很像现代哲学所讨论的 Dasein，是一种区别于逻辑的和纯粹的"存在"的、有所限定的"存在"。

关于"生存"是自由的观点，克利马克斯在《哲学片断》当中进行了一段思辨意味很浓的讨论。① 在"间奏曲"一章中，克利马克斯上来就提出了一个问题："过去是否比未来更为必然？"他的答案是否定的。克利马克斯从对"生成"的讨论入手，最终引出了"生成"是经由"自由"而发生的观点。在关于"生成"的涵义的问题上，克利马克斯基本上遵循了亚里士多德的意思，认为"生成"意味着某种"变化"，这种"变化"的关键不在于"本质"，而在于"存在"，"生成"意味着从"非存在"到"存在"、从"可能性"到"现实性"的转换。那么，"生成"的转换是如何发生的呢？克利马克斯指出，有的时候，"生成"的转换和发生看上去像是"必然的"，但这种感觉只是引发"生成"的诸种原因为我们造成的"幻觉"。他说，如果认真反思"生成"，我们将会发现，即使从自然法则中推导出来的结论也无法解释"生成"的"必然性"。从克利马克斯的话中很容易联想到，"生成"当中最不可思议的、最不能用"必然性"来加以解释的其实就是世界的存在。世界原是一片"空虚混沌"，"天地玄黄，宇宙洪荒"，世界一下子就"存在"

---

① *SKS*, vol. 4, pp. 273 - 275.

了,其情形一如《圣经》中所说的"神说要有,于是就有了"一样地"自由",我们无法用"必然性"来解释和规定世界的生成。最后,克利马克斯得出结论说,"生成"只能经由"自由"而发生,没有任何一种"生成"是"必然的",因为"必然"根本不经历任何变化,"必然"完全依靠自身、总与自身相关联,而且是以不变的方式与自身相关联,也就是说,"必然"是唯一不经过"生成"的变化的东西。因此,凡是"生成"的东西都因其"生成"而证明自身是"自由的",而人在时间之中的"生存"正是一个处于不断变化之中的"生成"的过程,就"生成"的特质而言,人的"生存"不是"必然的"而恰是"自由的"。没有了"必然性"这一"终结点",人的"生存"向我们开显出的也就是一个个"片断"。

　　绕了这么大一个圈子,克利马克斯最后所得出的结论与威廉法官从基督教思想的立场不加论证而自动采纳的思想出发点完全相同,也就是说,人的"生存"是自由的,"自由"是"上帝"对人类的"祝福"。从对《创世记》的解读来看,人为自己的"自由"付出了巨大"代价",当人意识到自己可以是"自由"的时候,人也就开始了艰苦的劳作生活,开始为"生存"挣扎。在这个意义上说,"自由"既是一种神圣的"祝福",也是一种"责任"。对于威廉法官来说,人的"自由"表现为人要在面向"未来"的前提下对"生活世界"当中出现的各种问题做出回答和"选择",这一点在他看来与思辨哲学恰好相反,因为哲学面对的都是已然发生的事,是"过去";哲学试图从对"过去"的反思当中寻找到某个思想的"终结点",从而将"过去"的各个"片断"连缀成一个"体系"。而克利马克斯所理解的人的"生存"是"双重性"的,也就是说,这"生存"立足于"现在",但却向"未来"开放;而且这里所谓"未来"其实就是"永恒"和"无限"的同义词。从《哲学片断》的题记当中可以看到,克利马克斯所关心的问题就是"永恒意识"产生的基础。既然"生存"是"双重性"的,相应的,处于"生存"之流中的"大活人"也就是一个"有限与无限、瞬间与永恒、自由与必然的合成体"①,这样的"生存"必定将是一场在"有限与无限"、"瞬间与永恒"这两极间所进行的永无止境的"斗争",其情致是"悲喜剧式的"。人在时间中的"生存"是有限的,人的"有限性"首先表现为人都是"有死的"、"会死的",死亡是每一个个体的大限。这也就是说,作为个体的"这一个"不可能无限地活下去,能够生生不息地繁衍下去的只是作为"类"存在的人。人的"有限性"还表现在,人总是处于"生成"的进程之中②,存在于构成时间之流的每一个当下的"片断"、"瞬间"之中,扎根于"生存"的每一个点之上,因此,他看不到"生存"的全貌,人所能把握的只是"生存"当中的各个"片断","不识庐山真面目,只缘身在此山中"。问题是,以"有限的"方式而生的人偏偏有面向"无限"的愿望,为了达到"无限",人们想尽办法试图超越有限的"存在"。于是,人的"生存"就成了一场从"有限"出发向着"无限"行进的永无止境的"斗争"的过程,其情致是"悲喜交加"的。"生存"的"喜剧性"在于,"有限"的人生偏要以"无限"为目标和旨归;而其"悲剧性"则在于,人们从一开始就知道,人终有一死,无论怎样"斗争",我们最终逃不出时间的"魔掌",等待着我们的只有"死亡"的命运。问题是,对于具有"双重性"生存的人来说,"死亡"非但取消不了人对"无限"的渴望和追求,"死亡"甚至不应该成为人通往"无限"的障碍,否则,人的"双重性生存"无异于被取消。应该说,"死亡"增加了人对"无限"的追求进程所具有的"悲剧性",同时,"死亡"也使得这个进程愈加具有不确定性,因为人在有生之年根本无法得知我们能否达到"永恒","永恒"的获得最终超出了我们的能力范围。总之,"死亡"之大限的存在使得这场从"有限"开始向着"无限"的"斗争"呈现出"片断"的形态,它没有一个能够将"生存"的各个"片断"连缀成一

---

① *SV* 3, vol. 15, p. 73; *SUD*, p. 13.
② *SKS*, vol. 7, p. 174; *CUP* I, p. 190.

个"体系"所必需的"终结点"。

四 在"片断性"的背后

克利马克斯并没有彻底否定"生存"的"体系性",只是他认为,"生存"的"片断"的特点只针对我们凡人才有意义;"生存"本身其实就是一个"体系",只是这个"体系"不对我们凡人开显。在提出"生存的体系是不可能的"这一命题之后,克利马克斯接着又提出:"生存本身就是一个体系——为'上帝'而在的体系,但是它却不可能成为一个生存着的人的体系。"[1]换言之,"生存"这个"体系"对"上帝"而言是"显",对凡人则是"隐",凡人无法把握这个"体系"。不仅"体系"对凡人"隐而不显",19世纪哲学所提倡的"必然性"概念[2]、"世界历史"的视野[3]、以及"思维与存在的同一性"原则[4]在克利马克斯看来也都只对"上帝"而言才具有有效性,对凡人来说它们都只是与人的生存事实"漠不相关"的"纯粹理念"或"纯粹思想"。显然,克利马克斯在这里所批判的都是思辨哲学的概念和命题,那么,对他来说,思辨哲学的问题究竟出在哪里? 他批判思辨哲学的根据和思想根源何在?

克利马克斯认定思辨哲学的致命疾病在于,思辨哲学没有在"生存"与"思想"之间划清界限,而这个界限威廉法官凭其丈夫、父亲和公务员的身份轻易地捕捉到了。思辨哲学忘记了人作为一个"大活人"而活在这个"生活世界"的事实。思辨哲学致力于"抽象思想",追求"同一性"(Identitet;identity),不仅是思维与存在之间的"同一性",而且还有自我的"同一性"(I-I)。问题是,这种"抽象思想"忽视一切而只关注思想本

---

[1] *SKS*,vol. 7,p. 114;*CUP* I,p. 118.

[2] *SKS*,vol. 7,p. 137;*CUP* I,p. 147.

[3] *SKS*,vol. 7,132,pp. 145 - 146;*CUP* I,p. 141,pp. 157 - 158.

[4] *SKS*,vol. 7,p. 175,p. 299,pp. 301 - 302;*CUP* I,p. 190,p. 328,p. 331.

身,因而最终把"人"排除在外①,从而成为一种"非人的"、"无人的"哲学。与之相对的是,"生存"总是人的"生存",而一个生存着的"大活人"既是一个处于不断的"生成"进程之中的"自由者",还是一个在根本意义上无限渺小的、处于不断"消失"的进程之中的不可识别的"原子"②。一个"大活人"的"生存"总是具体的、特殊的、有所差别的,"生存"本身就是"异"。但这么说并不意味着人的"生存"是"无思想的",甚至人也并不缺少进行"抽象思想"的能力和愿望。就拿人类的"生存"来说,"生存"可以成为人类生存自身所蕴含的一个"理念",但这个"理念"意味着"理念的生存"(Idee-Existents)。像柏拉图把"理念"定位于在神与质料之间的中间位置一样,克利马克斯认为,人必须"分有""生存"这个"理念",但人却绝不是"理念"本身。③ 人位于"生存"与"理念—思想"之间的中间地带,因此,思维与存在对人而言不具备"同一性",它们之间永远存在着一定的距离。所谓"思维与存在的同一性"原则对人来说只是一个空洞的同语反复,它是"非人性的"原则。无论生存者做怎样的抽象思考,他都是一个"大活人",因为我的自我"抽离"的过程其实标识着,"我活着"。而从"大活人"的生存事实来看,做到纯粹的抽象思考也是不可能的,人在思考的过程中摆脱不了自身,也就是说,摆脱不了人的意志、情感的作用,摆脱不了各种潜藏于人性当中的或者源自后天的各种偏见和认知假象;每个人的思考都是"具体的",它发生在特定的时间和空间之中,并且总是与思想者和被思想的某种特定的东西共在。克利马克斯眼中的"大活人"仍然处于柏拉图的"洞喻"之中,他只能看清被阳光照彻的东西,看到从他自己特定的角度出发看到的东西,他看不到世界和生存的全貌。克利

---

① *SKS*, vol. 7, p. 303; *CUP* I, p. 332.

② *SKS*, vol. 7, p. 564; *CUP* I, p. 622.(此话原是克利马克斯的自我描述,但他也强调,这个描述适用于一切凡人。)

③ *SKS*, vol. 7, p. 302; *CUP* I, p. 331.

马克斯的"大活人"还有一个特点,即他在立足"今天"的同时面向"未来"不断地"生成"着,一刻不间断地回应着"未来"的要求,也就是要采取行动,这是从积极的一面来说的。而从消极的一面来看,这个"大活人"是在向着"死亡"不断地"消失",最终成为历史长河当中的一个无足轻重的"原子"。人类生存的实际情况决定了,一种关于"生存"的哲学只能以"片断"的形式出现,它不可能成为"体系";而且这种"生存哲学"事关"自由",它与"必然性"无关,与"世界历史"无关。克利马克斯说过,人无比热爱变化和自由,把人放置在"世界历史"的"必然性"的链条之上简直令人窒息,因为"世界历史"是与"过去"、与"死人"打交道。但是,人类生存的事实也表明了,人的生存状况是不完美的,尤其在与"理念"的永恒不变性相比时更是如此,但是这种生存实况却是我们必须面对和接受的事实。当我们说人必须接受生存的不完美的现状的时候,这并不意味着我们将听任生存的摆布,沉浸在生存的不完美之中而自暴自弃。这里的意思是说,我们应该把精力集中在我们力所能及的事情之上,克服这种生存的不完美,提升生存的意义。对于克利马克斯来说,要想实现这一点只能通过完成一个"伦理的任务",即"成为主体"(blive subjektiv),这是面向所有单一者敞开的至上的任务,同时也是一个能使一切变得"美丽"的任务。① 但问题是,思辨哲学并没有将精力集中在"成为主体"这个面向个体的伦理任务之上,而是通过对关于"客观思想"、"抽象思想"的"体系化",通过对所谓"世界历史"发展的"必然性"的把握为我们制造出了一种"幻觉"和"假象",这种做法不仅掩盖了人类生存不完美的事实,它甚至误导人忘记了人的本来面目和本真任务。由此,克利马克斯对思辨哲学提出了严厉的批评,认为思辨思想对"上帝"行了不义②,它把原本并

① *SKS*, vol. 7, p. 148;*CUP* I, p. 159.
② *SKS*, vol. 7, p. 137;*CUP* I, p. 148.

不对人开显的"体系"、"必然性"、"世界历史"等观念统统收拢在自己的思想框架之内,试图以一个"大活人"——"凡人"之躯挑战"上帝",缩短与人与"上帝"之间的差距。

至此,克利马克斯对思辨哲学的不满和批判的根本原因得以完全显现。克利马克斯总是讽刺思辨哲学家荒谬可笑,但他却并没有遵循哲学史的方法,即从前人构建的哲学体系当中寻找漏洞和缺陷,而是从一个完全不同的角度出发对思辨思想方式提出质疑,试图从根本上否定思辨哲学的努力。克利马克斯的思想出发点不是别的,正是"基督教哲学",也就是经过了自由的哲学精神的考量之下的基督教的基本原则和立场。克利马克斯虽然极力否认自己是基督教徒,他甚至对基督教神学和基督教会颇为反感,希望摆脱经过教会和神学家精心打造的各类教条和理论,但是这一点并不妨碍他在内心里恪守基督教的基本思想原则,尤其是《新约》基督教的原则。从基督教的基本思想原则出发,克利马克斯对19世纪思辨哲学家们致力于构建的包罗万象的庞大体系提出了质疑,认为思辨哲学使人忘了"本",人原本不是"全知全能",人看不到世界的全貌。思辨哲学一味抬高理性和思想的力量,试图使人的理性成为统治世界的力量。但是,理性并不能解决人的生活当中的一切问题,像"结婚还是不结婚"这样的简单问题就不是思辨理性能够给出令人满意的答案的,对此审美感性的人和威廉法官从生命的内在需求出发轻而易举就能勘破。克利马克斯与威廉法官不同,他在内心里更为自觉地遵守着"人与上帝的绝对差别"的原则。如果说在我们阅读《哲学片断》的时候对克利马克斯所使用的"上帝"一词的内涵或许会有所犹豫,也就是说,这里的"上帝"有可能被理解成类似黑格尔哲学中的"绝对"、"一"、"大全"的意思;那么,到了《附言》,当谜底因披上了一件"历史的外衣"而终于被揭开的时候,我们可以坚决地说,克利马克斯所说的"上帝"就是基督教"上帝",他是世间唯一的"体系思想家",作为永恒的存在,他既在生存之外又在生存之中,既在时间之内又在时间之外。在基督教思想当中,"上帝"是"全知"、"全能"、"全善"的,而人只是"有限的"存在者,二者有着根本性的差异。根据《创世记》,人是"上帝"根据自己的形象创造的,因此人在一定程度上"分有"了神的理智,并且因此成为世界上其他万物生灵的管理者和统治者。人依靠"神圣的"理智获得了认识外部世界、认识自己甚至在一定程度上认识"上帝"的能力。但是,根据基督教思想,人的理智能力是有一定限度的,它达不到"全知全能"。这个原则在克利马克斯那里得到了完全的表达,正是从这个原则出发,克利马克斯才使"体系"、"必然性"和"世界历史"有了"隐"、"显"之分,也就是,对于"上帝"它们是"显",而对于凡人它们则是"隐"。"生存"本身就是一个为"上帝"而在的"体系","全知全能"的"上帝"有"一览众山小"的能力将人的生存全貌和"世界历史"发展的流程乃至走向尽收眼底,这就是《圣经》上所说"在神凡事皆能"的意思。对于凡人而言,我们看不到"生存"的全貌,抓不住"生存"的"终结点",只能把握住"生存"在每一个"瞬间"呈现给我们的"片断"。更为困难的是,我们要在看不到"生存"的全貌、把握不住"世界历史"发展的"终结点"的前提下,"受罚"似的永远挣扎在"生存"的"有限性和无限性"、"时间性和永恒性"这两极之间。也就是说,既生活在"现在"、"当下",又要不断地面向"未来";人既是有死的、时间性的存在者,同时又要追求"永恒"和"不朽"。这种生存的"双重性"特点决定了"生存是难的",犹如苏格拉底所得出的"美是难的"的结论一样,"生存"的各个面向绝非思辨哲学体系所能完全涵盖;"世界历史"的进程是复杂的,我们所能看到的和愿意看到的永远与事物实际的面貌存在着距离。

对于克利马克斯来说,思辨哲学体系的问题不在于体系自身是否圆满、是否合乎理性和逻辑,而在于这种哲学太过于体系化以致于它触及不到人的实际生存状况,它苦心经营着一整套专业化的术语和问题,成为了一种与人的"生活世界"和生存问题漠不相关的"怪物",成为了一种为德国教授以及大学编外讲师们提供饭碗的东西。因此,当克利马克斯提出以"哲学片断"来与思辨的"哲学体系"相对抗的时候,当他本着"苏格拉底式的"使命希望把哲学从"天上"拉回到"人间"的时候,当他努力使哲学真正开始关心人在"生活世界"当中的"生存"及其意义这样的根本性的问题的时候,他正是在"开辟新方向",也就是在使哲学朝着人的"生存"的方向发展。而一旦哲学开始关心起人的"生存",其外在形态就不再可能是"体系",因为"体系"只能是思想的和逻辑的"体系",这种"生活哲学"只能呈现为"片断"的样态。不过,克利马克斯开辟的"新方向"并非完全的创新。从一开始,他的头脑里就存在着一套与思辨哲学的思路相反对的真理和价值体系,这个真理体系不表现为对个体的生存"漠不关心",而是希望能够成为个体"为之生、为之死的观念",希望成为"有限性"生存的个体追求"永恒福祉"的精神指导。这个真理体系就是基督教真理,克利马克斯正是以之作为生存的终极导向和"价值意象",他对思辨哲学的全部批判皆源自基督教真理体系。

西方思想从来都存在着两个源头,存在着两种真理—价值体系,即希腊理智主义传统和希伯来信仰主义传统。西方哲学自巴门尼德以来就以追求认识论意义上的真理为目标和己任,这种追求在黑格尔那里达到了一个高峰。认识论意义上的真理观蕴含着一个"主客对立"的前提。所谓"客体"指的就是一个现成的、外在于我们的确定可靠的世界,这个世界有着"现象"与"本质、本体"之分,而作为认知"主体"的人能够以理性的反思力量揭示出居于这个世界的"现象"背后的"本质"。如此一来,哲学真理就成了一个"客观思想"的体系,作为一种确定性的、科学的知识形态,它是在"替天说话"。真理并不单纯地属于某个特殊的个体,而应属于所有的作为思想主体的人;也正是在这个意义上,它又属于每一个个体,否则,"真理"也就不过是一己的"意见"而已。这几乎是在西方形而上学传统之下对真理的"标准"解说。只是,在西方传统当中还存在着另一种涵义的"真理",那就是基督教传统指示的"道—逻各斯"的涵义。《约翰福音》开篇中有言曰:"太初有道,道与神同在,道就是神"。①这个"道"并非如思辨哲学所追求的"客观真理"那样潜藏于林林总总的现象的背后,它本身就要"变成现象",将现象世界"充盈"起来,因为"道成了肉身,住在我们中间,充充满满地有恩典有真理。"②于是耶稣才会说:"我就是道路、真理、生命;若不借着我,没有人能到父那里去。"③这里关于"道路"和"生命"的比喻非常具有启示性。我们与基督教"真理"之间的关系不是一种"主体—客体"的认知关系,"上帝"不仅不是一个与我们相对立的"客体",相反,"上帝"就是一个"绝对的主体","他"就是"道路、真理、生命"本身,"他"要求着同样作为"主体"的人亲身行走在"道路"之上,以自己的全部生命去体验另一种"生命"的存在。这一点从根本上决定了基督教所言说的"真理"不可能具有一种"客观而普遍的"确定性形态,而只能是非确定性的、个体性的、内内心性的,也就是克利马克斯借助思辨哲学的术语所说的"主观的/主体的"——"主观性/主体性即真理",它与"信仰"在思想内里上是相通的。同时,作为"道路、真理、生命"的基督教"上帝"对人提出的首要要求亦不在于认知,而在于实践,在于把基督教的原则带入生活和行动之中。应该说,在 19 世纪思辨哲学达到顶峰、同时也是它问题暴露最多的时候,在伴随社会现代化进程而滋生的对个体生存意义的焦虑和困惑之际,克利马克斯/克尔凯郭尔怀着新时代的问题和需求,重返基督教真理体系,希望重新发掘出这一古老的真理和价值体系的精神活力。克利马克斯对思辨哲学的批判都应从这个根本点出发去理解。

---

① 《约翰福音》1:1。
② 《约翰福音》1:14。
③ 《约翰福音》14:6。

第三章 "永恒"对哲学的拷问

作为"爬天梯者",克利马克斯承担着双重的任务。表面看,他是"受召开辟新的哲学方向",即以"片断的"生存哲学来对抗"体系的"思辨哲学,而他这么做的目的不在于哲学、不止于哲学,而是要超越哲学而达至宗教。克利马克斯一直不肯承认自己是基督教徒,但他却执意要"使成为一名基督教徒变得困难起来"①,甚至要重新界定"什么是一名基督教徒",这个态度至少表明,克利马克斯对其时代的基督教思想和实践是不满的,表明他在内心里存在着一套对基督教的理解。因此,在分析了克利马克斯对哲学的批判之后,现在就来考察他对基督教的分析和批判。克利马克斯认为,基督教在 19 世纪面临的首要问题源自"思辨思想与基督教之间的误解"②,为了澄清这一点,克利马克斯首先要对哲学与基督教的立场做出区分。其次,克利马克斯视"道成肉身"为基督教的核心原则,而这个原则所体现出的历史意识容易使人误以为它就是"永恒意识"产生的基础。最后,克利马克斯将 19 世纪的信仰问题归咎于基督教会

---

① *SKS*, vol. 7, pp. 170 - 173; *CUP* I, pp. 185 - 188.
② *SKS*, vol. 7, p. 219; *CUP* I, p. 241.

对人们的误导。

一 雅典与耶路撒冷：问题的提出

作为"幽默家"的克利马克斯并没有采取直接的方式来澄清思辨哲学对基督教的误解，在《哲学片断》中，他采用了一种隐晦而曲折的"思想方案"、"思想建构"（Tanke-Projekt）或者"思想试验"（英译本即写为Thought-Experiment）的方式，他把苏格拉底设定为可能的最高的人的哲学，然后虚构了一个因无法命名而暂且称之为"神"（Guden）的立场，并且在二者之间进行对比。随着《哲学片断》的内容逐层推进，我们可以渐渐肯定，克利马克斯所虚构的"神"（Guden）就是基督教"上帝"（Gud），其存在的核心就是"道成肉身"（Incarnation）原则，正是由于这个原则，才使得"神"所据有的是一个"超越"了苏格拉底的立场，因为"神"的存在超越了理智的能力范围，面对这个"神"我们需要一个"新的器官"（et nyt Organ），即"信仰"①。由此，克利马克斯在他视为人间最高的哲学与基督教立场之间做出了分野，而他以曲折的方式所展开的"思想方案"的主旨在于重新在雅典的理智主义路线与耶路撒冷的信仰主义路线之间进行区分，希望它们各行其道，尤其是希望理智主义路线不去干扰信仰主义路线，并且为后者留有一个自足的空间。

《哲学片断》是一部晦涩、深刻且极具反讽意味的作品，得出上述结论并非易事，其中的很多疑难点甚至要到了作为其"续篇"的《附言》一书当中才得以澄清。《哲学片断》名为"片断"，实则是一部有着明确的问题意识和写作目的并且有着为推进问题的展开而精心设计的"系统"之作。只是，由于它缺少一件"历史的外衣"，克利马克斯并没有点明他所讨论的是基督教"上帝"，只是故弄玄虚地虚构出了一个"神"，从而给我们的

---

① *SKS*，vol. 4，p. 306.

理解造成了一定的难度。我们只能采用"倒叙"的手法,即在深入钻研了全书和《附言》之后才能对其主旨进行总结。克利马克斯在《哲学片断》中重点推出了基督教的两个核心思想:爱和信。为此,他首先从非基督教徒的立场出发设计了一个"思想方案"(第一章),提出了一个与苏格拉底不同的甚至高于其上的思想出发点,即基督教;然后通过"道成肉身"的诗化展示(第二章)突显了基督教的爱的原则,以"形而上学的"讨论的方式(第三章)反驳了自然神学的思路,并且进一步突显了"理智"与"道成肉身"的冲突。"道成肉身"在"理智"的眼中是一个"绝对的悖论",因此我们的"理智"不仅无法思考它,而且试图通过"理智"来把握它只能构成对它的"冒犯"(附录:冒犯悖论)。既然"理智"在面对"道成肉身"这样的"悖论"时显得无能为力,那么要想把握甚至进而接受这个原则,我们必须另辟蹊径,启用"信仰"这个"新的器官"(见"喻意"部分)。对于那些尚未接受基督教信仰的人们来说,上述"思想方案"至少说明了通达信仰的有效途径是什么,那就是抛开"理智"的束缚。但是对于那些自认为早已步入"信仰"之门的基督教徒们来说,"道成肉身"原则当中所包含的"历史意识"与"永恒意识"之间的关系(见"题记")并非是透明的,它有待于进一步澄清。于是,克利马克斯利用最后两章的篇幅,分别讨论了"同时代弟子"(第四章)和"再传弟子"(第五章)的问题,从信仰者的内部入手,指出"永恒意识"即信仰的确立不依靠知识,而是依靠每个个体对于那段"道成肉身"的"历史"的"亲历"和"见证",以此,个体应该单独出场直接与"上帝"建立关系,其他中介都无济于事。在我们展开具体的分析之前,我们首先要问,克利马克斯为什么要采用"思想方案"的方式而非直接的方式来推出基督教的立场?克尔凯郭尔不是一个学院派的哲学家,他的写作尤其是"间接沟通"的方式使得他的作品具有了"复调的"结构,它往往涵盖并传达出包括哲学、文学、艺术及人生感悟等诸多方面的信息,因此在阅读时我们不应满足于得出结论,往往就在一个结论得出的同时,你会感到遗憾,因为某种值得你深思的东西被这结论掩盖了;你甚至还会遭遇某种尴尬,因为你很快就会发现,你所得出的结论并不是那么回事。克利马克斯在《附言》当中以"主观真理"来对抗"客观真理",并提出"主观真理"的重心不在于"说什么",而在于"怎样说"。在每一种"说"的方式当中都可能蕴含有比所"说"的内容更值得回味的"信号",因此我们的阅读策略就是,不放过任何一个细节,因为对于像《哲学片断》这样一部精心构思、有着明确的目的而写就的作品而言,任何一个细节都有可能是有"意思"的,尽管克利马克斯本人竭力劝阻读者从他的作品当中寻找"意思"。

我们首先来看看《哲学片断》扉页上的题辞:Bedre godt hængt end slet gift,直译为"宁可好好地吊死也不结坏的婚姻"。据克尔凯郭尔注释者们的考证,克尔凯郭尔在这里引用的是莎士比亚《第十二夜》当中第一幕第五场中小丑的台词。剧中使女玛莉娅告诉小丑,女主人威胁说会因为他的长期缺席而吊死他,其时小丑回答说:Many a good hanging prevents a bad marriage,即"好好地吊死常常可以防止坏的婚姻。"但是,克尔凯郭尔不谙英文,他阅读和引用的是由施莱格尔(A. W. Schlegel)和蒂克(L. Tieck)翻译的德文版《莎士比亚全集》,其中上述台词写为Gut gehängt ist besser, als schlecht verheirathet,[1]克尔凯郭尔的句子是从德文翻译而来。这句平淡无奇的台词曾引起很多克尔凯郭尔诠释者的重视,其中以丹麦学者尼尔斯·萨尔斯楚普(Niels Thulstrup)的观点最有代表性。他从hanging作为一种刑罚联想到了耶稣被钉死在十字架上,由此指出,克尔凯郭尔在这里想表达的意思就是要将苏格拉底所代表的理智主义"送上十字架"。这个诠释当然有一定的道理。在《附言》当中,克利马克斯的确运用了"将理智送上十字架"(Forstandens

---

[1] *SKS*,K4, pp. 197 - 198.

Korsfæstelse；crucifixion of the understanding)①这样的字句，认为这是通达信仰的第一步，因为基督教的"道成肉身"原则和"神—人"观念是理智所无法把握的，在理智看来这只能是"荒谬"。但是，这样的一种诠释是否完全传达出了克利马克斯以及克尔凯郭尔思想的核心？我的答案是否定的。我认为上述诠释过多地偏重于"吊死"及其联想意义之上，而没有充分考虑到后面所说的"坏的婚姻"的环节。作为一个"幽默家"、一个从根本上渺视权威的人，克利马克斯根本不会对任何事物发出"死亡命令"，不管是"吊死"还是"钉上十字架"，不管是针对"冒犯"信仰的理智还是信仰道路上的其他障碍。正如他在《哲学片断》的"前言"中明确宣称的，他是一个视"关于死亡的思想"为舞伴的"独舞者"，而他只想在自己的思想当中"轻松起舞"，甚至因此不愿让他人去揣测自己通过写作所欲传达的"意思"。如此一来，"宁愿被吊死也不结坏的婚姻"的宣言就不应简单地理解成克利马克斯要对"理智"下达"死亡"的判决书，而应该理解成是他对自己的态度的一个坦白。也就是说，与其让他克利马克斯生活在某种错位的"联姻"之中、受错误的观念的毒害，还不如痛痛快快地结束自己的生命，因为错误的观念无异于对精神的谋杀。

再进一步看，如果我们一味强调"把理智送上十字架"的意思，这不仅错失了克利马克斯之为"幽默家"的语气，而且还很可能会误认为，克利马克斯在苏格拉底与"神"的立场的比较是为了否定苏格拉底、贬低哲学，但事实上，克利马克斯从没有贬低苏格拉底及其所代表的希腊哲学的意思，相反，他高度称赞苏格拉底哲学是人所可能有的最高的哲学。只是，克利马克斯认为通往"天梯"的正确道路不是苏格拉底所代表的理智主义，而是与理智直接反对的信仰，它们是完全不同的两条道路。根据克利马克斯对思辨哲学和基督教神学的批判来看，以苏格拉底为代表

---

① *SKS*，vol. 7，p. 513，p. 545；*CUP* I，p. 564，p. 600.

的理智主义立场和"神"所代表的信仰主义立场之间的"联姻"是一场"坏的婚姻",思辨思想对基督教内部的渗透在19世纪的丹麦乃至欧洲已经相当普遍,这种"联姻"正在使基督教信仰逐渐失去原有的作为"道路、真理、生命"的情感色彩,而被打造成一个"客观的"教条和教义体系。在这种情况下,克利马克斯为自己设定的任务就是要"解除"这桩错位的、错误的"联姻","强拧的瓜不甜",哲学和信仰原本应该各行其道,各司其职,如果硬行将它们捆绑在一起,这无异于对二者的同时"冒犯"。

既然克利马克斯在通往"天梯"的问题上所持的是一种"宁死也不受精神毒害"的态度,那么,在《哲学片断》里他为什么不肯用一层"历史的外衣"包裹基督教的立场呢? 他为什么屡次否认自己就是基督教徒呢?

在《哲学片断》每一章的结尾处都有一段与正文用星号隔开的文字,其内容就是克利马克斯虚构的"第一读者"与克利马克斯进行的情景对话。在这场虚拟对话当中,"第一读者"公开指责克利马克斯是一个"剽窃者",因为他自诩独创的"思想方案"只不过是一个妇孺皆知的故事而已。为此,他把克利马克斯比喻成一个拿着人人轻易可见的东西骗钱的"流浪汉"。每逢此时,克利马克斯总是做出一副善解人意的样子,对"第一读者"的愤怒表示理解。他还大度地承认自己是在"剽窃",只是他并没有"剽窃"其他作者,他所"剽窃"的是某种更高的、他称之为"奇迹"的东西,但直到全书结束之际他才吞吞吐吐地道出了"基督教"这三个字,并且许诺将在未来的"附言"当中使一切"真相大白"。克利马克斯为什么不惜以自己的生命作为赌注来"剽窃"家喻户晓的基督教呢? 随着内容的推进我们可以看到,克利马克斯是有计划、有意识地以自己的方式,其中包括诗化的和形而上的方式来"重写"妇孺皆知的基督受难的故事。为什么会生出这样的念头? 难道时人对基督教了解得还不够吗? 事实恰恰相反。在克利马克斯/克尔凯郭尔生活的时代,基督教路德宗早已被确立为丹麦的国教而受到了法律的保护。因此,普通的丹麦人对基督教的了解不是不够,而是"听"得太多了,"知道"得太多了,只是他们了解基督教的途径是通过基督教的"自我描述",通过国教会和热衷于对基督教信条进行思辨思考的神学家。于是,"幻听"出现了(《哲学片断》第三、第四章之间的附录"冒犯悖论"就有一个被括起来的副标题"一个幻听"),这种通过基督教会的"自我描述"而掌握的关于基督教的"过量"的知识恰恰有可能使基督教信仰褪色、走样,甚至成为一剂腐蚀心灵的"毒药"。在丹麦这个国家,没有人否认自己是基督徒,因为这是法律决定的,一个人只要拥有丹麦公民权就直接是基督教徒。但是,这种行为恰恰违背了信仰的本真涵义。在信仰的问题上,不仅公民权不足以成为任何保证,即便人们像掌握其他知识那样将基督教义背得滚瓜烂熟,也不等于说人们已经"信仰"了,因为基督教不是知识和教条的体系,而是可以充当个体的精神向导和行为指南的价值体系。正是从这个背景出发,克利马克斯才决意将自己装扮成一个基督教的"槛外人",并且以此出发去"剽窃"基督教故事,其目的无非是为了"陌生化"人们早已耳熟能详、烂熟于胸的基督教原则,"疏远"基督教会对基督教的"自我描述",让人们抛开那些从一出生起就接受的通过主日学校和牧师布道所得到的关于基督教信仰的全部"幻听",让每个人以"单一者"的面目去面对"上帝",用克利马克斯自己的话说,要让每个人亲自从"上帝"手中接受理解真理的条件,自己完成艰难的"天路历程"。

通过上述分析,我们可以清楚地看到克利马克斯/克尔凯郭尔的反基督教会、反基督教神学的基本态度。尤其是,根据《附言》的内容我们可以说,克利马克斯/克尔凯郭尔反对的并不单纯是 19 世纪的丹麦国教会,也不单纯是在思辨哲学渗透下的基督教神学,而是教会制度和基督教神学本身。他否认自己是基督教徒,因为他对基督教信仰有自己的理解,或者说他对基督教徒有着"更高的"的标准。问题是,这个关于基督教徒的"高标准"并不意味着我们可以把克利马克斯/克尔凯郭尔拉到一个关于基督教信仰的更为"正统"（orthodoxy）的立场之上，因为从克利马克斯／克尔凯郭尔对信仰的精神性和"内心性"的重视和强调来看，从他对个体以"单一者"的面目出场直面"上帝"的立场出发，他永远都不会与世俗的教会妥协，也不会接受在自己与"上帝"之间的任何"中介"；他对基督教徒的"高标准、严要求"完全是出自对人的精神性和"内心性"的要求，"差一点"就达到了德里达提出的"没有基督教的基督教"的境界了，而所"差"的"这一点"就是对"道成肉身"原则的恪守。克尔凯郭尔的写作当中一直存在着一种"解构"的力量，他以"间接沟通"的手法不断地"解构"着自己的写作，这种"解构"成为了我们在阅读和理解克尔凯郭尔的作品时的一把双刃剑，造成了对克尔凯郭尔的误读的可能性。在美国神学界，克尔凯郭尔是"新正统派"（Neo-Orthodoxy）和"新福音派"（Neo-Evangelicals）的代表人物①，而这个形象对于没有基督教传统的中国思想界来说恰恰成为了我们批判他具有反启蒙、反人文的护教论倾向的由头。克尔凯郭尔就是克尔凯郭尔，就像他的假名作者克利马克斯一样，是一个喜欢在自己的思想当中"轻松起舞"的舞者，一个只肯拿自己的生命作赌注的"自由者"。他极具批判性的自由思想曾使他试图逃离他的父辈自他出生之日即给予他的基督教信仰，但是他却无法彻底摆脱它，一是因为基督教信仰早已成为他的生存背景的重要内容，二是他本人也的确从基督教信仰当中汲取了不少精神养料。于是，在克尔凯郭尔的身上，自由的思想与被给予的基督教信仰之间就形成了一种张力，这种张力使他在世俗化倾向日益严重的 19 世纪逆潮流而上，提出"使成为基督教徒变得困难起来"，希望能够为日渐式微的基督教信仰注入"强心剂"；

---

① 关于克尔凯郭尔与"新正统派"和"新福音派"之间的联系参见 Lee C. Barrett, "The USA: From Neo-Orthodoxy to Plurality", in *Kierkegaard's International Reception*, Tome III: *The Near East, Asia, Australia and the Americas*, edited by Jon Stewart, Surrey: Ashgate Publishing Company, 2009，pp. 233 - 235。

另一方面,这种张力又使得他在根本上"解构"着基督教在组织制度的层面上存在的合法性,一步步地把基督教推向一种"没有宗教的宗教"的境地,这种以精神性和"内心性"为主导的信仰恰恰只有在经历了启蒙运动之后才有可能出现。

二 基督教立场的导出:以苏格拉底的立场为出发点

在《哲学片断》第一章的开篇处,克利马克斯参照苏格拉底所提出的"美德是否可教"的问题,提出了"真理是否可教"的"苏格拉底式的问题",从而开始了对基督教立场的逐渐导入。为什么要从苏格拉底的思想出发点谈起?克尔凯郭尔本人非常钦佩苏格拉底并以之为人生楷模,这一点他从来都没有掩饰过。但是,在以"思想方案"的方式试图推出基督教的思想立场的关键时刻,克利马克斯却抬出苏格拉底,这里面蕴含着西方思想发展当中希腊理智主义和希伯来信仰主义这两条线索之间的对立、影响和"增补"。

西方思想拥有希腊和希伯来两大源头。早在拉丁教父时代,德尔图良就曾发出"雅典和耶路撒冷有什么关系"(*Quid ergo Athenis et Hierosolymis*)的质问[①],他把"雅典—哲学"与"耶路撒冷—《圣经》"对立起来,认为前者是"魔鬼的作品",后者才是"天堂的智慧",二者不可混为一谈。巴雷特在其讲述存在主义哲学的名著《非理性的人》当中对雅典和耶路撒冷所开辟的思想路线做出了总结,认为雅典发明了逻各斯,它重视普遍性的知识和真理,追求美和善,视理性的人为理想的人;而耶路撒冷却出产了宗教信仰,它重视实践和行动,尤其是对信仰的介入和献身,强调人的罪感,重视整体的、具体的人。[②] 这里我们看到了一个共识:

---

① 此言出自《驳异教信条》(*De praescriptione haereticorum*),第七章。
② 威廉·巴雷特:《非理性的人》,段德智译,上海译文出版社1992年版,第80—81页。

雅典和耶路撒冷所走的是不同的道路,它们以各自的方式为西方思想的发展做出了贡献。在历史上,雅典和耶路撒冷各自代表的思想路线并没有形成"东风压倒西风"之势,亦没有出现平行发展之势。相反,它们在不同的历史时期和历史条件下遭遇过不同程度的思想交锋,并最终形成了在冲突、影响的前提下达到彼此融合、相互"增补"的局面。具体而言,从西方哲学发展的轨道来看,基督教信仰对以希腊为源头的追求科学和真理的西方哲学在问题意识和思维向度上曾做出过"增补",在关于"无中生有"的"创世"说、关于"无限性"、"自由"和"时间"等问题方面,如果没有基督教思想的影响,我们很难断定西方现代哲学会是我们今天看到的这个样子。① 只是由于理性的强大威力,这种"增补"往往以"潜流"的状态存在,我们必须小心加以剥离才能看清真相。而从基督教的角度出发观之,当希腊哲学与希伯来信仰相遇的时候,很自然的存在着本着护教目的而对希腊哲学的全盘否定,但是在更多情况下,我们看到的却是"理性"的强大威力迫使"信仰"接受来自"理性"的质问和检视。如果基督教会不是仅仅把目标锁定在"劳苦担重担的人"②之上,而是希望得到有教养的上层社会的支持;如果基督教希望超出犹太教的狭小范围而成为一种具有普世价值的宗教,基督教会就不得不从理性的角度出发论证、完善基督教教义,使基督教义接受理性的检视。这个冲突、碰撞的结果之一是教父对希腊哲学的吸收、利用和改造,第二个结果则是经院哲学。在 12 世纪以后,随着亚里士多德著作通过阿拉伯世界的间接传入,基督教思想界再次受到冲击,结果以托马斯·阿奎那和邓斯·司各脱为代表的基督教神学家大胆直面来自"新"思想的冲击,积极吸取亚里士多

---

① 在这方面可以参考叶秀山《科学·宗教·哲学——西方哲学中科学与宗教两种思维方式研究》,社会科学文献出版社 2009 年版;黄裕生:《宗教与哲学的相遇》,江苏人民出版社 2008 年版。

② 《马太福音》11:28:"凡劳苦担重担的人可以到我这里来,我就使你们得安息。"

德的问题和解决问题的思路,从而使基督教神学思想朝着体系化、理性化的方向发展。只是在基督教内部,在理智和信仰之间划清界限的信仰主义的呼声从未中断过,最终形成了信仰至上的奥古斯丁主义和理智至上的托马斯主义这两条基督教思想路线并存的局面。总体看来,克尔凯郭尔是走在信仰主义的道路上,主张基督教信仰之于理智的悖论性以及理智对于信仰的"冒犯"和"愤慨"①,但是他却并不像德尔图良那样在雅典和耶路撒冷之间树立起了"破坏者和建设者"、"引进错误者和支持真理者"、"真理的掠夺者和它的保护者"这样的极端对立之势。相反,克尔凯郭尔视苏格拉底为"美好的希腊学术研究"的代表,并且希望现代基督教徒能够从苏格拉底"自知自己无知"这句话当中汲取勇气和有益的思想元素,以之作为现代"自大症"的校正。结合《哲学片断》中的题辞"宁可好好地吊死也不结坏的婚姻",克利马克斯从苏格拉底出发引出基督教立场的根本目的在于,在雅典的理智主义和耶路撒冷的信仰主义这两种思想立场之间划清界限,并割裂它们之间不相称的"联姻"。在"划界"的问题上,克尔凯郭尔与启蒙思想呈现出了一致,而这一点超出了我们一般对克尔凯郭尔的认识。

其实,在中世纪哲学史上,苏格拉底以其反物理主义的思想倾向和对德尔斐神谕"认识你自己"的倡导受到了基督教哲学家的重视,因为"认识你自己"与《圣经》中所说的"人若赢得全世界,但却赔上了自己的灵魂,有什么益处"②的教导在根本上是一致的。从中世纪后期开始,基督教神学家越来越倾向于将神学视为是一门"实践的"而非"理论的"学科,也就是说,神学追求的是与"拯救"密切相关的知识,而不是可证明的

---

① 这里的"冒犯"和"愤慨"是对《哲学片断》中假名作者所讨论的 Forargelse 一词的译解。Forargelse 是《新约》的经典概念之一,古意为"犯罪的原因",即"绊脚石"(Stumbling Block),名词形式有"丑闻"、"愤怒"、"义愤"的意思,英译为 Offence;动词形式还有"犯罪"、"冒犯"、"侵犯"的意思。

② 《马太福音》16:26 。

假设、定理或普遍性的规律；这种知识直接关涉到我们对自身和我们的生活的理解，关涉到我们在认识自己的方向上所做出的努力。只是，对于中世纪哲学家们来说，我们只有首先认识了"上帝"，才有可能恰当地认识自身；而我们对"上帝"的认识又与我们对自身以及自己的生活的认识是紧密相关的。吉尔松在《中世纪哲学的精神》一书当中就曾专章论述过"自我认识及苏格拉底主义"的问题，其中提供了很多具有启发性的材料和分析。在基督徒眼中，人是"上帝"根据自己的意象而创造，因此，苏格拉底所提倡的"自我认识"在基督教的语境之下就应该成为对"上帝"赋予我们的本性的认识以及对"上帝"为我们在这个宇宙当中所安排的位置的认识，以此，我们才能够明确"我是谁？我从哪里来？我能做什么"这样的根本问题，从而更好地趋向于"上帝"。根据吉尔松的说法，创世理论的出现使得基督教哲学家们在沿着苏格拉底主义路线前行的时候比苏格拉底走得更远。基督教哲学家们基本上是围绕着"人的伟大和渺小"这两个看似相互背反的方向而展开关于人的自我认识的。[1] 人是伟大的，这是因为人是"上帝"根据自身的形象创造出来的，"上帝"的神圣形象反映在人身上的结果便是，人被赋予了理智和自由。人的自由使人能够统治自然界，而人的理智又使人在高居于自然界之首并且发号施令的同时意识到人的伟大的来源——所有的荣耀当归于"上帝"，一想到这一层人就会立刻感觉到自己的脆弱和渺小。正如帕斯卡尔所说的："人的伟大之所以为伟大，就在于他认识自己可悲。……认识[自己]可悲乃是可悲的；然而认识我们之所以可悲，却是伟大的。"[2]缺乏对人的伟大和尊严的认识，人就缺乏了应有的自我认识；但是，倘若我们自满于自身的伟大而不去想这伟大的更高的来源，我们便会陷入虚荣。

---

[1] Etienne Gilson, *The Spirit of Mediaeval Philosophy*, translated by A. H. C. Downs, London: Sheed & Ward, 1936, pp. 210 - 227.

[2] 帕斯卡尔：《思想录》，何兆武译，商务印书馆 1995 年版，第 175 页。

在《哲学片断》中，克利马克斯对苏格拉底的推崇与中世纪基督教哲学史中对苏格拉底主义的认识是合拍的，他所欣赏的正是苏格拉底对"高贵的、彻底的人性"的清明认识，是苏格拉底在"自我认识"方面所体现出来的"谦卑"和"骄傲"。虽然身为教师，但苏格拉底从不自视比学生拥有更多的真理，不认为自己对学生拥有权威；他将自己定位为一名"助产士"，认为这是"人与人之间可能有的最高的关系"。虽然一直致力于积累关于人性的知识、致力于认识自己，但苏格拉底却始终不知道，自己究竟是一个"怪物"还是一种独特的、本性上分有某种神性的存在物。与此同时，"回忆说"的实质又使真理原本就根植于每个人的内心，从而使得每个人都是世界的中心。在克利马克斯眼中，与不断进行"超越"的狂妄自大的19世纪相比，苏格拉底身上体现出了罕见的"慷慨"和"诚实"。

当然，无论是基督教哲学家们还是克尔凯郭尔，他们树立的苏格拉底的形象都是在基督教基本原则透视之下的苏格拉底，是他们更愿意看到的是作为"符号"而存在的苏格拉底，而不是柏拉图对话录当中的那个苏格拉底。克尔凯郭尔不是学院派的哲学家，因此他并不追究苏格拉底和柏拉图的区分，但是他认定，苏格拉底是关注"生存"的；而柏拉图忘记了"生存"，迷失在思辨的思想之中。[1] 根据哲学史的陈述，苏格拉底之所以提出"美德是否可教"的问题并且最终得出"美德即知识"的命题，他主要针对的是当时希腊的"智者学派"（sophists），他们以传授知识为业，认为人们可以通过训练培养起"勇敢"、"公正"、"克制"等品质。苏格拉底认为，"智者们"所谓的"知识"和"美德"只不过是"意见"，是建立在感觉主义基础之上的个体的感觉，它们是不可教的，因为它们尚不具备真理性的"知识"在逻辑和理论层面上的普遍可传达性。而苏格拉底所说的"美德"和"知识"其实就是关于"善"的原则，它们是普遍可传达的，也是

---

① *SKS*, vol. 7, p. 188；*CUP* I, p. 205.

可教的。这也就是说,当苏格拉底由"美德是否可教"的问题入手最终得出"何为美德"、"何为知识"这样的始基性的问题的时候,苏格拉底同时也把"善"树立为最高理念,把对"美德"的讨论变成了一门知识和科学,从而开创了西方追求确定的、科学的、知识性的真理系统的哲学传统。当他完成了希腊哲学研究的重心由"自然"向"人"的转向的时候,他实际上是将"理性的人"推上了前台,从此人成为了能够自己制定自己的规则、运用自己的符号和概念来把握世界的认知主体。[①] 这一点与基督教关注个体的灵魂拯救的方向是不一致的。不过对于克尔凯郭尔来说,他所写的本来就是"非体系"的、"非学术"的"哲学片断",他所"复活"的是自己心愿之下的苏格拉底,而非历史上出现的柏拉图对话当中的苏格拉底。

在尝试着回答了克利马克斯/克尔凯郭尔为什么要以苏格拉底作为出发点开始他的"思想方案"之后,我们现在就来看看,这个以推出"神"为己任的"思想方案"是如何展开的。

三 苏格拉底与耶稣

克利马克斯的"思想方案"始于"真理是否可教"这样的一个比照于苏格拉底所讨论的"美德是否可教"的问题开始的。这也就意味着,这个"思想方案"当中的当事者苏格拉底和"神"的身份都是教师,而比较的重心也就落在了在习得知识的过程中"教师"的地位、作用以及师生关系这三个方面之上。

根据苏格拉底的"回忆说",所有的知识和美德都是"回忆",知识是"在先存在"的,它们原本就根植于求知者的心中;求知者只需要被提醒,

---

[①] 对苏格拉底哲学的总体理解参见叶秀山《苏格拉底及其哲学思想》,人民出版社 1986 年版,第 120—121 页。

就可以依靠自己的力量"回忆"起他曾知道的。除去可以被作为"灵魂不朽"的证据之外,"回忆说"前所未有地突出了人作为"主体"的意义和地位,它使每个人自己成为了"世界的中心",正如克利马克斯所正确地指出的那样。与此同时,虽然知识和真理就在每个人的内心,苏格拉底仍然认为,美德是可教的,教师的存在是必要的,因为人们会"忘记""先在的知识"。于是教师的作用就被规定为不是向学生灌输知识,而是提醒学生去"回忆";教师的作用是启发、开导学生自己进行思考,向自身内部沉潜,教师本人并不能给予学生以知识和真理。这正是克尔凯郭尔在其学位论文当中所强调的苏格拉底的反讽方法的意义之所在:只提问,以问题来启发他人思考,但却拒绝给出问题的答案。为了强化这个意义,克利马克斯在文中引用了《泰阿泰德篇》中的希腊原文,即教师只是一名"助产士",他为他人接生,自己却不生产,因为生产是神的工作。①而从学生的角度出发,既然真理原本就在他的掌握之中,他只不过是把真理给"忘"了,那么,教师的存在只是学生获得真理进程当中的一个"偶因"(Anledning;occasion),一个不断消失着的点;学生不欠教师任何东西,教师最终应该被学生遗忘,师生之间的关系是平等的,因为他们同为追求真理过程中的"主体",他们之间不存在权威。苏格拉底关于师生之间的平等关系的思想的提出与其严格的神人分界思想有关。苏格拉底认为,只有神才是"全智者",而人——无论是教师还是学生,作为凡人都只是"爱智者",他们只能不断地"回忆"真理、接近真理,但不可以最终完全掌握真理。苏格拉底在使个体骄傲地上升为"世界的中心"、从而从根本上排除了"人间"权威存在的可能性的同时,他对"神"和"最高智慧"始终保持着一份敬畏和谦卑。

所不同的是,在克利马克斯所展开的"思想方案"中,神面对的学生

---

① *SKS*, vol. 4, p. 220.

的本原状态是"谬误"(Usandhed；untruth)，他们被真理排除在外，而且这"谬误"的原因在于学生自身的"罪过"(Skyld)，因此这种状态就是"罪"(Synd)。① 在丹麦语中，Usandhed 原本就兼有认识论层面上的"谬误"和伦理层面上的"不老实"的双重含义，因此克利马克斯所揭示出的学生的"非真理—谬误"的状态就是指人的"不老实"的状态，即人受到蛇的引诱而犯罪的"原罪"状态。克利马克斯分析道，表面看学生是自由的，他的现状是因自身的缘故所致，他似乎符合了"自己决定自身"这一自由的规定性。但是从另一方面看，他因自身之故陷于"谬误"之中，那么，他就不仅是在自己束缚自己、自己奴役自己，而且是在毫无意识的情况下把自由的力量运用到奴役之上。这种状态下的学生就是"罪人"，他在神的面前一无所是，他不同于苏格拉底意义上的学生，因为后者只不过是暂时"遗忘"了真理。相应的，与苏格拉底意义上的作为"助产士"的教师相比，神性的教师应该同时承担两个任务：既给予学生以真理，因为神是"生产者"；同时还要亲自给予学生以"理解真理的条件"，因为倘若掌握真理的条件不是被给予的而是原本就在学生自己手中，学生本人就是他理解真理的条件，于是我们也就返回到了苏格拉底的立场上。而既然学生获得真理完全取决于神性的教师，"瞬间"的作用就具有了举足轻重的意义，因为只有经过了这个"瞬间"，学生才能从"谬误"状态走出而掌握真理。如此一来，对于学生而言，他的身上就发生了犹如从"非存在"到"存在"的质变；在精神的意义上，这种质变就是一种"重生"，而学生也成为了一个"新人"。②

显然，克利马克斯的"思想方案"、他的"构想"已经成了一种"重写"、"重述"、"重构"。他所强调的精神意义上的"重生"对应的正是《约翰福

---

① *SKS*，vol. 4，p. 224.
② *SKS*，vol. 4，p. 227.

音》所记载的耶稣对尼哥德慕所说的话："我实实在在地告诉你,人若不重生,就不能见神的国。"①克利马克斯所构想的学生与教师之间的关系早已超出了苏格拉底意义上的师生关系,它甚至已经不再是人与人之间的关系,而成了人神关系。它与前者的最大不同就在于,这种关系是不平等的,在人与神之间存在着本质性的、绝对的差别。但是,神性的教师自愿地缩小自己与学生之间的差距,出于爱,他将亲自给予学生以真理和"理解真理的条件",以此使学生获得"重生"。当神把学生从自我束缚的"罪"之中解放出来的时候,神性的教师已经不再是单纯意义上的教师了,他成了一位"拯救者"(Fresler)、"解放者"(Forløse)、"和解者"(Forsoner)和"法官"(Dommer),而这些词都是《新约》中用来描写耶稣的词,它们在《哲学片断》第一章的不同地方出现过。他拥有苏格拉底意义上的教师所没有的评判权,他对学生拥有"绝对的"、也就是排他性的权威,这个意思是说,除了神之外,没有任何人能够对他人拥有评判的权威。鉴于此,学生的一切都应归功于"神",与逐渐消失的、最终应被忘却的苏格拉底意义上的教师不同,学生永远都要记住这位教师,否则他将丧失"理解真理的条件"而重返被奴役的状况。不仅如此,学生甚至还应因这教师之故而忘却自身,他要再次明白,在神的面前他一无所是。但是学生并没有因为这种忘却而被彻底磨灭,相反,他明白,"他的一切都归功于教师,但他却由此变得坦然自信;他掌握了真理,而这真理使他获得了自由;他找到了谬误的原因,从而那种坦然自信再一次在真理之中获胜。"②这就是比喻意义上的"重生"的涵义之所在。

至此,克利马克斯的"思想方案"当中的主角的身份已经彻底地显露在我们面前:他就是基督教"上帝",是《新约》中兼有神人二性的耶稣基

---

① 《约翰福音》3:3。
② *SKS*, vol. 4, p. 237.

督。在《新约》当中,耶稣的形象之一便是"教师",虽然他不是合法的犹太教神职人员和教师拉比(Rabbi),但他运用比喻、寓言故事来启发和开导民众的独特教育方式在《福音书》当中却有很多记载。问题是,克利马克斯为什么要从"真理是否可教"的问题入手来导出基督教"上帝"? 这与克利马克斯/克尔凯郭尔的问题意识以及他对其时代的基督教神学的发展和人们的信仰状况的批判直接相关。克利马克斯/克尔凯郭尔的心中存在着两种不同的真理系统:一种是在"主体"与"客体"相区分对立的前提下、主体对客观真理体系的追求的西方哲学的传统,它以柏拉图对话当中的苏格拉底为其开创者,尽管这一点似乎未能落入克利马克斯的注意,以黑格尔的哲学体系为巅峰;另一种则是追求"永恒"和"拯救"的基督教真理,也就是《哲学片断》封面题辞当中所提到的"永恒意识",对此我们不妨称之为"永恒真理"。显然,克利马克斯/克尔凯郭尔关注的是基督教的"永恒真理"。这个真理系统不是知识性的、不是理论性的、不是一个冷冰冰的与我们了无关系的"客观思想体系",而是实践性的。耶稣说:"我就是道路、真理、生命。"这也就是说,这"真理"同时就是"道路",是我们通往个人的灵魂拯救的"途径";是"生命",它事关我们活着的意义。那么,在面对这样的"真理"的时候,每个个体必须首先考虑的是"我应该怎么做"的问题。我们与"永恒真理"的关系不是一种"主体"与"客体"的关系,因为"上帝"不仅不是"客体",他就是一个"绝对的主体",他就是"道路、真理、生命"本身。若想通过基督教的"真理",同样作为"主体"的人必须行走在"道路"上,以自己的全部生命去体验另一种"生命"的存在。在这个意义上说,真理、即"永恒真理"是不可教的,至少它不具备苏格拉底意义上的可教性,它的教授必须由"神"亲自完成。但是,在克利马克斯看来,19 世纪的欧洲,思辨哲学的发展已经严重地侵害到了基督教信仰的领域当中。丹麦神学界在黑格尔哲学的影响之下大有将基督教信仰"知识体系化"的倾向,其结果是,信仰不再是个体"尽心、尽性、尽意"地以自己的"生命"去体验另一个"生命"的过程,信仰被瓦解为关于基督教的知识、命题和教条的体系,成了一个普遍可传授的、且人人可以习知的认知对象。从这个角度出发,克利马克斯的任务就是一个"苏格拉底式的任务",他对其生活时代的思辨神学的批判完全可以与苏格拉底对智者学派的批判相类比。智者们只知道传授停留在感觉主义基础之上的"美德"和"知识",而没有真正理解作为普遍原则而在的"善"的涵义;思辨神学家们在把信仰知识体系化的同时,亦错失了信仰之于个体的本真意义,他们自己也成了以"出售"基督教教条为生的"智者"。

克利马克斯的另一个目的直指对世俗权威的批判。在他的"思想方案"之中,他十分推崇苏格拉底对人以及人际关系的看法。在对待人的认识方面,苏格拉底同时表现出了"谦卑和骄傲"的态度,这与自中世纪以来哲学家们所讨论的关于人的"伟大与渺小"的话题是相一致的。所谓人的"谦卑"是指,人在神的面前要有"自知之明",要敢于承认自己的无知,承认认识能力的有限性;而所谓"骄傲"则表现在,除了应对神保持一份"谦卑"之外,每个人自己就是"世界的中心",因为每个人原本就拥有"真理",他应该在他人面前昂起高贵的头,骄傲地维持自己的个体性,除了"神"之外,没有人能够对他人拥有权威,包括那些"为圣事劳碌的"和"伺候祭坛的"神职人员。其实,保罗在讨论使徒的权利的时候就曾指出,虽说"为圣事劳碌的就吃殿中的物","伺候祭坛的就分领坛上的物",这是上帝命定的,但是这样的权柄没有被使用过,"免得基督的福音被阻隔"。他指出,因为传福音的最佳赏赐就是"我传福音的时候,叫人不花钱得福音,免得用尽我传福音的权柄。"[1]以此,克利马克斯想告诫他的同时代的神学家和教会人士,不要"扮演上帝的角色",不要奢望着僭越上

---

① 《哥林多前书》9:13—18。

帝的权威；同时，对于普通人而言，不要屈从于任何世俗的或者打着神圣旗号的世俗的权威，要充分认识到，每个人都是"世界的中心"，"上帝的儿女都有翅膀"，人与人是平等的。

但是，克利马克斯很明确地将这种苏格拉底式的人际关系标记为人与人之间可能有的至上关系，这个意思是说，这种关系必须止步于人间，因为通过其"思想方案"，他还揭示出，世界上还存在另一种"超越"于苏格拉底立场之上的神人关系，其中，人与神之间存在着无可逾越的鸿沟。神是全知全能者，而人只是有限的理智存在者，人不可能绝对认识神。《旧约》当中以隐喻的方式警告世人，不可试图跨越这条鸿沟，因为看见神意味着死亡，神对摩西说："你不能看见我的面，因为人见我的面不能存活。"①如此一来，倘若神不主动向人显现自身，人将永远不可能"看见"神，永远与"真理"无缘，从而处于"罪"的状态下浑然不觉，而这一点并不是神强调神人之间的绝对差别的目的之所在。相反，神不仅要给予"学生—罪人"以"真理"，而且还要亲自给予其"理解真理的条件"，而神行动的根据和目的只有一个，那就是对人类的爱。于是克利马克斯的"思想方案"行进到了第二个环节，即在神人之间存在着绝对差别的前提下，神如何出场向世人显现自身的方式的问题。

---

① 《出埃及记》33:20。

第四章　哲学与"永恒"的冲突

　　根据克利马克斯的"思想方案"的思路,苏格拉底与神在同为教师的立场是有所不同的,苏格拉底式的师生关系实际上是一种教学相长的互惠关系,教师和学生彼此互为理解自身的偶因,结果教师和学生之间互不相欠,彼此构成一种完全平等的关系。与之不同的是,"神"与学生之间却处于绝对的不平等的关系之中。"神"是"自动者",任何原因都无法作用于他,因此"神"从根本上不需要"他者"来理解自身;而学生作为"罪人"身处"谬误"之中,他却需要"神"的帮助使他从有罪的状态中走出。于是,摆在克利马克斯面前的就有几个迫切需要回答的问题:在"神"人之间处于极度不平等的前提下,"神"将如何出场?"神"将以怎样的方式弥合—克服这种不平等?而在"神"出场之后,作为"罪人"的学生将如何理解"神"?

　　为了解答这个问题并让这个"思想方案"进一步向前,克利马克斯在《神:教师和拯救者》一章当中一改"思想方案的大师"(Projektmagere)的面目,以诗人的面目出场了。他先劝说大家不要着急,然后慢条斯理地讲起了两类"不幸爱情":一类是相爱的双方无法相互拥有,另一类则是相爱的双方无法相互理解,它们所带来的结果都是忧。所不同在于,前者引起的不外乎是些着眼于外在的和凡俗事物的忧,而后者的忧因其着眼于"爱和永恒"而幽深得不可测度,没有任何一种尘世间的忧能够与之相提并论,它在本质上只能隶属于"神"。为了理解"神",我们唯一的途径是设想出一种人世的情境,以"类比"的方法理解神。于是,克利马克斯起草了一个"从前有位国王爱上了一个地位低下的女子"这样的童话故事式的开头,从这桩不平等的婚姻当中隐藏于王者内心深处的"忧"而引出"神"之不可测度的"忧"。在我们继续进行我们的考察之前,我们也要像克利马克斯那样请求"暂停",转而考察这么一个问题:克利马克斯为什么要从"不幸爱情"的故事讲起?"爱"和"不幸爱情"的主题在克尔凯郭尔著作中出现的频率非常高,以至于读者会情不自禁地从克尔凯郭尔个人生活史上寻找动机,那就是他与雷吉娜之间的"不幸爱情",仿佛一切真如克尔凯郭尔在自己的日记中所坦白的那样,他所有的写作都是在与雷吉娜进行"暗码通信"。但是我认为我们不应该将阅读局限在对作者原意的主观揣测之上,更不应当力图充当作者的心理分析师,因为那样无疑会减损作品的思想力度。我们应该努力寻找更为深刻的思想根源,那就是西方对"爱"及其力量的无限化的思想背景。

一 爱的类比

事实上,把"谈情说爱"引入哲学并非克尔凯郭尔的首创。在汉语语境中往往羞于启齿的"爱"在西方思想文化当中却占有相当重要的位置,在不同时代亦有不同的理解和强调的重点。在古希腊,对"爱"的理解就有不同的层面,其中有表示"情爱"的 eros,它来源于象征欲望、爱情和性爱的神 Eros,也就是罗马神谱中的对应者丘比特;有表示跟情爱无关的"友爱"的 philia;以及在柏拉图时代与 philia 相对立的、表示夫妇之间以及家庭成员之间的爱意的 agape,只是该词在古典文献当中绝少使用,但它却被早期基督教思想家及《圣经》作者们接纳,并赋予了它以崭新的涵义。总括起来看,希腊时期关于"爱"的涵义主要围绕 eros 而展开。在希腊思想当中,eros 不仅标识着情爱的力量,而且还标识着生生不息的自然创造力。在尚未掌握生殖繁衍的奥秘的人类童年时期,人们自然地会将孕育和生殖看作是一件神圣的事情,将男女之间的结合与生命的"创造"及其绵延不朽联系起来。在柏拉图对话《会饮篇》当中我们能够清楚地看到这种希腊式的"爱"的理解。《会饮篇》包含了六篇来自哲学家、戏剧家以及"智者"对 eros 的颂辞,而苏格拉底的颂辞成为全篇的精华。苏格拉底假托女巫第俄提玛之口对爱与美的真谛进行了总结。他指出,爱神 Eros 是一个介于人与神之间的精灵,因此 eros 这个词所意指的"爱情"也就有了通神的力量,经过一种近似于宗教神秘的升华过程,逐步从对个别的感性对象的欲望"上升"到对普遍的精神性对象的渴求,好像是"爬梯子"一样,最终达到最高境界的美。

> 一个人从人世间的个别事例出发,由于对于少年人的爱情有正确的观念,逐渐循阶上升,一直到观照我所说的这种美,他对于爱情的深密教义也就算近于登峰造极了。这就是参悟爱情道理的正确道路,自己走也好,由向导引着走也好。先从人世间个别的美的事物开始,逐渐提升到最高境界的美,好像升梯,逐步上进,从一个美形体到两个美形体,从两个美形体到全体的美形;再从美的形体到美的行为制度,从美的行为制度到美的学问知识,最后再从各种美的学问知识一直到只以美本身为对象的那种学问,彻悟美的本体。①

从哲学的角度观之,这个"爬梯子"的历程其实就是一个从"个别"到"普遍"的抽象过程,一个"上升"之路。有了这个"上升"的思路,苏格拉

---

① 《柏拉图文艺对话集》,朱光潜译,人民文学出版社 1997 年版,第 273 页。

底很容易将话题从自然的"生殖""上升"到心灵的"生殖",从而使思想智慧以及其他心灵的美质成为人真正得以不朽的东西。

除了希腊思想中所揭示出的 eros 的涵义外,"爱"还有另外一层意思,那就是被基督教化了的 agape,即"圣爱"、"灵爱"。在《哥林多前书》当中,保罗称"爱"为"最妙的道"(the most excellent way),并把"爱"列于"信"、"望"、"爱"三大基督教纲要之首。保罗说:

> 我若能说万人的方言,并天使的话语,却没有爱,我就成了鸣的锣,响的钹一般。我若有先知讲道之能,也明白各样的奥秘,各样的知识,而且有全备的信,叫我能够移山,却没有爱,我就算不得什么。我若将所有的周济穷人,又舍己身叫人焚烧,却没有爱,仍然与我无益。①

在某种意义上,"彼此相爱"成了基督教徒的标志,而且基督教语境下的爱——agape——打破了希腊时代所标识的家庭内部的兄弟之爱、夫妇之爱、父母子女之爱的界限,以"突破"的方式而成为一种神圣的、无条件的、自我牺牲的、主动的、有思想的"基督之爱"。这种"基督之爱"体现在上帝对人类的牺牲的爱,因为"神就是爱"②。由于"神先爱我们",耶稣才在《福音书》当中提出了所谓"最大的诫命",即"尽心、尽性、尽意爱主你的神,这是诫命中的第一,且是最大的;其次也相仿,就是要爱人如己。这两条诫命,是律法和先知一切道理的总纲。"③耶稣所说的"爱人"不仅包括了爱我们的亲人、朋友、爱人,更包括了要爱我们的仇敌④,因为"基督之爱"是无条件的、无边界的。正因为如此,耶稣才说:"我来是叫

---

① 《哥林多前书》13:1—4。
② 《约翰一书》4:16。
③ 《马太福音》22:37—40。类似可参见《路加福音》10:27,其中"爱人如爱己"为"爱邻舍如同自己。"
④ 《马太福音》5:43—48。

人与父亲生疏,女儿与母亲生疏,媳妇与婆婆生疏。人的仇敌就是自己家里的人"①,当有人告诉他,他的母亲和弟兄在外边想跟他说话的时候,他反问:"谁是我的母亲? 谁是我的弟兄?"②耶稣用这种激烈的、超出一般的理解力的言辞所要表达的就是,"基督之爱"是一种超越于血缘和亲情之上的普遍的爱,一种精神性的爱。尤其是当耶稣教导众人说"要爱你们的仇敌,为那逼迫你们的祷告"的时候,我们可以清楚地看到,尽管"爱人如爱己"的教导容易让我们联想到儒家的"己所不欲,勿施于人"的由己及人的道路,但是在根本上,通达"基督之爱"的道路超越了儒家的仁者之路,它完全割裂了血缘和亲情的纽带,超越了个人利害的局限,最终达到了一种超越性的绝对的精神境界。爱跟自己有着血缘关系的人,爱跟自己相近的人,或者简言之,爱自己该爱的人是件容易的事,我们能够轻松地从生物学、心理学上找到根源;但是要去爱跟自己完全不搭界的、跟自己无关的甚至是敌对方的人,这则需要一种超越自然的和世俗的界限的博大精神。这一点之所以能够做到,关键在于基督教对"上帝"的"设定"。"上帝"不仅作为"绝对的存在"而在,而且同时是作为"绝对的善"而存在;在这个"绝对"的维度之下,基督教所提倡的"爱"也成为"绝对"的。这样的"爱"在根本上也是"无利害的","无利害"是爱的本质。真正的爱不需要任何酬劳,所谓"爱"有能力自己"意愿"(will)自己的"对象","爱"就是为了爱而爱,别无其他;任何怀有"爱"之外的其他目的的人都是在利用和亵渎"爱"。在"为了爱而爱"的同时,当爱拥有了自己所"意愿"的对象的时候,爱并不拒绝由此而生发的喜悦,喜悦当与爱同在。因此,吉尔松总结道,"所有的真爱都是无利害的和受到奖赏的"

---

① 《马太福音》10:35—36。
② 《马太福音》12:46—50。

(all true love is at once disinterested and rewarded)。① 理解了这个思想背景,我们也就不难理解,为什么在西方文学艺术当中,爱、尤其是男女之爱是一个重大的主题,其中不乏惊心动魄的爱、刻骨铭心的爱、缠绵隽永的爱、舍身忘己的爱,甚至带点偏执色彩的爱,② 从根本上看,这种倾向都与基督教关于爱的思想有着一定的渊源关系。从在童话故事当中广泛运用的能够解除魔法和使人起死回生的"爱之吻",再到那些朗朗上口而意思凝重的格言警句,如罗马诗人维吉尔的"爱征服一切"(Love conquers all);1967 年"甲壳虫"乐队推出的红遍西方的歌曲"All You Need Is Love";安德鲁·韦伯音乐剧中的"爱改变一切"(Love Changes Everything),所有这些都是将"爱"的力量无限化和绝对化的产物。西方文化从不轻视男女之爱,因为异性之间的关系从根本上说是一种"自我"与"他者"之间的关系,男女之爱即是对"他者"的爱,我们尚且要去爱自己的邻居,更何况自己心仪的"对象"? 这种激情洋溢的、热切大胆的"爱"的宣言与中国文学中反映出的情致有着天壤之别。在中国古代文学当中,我们看到的往往是一种因内敛、压抑而导致的伤感的爱,以柳永为代表;或者是一种"举案齐眉"、"相敬如宾"甚至是"相濡以沫"的夫妇之爱,以李清照为代表。之所以存在着如此大的差异,原因并不在于中西艺术家在捕捉情感的能力和表达情感的深度上的差异,而是因为"爱"在文化中的不同分量所致。中华文明是一种农业文明,因此它重视和推崇血缘关系和亲情,在"血浓于水"和"异性相吸"这两条"自然"定律之间,血缘关系永远拥有优先权,所以才有了"兄弟如手足,妻子如衣服"的可怖言论。而西方文化从其两大源头开始,都对男女之爱给予了形而上

---

① Etienne Gilson, *The Spirit of Mediæval Philosophy*, translated by A. H. C. Downs, London: Sheed & Ward, 1936, p. 280.
② 除了像《罗密欧与朱丽叶》、《巴黎圣母院》、《约翰·克利斯朵夫》等这样的"经典"著作之外,我们尚能举出一些相对"通俗"的作品,如《基督山伯爵》、《歌剧院魅影》、《爱情故事》等。

的提升：希腊文化赋予男女之爱以通神的力量，而基督教在绝对的、无条件的"神爱"的维度之下，在"爱人如爱己"的原则支撑之下，冲破了血缘和亲情的"自然"限制，把男女这种"他者"之爱提升到一种绝对的、无条件的、无利害的境界。

让我们回到耶稣的诫命上来。虽然耶稣没有忽略"爱己"的问题，但是耶稣不仅将"爱神胜于一切"置于诫命的首位，而且在论及"爱人如爱己"的时候又把重点放在了爱包括自己的仇敌在内的"他者"之上，如此一来，"爱己"的问题其实并没有得到讨论，相应的，"自我"的位置似乎有受到挤压的倾向。一切荣耀归于万能的神，人的位置何在？

这个在《福音书》中似乎一笔带过的"爱己"的问题在基督教哲学家的手中却得到了进一步的展开。根据吉尔松的观点，在 12 世纪的时候，明谷的伯尔纳（Bernard of Clairvaux）及其弟子们就已经建立了一套关于基督之爱的神秘主义学说，从而提出了"自我"的问题。① 伯尔纳立论的出发点不是深奥的思辨，而是关于自我和感性的通常的经验，即人生而具有"感官欲望"，人类的起点并不是精神，而是肉体，这是作为有罪的人的现状。因此，人首先必须生存，才有可能"爱神胜于一切"，而要想生存必须"自爱"（amor carnalis）。没有"自爱"，人无法生存，因此"自爱"不仅是"自然"的，是我们生存的事实和起点，而且还是我们通向神爱的出发点。②"自爱"不等于对各种欲望的满足，同"爱"一样，"自爱"亦是无利害的，是为了爱而爱，因此它有可能由"自爱"向更高的"爱"攀升。这种"自爱"向"神爱""上升"的路径是神秘主义的典型特征，同时

① Etienne Gilson, *The Spirit of Mediæval Philosophy*, translated by A. H. C. Downs, London: Sheed & Ward, 1936, p. 269. 明谷的伯尔纳（1090—1153），12 世纪对欧洲产生重要影响的神学家之一，以维护传统和擅长讲道著称。他曾参与了其时代的许多重大事件，包括反对阿伯拉尔（Aberlard）和煽动第二次十字军东征。

② Etienne Gilson, *The Spirit of Mediæval Philosophy*, translated by A. H. C. Downs, London: Sheed & Ward, 1936, p. 292.

它也是一条从"有限"到"无限"的"上升"的道路，它进一步从理论上完善了基督教关于"爱"的理论。在这个路径之下，人生皆有"欲望"且"欲壑难填"的"弱点"恰恰表明，人被无限的善所吸引，人总是会不断地向着某种更高、更好的东西前进，于是人的"有限性"的"弱点"就成为了向"无限"迈进的可能性和起点。结果，在把"神"作为爱的首要对象、把爱神作为"最大的诫命"的同时，基督教并没有从理路上提倡"克己"、"忘我"和"自我弃绝"，而是坚持从"自爱"出发，从而达到了对"自我"的重视。

上述对希腊式的 eros 和《新约》倡导的 agape 的对比分析仅是粗线条的。在克尔凯郭尔的著作中同时包含有对上述两种"爱"的涵义的反映，也就是说，它既有表达尘世间男女"情爱"的 eros—Elskov，亦有更具有精神性的 Kjærlighed。对于前者，克尔凯郭尔用"感性的"（psycho-sensual）、"直接的"（umiddelbar；immediate）修饰词来加以描述，而用"精神的"（spiritual）、"更高的直接性"（higher immediacy）等修饰词来描述后者。有意思的是，在克尔凯郭尔的假名著作尤其是《非此即彼》和《人生道路诸阶段》当中有不少直接讨论"爱"的篇章，其中构成《人生道路诸阶段》的一篇《酒中有真言》（In Vino Veritas），不仅标题直接出自《会饮篇》，而且它的结构也与《会饮篇》相似。除了这种结构上的相似之外，《非此即彼》所讨论的"爱"也包含了《会饮篇》当中的从直接性的感性之爱向伦理的或者神圣的爱升华的辩证发展历程。在《直接性的情欲阶段或者音乐—情欲》一文当中，克尔凯郭尔直接将"爱"限定在"欲望"、"情欲"的面向之上，这种"欲望"经历了朦胧的期盼、梦想、最后达到欲望的实现三个发展阶段，分别以莫扎特歌剧《费加罗》当中的佩吉、《魔笛》当中的帕帕盖诺以及《唐璜》当中的唐璜为典型代表，显示出了一个上升的阶段。但是问题是，《非此即彼》的上卷的目的不是为了渲染 eros 的力量，而恰恰是为了否定它，因为这种以肉体享受为中心、以自我为中心的

"情爱"在根本上是错误的,它因缺乏了"无限"的维度而终将堕入"绝望"的深渊。所以,到了《哲学片断》当中,克利马克斯虽然采用了"从前有位国王爱上了一个地位低下的女子"这样看似俗套的爱情故事作为引子,但是他的目的既不是为了讨论男女情欲之爱(eros),也不是为了讨论"不幸的"爱情(Kjærlighed),而是想通过"类比"的手法引出"神"的出场,在不可能从根本上理解"神"出场的目的和原因的情况下去理解"神"。"神"是"自因者",如果"神"想要出场,他出场的原因只能源自他自身,这个原因既是"神"的行动根据,又是他的行动目的,这个根据和目的只能是"神"对人类的"爱"。只有在"爱"中,差别才能变成平等;只有在平等或者统一之中才会有真正的理解出现①。于是,克利马克斯笔下"神"的出场的故事其实就是一部"神"因"爱"而出场、并最终为人类牺牲自我的"爱"(agape)的故事,是一部耶稣的受难史。而克利马克斯绕弯子以"国王和平民女子"的恋爱故事为起点的做法亦鲜明地显现了他的基督教哲学的基本立场,即"上帝"与人之间存在着一条无可逾越的鸿沟,人不可能完全理解和认识"上帝";在这种情况下,只有采用"类比"的办法,它其实就是基督教哲学家在解决作为有限理智存在者的人如何认识"上帝"的问题时的一条出路,希望从我们能够知道的东西"推出"我们没有能力知道的东西。但是,"认识上帝"仅只是我们通达"上帝"的途径之一;比"认识上帝"更为重要的是"爱上帝",而且要"尽心、尽性、尽意"地爱上帝,只有"爱"才能弥合人与"上帝"之间的差距。克利马克斯很清楚他的"国王与平民女子"童话式的开头所有的缺憾,但是在其"诗人"合法身份的掩护之下,他得以免除了从尘世之爱的角度出发揣摩"神"之爱的时候所可能有的诸种顾虑。但是清醒的克利马克斯没有忘记提醒读者注意诗人"德性"中某些不真实的地方——诗人之所作所为在根本上是与神

---

① *SKS*, vol. 4, p. 232.

的痛苦轻浮地嬉戏,他们"为了把愤怒写进诗中而把爱挤了出去"。① 神爱的深邃超出了人所能想象和把握的范围,"神就是爱",只有有爱心的人才能认识神。"从来没有人见过神,我们若彼此相爱,神就住在我们里面,爱他的心在我们里面得以完全了。"②这是克利马克斯透过诗人的伪装希望传达出的完整信息。

二 "道成肉身"的主旨:爱

现在,我们可以完全将"国王与平民女子"的故事置之一旁,而直接讨论"神"如何使平等出场的方式。克利马克斯提出了两种可能性:一种是"提升"的方式,也就是说,"神"直接向学生显现自身,接受学生的膜拜,使其在对"神"的崇拜之中忘掉自身;同时,"神"把学生提高到与自己同等的高度,令其享受同等的荣耀,使其在快乐之中忘掉他们之间的不平等。这条道路看似合理、有效,但是它带出的是可悲的幻象。因为神从根本上不需要学生,他是"自因者"、"自足者",他想要的不是自己的荣耀——因为他是充实圆满的,他想要的是学生的荣耀。问题是,人是根脆弱的小草,他承受不住这种与神齐平的荣耀,很快就会被折断。这也就是说,人不可跨越人与"上帝"之间的鸿沟,否则人非但获得不了坦然自信,相反还会遭遇到悲惨的命运。于是,"神"的情致就是沉重的、不可测度的"忧"。神与学生之间的不平等关系是无法改变的,而在不平等的爱之中,低下的一方有可能丧失坦然自信,这却是神爱所不愿看到的结果。于是,克利马克斯感叹道,天堂里既有喜悦,又有忧伤;"不显现自身意味着爱的死亡,而显现自身又意味着被爱者的死亡",③这种忧的矛盾

① SKS, vol. 4, p. 240.
② 《约翰一书》4:7—12。
③ SKS, vol. 4, pp. 236 - 237.

超出了常人所能理解的极限。

既然"提升"的方式行不通,克利马克斯就提出了"下降"的方式,也就是说,神将自身降格为人,以低下的仆人的形象出场,甘心在人世受苦受难,其动因在于神对学生的自动的、原发的爱,这种爱不可测度、坚定不移。神在"下降"时表现出的情致较之前更为丰满,它成为了"彻底的爱和彻底的忧"①。神不愿看到人的沉沦,于是全能的神出于爱以卑微的仆人的形象小心翼翼地现身人间,但他的爱却不被世人所理解,他牺牲自我以拯救人类的举动甚至不被他忠实的门徒所理解,因为从人类的角度来说,我们更容易接受一个创造奇迹的全能者,我们宁可怀着对奇迹的敬畏而回避神的面孔,而不愿去相信并且接受一个将自身降格为与我们平起平坐的"人子"。虽然克利马克斯在这里仍然扮演着基督教的局外人的角色,但是行文至此,我们已经可以清楚地说,他笔下的"神"(Guden)就是基督教的"上帝"(Gud),而且是具有"三位一体"性质的神人耶稣基督。克利马克斯所描述的神以"下降"的方式出场后所经受的诸种磨难,像"没有枕头的地方"②、"在旷野中挨饿"③、"在痛苦中干渴"④、"在死时被离弃"⑤等等,都是《福音书》里所记载的耶稣受难的故事。于是,神的出场反映的实际上就是以耶稣基督作为上帝的化身和人类的拯救者的"基督论"(Christology)思想,是"道成肉身"(Incarnation)的原则,只是克利马克斯采用的是不同于基督教神学的正统表达方式的另类的诗化方式。于是一个问题出现了:克利马克斯在以诗化的方式展开"道成肉身"的原则时,他对"基督论"当中包含的另外两项重要内容"复活论"(Resurrection)(指耶稣死

---

① *SKS*, vol. 4, p. 238.

② 《路加福音》9:58。

③ 《马太福音》4:2。

④ 《约翰福音》19:28。

⑤ 《马太福音》27:46。

后第 3 天复活、第 40 天升天的教义)和"救主论"(Soteriology)(指耶稣基督对人类的拯救的教义)却几乎只字未提。从《哲学片断》全书清晰的意图和结构来看——尽管这种清晰性很可能得等到我们阅读了《附言》之后才得以显现,这并非克尔凯郭尔写作上的疏漏,而是他有意为之。在克利马克斯/克尔凯郭尔眼中,"道成肉身"是"理智"的绊脚石,也是个体通往基督教信仰的最后关口,因此值得大书特书。所幸克利马克斯不是基督教神学家,而是一个自认"受召"对现代哲学和基督教信仰发难的"富贵闲人",因此他有"充足的"理由有选择性地挑选他自己感兴趣的问题进行思考,而不用肩负起对基督教思想原则进行全面总结和阐述的重任。

在基督教神学传统当中,"道成肉身"的原则主要是通过《约翰福音》第一章和《尼西亚信经》传达的。《约翰福音》开篇有言曰:"太初有道,道与神同在,道就是神。"[①]这里的"道"对应是的希腊哲学的概念"逻各斯",也就是统管着宇宙万物但又时常隐藏在现象背后的永恒不变的理性原则或"智慧",它与神保持着一种同在的、同一的关系,因为"道就是神"。与希腊的理念不同,与神同在的"道"并不是要追求自身的纯粹性和普遍性,相反,它要"变成现象",化身为"生命",将"现象世界"充盈起来,结果"道成了肉身,住在我们中间、充充满满的有恩典有真理。"[②]于是耶稣才会说出"我就是道路、真理、生命;若不藉着我,没有人能到父那里去。"[③]耶稣一语道破了自己生命的本质:他就是其他人通往永恒真理的"道路"—"途径";凡是信了他的人就可以分享与神同在的"道",并且达到永生。耶稣说:"复活在我,生命也在我。信我的人,虽然死了,也必复活;

---

① 《约翰福音》1:1。
② 《约翰福音》1:14。
③ 《约翰福音》14:6。

凡活着信我的人，必永远不死。"①如何达到这个"信"？或者说，通过什么样的途径达到"信"？耶稣在这里打了一个比喻："吃我肉、喝我血的人就有永生，在末日我要叫他复活。我的肉真是可吃的，我的血真是可喝的。吃我肉、喝我血的人常在我里面，我也常在他里面。永活的父怎样差我来，我又因父活着；照样，吃我肉的人也要因我活着。"②这个意思是说，与神同在的"道"通过耶稣化成了"有血有肉"的、有生命力的"道"，而其他人亦有可能化身成耶稣，分享耶稣身上所承载的永恒之道，完整地再现耶稣的精神。

公元 451 年，在卡尔西顿会议（Chalcedon）上修订的《尼西亚信经》（The Nicene Creed）③当中，对"道成肉身"的表述与"三位一体"、耶稣基督的神性与人性共存的原则是紧密联系在一起的。《信经》这样说：

> 我们信独一的主耶稣基督，上帝所生的唯一的儿子，父的独生子，在万世以前由父所生。从神出来的神，从光出来的光，从真神出来的真神，受生而非被造，与父同质，世间万物经由他而被造。他为我们世人和我们的拯救降临世间，由圣灵和童贞女马利亚变成肉身，成为人，在彼拉多手下被送上十字架，受难并且被埋藏，根据《圣经》第三日复活，升天，坐在父的右侧，他的天国永无终结，将来必带

---

① 《约翰福音》11:25。

② 《约翰福音》6:56—57。

③ 为了统一思想，平息各教派之间的争端，公元 325 年在尼西亚（Nicaea）会议上出台了秉承君士坦丁大帝（Constantine）旨意的《尼西亚的信经》（The Creed of Nicaea），其中确立了上帝和基督的"同一本质"（*homoiousios*, of the same substance），基督为父所生，圣灵当与圣父、圣子共同受到礼拜。公元 381 年和 451 年，《尼西亚的信经》经过修订而成为了《尼西亚信经》（The Nicene Creed）。参见 R. Dean Peterson, *The Concise History of Christianity*，英文影印本，北京：北京大学出版社，2002 年，第 83—87 页。

着荣耀再降临,审判活人死人。①

在基督教思想史上,"道成肉身"的原则曾经得到了哲学语言的转化和译解。在希腊哲学的直接影响之下,这个原则被转化成了一个认识论的问题,即普遍的、超越性的"道"如何显现自身并且为具体的人所接受的问题;这也就是中世纪基督教哲学家们常常讨论的"人类的有限理智如何通达至高无上的上帝"的问题。在基督教的视野下,"上帝"与人类有着本质的差别,"上帝"是全知全能者,而人类只是有限的理智者,这一点从根本上决定了人类不可能完全认识"上帝"。但是,基督教哲学家们并未由此否定人类的自然知识的可能性,没有否定人认识"上帝"的可能性;相反,他们分步骤地解决人类知识的必要性和局限性的问题。根据

---

① 这段中文是根据英文版《尼西亚信经》的第二段译出,现将英文列出以供参考。英文信经见 R. Dean Peterson, *The Concise History of Christianity*, pp. 86–87。

[We believe] And in one Lord Jesus Christ,
The only-begotten Son of God,
Begotten of the Father before all
the ages, Light of Light, true God
of true God, begotten not made
of one substance with the Father,
through whom all things were made;
who for us men and our salvation
came down from the heavens, and was
made flesh of the Holy Spirit and the
Virgin Mary, and became man,
And was crucified for us under
Potinus Pilate, and suffered and
was buried, and rose again on
the third day according to the
Scriptures, and ascended into
the heavens, and sits on the right
hand of the Father, and comes
again with glory to judge living
and dead, of whose kingdom
there shall be no end.

基督教哲学的认识，人类是"上帝"按照自己的形象创造的，人类身上的神圣印迹表现在两个方面：人的理智和人的意志自由。既然人类的理智是"上帝"所赋予的，既然人类的理智荣耀地为"上帝"的神圣之光所照射，那么，人类就不应该浪费"上帝"所赋予的理智，而应积极地运用它建立起人类的自然知识体系。于是，基督教哲学家们巧妙地将人类的自然知识体系与"上帝"的"永恒之光"联系了起来，"上帝"不仅是人类理智的创造者，同时还是人类理智的"统治者"。也就是说，"上帝"不仅给予了所有科学所由之建立的"第一原理"的存在，同时还赋予了人类构建这个"第一原理"的能力。于是，与"上帝"作为存在秩序当中的"第一推动者"相一致，"上帝"成为了知识序列当中的"第一推动者"，他同时是人类知识的首要原因和最终目的。最后，虽然中世纪基督教哲学家几乎无一例外地把"上帝"作为理智的首要对象，从而保证了人类有能力认识"上帝"，但是他们同时也指出了人类对"上帝"的认识的局限性。人类对"上帝"的认识只是一种"类比"（托马斯·阿奎那），我们对"上帝"的认识是与我们有限的理智能力相适应的，它不是对"上帝"的直观把握，因为直观的能力只属于"上帝"（邓斯·司各脱）。我们必须用爱来弥补人类对"上帝"的认识的不足，由此，启示和信仰在基督教哲学当中永远有它的位置。

很显然，生活在19世纪的克利马克斯已经完全没有必要像中世纪基督教哲学家们那样论证人类知识的必要性和局限性问题了。相反，他所面临的问题是知识的激增、理智功能的无限扩大以及知识向信仰领域的漫延这样的处境，19世纪的人似乎已经不大可能思考人类理智的神圣来源的问题，他们更倾向于把人与神之间的绝对差别的界限抛至脑后。尤其是，当耶稣的故事在民间流传了一千八百多年之后，当人们通过各种渠道已经能够把这些故事背得滚瓜烂熟之后，这些故事背后所蕴含的情感分量已经大大消退了。正因为如此，克利马克斯在重述"道成肉身"

的原则时放弃了《约翰福音》的晦涩的哲学化语言;而作为一个非基督教徒,他也没有依照《尼西亚信经》当中教会为"统一思想"而采用的断言式的语气,而是启用了诗化的方式,"从国王与平民女子"的爱情故事讲起,用充满激情和想象的诗化语言,大胆揣测并描摹"神"的心理和情感活动,突出了"道成肉身"原则背后所蕴含的"上帝"对人的不可测度的爱,突出了耶稣为了拯救人类而做出的牺牲,希望唤醒人们重新审视这个早已耳熟能详的基督受难故事,为基督教信仰注入一丝"激情",切实地以我们对"上帝"的爱和人与人的彼此相爱来回应耶稣基督为人类做出的牺牲。

虽然克利马克斯从他的"思想方案"一开始就尝试着从"局外人"的身份和角度来重新审视基督教,但是,在讨论神的出场方式的问题上,他却选择了从"道成肉身"的原则入手的方式,以另类的方式返回到了以耶稣基督作为"上帝"的化身和人类拯救者的"基督论"的立场之上,在这个问题上,克利马克斯与基督教的"自我描述"的立场是吻合的。耶稣基督作为"上帝"通过教会向世界的显现这一点是当代基督教新教甚至在罗马天主教会当中能够得到广泛认可的原则。在 18 世纪,耶稣基督被视为是"上帝"启示的独特的传达者,因此"启示"就成为耶稣基督所体现的核心。到了 19 世纪,基督教神学的研究方法有所改变,神学家在反思基督教的过程中更多是将基督教视为一种宗教,因此他们更重视宗教所具有的人类的本性及其表现特征。在这个思路之下,耶稣基督作为"上帝"的化身和人类的拯救者的形象前所未有地被突显出来。① 只是在我们应该通过何种途径来接近耶稣基督的问题上,基督教思想家们有所分歧,其中争论的焦点集中在"历史的途径"还是"信仰的途径"之上。对这个问题,克利马克斯在《哲学片断》和《附言》当中也给予了明确的回答,我

① Hans. W. Frei, *Types of Christian Theology*, edited by George Hunsinger & William C. Placher, New Haven and London: Yale University Press, 1992, p. 8.

们将在后面的讨论中详细考察。而从克利马克斯以诗化的方式挖掘出"道成肉身"原则所蕴含的爱的力量这一层面来说,虽然他极力否认自己是基督教徒,但是克利马克斯以自己对"爱"和"信"的强调表明,他与《新约》的精神内里是相通的。克利马克斯甚至把《旧约》和《新约》当中神的形象进行了对比,认为与《福音书》当中所记载的神出于爱而自愿降格为我们当中的一员的行动相比,神在创世之初发出"要有……"这样的命令显得无比轻松;神因为爱而甘愿在人间饱受磨难的事实比在摩西的世界里山峰因神的声音而震动的事实更为可怕。① 这些无疑表明了,作为一个具有反讽精神的自由思想者,克利马克斯/克尔凯郭尔或许永远都不愿意拥有一个世俗世界所给予的基督教徒的名分——归根到底,教会只是在"神圣"名义之下的一个"世俗的"团体,但是这却并不妨碍他是《新约》精神的忠实信徒和积极宣扬者。

除了揭示基督教关于爱的原则之外,克利马克斯选择"道成肉身"作为"思想方案"的重点还有另一个目的,即"道成肉身"之于理智的"悖谬性",只有"跨越"了理智眼中的"悖谬",我们才有可能步入基督教信仰。

三 "道成肉身":"悖论"和"荒谬"

尽管克利马克斯在推进他的"思想方案"的时候为方便之故不得不将人类理智无法掌握的"不可知者"称之为"神",认为这只是我们给它的一个名字,但是,从他饱含激情地对《新约》故事的"重述"、也就是他自称的"剽窃"来看;从他赋予"道成肉身"的原则的分量来看,他用了两章的篇幅,分别从"诗化的"和"形而上的"角度来考察"道成肉身";从他在假想论敌的逼问之下轻易"投降"的态度来看——他承认自己整个的"思想方案"绝非人类可想出来的,而是一个"奇迹";克利马克斯心目中的基督

---

① *SKS*, vol. 4, pp. 239 – 240.

教"上帝"绝不可能只是一个"名字"、一个"概念",一个类似黑格尔哲学当中的"至上的无限者"或者"绝对精神"的代名词。克利马克斯/克尔凯郭尔心目中的"上帝"应该是"人格化的"上帝,是具有神人二性的、肩负着拯救人类的使命而在人间受难的耶稣基督。这一点正是克尔凯郭尔与黑格尔的根本分歧。克尔凯郭尔早在哥本哈根大学求学期间,曾听过他的老师、神学家马腾森对黑格尔在宗教与哲学之间进行的座次排列所提出的批评。马腾森是黑格尔主义者,尽管如此,在题名为"从康德到黑格尔的现代哲学史"的演讲当中,他还是以批评性的态度指出了黑格尔哲学所遗留下的三个未做解答的问题,它们是:"人格化的上帝"(a personal God)、"人格化的基督"(a personal Christ),以及"个体的不朽"(the immortality of the individual)。① 这个批评无异于指责黑格尔哲学取消了基督教的基本教义。克尔凯郭尔曾将这三条批评意见记录在了自己的笔记里,他事后的写作证明,他完全同意马腾森对黑格尔哲学的批判。不仅如此,克尔凯郭尔还充分意识到了黑格尔对"上帝"加以理性化所造成的后果,即"上帝"成了认知的"对象",人与"上帝"之间的"受难—爱"的关系转变成了"主体—客体"的关系;结果基督教被转化为一个关于基督教教条的知识体系。正是因为看到了这种将基督教知识化、教条化的倾向,克尔凯郭尔才会让克利马克斯公然"剽窃"基督教,希望能够"陌生化"基督教,使人们抛开业已熟悉的接近基督教的途径——认知的方式,抛开国教会和主日学校所灌输的关于基督教的教条,通过个体敞开心灵重新面向耶稣基督的受难史的方式而选择成为一名基督徒。

对于克利马克斯来说,"上帝"并不是一个"名字"、一个"理念","上帝化身为人在历史中临现"是一个历史"事实"。根据克利马克斯关于

① Jon Stewart, *Kierkegaard's Relations to Hegel Reconsidered*, Cambridge: Cambridge University Press, 2003, p. 64.

"存在"的一般论述,对于事实和"存在",我们无法依靠逻辑来加以证明,而只能通过经验来认识。那么,对于基督教语境中神人合一的耶稣基督,我们既不能依靠逻辑证明,因为能够严格加以证明的真理都是"分析性的",而所有从公认的前提出发进行的理性证明不可能确定"上帝"是否存在,它们最终只是在展开一种概念而成为逻辑上的同语反复;我们也不能调动"理智"的认知能力加以把握,因为"道成肉身"的现象直接对"逻辑"(而非有神学学者提出的所谓"信仰的逻辑")和"理智"构成冲突甚至是"冒犯"。这里有一个非常细小的用语差别值得关注,很遗憾,这个差别似乎没有被西方克尔凯郭尔研究界所注意。克利马克斯/克尔凯郭尔从来都是说 Forstand 即"理智"(understanding)之于"道成肉身"原则之间的"悖谬"关系,继而提出"理智"与"信仰"的冲突,但却从没有提出 Fornuft 即"理性"(reason, ration)与"信仰"的对立冲突。丹麦文中的 Forstand 和 Fornuft 与德文中的 Verstand(拉丁文 intellectus)和 Vernunft 同源同义,因此,这个区别不由得让我们联想到康德在"理智"和"理性"的不同功能方面所做出的区分。在康德那里,"理智"是人类通过概念进行判断的能力,它运用感性材料以产生经验知识,因此"理智"只对经验客体有效。而"理性"则具有为知识"立法"的功能,而恰恰是这种能力才使得"理性"清楚地知道,只有被感觉经验到的东西才能进入科学知识的殿堂,而像"上帝"、"灵魂不朽"和"自由"这些不能成为经验对象的东西则不应成为知识的对象,它们存在的必要性恰恰是通过"实践理性"的"悬设"而确立,只有在道德的考量之下才具有合法性。康德通过对"理性"的"立法"能力和职权范围的"批判",最终使"知识""终止"(aufheben)在经验科学的领域中,以此他为"信仰"留出了空间(Ich musste also das Wissen aufheben, um zum Glauben Platz zu bekommen)。"上帝"不是经验的对象,不是知识的对象,我们与"上帝"的关系不是一种认知关系,"上帝"存在的必要性出自我们最为迫切的道德需求,因此我们只有通过"信仰"的途径才能无限地接近"上帝"。"知识"与"信仰"各自为政，彼此不能僭越。康德的这个思路清清楚楚地贯穿在克利马克斯/克尔凯郭尔的思想当中。尽管缺乏了"理性"批判的环节，但是克利马克斯/克尔凯郭尔通过指出"理智"而非"理性"与"道成肉身"原则之间的冲突，把"上帝"从"知识"王国中清除了出去，并将之交还给"信仰"这个"新的器官"，最终在"知识"和"信仰"之间划清了界限。正是因为与康德哲学在思想内里的这种一致性，克尔凯郭尔不仅对康德以后的德国思辨哲学家力图消除康德哲学中所有的"现象"与"本质"、"知识"与"信仰"之间的界限的努力不予理睬，而且还对思辨哲学、尤其对黑格尔在其哲学体系构建中试图以理性化解宗教及信仰问题的努力表现出了强烈不满和"气愤"，希望重新在"知识"和"信仰"之间划清界限。或许是由于忽略了克利马克斯/克尔凯郭尔在用词上的细微差别，或许是受到了美国学者巴雷特对存在主义哲学进行总结的名作《非理性的人》（*Irrational Man*）的影响，因此西方和国内学界往往对克尔凯郭尔的思想持"非理性主义"的批判。但是，如果我们坚持在用语细节上较真，那么，克尔凯郭尔的思想恰恰不是"非理性主义"的，因为他并不主张我们可以完全按照自己的意愿看待客观事物，不主张我们在认识世界的时候可以"不要—非—无"理性。从他反对将"上帝"作为"知识"对象而坚决主张将其移植到"信仰"领域这一点来看，克尔凯郭尔对理性的功能和职权范围有着清楚的认识，知道什么是"理性—理论理性"所能做的，什么可以成为"知识"的对象。因此，克尔凯郭尔的立场更应该被称为是"反理性主义"（anti-rationalism）的而不是"非理性主义"（irrationalism）的[①]；也就是

[①] 关于"非理性主义"和"反理性主义"之间的区别，以及称克尔凯郭尔为"反理性主义者"的观点参见 Karen L. Carr & Philip J. Ivanhoe, *The Sense of Antirationalism：The Religious Thought of Zhuangzi and Kierkegaard*, New York：Seven Bridges Press, 2000, pp. 31 - 32. 我曾就该书写过书评《跨越时空的心灵碰撞》，参见《哲学动态》2006 年第 3 期。

说,他反对的不是"理性"本身,而是反对对"理性"不加限制的运用;换言之,他反对的是"理性主义"的原则,也就是那种将"理性"的认知方式凌驾于通达人生真谛的道路之上的唯理性至上的原则。以此,克尔凯郭尔像康德一样悉心守护着"知识"和"信仰"之间的界限,通过"理智"的退后进一步为"信仰"留出了自足的空间。

可以说,克尔凯郭尔关于"信仰"的观点不是"非理性主义"的,而是在深知"理智"和"理性"的能力范围的前提下反对滥用"理性"的"理性主义",在克尔凯郭尔的身上我们可以清楚地看到康德哲学的深刻影响,尤其是康德对理论理性的职权范围的制约以及对实践理性的地位的突显这一思想的痕迹。不过,康德与克尔凯郭尔在精神气质和思想风貌上的差异也是显而易见的,这种差异直接影响到了他们在"信仰"的对象问题上的看法。

如果说康德这个在哥尼斯堡过着平静的思辨生活的哲学家和克尔凯郭尔这个哥本哈根家喻户晓的"富贵闲人"和自由撰稿人的生活轨迹有某种相似之处,那就是,他们都出生在"虔敬派"(Pietism)的家庭之中。"虔敬派"属路德宗,在德国和丹麦有较大影响,其主要思想在于反理智主义、反教会制度、重视内心性。虽然出身相同,但是康德的一生受母亲的影响很深,直到晚年他还对母亲对他积极向善、热爱自然的教导萦怀不已;而克尔凯郭尔的人生轨迹当中几乎没有母亲的影子,他得到了父亲的宠爱,但同时也接受了父亲的忧郁和虔敬思想。克尔凯郭尔在死后才出版的《关于我的写作生涯的观点:一则给历史的直接的报告》一书中回忆说,自己童年时受到了近乎"疯狂的"基督教教育。

> 当我还是个孩子的时候,我就受到了严苛的、严肃的基督教教育,从人性的角度观之,这教育是疯狂的:还在我幼年时代,我就被迫置身于一种影响之下,就像那个把这影响加诸我头上而他本人则

沉潜其中的忧郁的老人一样。一个孩子,疯狂地要去扮演一个忧郁的老人,多么可怕呵!①

在大学里,康德和克尔凯郭尔都选择了神学系,但是康德对数学和自然科学有着浓厚的兴趣,后来不仅从事过这方面的教学,还发表过相关论文;而克尔凯郭尔则把主要精力投入到对文学和哲学书籍的阅读以及艺术欣赏方面。康德为了生计不得不谋求家庭教师或大学编外教师之职,有时每周课时量多达 20 小时,授课范围从数学、人类学到逻辑学、形而上学、自然神学,直到 1770 年他 46 岁时才获得得哥尼斯堡大学的逻辑学和形而上学教授一职。克尔凯郭尔却从未担任过任何公职,他依靠父亲留下的巨额遗产过着锦衣玉食的生活,还时常对大学教授和大学编外教师讽刺挖苦。康德集 40 多年的学养,集中精力思考达 12 年之久才写成了《纯粹理性批判》,其时他年已 57 岁;而克尔凯郭尔匿名出版《非此即彼》时年仅 30 岁,从立意(即克尔凯郭尔为躲避"婚约事件"在哥本哈根上流社会引起的不良影响前往柏林的日子算起,即 1841 年 10 月 25 日)到付梓出版(1843 年 2 月 20 日)仅用了 14 个月的时间,而他的假名作品《反复》、《畏惧与颤栗》以及真名作品《三则建设性演讲》是在 1843 年 10 月 16 日这一天同时出版见书的,可见其写作速度之惊人。两人在精神气质上的差异太明显了,以致于我们无需在此一一列举。这里想说明的一点是,当我们从克尔凯郭尔的身上找到了康德哲学的深刻影响这条线索的同时,我们仍需充分注意到二者在思想和精神气质上的差别。

根据克利马克斯/克尔凯郭尔,"信仰"的对象是一个"理智"眼中的"悖论"(Paradox)、"荒谬"(det Absurde),这两个词在克尔凯郭尔的文本当中是未加区别且互换使用的,故此处采用"悖谬"一词。为了应对这种"悖谬","理智"的道路不仅行不通,它还构成了对"信仰"对象和"理智"

---

① *SV* 3, vol. 18, p. 127.

本身的"冒犯";面对"悖谬",我们必须调动"激情",其恰当的名字应当是"信仰"。具体到"悖谬"的内容,克利马克斯/克尔凯郭尔毫不犹豫地回到了"神—人"的信条之上,把"悖谬"定位为"上帝"在时间中变成现实性。在《哲学片断》中,克利马克斯说,"信仰"的对象就是"历史事件的永恒化和永恒的历史化"①;在《附言》里,克利马克斯对"悖谬"的解释更为具体化,即"悖谬就是永恒真理在时间当中出场,上帝出场了,他出生、成长……像所有人一样地出场,与所有他人并无分别"。② 联系到《哲学片断》以诗化的方式引出"上帝"的出场时克利马克斯对《福音书》故事饱含深情的重述,我们可以肯定地说,这里所说的"永恒在历史中的临现"这个不可能的"悖谬"将"化身"为"神—人",也就是"拿撒勒的耶稣"。克利马克斯及时地为"永恒在历史中的临现"补充了一条,指出这种临现不具备"直接的可分辨性",否则这里的立场将返回到前苏格拉底式的异教思想,或者返回到犹太视角出发的偶像崇拜,③从而坚决捍卫了上帝存在的超验性,在这个问题上克利马克斯/克尔凯郭尔表现出了与康德思想的一致性。所不同之处在于,克利马克斯/克尔凯郭尔的立场已经完全是基督教的,也就是说,他所信奉的是一种历史性的信仰,这与康德希望建立起"纯粹理性范围内"的非历史性的宗教信仰的努力是不同的。康德把"上帝"、"自由"和"灵魂不朽"作为实践理性的"悬设",从而使它们超越于时间和空间性的经验知识的范围之外,它们本身并不具有"时间性"。再进一步,当康德把宗教信仰牢牢地植根在"内心的道德法则"的基础之上的时候,他已经把个人自由的观念推到了极点,因此他根本不会把个人拯救的希望寄托在"神—人的临现"这一基督教的信条之上。

另外,克利马克斯/克尔凯郭尔对"悖谬"的称颂以及就"信仰"与"激

---

① *SKS*,vol. 4,p. 263.
② *SKS*,vol. 7,p. 193;*CUP* I,p. 210.
③ *SKS*,vol. 7,p. 193;*CUP* I,p. 210.

情"之间的关系的论调与康德相差甚远。克利马克斯说:"人们不该把悖谬想得那么坏,因为悖谬就是思想的激情,一个没有悖谬的思想家就像一个缺乏激情的恋人,他只是个平庸之辈。但是,任何一种激情的至上力量都希求着自身的毁灭,同时,理智的激情也要求着冲突,尽管这种冲突总会以这样或那样的方式导致理智的毁灭。去发现某个思想所不能思考的东西,这就是思想的最高形式的悖谬。"①康德开启理性批判的目的是要揭示出什么是我们能思想的,什么是不能思想的。但是在克利马克斯/克尔凯郭尔看来,思想可能思想的东西一直是可能的,划定"知识"与"信仰"的界限也十分重要,而且他痛恨"知识"在"信仰"领域的泛滥,但是事情好像并未止步。克利马克斯/克尔凯郭尔还想再前进一步,他并不仅仅想如康德那样把"信仰"引入另一个"领域",让它们各行其道,他还试图冲破思想的边界,"去发现某个思想所不能思考的东西"。这个东西究竟是什么,根据前述,它就是使"理智"受到"冒犯"并且令其感到卑微甚至停滞的东西,即"永恒在历史中的临现"。如何做到这一点? 克利马克斯/克尔凯郭尔提出以"激情"去发现思想的最高形式的"悖谬",尽管"激情"最终将导致自身的毁灭。正是克利马克斯/克尔凯郭尔对"激情"及其毁灭性的力量的强调给予了后现代思想家重新开启克尔凯郭尔思想新维度的契机。美国哲学家凯普图(J. D. Caputo)在一篇从德里达的视角解读克尔凯郭尔的极具启发性的文章中指出②,"希求着自身的毁灭的激情"所昭示出的正是德里达所说的"自动—解构"(auto-deconstruct)的意思,而克尔凯郭尔的假名作者们在尚无明确意识的情况下已经开始做着德里达式的解构工作了。凯普图指出,如果可以把

---

① *SKS*,vol. 4,pp. 242 - 243.

② John D. Caputo, "Looking the Impossible into the Eye: Kierkegaard, Derrida, and the Repetition of Religion", in *Kierkegaard Studies Yearbook 2002*, edited by Niels Jørgen Cappelørn, Berlin: Walter de Gruyter, 2002. (我曾将此文译为中文,发表于《世界哲学》2006年第 3 期。)

"理智"定义为对可能的事情的权能,那么"理性"就是对不可能的事情的权能。以此为前提,"现代性"的任务就是划定科学、伦理学、艺术和宗教的界限,以便明确什么地方是我们不能去的;而"后现代"的任务则变成了要去"冲撞"甚至"僭越"那些经过启蒙运动所悉心划定的"边界—界限",去我们不可能去的地方,因为根据德里达,"解构"最轻量级的"坏定义"就是"对不可能的事情的经验——假如这是可能"。"解构"意味着被激励着去做不可能的事情,于是,"后现代性"就变成了一种对不可能的事情的思想和行动的冒险,其直接后果就是使启蒙运动在"宗教"和"理性"之间划定的界限重新变得模糊起来,从而开启了经过启蒙时代对宗教和理性的批判之后的宗教和理性,一种"没有理性的理性",一种如德里达所说的"没有宗教的宗教",它不再遵循现代性在有神论与无神论、宗教与世俗、信仰与理性之间划定的界限。

这个后现代的视角为我们理解克尔凯郭尔在基督教信仰的态度的问题上提供了启示。在关于基督教"信仰"的问题上,克尔凯郭尔往往负载着两个标签式的批判:"非理性主义"和"信仰主义"(Fideism)。其中,"非理性主义"的批判源自克利马克斯所指出的只有当我们"跳跃"过"理智"、当"理智"受到"冒犯"并因而停滞的时候,"信仰"才会一下子出场的观念。可是,根据我们此前发掘出的克尔凯郭尔思想中所隐藏的康德哲学的影响的线索来看,克尔凯郭尔在"信仰"出场的问题上对"理智"的彻底否定恰恰说明他对"理性"的职权范围和界限有着清醒的认识,他反对滥用"理性"的"反理性主义"的态度正是"理性主义"立场的最为恰当的表述。最终,"非理性"、"反理性"和"理性"所构成的盘根错节的关系就成为了一种"没有理性的理性"的局面。

西方神学界把克尔凯郭尔放置在"信仰主义"思想路线之上的根据主要源自克利马克斯从"悖谬"引出"信仰"的必要性的观点。在这个问题上人们很容易把克尔凯郭尔与拉丁教父德尔图良联系起来。德尔图

良在《论基督的肉身》(*De carne Christi*)第5章中曾写过这样的话:

> 上帝之子被钉死在十字架上,我不感到羞耻,因为这是可耻的;
> 上帝之子死了,这是可信的,因为这是荒谬的;他被埋藏后又复活
> 了,这是肯定的,因为这是不可能的。
>
> (*Crucifixus est dei filius*; *non pudet*, *quia pudendum est*.
>
> *Et mortuus est dei filius*; *prorsus credibile est*, *quia ineptum
> est*.
>
> *Et sepultus resurrexit*; *certum est*, *quia impossibile*.)

不知出于何种原因,德尔图良的这段话在历史上被改写为 *Credo
quia absurdum*,"正因为荒谬,所以我才相信",或者是 *Credo quia
impossibile*,"惟其不可能,我才相信",并且作为德尔图良的名言而被广
泛引用。[①] 格言虽不是德尔图良的原话,但所传达的意思却与德尔图良
的精神主旨正相契合。这里关心的一个问题是,这句话中所反映出来的
思想在长期受无神论思想支配的国内学界被看做是典型的宗教蒙昧主
义,而且,即使在基督教世界,德尔图良思想当中所反映出来的反对理
性、排斥理性的"信仰主义"的论调也没有得到教会的完全支持和采纳,
新托马斯主义者吉尔松就曾指出,中世纪思想的基本原则是安瑟伦提出
的 *Fides quaerens intellectum*[②],即"信仰寻求理解",而非"信仰主义"。

---

① 关于"正因为荒谬,所有我才相信"为误引的事实,早在1984年出版的《西方著名哲学家评
传》第二卷当中"德尔图良"一章中就得到了澄清。作者何佩智指出,"正因为荒谬,所以我才
相信"是历史上人们撇开德尔图良转弯抹角的别拗论述而对其思想实质的一种概括,虽然不
是原话,但与德尔图良的论断并无本质的区别。文章还指出,有现代经院哲学者(其实就是
吉尔松)借口在德尔图良的原著中找不到这句话,企图为其蒙昧主义开脱。这里虽然纠正了
对德尔图良的误引的事实,但鉴于该书写作和出版的年代,文章采用的仍然是对宗教口诛笔
伐的大批判式的语气。参见《西方著名哲学家评传》,第二卷,山东人民出版社1984年版,第
18—19页。

② Etienne Gilson, *The Spirit of Mediæval Philosophy*, translated by A. H. C. Downs,
London: Sheed & Ward, 1936, p.5.

那么,我们是否能够根据克利马克斯在"信仰"与"荒谬"之间所建立的联系来批评克尔凯郭尔的思想是宗教蒙昧主义的呢?我的答案是否定的。克尔凯郭尔生活在"后启蒙时代",从他对康德哲学的继承上来看,他对启蒙运动的口号"敢于认知"(Sapere aude)有着深刻的领会,知道我们应该如何运用我们的"理智",知道什么是我们能够认识的,什么是我们虽然不能认识但却仍然为生存所必需的。在启蒙的背景之下,克尔凯郭尔仍然提出"信仰"的对象是与"理智"而非与"理性"相冲突的"悖谬",尤其是提出我们要以"激情"应对"悖谬",尽管这种"激情"是毁灭性的,这说明克尔凯郭尔对"信仰"的理解并非停留在蒙昧主义阶段,他的意图也不是简单的护教式的,他的"信仰"观恰恰是在批判"理性"、划定"理性"的职权范围的基础上的"现代性"的信仰观,因为他给予"信仰"以一个更为合理的位置,把"信仰"视为是个体"终极关怀"的表现,使"信仰"与个体的生存意义休戚相关,这一点无疑是人对自身认识的深化的结果。

再进一步看,克尔凯郭尔思想当中所蕴含的"解构"的力量进一步使其"信仰"观远离了蒙昧主义和护教论的指责。当克尔凯郭尔把"激情"的至上力量定位为"希求着自身的毁灭"的时候,当他提出我们要以"激情"面对"信仰"的时候,以"信仰"为核心的"宗教"就成了一个与自身相冲突的范畴,它面临着遭到"自动—解构"的"危险",对"信仰"的"激情"势必导致组织制度和仪式层面上的(institutional)"宗教"的"毁灭",其结果是宗教与世俗的生活样态之间的区别的淡化。这一点我们可以从克尔凯郭尔个人的生活和思想历程当中得到印证。虽然克尔凯郭尔在英语世界最早是以基督教"殉道士"的面目出场的,虽然他的思想在不同时期、被不同的人物与"信仰主义"、"有神论的存在主义"、"新正统派"以及"新福音派"挂上了钩,但是事实上,在克尔凯郭尔成年后的生活世界当中,我们几乎"看不到""宗教"的位置,"看不到"作为一名基督教徒所应进行的活动,他就像自己塑造的威廉法官一样,不依赖于进教堂听布道,而是更依赖于自己阅读《圣经》。从克利马克斯开始,克尔凯郭尔就借助假名作者对丹麦国教会和神职人员进行不留情面的批评,而到了生命的晚期,他则公开向国教会发起猛烈的攻击,这显然不是一时冲动所致,而是"蓄谋已久"的有计划之举。在生命垂危之际,克尔凯郭尔向亲友提出不要牧师而要普通人为他举行圣餐式,在被告知很难办到的时候,他毫不妥协,表示宁可不要圣餐式。① 在思想的层面上,克尔凯郭尔一直严厉批判把"信仰"挂在脸上的中世纪隐修主义道路,在苦行主义、禁欲主义与对世俗快乐的享受之间选择后者,因为他坚决主张,"信仰"的核心在于"内心性",在于"伦理",也就是说,在于对个体灵魂的培育。由此,克尔凯郭尔不仅"解构"了基督教之为国教的存在基础,而且还"解构"了作为组织制度层面上的"宗教"存在的基础,他"差一点"就像康德那样把"宗教"落实在"纯粹理性的界限"之内,而所"差"的"这一点"就是克尔凯郭尔对"道成肉身"这一"悖谬"原则所有的"激情"和恪守,这使他的"信仰"仍然是一种"历史性"的"信仰",而未能最终上升到绝对的超验性的信仰的层次。同样,对"道成肉身"的"激情"阻碍了克尔凯郭尔达到德里达所说的"没有宗教的宗教"的境界,不管他怎样反对国教、反对教会,他都坚持认为自己是从"从基督教的最内里"出发看待事物的,同时"罪的宽恕"也被作为他临终祈祷的首项内容②。这也就是说,克尔凯郭尔对基督教始终不能忘怀,因为基督教是他自出生即被抛入、后来又不断地被他的父亲以几近"疯狂"的方式加以强化的东西。于是,我们在克尔凯郭尔的身上看到了一种显著的思想张力:一方面是批判的、"解构"的力量,另一方面是对基督教教义的恪守,两个面向以"角力"的方式持续地存在

---

① *Encounters with Kierkegaard : A Life Seen by His Contemporaries*, collected & edited by Bruce H. Kirmmse, New Jersey: Princeton University Press, 1996, p. 125.

② *Encounters with Kierkegaard : A Life Seen by His Contemporaries*, collected & edited by Bruce H. Kirmmse, New Jersey: Princeton University Press, 1996, pp. 124 - 125.

着。幸运的是,这种思想的张力通过克尔凯郭尔"间接沟通"的写作方式以及"复调"结构得到了很好的传达,使得那些散漫的思想"片断"得以充分的延展。

四 "道成肉身"引出的哲学问题:"必然"与"自由"

根据前述,"神人"概念对理智构成冲突和冒犯的根本点在于,自有永有的神将以最为卑微低下的仆从形象在某个具体的时间、具体的地点出现在我们中间。随着"神"化身为"人","永恒"将在"历史"当中临现,而这个在时间中临现的"神"—"教师"正是信仰的对象。于是,在基督教当中,"永恒性"和"历史性"这两个原本处于两极的范畴彼此结合起来,"神"在时间当中临现了,"永恒"成为了一个"历史事件",而这一"历史事件"又被永恒化,成为信仰的对象,也就是克利马克斯所总结的"永恒的历史化和历史的永恒化"。因此,在清理了"道成肉身"的原则背后所蕴含的"爱"和"信"的原则之后,克利马克斯很自然地引出了历史与基督教信仰之间的关系问题:基督教信仰能否建立在历史意识的基础之上?我们应当如何理解"永恒在时间中的临现"这一"历史事件"的涵义?通过对"历史确定性"的解构,克利马克斯/克尔凯郭尔实际上否定了关于基督教的历史知识,否定了基督教长达1800多年的历史与基督教信仰之间的直接关系,并以此为出发点展开了他对教会制度及其实践的批判,该批判成为克尔凯郭尔在其人生晚期向丹麦国教会发起全面攻击的前奏。

基督教与历史有着不解之缘。基督教通过"道成肉身"的教义将"历史性"和"永恒性"这两个极端扭结在一起,成为了理智眼中的"悖谬"。有限性的人生活在时间和空间当中,要想把握"无始无终"的"永恒",就需要让"永恒"进入"时间",于是就有了神在历史上的临现的"历史事件"

的理论根据。反过来,这个"历史事件"并不能"直接"地成为信仰的对象,这个"历史事件"必须经过"永恒化"的"质变",否则信仰只可能发生在与耶稣同时共在的那一群人当中,从而无法实现信仰的普遍化。这也就是说,我们并不能通过对神在历史上的临现这一"历史性"的了解和把握必然地推导出"信仰",信仰或者如克利马克斯在题记中所说的"永恒福祉"不能仅仅建立在历史知识之上,信仰的出场只能依靠一个"跳跃",即从"历史性"到"永恒性"的"质变",从"历史事件"到"信仰"的"飞跃"。于是,克利马克斯/克尔凯郭尔在讨论了"道成肉身"中所体现出的"永恒的历史化"的问题之后,继而讨论了"历史之永恒化"的问题,也就是"历史事件"如何转变成"信仰"的问题,这也就是《哲学片断》第四、第五章所提出的当代弟子和再传弟子的问题。这里,我们不仅可以看到"历史事件"向"信仰"的转化的关键,更重要的是,我们能够看到克利马克斯/克尔凯郭尔对于"历史"的本质的理解。

克利马克斯指出,神在时间当中的临现是一个"历史事件",那么,什么是"历史"? 神在时间中的临现之为"历史事件",与希波战争这样的"历史事件"是否属同一性质? 历史发展是否具有如 19 世纪的历史科学所认为的那样具有"必然性"? 在《哲学片断》的"间奏曲"一章当中,克利马克斯对这些问题给予了回答。

1. 历史:"必然"还是"自由"?

克利马克斯/克尔凯郭尔对"历史"的认识建立在对时间所做出的"过去、现在、未来"的划分的基础之上。所谓"历史"就是"过去",是"已然生成的东西","现在"和"未来"都不属于"历史",因为前者处于与"未来"的边界上,后者尚未发生。克利马克斯以亚里士多德关于"生成"和"变化"的学说为出发点,将"历史"的重点放在了"已然生成"这一点之上,其意在于强调"生成"(Tilblivelse/bliver til)当中所蕴含的"变化"

(Forandering)，并且"生成"的"变化"不是"本质"的"变化"，而是从"非存在"到"存在"的"变化"，亦或从"可能性"向"现实性"的转换。而所有"生成"的"变化"，因"生成"所有的动态的、甚至是"受难"（Liden；suffering）的性质，其原因可归诸"自由"（Frihed），而非"必然性"（Nødvendighed）。"必然性"与"存在"原本正相反对，"必然性"不是一种"存在的规定性"（Værens Bestemmelse），而是"本质的规定性"（Væsens Bestemmelse），甚至克利马克斯将其描述为"绝对另类的本质"（et absolut andet Væsen）。之所以"另类"，是因为"必然性"自身不经历任何"变化"，而且它是唯一一个将"生成"排除在外的东西；没有"变化"，不经历"生成"，"必然性总是与自身相关联，而且是以不变的方式与自身相关联"。① 因此，凡是"生成"的都不是"必然"的，因为"生成"涉及"变化"，所有的"变化"都是"自由"的。从这一点入手，克利马克斯提出了自己的命题：历史发展是"自由"的，而不是"必然"的，"必然性"是思辨理性带给世界的东西。

根据克利马克斯，"过去"并不因为它"已经发生"且这种发生具有不可变化性而成为"必然"，因为"已经发生"这一点恰恰表明"过去"曾经历过"生成"，也就是经历过"因自由而起的现实性的变化"，因而它不是"必然"的。② 一般而言，人们很容易发现"未来"的不确定性，因此对"预言家"大体上是不信任的、甚至是轻蔑的。但是，对"过去"的态度就不同了。即便同时代人明白"过去"是"自由"而非"必然"地"生成"的，但是，当生成与观察者之间横亘了数个世纪的时候，人们便会产生一种精神上的幻觉，仿佛看到了"过去"的"必然性"。问题是，这种"必然性"只是理性反思的产物，它并非"历史—过去"发生时的实情，因为"过去"是自由

---

① *SKS*, vol. 4, p. 274.
② *SKS*, vol. 4, pp. 276 - 277.

地生成的,在"生成"的根基处同样存在着某种"不确定性"。于是,那种把"过去""必然化"的历史学家们在根本上与"预言家"的工作是一致的,只是他们的方向相反,"预言家"是对尚未发生的"未来"做出推断,而史学家则是后退式地评判已经发生的"过去"后退式地评判已经发生的"过去"。

克利马克斯在对历史必然性进行批判的时候,他心目中针对的是黑格尔运用辩证法对"世界历史"所做出的整体化的、建构式的"把握"。[①]黑格尔把历史当成是理念的显现,克利马克斯虽然承认这是一种通过思想塑造素材的"罕见的力量",但是他却把这种以"理念""把握"现实的方式斥为"学术迷信",因为它错失了"生成"的意义,即"生成"的自由进程当中包含有不确定性的因素,把我们对"过去—现在—未来"的"知识"等同于"过去—现在—未来"的发展本身,并且将"必然性"加诸我们的"知识"之上。在克利马克斯,对"必然性"的追求是哲学家的"激情"。这里的"激情"一词让我们想到亚里士多德提出的"哲学源起于惊异"的观点。这个意思是说,哲学源起于人从无序和混沌当中透视出有序和规律、从片断推出整体的意愿,这一点当是人的自由精神的体现,同时也是从事哲学工作的目的。问题是,这种对"必然性"的"激情"是否应当加以限制,也就是说,人的自由精神能否无限化到使我们无视事物自身的发展进程的地步呢? 在克利马克斯/克尔凯郭尔那里,答案是肯定的,我们必须明确,"必然性"只是一个理论理性的范畴,是我们把它作为附加值给予这个世界的,它并不能等同于事物的"生成"和发展;忘记了这一点,就是对"生成"的误解,同时也是对人的精神自由的一种滥用,结果"自由变成了巫术"[②],人们在思想自由的旗号下忘记了"常识"的意义——所有的

---

① *SKS*,vol. 4,pp. 277 - 278.
② *SKS*,vol. 4,p. 277.

"生成"都是自由的,继而摒弃了生存层面上的"现实性"和"生活世界",完全沉浸在思辨的、思想的世界当中。

克利马克斯把"必然性"范畴从"历史"领域当中排除,其理路与《非此即彼》下卷中的伦理代言人威廉法官相同。威廉法官把"必然性"范畴归诸"思想的领域",也就是"自然"和"逻辑"的领域,而把"自由"归诸人的"生活世界",其间起作用的是"矛盾"。人生而自由,自由是人的本性,自由是"上帝"对人的"赐福",自因的因而也是自由的"上帝"在以自己为原型创造人类的时候,同时把自由给予了人类。这个认识是威廉法官的思想出发点。不过,在极言"生活世界"的自由以及面对生存的矛盾必须做出选择的重要性的同时,威廉法官不失公正地给予了"必然性"以立足的根据,即"必然性"是思辨的结果,是哲学家们对已经发生的"过去"进行思辨的产物。"必然性"概念本身并无问题,问题出在现代哲学家对"思想"和"自由"领域的混淆,在于"思想—思辨"对"生存"问题的掩盖和遗忘。威廉法官通过对"思想"和"生活"领域的区分,把"必然性"从"生活世界"当中清除了出去;而克利马克斯则进一步通过在"生成"、"变化"以及"必然性"之间的对立,把"必然性"排除在历史发展的进程之外。所有这一切都是为了说明,"必然性"完全是人的理性"反思—后思—再思"(Ge-denken;Re-flection)的产物,它是我们人加诸"存在"之上的东西,正因为如此,"必然性"并不是"客观的",而恰恰是思想领域的产品,一种"绝对另类的本质"。无论是在真实的"生活世界"还是在历史发展的进程中,起作用的都不是"必然性",而是"自由",因为世界是活的,作为整体的历史是不断发展的;"必然性"与"自由"正相反对。问题是,为什么当我们反思"已然发生的世界历史"的时候会出现"历史必然性"的幻象,这其中的原因轮到克利马克斯来回答。

"必然性"尤其是"历史必然性"的幻象产生的根源在于没有正确理解"第一因"的自由性质。克利马克斯说:"所有的生成均来自自由而非必然性。没有一种生成物的生成是出于某个根据(Grund),但却出自某个原因(Aarsag);所有原因都将终于一种自由运作的原因。那些处于中间地带的诸种原因所带来的幻觉是,生成看起来是必然的;而真实的情况却是,那些已经生成之物必定要返诸一种自由运作的原因。"①这个意思是说,在事物生灭变化的一定范围内是存在着因果必然的,只是,如果我们承认事物的生成必有一个"终极"的原因,而且这个"终极"原因又是"自由"的而非"必然",那么,"必然性"的幻象就将破灭。因此,现在的问题就是,在克利马克斯/克尔凯郭尔看来,什么才是生成的"终极"原因或者说"根据"? 这种"根据"又何以是"自由"的? 对这个问题的回答清楚地显露出了克利马克斯/克尔凯郭尔的基督教哲学的立场。

克利马克斯在文本中采用了一个在他生活的时代才涌现出的"根据—Grund"与"原因—Aarsag"的概念区分。根据克尔凯郭尔注释者的研究,"Grund"和"Aarsag"的区别在克尔凯郭尔的老师西伯恩(F. C. Sibbern)那里得到了专文讨论。西伯恩认为,"根据"针对的是"为什么",它涉及事物的本性和本质;而"原因"则针对的是"怎样",它涉及事物的存在。② 实际上,这里的"根据"与"原因"之分并没有离开亚里士多德的思路。在《物理学》中,亚里士多德做出过"真正的推动者"即"第一推动者"和"自身也被真正的推动者推动的事物"之间的区分,③那么,所谓"根据"对应的就是"真正的推动者"即"第一推动者",而"原因"——它往往会以复数形式出现——则是自身最终也在"第一推动者"作用之下的"推动者",二者之间可能存在一系列的中间环节。由此克利马克斯认为,"必然性"幻象的出现在于我们仅仅截取了处于中间地带的因果关系链,而忽略了"第一推动者"的终极作用。根据亚里士多德,"第一推动者"也

---

① *SKS*,vol. 4,p. 275.
② *SKS*,K 4,p. 270.
③ 亚里士多德:《物理学》(256a4),张竹明译,商务印书馆1991年版,第234页。

就是"不动的推动者";如果它要运动,那它只能是自己推动自己,"第一推动者"是"自因"的,也就是"自由"的。这个"不动的推动者"的论题与基督教一神论的思想是相吻合的,于是当亚里士多德在中世纪的欧洲重新被发现以后,他的"四因"说很快就被托马斯·阿奎那吸收到基督教神学体系当中并且做了进一步的发挥,结果,作为"第一因"和"终极目的"的"第一推动者"演化为"上帝",与之相区别的则是"第二性原因"和"非终极性目的"。没有任何原因能够作用于"上帝","上帝"是"自因"的,他自己推动自己,"上帝"行动的根据就是他行动的目的。这一点从一开始就为克利马克斯全盘接受,并且成为他思想的出发点。早在"思想试验"的开端处论及"神"出场的问题的时候,克利马克斯就采用了亚里士多德的"不动的推动者"的术语来描述"神";"神"是"自己推动自己",而"神"行动的"根据"(Grund)和"目的"(Maal)只能出自"爱"(Kjærlighed),只有"爱"才不靠任何身外之物而只靠自身就能获得满足。①

至此,我们已经可以清楚地看到克利马克斯/克尔凯郭尔的为基督教思想所洞彻的世界观。在论证历史发展的自由性时,克尔凯郭尔除了借助基督教思想之外,还倒向了希腊的感觉主义和怀疑主义。他借克利马克斯之口强调,"直接性的感觉和直接性的认知是不骗人的"②,幻觉和假象仅仅出现在当人们试图得出某种结论的时候。只是克尔凯郭尔没有仅仅将"生成"的终极原因或"根据"置于一个"不动的推动者"之上,那是希腊哲学家通过严格的推理已经做到的,他还引进了基督教哲学当中的"爱"的理念,把这个"第一因""人格化"为"神"。"神"自身充盈着"爱","神"以"爱"为"根据"做出"决断",即"道成肉身","永恒在时间中的临现";而"神"之决断和行动的"目的"最终仍然落在"爱"之上。在基

---

① *SKS*, vol. 4, p. 232.
② *SKS*, vol. 4, pp. 280 - 281.

督教的语境中，"爱"不应仅仅停留在言语之上，而应付诸行动，耶稣本人即是榜样。所以保罗说："主为我们舍命，我们从此就知道何为爱；我们也当为弟兄舍命。凡有世上财物的，看见弟兄穷乏却塞住怜恤的心，爱神的心怎能存在他里面呢？小子们哪，我们相爱不要只在言语和舌头上，总要在行为和诚实上。"[1]可以说，克尔凯郭尔的世界观是《新约》基督教的，因为他笔下的"神"已经不再像《旧约》当中的耶和华那样发出"要有……"之类的命令并且用奇迹令我们眩目，也不再用"人见我面不能活"之类的话使我们惧怕，这里的"神"为了拯救世人甘心降为最低下的仆人出现在我们中间，为此他忍受着从肉体到精神的痛苦。"爱"是《新约》的精神主旨，因为只有"爱"才能弥合人与"上帝"之间的鸿沟，这也就是克利马克斯所说的"只有在爱中差别才能变成平等"的涵义。

当克利马克斯/克尔凯郭尔提出"爱"之为"神"的行动"根据"和"目的"的时候，事实上他同时树立起了关于"自由"的概念。"爱"作为基督耶稣的三大纲领之一，具有十分浓重的宗教意味，而"泛爱主义"一直就是加诸基督教之上的一个"罪状"，尤其当我们简单地把宗教视为是人的"精神鸦片"之时。事实上，隐藏在这个宗教意味很强的概念背后的是一个哲学范畴，即"意志"或曰"意愿"（voluntas，will），对"意志"问题的讨论是基督教对以理智主义为标识的古希腊哲学做出的一个意义重大的"增补"。

2. "意志"与"自由"

"爱"是行动，行动需要"意志"。13 世纪经院哲学家邓斯·司各脱曾用"爱"（*amatus*）来描述质料对形式、重物对地心的"追求"，在他眼中，"意志"（will）就是"爱的能力"（faculty of love）的同义词，而且"意志"比

---

[1]《约翰一书》4:16—18。

"理智"更高贵。① 人的"意志"作为一种灵魂能力从根本上是"自由"的，因为"上帝"本身就是"自由"：没有任何东西能够推动"上帝"行动，"上帝"完全自由地创造和给予。人类是"上帝"按照自己的形象所创造，因此人类从"上帝"手中接受了两样"礼物"：第一是"理智"，人是作为"有限的理智者"而存在，并且以此拥有了管理世间其他万物生灵的权力；第二个"礼物"就是"自由意志"，正是这个概念的提出才使得人类真正配得上"有灵者"的称号，同时，"自由意志"的出现也从根本上改变了古希腊理智主义传统对恶的根源的解读。

克尔凯郭尔对"上帝"之于人类的这两项"馈赠"是有着深刻的理解的，这一点充分显现出了他的基督教哲学的立场。正是从"人是有限的理智者"的前提出发，克尔凯郭尔才提出人没有"全知全能"的"透视眼"，因而我们不可能把握生存的全体，而只能看到生存的"片断"，由此他粉碎了思辨哲学家构造哲学体系的梦想，把哲学的属性和形态视为是"片断"。而从时间的角度观之，人能够"直接感觉"的只有"现在"，对尚未到场的"未来"，我们只能做出有意义的预言，而对"已然发生"的"过去"，我们也只能拥有"知识"，但却得不出"必然性"的结论，所有"必然性"的结论都只是理性的幻象，"必然性"的提出使"自由"陷入了一种不利的困境。但是，人作为"有限的理智者"的存在虽然有缺陷，"上帝"却从另一个方面给人类以"补偿"，即人类被赋予了自由的意志，通过意志我们可以自由地进行选择，尽管人类有可能选择为恶，自由选择的能力而非"全视性"的认知能力使得人类成为高于其他万物生灵的"有灵者"。认知和自由意志是人类所具备的两种不同的"权能"，二者不可相互替代。在基督教的语境之下我们甚至应该说，人类自由意志的力量应该"大于"认知

---

① Duns Scotus, *Philosophical Writings*, translated by Allan Wolter, Indianapolis: Hackett Publishing Company, 1987, p. 53, p. 176, p. 183.

的力量,意志是对人类理智的"有限性"的一种"补充"。对此我们可以从"上帝"的"全知全能"与人类的自由意志之间的关系问题入手进行讨论。虽然"上帝"能够"前知五百年,后知五百载","上帝"能够以其"透视眼"预见到"未来"将会发生的一切,包括人类将误用自由意志而犯罪的可能,但是"上帝"的预知却无法夺去人类意志的自由选择,"上帝"无法出手干涉人类"未来"的发生。这里实际上已经涉及到恶的根源的问题了,奥古斯丁在《论自由选择》(*De libero arbitrio*)①一书中对该问题做出了系统的澄清和阐述。

在古希腊哲学的视域之下,"美德即是知识","无知即是罪恶",恶源自无知,也就是源自对作为理性本质的道德意识的不自知。于是,古希腊又有一个命题,即"无人自愿为恶"。"趋善避恶"是人的"天性",因此只要解决了知识的问题就可以清除恶。于是善恶变成为了一个知识论的问题,只是这种解题路径甚至过不了日常经验的检验。奥古斯丁从基督教的世界观出发对恶的来源问题给予了截然相反的解释。奥古斯丁认为,人作恶完全是因为"意志"的自由选择,也就是说,人之为恶完全是自愿的,是自己选择为恶。人作为上帝按照自己的形象所创造的最高等级的"有灵者"是具有自由选择的能力的,这种"能力"或"力量"(power)即是"意志"。根据奥古斯丁,"……唯一在我们能力之内的事就是,当我们意愿的时候,我们能够做到。"②有了自由的"意志",人所拥有的自由才不仅仅是一种"物理学意义上的自由"、"外在的自由",即无所羁绊地去行动的自由,而是一种"形而上的自由"、"内在的自由",即人自主地自由选择自己的行动的自由。有了选择的自由,人才能真正成为自己的主

---

① *De libero arbitrio* 直译应为"论自由选择",其中"意志—voluntas"一词并未出现在书名当中。英译本将该书译为 *On Free Choice of the Will*,即《论意志的自由选择》,而德译本直呼曰 *Der freie Wille*,即《论自由意志》。

② Augustine, *On Free Choice of the Will*, translated by Thomas Williams, Indianapolis: Hackett Publishing Company, 1993, p. 76.

人。只是，自由选择所带来的可能是善，也可能是恶，正是因为自由意志才开启了人为善或作恶的可能性。但是，我们不能就此把人作恶的责任推到自由意志的给予者"上帝"的身上，因为"上帝"赋予人类自由意志的目的不是让人犯罪，而是让人去正确行事。"倘若没有自由意志，人类便无法正确行事"，这一点才是"上帝"赋予人以自由意志的理由。① 再者，对于一个笃信"上帝"的"全知全能"的中世纪的头脑而言，既然"上帝"能够预见一切，而且"上帝"所预见到的一切都"必然"发生，那么，"上帝"就应该能够避免原罪的发生。对此奥古斯丁断然回答说，虽然"上帝"预见到了原罪的发生，但是原罪的发生却并不是因这种预见而起，而是因为人类自身造成，因为

> ……他的预知并不能夺走我的能力；事实上，它只能使我更加确信我拥有那种力量，因为正是上帝预见到我将拥有意志的力量，而上帝的预知从不出错。② 上帝对未来的预知并不会迫使未来发生。……上帝预知到所有他所引起的事物，但却并不引起他所预知到的一切。③

由此奥古斯丁得出结论说，原罪的发生不是"必然的"，而是"自由的"，它因人类的自由意志而起。只是人要为自己的"自由"负起责任，滥用自由必将受到公正的"上帝"的惩罚。从《创世记》的故事中可以看到，人一旦拥有了选择的自由，就会"不听话"，也就有了犯错的可能。只是人之犯错责任全在人自己，而不在能够预见到这一切的"上帝"，而且人

---

① Augustine, *On Free Choice of the Will*, translated by Thomas Williams, Indianapolis: Hackett Publishing Company, 1993, p. 30.

② Augustine, *On Free Choice of the Will*, translated by Thomas Williams, Indianapolis: Hackett Publishing Company, 1993, p. 77.

③ Augustine, *On Free Choice of the Will*, translated by Thomas Williams, Indianapolis: Hackett Publishing Company, 1993, p. 78.

要为自己所犯的错承担全部后果,其中包括受惩罚的命运。

　　奥古斯丁的自由意志理论进一步完善了基督教的理论体系:人类一切善的品质皆来自"上帝","上帝"把理智和自由意志赋予了人类,正是后者使得人类配得上作为"上帝"按照自己的形象所创造的"有灵者"(于是人类的初始待遇是被安置在伊甸园,生活得无忧无虑)。"上帝"赋予人类以自由意志,但是"上帝"并没有强迫人作恶,相反,自由意志的给予是为了使人正确行事,只是人类误用了"上帝"所赋予的自由选择的能力,犯下了"原罪",而人必须为自己所犯下的"罪"承担全部后果。从此,人作为"罪人"在"上帝"面前"永世不得翻身",人在尘世间所受的一切苦难都变成了"罪有应得",是"活该"。当然,作为一种宗教,基督教并没有忘记给"活该受罪"的人以"希望",于是,继"原罪"之后,基督教又提出了"公正"(justice)、"悔过"(repentance)、"救赎"(redemption)和"恩典"(grace)等概念,基督教希望使人"相信","上帝"是公正的、有恩典的,人有可能通过赎罪最终被宽宥。以此,基督教完成了对人的精神实施控制的流程图。奥古斯丁提出自由意志和恶的根源之间的关系的初衷应当是为了完善基督教教义,进一步论证其合理性。但是,当他在基督教的理论框架之下提出了"自由意志"的问题,把"无人自愿为恶"的希腊式命题更改为"人自愿选择为恶"的命题的时候,他已经开辟出了一条与希腊理智主义完全不同的路径。通过"罪与罚"的关系的阐述,奥古斯丁进一步揭示出了"自由"与"责任"之间的关系,从而树立起了关于真正的"自由"的理论,即"自由"是一种"意愿"、一种"能力",它与责任紧密相关;人作为"自由者"而存在必须为自由选择承担全部后果,包括被惩罚的命运。这些应该是在现代的视野之下对奥古斯丁理论的意义的一种开显。

　　应该说,基督教"开启"了关于真正的"自由"的思想维度。基督教"上帝"被界定为"第一推动者"、"不动的推动者",他是行动和目的只能出于自身的"自由者"。这一点与多神崇拜的希腊神系是不同的。表面看希腊诸神享受着为所欲为的自由,但是,即使像宙斯这样的众神之中的"最高的主宰"也害怕神谕,他一再逼问普罗米修斯关于"一场新的婚姻将使宙斯灭亡"的预言的来源①,害怕被"命运"这样的被形象化了的"必然性"的"锁链"所束缚和左右,说明他在根本上仍是不自由的,他尚未达到一种自己主宰自己命运的自由状态。到了爱利亚哲人克塞诺芬尼(Xenophanes)那里,已经显露出了对荷马和赫西俄德完全从人性角度出发的多神崇拜的不满,于是他提出了一个从容貌到思想都与凡人有着天壤之别的唯一的、至上的神的形象,即一个"全视、全知、全闻的""神",这个形象在智性的层面上已经与基督教"上帝"很接近了。只是,克塞诺芬尼的"神"缺乏了"自由"的维度,不仅缺少了物理学意义上的"自由",因为他所描绘的"神""永远保持在同一个地方,根本不动",而且还缺少了"形而上的自由",即缺少了给予他者以自由的能力和意愿。克塞诺芬尼认为:"神毫不费力地以他的心思左右一切"。② 这也就是说,人间世事都将成为"神"的"心思—意志"的"产物","神"就是"暴君",是"必然性"的"锁链"的代名词,而人类并无施展自由的空间和机会。与之形成鲜明对照的是,在基督教的语境之下,"上帝"虽然"全知全能",但是基督教"上帝"却不能"以自己的心思左右一切",因为,正如奥古斯丁所指出的,"上帝"虽然"看到了""未来"的一切,但是主宰未来的发生的却不是"上帝",而是人类自己。不仅如此,"未来"的发生并不是"必然"的,而是"自由"的,因为"必然"与"自由"是相反的两极,而促使"未来"展开的是人类的自由意志。这也就是说,当"上帝"把自由意志赋予人类之后,实际上"上帝"在某种意义上丧失了对人的控制力。于是,在"上帝"与人类的行动之间就出现了一幅人神平行发展的景象:"上帝"能够将人类"未来"洞

---

① 参见古斯塔夫·施瓦布《希腊古典神话》,曹乃云译,译林出版社 1995 年版。
② 《西方哲学原著选读》上卷,北京大学哲学系外国哲学史教研室编译,商务印书馆 1989 年版,第 29 页。

收眼底,但是我们人类仍然会意愿到自己所意愿的东西,而这一点也正是"上帝"所意愿看到的。面对人类的"未来","上帝"并没有因为其"全知全能"而伸出一只"万能之手"横加干涉,相反,"上帝"放手让人类自己通过意志的自由选择来"打开"自己的"未来",人类在这个世界上并非被动地听命于"上帝"的意志,人类的"未来"是自己创造出来的,人类历史仍然要通过我们自己来书写。当然,在奥古斯丁的思想体系当中,"上帝"的"放手"是有代价的,奥古斯丁没有忘记强调"上帝"是一位"公正的复仇者"(the just avenger),在预见到"未来"所发生的一切的同时,"上帝"绝不会放过任何一个"罪人",①而对"罪"的宽宥将完全取决于"上帝"的恩典。于是我们看到,当奥古斯丁极力强调人类具有自由意志的时候,其初衷并不是为了高唱一曲"自由"的颂歌,而是为了在"全知全能"的"上帝"与犯下原罪的人类之间划清界限,从而将一切美好的品质归诸"上帝",而将罪责归咎人类,以此强化基督教思想体系当中"上帝"与人之间的绝对的差别,并进一步唤发起人作为"罪人"所应承担的道德责任。问题是奥古斯丁可能不会想到,事物往往会走向其自身的反面,奥古斯丁所揭示出的人类自由意志的学说从根本上瓦解了"上帝"的至高无上的存在:"上帝"虽然仍然是"全知"的,能够预见"未来"的一切,但却已经不再是"全能"的了,因为一旦人类被赋予了自由意愿和选择的"能力",人类的行动就不在"上帝"的控制之内了,"上帝"最终将失去对人类行动的控制能力。当"上帝"把自由意志作为"礼物"馈赠给人类的时候,"上帝"已经亲手打开了一个有可能动摇其至高无上的神圣权威的"潘多拉盒子",自己培养了一个自己的"掘墓人",而这一点应该是"上帝"他老人家早就预见到的。

---

① Augustine, *On Free Choice of the Will*, translated by Thomas Williams, Indianapolis: Hackett Publishing Company, 1993, p. 78.

我们承认,基督教"开启"了关于"自由"的思想维度,但这样说的时候我们并不是简单地、盲目地称颂基督教思想,那样做只是从一个极端走到另一个极端。基督教与任何其他的宗教一样,在根本上仍然是人类精神的"鸦片",只是在今天我们不会轻易否定"鸦片"对人的精神所可能起到的安慰作用。更何况在基督教教义里,"自由"的出场是与"罪恶"和"惩罚"紧密相联的,没有哪一个宗教像基督教那样教导人生而有罪。"自由"的出场竟然选择的是这么一条艰难曲折的道路,这足以说明其分量之重。自从奥古斯丁通过意志论完善了基督教的原罪论之后,整个中世纪基本上都在沿用他的体系,这中间不知遭到了多少神学家有意或无意的误读,结果,在奥古斯丁把人类罪恶的根源归咎人的自由意志的同时所开启的人作为"自由者"存在的维度,被千百年来关于"原罪"的学说的"层累叠压"遮蔽了,直到文艺复兴和启蒙时代,随着人类理性的逐步觉醒,"人生而自由"的维度和人的尊严才被理性之光所照彻,人开始真正意识到人的自由和尊严。在启蒙时代,随着知识在自然科学、历史、法律、政治和艺术等领域的扩展,启蒙思想家不再依赖"上帝"概念来确定自身思想的合法性,而是要将这个思路反过来,通过其他知识领域中的概念来决定"上帝"的概念,于是在宗教问题上最先遭到批判的就是基督教的原罪概念。[①] 在启蒙思想家眼中,既然我之犯罪是因为我的自由意志使然,那么我的获救也不能依靠来自"他者"——其中包括最高的"他者"即"上帝"的恩宠,而是要依靠我自己的力量,人必须成为自己的解救者,必须在伦理意义上成为自己的创造者。启蒙时代出现的理神论(Deism)思想真正开始思考起神人各司其职的问题了:"上帝"被视为是一个"伟大的钟表制造者"(the Great Watchmaker),"上帝"创造了一个

---

① 关于启蒙思想对"原罪"的批判参见卡西勒(Ernest Cassier)《启蒙哲学》,顾伟铭等译,山东人民出版社 1988 年版,第 133—156 页。

完美的宇宙供人类在其间活动,给它上足发条,然后从中抽身,让这个世界自己运行;而我们人类凭借理性有能力掌握这个完美的物质世界赖以运转的物理的和道德的规律。① 理神论者不仅否弃"奇迹"和"道成肉身"的可能性,他们甚至否定"最后的审判",而更相信"一分耕耘、一分收获"的合理性,把人的命运重新交还到人的手中。从奥古斯丁在"上帝"的洞视和裁判之下为人所开启的"自由"维度开始,经过中世纪外在的神权统治对人的尊严的严重挤压,再至启蒙时代理性的觉醒,人开始意识到自己才是命运的主人,精神的确走过了一段如黑格尔所描绘的经过异化而返诸己身的艰难历程。因此,说基督教"开启"了关于"自由"的思想维度的时候,我们必须明确一点,即只有以"理性"的精神照彻那些充满循环论证的教义体系的时候,基督教对"自由"维度的开显方能体现出来。也就是说,只有在"理性"精神的审视之下,我们才能发掘出基督教义当中蕴藏着的"自由"的力量,并且进一步引导这种力量向使"上帝"的神圣权威趋于破灭的方向发展。

克尔凯郭尔无疑是自由意志的绝对捍卫者。与奥古斯丁一样,他把"自由"与"必然性"看成是相反的两极,把"自由"当成"上帝"赐予人的"礼物",正是"自由"而非有限的理智才使人配得上成为"上帝"按照自己的形象创造的"有灵者"。以此为出发点,他鄙视思辨哲学以"必然性"概念贯穿人类历史的科学化的努力,希望还历史以自由发展的本来面目。"自由"是"上帝"赐予人的"礼物",对于一颗笃信基督教的中世纪的心灵来说,这说法是虔诚的。对于像克尔凯郭尔这样的经过了启蒙思想洗礼的现代人而言,说人的"自由"拥有一个"神圣"的来源,这个意义在于,"自由"拥有一个高于、超越于所有世俗权利之上的来源,这一点确保了

---

① 对"理神论"思想的总结参见 R. Dean Peterson, *The Concise History of Christianity*,英文影印版,北京大学出版社 2002 年版,p. 266。

人的"自由"不是人的一项相对权利,而是一项绝对权利,是任何作为有限性的"他者"都无权以任何名义剥夺的权利,"上帝"作为"绝对他者"从理路上保证了"自由"成为人的神圣不可侵犯的权利。与之相应,"上帝"作为"绝对他者"的存在使得在这个世界上,只有"上帝"拥有对人的绝对权威,这个绝对权威的存在排除了任何"他者"对其他的"他者"的权威,从而使得"他者"之间也就是个体之间的关系成为平等。与之形成鲜明对照的是儒家思想。由于缺乏类似于基督教"上帝"那样的"绝对他者"的维度,在儒家思想体系当中,君权就成为了没有任何制约的绝对至上的权威;而人则背负着在社会和家庭中承担的各类"角色"出场,所谓"君君臣臣父父子子",每个人只当恪守本分,而没有以"个体"或"主体"的身份出场的可能性。当然,基督教在其理念与实践之间存在着一定的差距,教会作为一个借用"上帝"的旗号和名义的世俗组织的存在,为个体与"上帝"的直接交往设置了障碍。所以克尔凯郭尔才如此激烈地反对教会权威,主张信仰是"个体与上帝之间的密谋",其依据是人的"自由"的绝对性,是"上帝"作为绝对他者的思想的维度。这种高度张扬的个体主义正是在基督教思想的照彻之下所开显出来的,虽然如前述,人对自己作为个体的存在的意识并非直接产生,而是经历了精神的曲折发展才达到的。但是在克尔凯郭尔这里,问题并没有那么简单。一方面,"上帝"作为"绝对他者"的存在确保了人的"自由",保证了人与人之间的平等,从而使得个体主义前所未有地得到张扬。另一方面,克尔凯郭尔的"上帝"不仅仅是"绝对的他者",他的"上帝"就是经过了"道成肉身"的转化的耶稣基督,这一点时刻提醒着他,人生而有罪,人在"上帝"面前是渺小、懦弱和无能的。克尔凯郭尔认为,人在"上帝"面前一无所是,如果没有"上帝",我们将一事无成。在这个问题上,克尔凯郭尔走向了启蒙的反面,他并没有把"原罪"概念抛到历史的垃圾箱,而是像奥古斯丁那样,把"原罪"的存在当成个体经过悔悟而达到更高的、更完美的生存状态的前提。

第二部

基督教信仰论

第五章　基督教神学批判

　　克利马克斯在《哲学片断》中构思"思想方案"的目的是在苏格拉底的立场与"神"的立场之间进行分界,"解除"希腊理智主义和希伯来信仰主义之间错位的"联姻"。那么,他首先要做的就是挑出一个对于理智主义来说最为"刺眼"的、同时又是作为基督教的理论支柱的东西,这就是"道成肉身"原则当中的"神人"(God-Man)概念。克利马克斯以诗化方式重述"道成肉身"原则的时候,他的主旨在于重提基督教的核心理念——"爱"。基督之爱包括耶稣对世人的无边无际的爱,也包括了世人在神爱的感召之下对"上帝"的"尽心、尽性、尽意"的爱,以及在"爱人如爱己"的情怀之下的彼此相爱。而换从理智的角度观之,"道成肉身"原则体现出来的是"理智"与"信仰"的冲突。在"理智"看来,"道成肉身"就是纯粹的"悖谬";只有当"理智""让步"之时,"信仰"才得以出场,因此"悖谬"是"信仰"的对象。在这个意义上,如何"理解""道成肉身"就成为迈向基督教信仰的关键一步,如果不能"理(理顺)—解(解开)"这个思想上的结,则"信仰"无从出场。事实上,信(faith)、望(hope)、爱(love)原本就是基督教神学的三大纲领。对于基督教徒而言,"道成肉身"的原则不存在任何接受上的障碍,当一个人选择成为基督教徒的时候,他就应该"信"耶稣就是基督,"信"爱和生命由神而生。甚至有神学家认为,对于信徒而言,"道成肉身"根本就不是什么"悖谬",仿佛"悖谬"的说法是对信仰的侮辱。[①] 虽然德尔图良并没有直接说出 *Credo quia absurdum* 或者 *Credo quia impossibile* 的格言,但是他希望剥除雅典与耶路撒冷之间的关系,希望把"信仰"与"理智"作为两条道路区分开来的主旨却被准确地传达了出来。在"信仰"的问题上没有"理智"的地位;只要当"理智"停滞之际,才是"信仰"出场之时。在德尔图良的时代,基督教尚未获得绝对的控制权,护教的任务仍然很重,因此为"信仰"开辟出一条独立于"理智"之外的道路是十分必要的。但是到了克利马克斯/克尔凯郭尔生活的 19 世纪,基督教早已"大获全胜",基督教在丹麦早已成为国教而受到宪法的保护。但是,在克利马克斯/克尔凯郭尔看来,"护教"的任务依然严峻,只不过这个任务与那些在内心里喊着"没有神"的"愚顽人"无关,而只与那些已经成为基督教徒的人们有关。因此,从某种意义上说,在基督教"大获全胜"的表象之下的"护教"似乎更加困难,因为没有人真正意识到问题之所在。也就是说,克利马克斯面对的不是"异教世界",而恰恰是一个"基督教世界";居于其间的会众不是通过个体的选择而成为基督教徒,而是通过"公民权"这样的"自然权利"获得了教徒的身份。这一点在克利马克斯看来就是大逆不道的。究其根源,完全在于身处基督教世界的会众群体对基督教义的道听途说。《哲学片断》第三章"绝对的悖论"和第四章"同时代弟子的状况"之间有一个短小的"附录"名之曰"冒犯悖论",副标题即为 et akustisk Bedrag,意为"听觉方面所受的欺骗",此处译作"幻听"。克利马克斯的意思是说,他的丹麦同胞们自出生

---

① Seung-Goo Lee, "Kierkegaard's Understanding of a Genuine Christian", in *Acta Kierkegaardiana*, vol. 3 *"Kierkegaard and Christianity"*, 2008, p. 195.

之日起即接受基督教教义,其中最主要的渠道当属"听道",因为保罗曾说过"信道是从听道来的,听道是从基督的话来的"①。但是,如果我们"听道"时只用耳朵而没有用"心",如果我们只将所听所闻记在心里而未曾付诸行动,即对自己心灵的"改变—改造";那么,所有的"听道"就会成为"道听途说",人们会听得耳朵起了茧、心灵结了痂,结果,作为基督教核心支柱的"道成肉身"原则中所透射出来的"受难的"、"拯救的"情感色彩丧失殆尽,"道成肉身"最终只剩下一个空洞的"教条"(dogma)。克利马克斯所希望的就是恢复基督教义所具有的生命情感色彩,不仅焕发出"道成肉身"所蕴含的"爱"的力量,而且还要使"信"成为一个源自个体生命情感欲求的选择。为了实现这个目标,自称非基督教徒的克利马克斯将批判的矛头对准了基督教神学和基督教会,因为神学理论与教会实践在某种程度上构成了对有生命情感色彩的基督教信仰的阻碍,它们本身即是信仰的误区。这个批判的动向在《哲学片断》中已经有所展开,但在《附言》当中展现得最为充分。在以下的篇幅中,我们将逐一梳理克利马克斯对基督教神学的批判,其中包括对"系统神学"、"自然神学"、"圣经神学"以及"实践神学"即教会的实践活动的批判。在此基础之上,克利马克斯从"信仰"之为一个"新的器官"的角度入手提出了自己的基督教信仰论。

一 "系统神学"批判

所谓"系统神学"(systematic theology)指的是对基督教的基本概念范畴和信条的系统化的研究,它以某个贯穿《圣经》的概念为主体,以系统的方式将《圣经》各个篇章中对它们的阐述组织起来,因此"系统神学"拥有众多的分支,例如分别以"三位一体"中的"圣父、圣子、圣灵"为对象

---

① 《罗马书》10:17。

的"圣父论"（Paterology）、"基督论"（Christology）和"圣灵论"（Pneumatology），此外还有"圣经论"（Bibliology）、"救主论"（Soteriology）、"教会论"（Ecclesiology）、"末世论"（Eschatology）、"天使论"（Angelology）、"基督教魔鬼论"（Christian Demonology）、"基督教人论"（Christian Anthropology）、"原罪论"（Hamartiology）等等，其分类非常繁琐。需要说明的是，"系统神学"这个名词并没有直接出现在克尔凯郭尔的著作当中，这是我们从他对把基督教知识体系化的批判当中概括总结出来的。

克尔凯郭尔喜欢以他写作和出版《附言》的年代为坐标。当此之时，基督教已经拥有了1854年的漫长历史，它在西方世界已经"大获全胜"了。从宗教在组织制度层面的成就来看，基督教不仅早已摆脱了"愚顽人"的嘲笑，相反，在19世纪的西方，谁若不承认自己是基督教徒，反会被视为"愚顽人"。从理论形态方面出发，当此之时，神学家们早已积累、整理出了一整套关于基督教诸范畴和信条的理论体系，其系统性不亚于哲学体系。但是，正是基督教在19世纪的"大获全胜"引起了克尔凯郭尔的忧虑，因为这只是表面现象。虽然人人都是基督教徒，但是这一点却是由法律决定，是人的"自然权利"。人们通过去教堂听讲道和参加各项圣事活动表明自己是基督教徒，通过"主日学校"的授课获得关于基督教信条的知识，但是，人们对基督教的情感却日薄一日，基督教的影响力日渐式微，做基督教徒成为了人们按部就班的生活中的一部分。在克尔凯郭尔看来，这不是基督教的"大获全胜"，而恰是基督教的衰落。不管我们从何种立场出发，克尔凯郭尔对19世纪基督教信仰的状况的观察都是准确而到位的，那些基督教徒不仅徒有其表，而且他们懦弱而虚伪，没人有勇气像尼采那样勇敢地站出来高喊一声"上帝死了"。究其根源，从人文主义的角度出发，人的自我意识进一步觉醒了，人曾经自我"设定"了"上帝"，现在又亲手杀死了这个"上帝"。所不同的是，克尔凯郭尔把对基督教的情感的抹杀归罪于基督教神学,神学被严重地思辨体系化了,它已经成为了一种可供人学习和研究的客观知识体系,但却丧失了作为信仰系统而对人的生命和心灵所可能产生的作用。

具有反讽意味的是,克尔凯郭尔对基督教的思辨体系化倾向的批判所采用的正是思辨哲学的术语体系:主观和客观。《附言》的第一部分题名为"基督教真理的客观性问题"。克利马克斯以试验的方式分别从"思辨的"角度讨论了基督教真理,结果发现,"思辨的"、"客观的"道路不仅无法通达基督教信仰,而且二者完全不搭界,甚至是南辕北辙。①　在克利马克斯的头脑中,"思辨的"等于"客观的","客观的"等于"漠不关心的"(Ligegyldighed;indifference),也就是排除了一切个人情感色彩,主体与客体之间存在着一定的距离。与之相反的是,"信仰"是"主观的—主体的",它是主体的人对其"永恒福祉"的"Interesse - inter-esse",虽然这个词在日常语言中常常被译成"兴趣",但是我更愿将之译为"投入—关切",因为它更切合该词的原意;而且这个对"永恒福祉"的追求过程是"无限的、充满激情的"。克利马克斯并没有贬低思辨思想方式的意图,他认为仅仅是动这样的念头就是愚蠢的,那些全身心地投入到思辨思想当中的人是值得称颂的,像亚里士多德,他就把至上的幸福建立在思想之上。问题是,就他所关切的个体的"永恒福祉"而言,思辨的道路是行不通的。如果一个思辨思想家只是作为一个思辨思想家而并不自称是基督徒,那么他根本就没有考虑个人的"永恒福祉"的问题,因为基督教对于他来说只是一种"客观的"知识系统;作为思辨思想者,他逐渐在远离自我,而沉浸于客观的思辨思想的力量之中。在克利马克斯看来,比思辨思想"更高"的是个体的"永恒福祉"的问题,但是,如果一个纯粹的思辨思想家不去考究个体的"永恒福祉"的问题,这样的结局至少不是

---

① *SKS*,vol. 7,pp. 54 - 61;*CUP* I,pp. 50 - 57.

"滑稽可笑"的,因为"滑稽"只会出现在当一个自称是基督教徒的思辨思想家试图把个体的"永恒福祉"建基于思辨思想之上的时候,此时的思辨思想家要么是自相矛盾,因为作为一个基督教徒他应该清楚地知道,思辨思想与"永恒福祉"完全是两个路径;要么他就是在撒谎,因为他根本就不是真正的信徒。

克尔凯郭尔对思辨哲学的不认同态度源自他对个体及个体生命意义的关切,他对思辨哲学在基督教信仰领域的渗透更是持激烈的反对态度。究其根源,克尔凯郭尔的精神源泉应该来自《圣经》,他反对"系统神学"的态度和动机与《新约》精神是相吻合的。在《约翰福音》中耶稣曾说:"我就是道路、真理、生命",此语第一次突破了"真理"仅仅作为知识系统而存在的片面性,将"真理"与个体的生命联系在了一起。在《马太福音》当中,当问及基督教的至上律法或最大的诫命的时候,耶稣简单地回答说,最大的诫命就是"爱上帝",不是泛泛地爱,不是只流于口头和言辞上的爱,而是要"尽心、尽性、尽意"地爱,也就是说,对基督教真理的追求是全身心的,包括了心智、灵魂和意志,进一步把对基督教真理的接受从理智层面推向了意志和情感的层面。一个人对基督教信仰的"接受"不仅仅意味着在认知层面上对基督教及其真理的认同,它还同时指示着一种对基督教真理的信任、责任和义务。信仰要求个体以生命去追求、以生命实践去实现,而这一点在克尔凯郭尔看来恰恰被他同时代的那些已经被自然归化的基督教徒们所遗忘,因此,他不惜委身于自称非基督教徒的克利马克斯身后,以唤醒人们对"成为一名基督徒"这世人眼中的伪问题的重视。

同理,从对个体生命意义的关切的角度出发,我们从克尔凯郭尔身上虽然读不到"传教"的企图,但是却能看出,他从内心里怜悯那些不曾关切个体的"永恒福祉"的人们。因此,在"思想—(思辨)哲学"和"宗教—基督教"的座次排列的问题上,他毫不犹豫地将"宗教—基督教"置于"哲学"之上。克尔凯郭尔做出如此排列的根本原因在于人的存在的特殊性，即"人是时间和永恒的综合体"。人具有"双重生存"的特性：一方面人们总是想尽各种办法试图超越时间而达到永恒；另一方面人又都是有死的，无人能逃出死亡的大限。于是，克尔凯郭尔把"永恒—永生"的希望寄托在一个"他者"即"上帝"之上，希望通过对这个"他者"的信仰来实现自己对"永恒"的追求。除却家庭和教育背景不论，克尔凯郭尔代表着一种精神气质，这类人在骨子里是怀疑主义者，他们不相信个人的创造——其中包括艺术的创造和哲学的创造——能够最终超越时间的桎梏而达到"永恒"。同时，他们也是忧郁的、软弱的，他们不敢依靠个人的力量达到拯救。与克尔凯郭尔不同的另外一种精神气质则相信，人能够通过自己的力量而不需要依靠一个"他者"而通达"永恒"。典型的例子就是认为诗能够"通神"的浪漫主义者，他们在其整个生命历程当中不懈地努力以诗歌创作憧憬着、追寻着理想的"蓝花"，他们"相信"，通过个人的艺术创造，他们最终能够敲开个人的无限幸福的大门。还有一类人就是像黑格尔这样的哲学家，他们"相信"，哲学最终能够"包容"宗教，"上帝"是绝对精神的显现，我们每个人都是"上帝—精神"的一部分。更有像加缪这样的哲学家和艺术家，他与克尔凯郭尔和黑格尔都不同，他看透了生存的空虚和"荒谬"，但却否弃一切关于"永恒"和"理性"的想法，认为除了人的行动之外没有任何东西是真实的。加缪"相信"，人不信"上帝"照样可以成为"圣人"①。因此，在没有"永恒"或"理性"的帮助之下，他主张以"数量的伦理学"来反抗"荒谬"，也就是说，无论如何都要在"荒谬"当中选择活下去，并且积极地"创造"出人生的价值。这里，我在描述每一种精神气质的代表人物的时候都使用了"相信"一词。虽然

---

① 这个意思出自加缪的小说《鼠疫》中革命者塔鲁之口。塔鲁的问题是："一个人不信上帝，是否照样可以成为圣人？这是我今天遇到的唯一具体问题。"参见加缪《鼠疫》，顾方济、徐志仁译，漓江出版社1990年版，第420页。

这里列举的艺术家和哲学家选择了与克尔凯郭尔完全不同的道路,他们没有选择基督教作为个体的"永恒福祉",但是支撑着他们的仍然是作为"有限性"的、有死的存在者对"无限"和"永恒"的追求的"信念"(belief),他们"相信",个人的创造能够通达"永恒",这个"信念"不同于将个人的"永恒福祉"建立在"他者"之上的"宗教的信念"(religious belief)——"信仰"(faith),它不是对一个"绝对他者"的"信念",而是一种返诸己身的、对人的精神的"信念"。从某种意义上说,一个人是否相信"上帝"、是否接受宗教并不意味着他承认或否定"永恒"维度的价值;凡是拥有足够的精神性的存在者都在以个体的方式追求"永恒"。问题的关键在于,一个人更愿意"相信"哪一点,是"相信""永恒"是"超越的"还是"内在的",是"相信"通过对"绝对他者"的信仰还是通过个人的创造来达到"永恒"。一旦问题的重心落在了"相信"之上,有关个体人生道路的问题也就成为了个体的"选择",在这个方面,任何理性的证明和算计都是无效的,起作用的只是根据个人意愿做出的"选择"。

事实上,克尔凯郭尔对于上述三种不同的通达"永恒"的方式都有深入的思考。在他的生存境界论中,他提出了三种不同的生存方式,即"审美感性"、"伦理"和"宗教"。这三种生存境界之间的关系是怎样的?克尔凯郭尔在其假名著作中曾给予过几种不同的答案。在《非此即彼》当中,"审美感慨"与"伦理"境界彼此对立;在《附言》中,则有审美感性的人→反讽者→伦理个体→幽默家→宗教个体这样的逐级上升的排序。在死后发表的《关于我的写作生涯的观点》当中,他认为一个宗教作者将从审美感性起步,并由此肯定了从审美感性境界向宗教境界"跳跃"的可能性。所有这些关于生存三境界的混乱信息为我们理解它们之间的关系造成了一定的困难,尤其是三境界或三阶段的说法很容易让人联想起黑格尔的辩证法。克利马克斯在《附言》中曾对黑格尔辩证法提出了尖刻的讽刺和批判,其根本点可以归结为一句,即辩证法只是一种精致的思维游戏，它无助于解决生活当中的矛盾。之后，克尔凯郭尔提出了"生活辩证法"（life's dialectic），并以之与黑格尔逻辑学中的辩证法相对立。既然是"辩证法"，"生活辩证法"同样强调运动变化的动因。如果说作为逻辑学的辩证法的关键在于"调和"，那么"生活辩证法"的关键则在于"非此即彼"的"选择"。在现实的生存世界当中，个体必须"选择"一种适合他自己的生存方式；而当他觉得现有生存方式不再能够满足他对生活的要求的时候，他将再次"选择"，从而完成向其他生存境界的"跳跃"。这个过程不取决于逻辑，而只取决于个体在具体的生存处境当中的"选择"和决断。也就是说，这个过程不是"必然"的，不是我们能够通过逻辑推论得出的，它是"自由"的，因为人生来就是"自由"的。倘若我们从"生活辩证法"的角度来看待克尔凯郭尔的境界论，即使它们之间存在着高下之分，但是它们绝不遵循"正—反—合"三步上升的路径，仿佛人生从"审美感性"起步、经"伦理"调和、最后到达至上的"宗教"境界。在人的生存领域当中更为可能的情况是，当个体从一种较低境界向较高境界迈进的时候，前一种境界并未被全盘否定，只是它的地位遭到了"降格"处理。除了这三种典型境界之外，还会出现一些"中间地带"，因为不同境界之间往往存在着彼此交叉、重叠、纠缠的现象。总而言之，在现实生存领域里，"纯粹的"审美感性的、伦理的和宗教的生活是很难做到的，生存原本就不是可以条分缕析的对象，生活就像一团乱麻，"剪不断，理还乱"，个体必须根据自己的实际要求选择出适合自己的生活方式。对个体的生存方式我们确实没有必要非给之加上标签，但对"生存"的反思却要求我们最终对不同的生存境界的高下做出区分和抉择。遗憾的是，克尔凯郭尔未能直接给出最终的答案，他回避了做出最终的选择。过去，我把这一点视为是克尔凯郭尔"间接沟通"的写作方式所体现出的优越性，甚至将"间接沟通"与后现代的视野联系在一起，认为克尔凯郭尔放弃了传统意义上的一名"作者"的权利，而把选择和评判的权利交给了"读者",因为关于生存问题的最终答案只能由每一个"读者"、每一个真实地生活着的个体自己去寻找、选择和判断。诚然如此。但是,这里面是否还有其他的隐情呢?

在我们深入地理解了基督教在克尔凯郭尔心目中的位置和分量之后,在我们从其假名著作中清理出了其思想中"传统"与"现代"的两极并且体会到了其间的巨大张力之后,结合他个人的生活道路和心路历程,我们似乎可以从他的著作中读出两个字:"无奈"。因为无奈,克尔凯郭尔放弃了在这三种生存境界之中做出高下之分。审美感性生活是绚丽多姿的,艺术是超越的,这一点无疑早在克尔凯郭尔进入大学学习之后就深有体会。他熟悉浪漫派的作品并且深受其影响,而且他自己亦有创作文学作品的计划,甚至他的《诱惑者日记》完全可以当作一部小说来阅读(其结果会比努力从中读出哲学的意味显得更自然)。但是,克尔凯郭尔从小即在阴郁、严厉的宗教氛围下成长,基督教的观念已经在他身上打下了深刻的烙印。与基督教所提供的"永恒福祉"的图景相比,艺术呈现出的不过是过眼云烟,是幻影,审美感性生活难逃"绝望"的深渊。与审美感性生活的直接性和超越性相比,伦理生活是脚踏实地的,是在日复一日、年复一年的生命流程中过好每一天,扮演好一个人在社会和家庭中所承担的角色,履行好每一项应尽的职责和义务,并且从中获得宗教的满足感,就像威廉法官那样。但是,这种新教伦理塑造的生活对于敏感、忧郁、富于艺术气质的克尔凯郭尔来说显得刻板而严苛。尽管他塑造了威廉法官,并且让他长篇大论地阐述婚姻生活的美和平衡,讲述平凡的婚姻生活与"上帝"和"永恒"之间的关系,但这些并没有说服克尔凯郭尔自己。在邂逅美丽纯真的雷吉娜之后,克尔凯郭尔一度祈盼着回归到新教伦理的生活模式之下,成就"成家立业"的理想。但是,在即将迈出这决定性的一步而与心爱的女孩携手步入婚姻殿堂之时,克尔凯郭尔害怕了、退缩了,最终他选择了逃避,但却又为自己的软弱悔恨终生。

最后，只剩下了宗教境界了。宗教所提供的有关个体的"永恒福祉"的彼岸世界是否会成为痛苦灵魂的居所呢？克尔凯郭尔的回答并不是肯定的。从他个人的经历来看，宗教—基督教不仅没有把克尔凯郭尔从忧郁中解救出来，相反，基督教是他的"肉中刺"，成为他终生痛苦的原因。为什么会如此？一般人会认为，一个人确立了自己的"信仰"就等于一劳永逸地解决了个体"安身立命"的问题，但是克尔凯郭尔认为事实恰恰相反。做一名基督教徒是困难的，而且基督徒的情致本身就是"痛苦的"。且不论因为出生在基督教国家而成为基督教徒的情况，即便一个人是基于个人选择而决定成为一名基督徒，这也只意味着他在信仰之旅上迈开了第一步。在他生命历程的每一瞬间，他应该持续地、独自一人倾听"上帝"的声音，不依靠教会和教众的集体性力量，放弃普遍性规则的约束，放弃理性的评判，完全听从"上帝"的指令，就像《圣经》中的亚伯拉罕一样。克尔凯郭尔把"信仰"变成了一桩纯粹个体的事业，变成为"个体"与"上帝"之间持续的密谋。这样的"信仰"并不轻松，而是持续痛苦的。宗教生活的"痛苦"的根源不仅仅来源于"永恒"的"彼岸性"，我们的"永恒福祉"不可能在此世实现；更值得现代人关注的是，这种"痛苦"还来源于，心怀"永恒"和"彼岸"的我们不得不生活在"此世"和"时间"之中，耶稣所说的"该撒的物当归给该撒，神的物当归给神"的意义得以开显。也就是说，在心怀"上帝"的同时，我们不仅不能放弃在这个世间的生活，而且还要力争有所作为。克尔凯郭尔极度鄙视中世纪的隐修制度，因为那种强制性地与"生活世界"割裂的做法是非正常的，是一种软弱的逃避，同时也是一种无所作为。克尔凯郭尔强调个体的生存的"双重性"，强调信仰是"内心性"，意思是说，在身处"花花世界"的同时，在追求世间的"功名利禄"的同时——因为人毕竟要先满足口腹之欲，其次还要在社会上确立一个属于自己的位置，一个人必须清醒地知道，任何东西都无法与个人的"灵魂"相比,哪怕是赢得整个世界[①];他的脑海中必须时刻回响着传道者的声音,日光之下,万事皆为"虚空",皆为"捕风"[②]。同时,他还要以清醒的意识不断告诫自己,"在上帝面前我们一无是处"[③],如果没有"上帝"我们将一事无成。这才是一个现代基督徒的生活:不是躲在修道院中过着与世隔绝的生活,而是勇敢地投身于滚滚红尘之中,但却又不被这花花世界的外表所迷惑。这正是克尔凯郭尔所说的"双重生存"的主旨,其灵感直接源自耶稣"该撒的物当归给该撒,神的物当归给神"的训导。

问题是,从理智的层面上我们容易理解"双重生存"的涵义,甚至我们十分赞同这样的表述;但是落实到行动和情感的层面上,我们不禁担心和怀疑,一个人能否掌握好"双重生存"这个"平衡"的"游戏"? 稍不留神,"双重生存"的天平将会倾斜到一边,其结果,要么一个人眼中盯着"该撒的物"而只把"神的物"挂在嘴边,成为伪信徒、伪君子;要么,一个人在内心深处时刻听到的是传道者的告诫,万事皆为"虚空",因此虽身处尘世,却早已心如止水,无所动心,以虚无主义的态度应对"生活世界"的诸种问题。能够玩好这种"平衡游戏"的就是"幽默家",其代表就是克尔凯郭尔塑造的克利马克斯,他有意识地在外表与内心之间、在现实与理想之间拉开了距离,这种"幽默"的态度在我看来正是现代基督教徒的情致——在现实生活中,他与他人别无二致,但在内心深处,他却知道,我们所能够拥有的一切,我们个人能够企及的一切都归功于"上帝"。但是,由于克尔凯郭尔没有给予克利马克斯以真正的基督教徒的身份(这一点或许是有意的),而只称他为"幽默家",国际学界的基督教神学家们

---

① 《马太福音》16:26。

② 《传道书》第1—2章。在"国王詹姆斯"(King James)版圣经中用的是 all is vanity,而"新国际版"(New International Versions)则弃用了 vanity 而采用了 meaningless 这一更直白的词汇。

③ *SKS*, vol. 3, p. 326; *EO* II, p. 339.

也借此坚决否认克利马克斯代表着正统基督教的观点。从阅读中看,克利马克斯与克尔凯郭尔"基督教时期"的作品所表达的观点的确有所不同,后者更多是对基督教的原罪、宽宥等概念的一种"重述",因此我们不禁联想到,克尔凯郭尔此举或许是有意地不认可克利马克斯的基督徒的身份,因为他对如何掌握好"双重生存"的"平衡"尚有困惑。我们甚至可以进一步说,对于一个基督徒在现代世界中到底应该以怎样的态度和方式行事这个问题,克尔凯郭尔自己也拿不准,他以穷尽整个生命历程的方式进行着探索。所以,在事关生存方式的问题上,克尔凯郭尔选择了不给出最终的答案,而让每个个体自己去探索。也正因为如此,后世对克尔凯郭尔的接受呈现出芜杂的状况,他一方面被"新正统派"、"新福音派""圣徒化",被奉为基督教的"殉道者";另一方面,他对基督教信仰的不可理喻的依恋又使他成为无神论者的"眼中钉"。不管怎么说,只要后世的人们选择读了他的书,就肯定会受到感动和启发,这一点才是至关重要的,因为他的写作不是为了树立权威,而是为了成为"opbyggelig - upbuilding—建设性的"。

克尔凯郭尔呈现在我们面前的信仰的境界跟禅宗的旨趣颇有几分相像:强调"内心性"的重要性,寻求对常规语言的突破,只是,二者在情感倾向上正相反对,禅宗强调清静,而克尔凯郭尔则强调"激情"的力量。为什么要强调以"激情"去面对、去追求个体的"永恒福祉"呢？这是一个问题。在日常语言中我们会说,"被激情冲昏了头脑","意乱情迷"。身陷情感漩涡中的人无法正常思考,可见"激情"与理性是相冲突的。毫无疑问,对于激情的负面性作用克尔凯郭尔是了解的。他甚至还正确地指出,所有的激情都是"毁灭性的",它终将导致自身的毁灭。既然如此,为什么克尔凯郭尔要倡导充满激情的信仰,为此甘冒毁灭自身的危险呢？这中间的首要原因是,克尔凯郭尔不满意他的同时代人对基督教信仰的淡漠,希望为信仰注入情感的色彩,从而使信仰成为个体发自内心的选择,而不是"自然归化"的结果。除此之外,这种对"激情"的强调或许还说明了一点,克尔凯郭尔清楚地知道,"道成肉身"经不住理智的考量,只有借助"激情"的力量,一个人才能突破理智的界限而接受这一"悖谬"的原则。甚至我们应该说,一个人只有在"激情"的鼓动之下,才能接受"彼岸世界"作为个人的"永恒福祉"的寄居地。克利马克斯批评那些纯粹的思辨哲学家是想在时间之中完全地达到永恒,这种"思辨的幸福"终归只是一个"幻象"。问题是,在理智的眼中,宗教所许诺的"彼岸世界"又何尝不是一个"幻象"呢? 在清醒的时候克尔凯郭尔应该深知此理,所以他才宁愿将自身弃之于"激情"之中,任"激情"的力量推动着他抛开理性的规则和考量,"勇往直前"、义无反顾地追求宗教的虚幻的"彼岸世界"。

二 "自然神学"批判

克尔凯郭尔对"系统神学"的批判显示出了他对基督教神学的一个基本态度,即基督教神学千余年来将基督教信仰知识化和体系化的倾向和努力在根本上与信仰是背道而驰的。这个批判是总纲式的,因而也是粗线条的。在面对"自然神学"(natural theology)的时候,克尔凯郭尔借克利马克斯做出了具体的展开。纵观克尔凯郭尔一生的写作,他本人就是"自然神学"的坚决反对者。

1. "自然神学"的主旨及其困境

从字面意思看,"自然神学"指的是运用人类理性对基督教"上帝"及其神圣秩序的把握,因"理性"被广泛地称为"自然之光","自然神学"由此得名。"自然神学"建立在这样一个前提之上:"上帝"与我们生存于其间的世界之间存在着某些连续性,因此我们至少可以运用"类比"的方法从自然的秩序推导出神圣的秩序。

　　从历史上看,"自然神学"自奥古斯丁始,经过了安瑟伦、托马斯·阿奎那以及 17 世纪的形而上学家斯宾诺莎和莱布尼茨的大力发展,一直到 18 世纪才遭遇到它强有力的终结者休谟和康德,尽管直到当代"自然神学"仍然有其推崇者。需要加以说明的是,汉语中的"自然神学"不是"自然神论",后者是汉语学界对 17、18 世纪流行于欧洲的一种宗教哲学思潮 Deism 的普通对应词,另一种译法为"理神论",指建立在自然律而非神启基础上的有神论,代表人物包括英国的彻伯利的赫伯特(Herbert of Cherbury)、约翰·托兰德(John Toland)、马修·丁达尔(Matthew Tindal);法国启蒙运动的伟大思想家伏尔泰和卢梭的著作中也表达了理神论思想。

　　从理路上看,"自然神学"是为基督教信仰当中的主要信条提供理性证明的尝试,也是基督教思想有资格被称为"基督教哲学"的根本原因之所在。"自然神学"的创立是为了使基督教信仰摆脱某种单纯的带有特殊性的宗教知识,例如"启示"、神秘经验,而把信仰建立在一个具有普遍性的原则的基础之上,也就是建立在理性的基石之上。从这个意义上说,"自然神学"就是"理性神学",它区别于"启示神学"。前者由凭借人类理性而无需启示即可获得的关于"上帝"和神圣秩序的真理所构成,例如,关于"上帝"的存在、"上帝"的某些必然属性以及灵魂不朽,这些是能够用严格的逻辑论证方法证明出来的真理;后者则由人类理性根本无法接近的真理所构成,除非"上帝"给我们以启示,我们无法认识它们,例如"三位一体"、"道成肉身"、"救赎",对此我们只能凭借信仰来接受。因此,对"自然神学"的讨论在一定程度上也就是对理性和信仰的关系问题的讨论。在这个意义上,根据詹姆斯·利奇蒙德,"自然神学"其实就是"形而上学的神学"(metaphysical theology)的同义词,因为许多理性神学家所从事的就是形而上学的事业,也就是以理性为根据,努力透过现象而通达终极实在的领域,达到对作为一个"整体"的世界的理解,并以

"上帝"存在为前提解释存在当中那些晦暗不明的事物和现象。①

在基督教发展史上,"自然神学"一直与"启示神学"保持着一种错综复杂的关系。中世纪的基督教哲学家无一例外地认可"上帝"是人类理性、因而也是人类知识的唯一来源,他们的思想分歧集中在人类理性能够在多大程度上认识"上帝"的问题之上,也就是说,神圣启示是否需要赢得理性和良知的支持,我们能否凭借理性来达至我们对"上帝"的信仰。在奥古斯丁主义传统里,这两种神学表现为"普遍启示"和"特殊启示"。为了巩固基督教信仰的绝对地位,奥古斯丁希望把基督教信仰不仅仅建立在"相信—愿意相信"的基础之上,而是建立在理性的基石之上。与此同时,奥古斯丁更强调"上帝"作为"神圣之光"而成为所有人类知识的来源和终极目的,因此虽然基督教信仰将在理性当中达到成熟,但"理性"终将让位于"启示"和"洞察"。而在托马斯主义传统当中,"理性神学"一直被作为"启示神学"的有力补充。值得深思的是,虽然托马斯创造出了五个关于上帝存在的理性证明,虽然他呕心沥血书写了长篇巨著《神学大全》,希望对基督教进行彻底的理性化和体系化,但是,就在他逝世的前一年(1273年),由于一次神秘的个人体验,托马斯自青年时代即有的以"自然之光"参透"上帝"的奥秘的决心和信心突然间土崩瓦解,他怀疑自己所写的"不过是稻草",以至于他最终罢笔,放弃了完成《神学大全》的计划。② 这一切或许说明,"自然神学"的构想本身是有问题的,而且早在遭遇到其终结者之前,自然神学家们自己也已经意识到了"自然神学"的问题,因为理性与基督教信仰在根本上是冲突的。当然,真正对"自然神学"造成致命打击的还是康德。康德从理性批判的角

---

① 詹姆斯·利奇蒙德:《神学与形而上学》,朱代强、孙善玲译,四川人民出版社1990年版,第2—3页。
② 黄裕生:《宗教与哲学的相遇:奥古斯丁和托马斯·阿奎那的基督教哲学研究》,江苏人民出版社2008年版,第256—257页。

度出发对"自然神学"进行了否定,康德与马丁·路德从基督教信仰的内部出发所做的类似的工作一起在很大程度上影响了德国神学的发展。康德通过对理性的批判、通过为"科学知识"的严格划界否定了"自然神学"的有效性。他认为"科学知识"的对象只能是主体能够感觉到、经验到的东西,而超出或者独立于感觉经验世界(包括可能的感觉经验世界)之外的"物自体"是主体无法认识的,因而它不在"科学知识"的范围之内。"上帝"原本就不是人的感觉经验所能把握的存在,因此,关于"上帝"的"知识"就不是"科学的",它应当另有"掌门人"。由此,康德否定了建构一种形而上学神学体系的可能性。另外,我们从康德对待"物自体"的态度中还可以读出他就"人与上帝的关系"的看法。既然存在的事物只能从现象上、从其与认知主体的关系上才能被认识,相应地,我们对"上帝"的认识也只能通过"上帝"所显现的表象、所释放出的影响以及与他人所建立的关系之中才能被认识。我们不可能认识"上帝本身",就像我们无法把握"物自体"一样;但是人类生活需要"上帝",所以人与"上帝"之间不应像"自然神学"所昭示出的认知关系,而应是一种人不断接近"上帝"的动态关系,一种永无终结的过程。

从根本上看,克尔凯郭尔反对"自然神学"的理论基础。"自然神学"得以成立的理论依据是,在"上帝"与世界之间存在着某种连续性,因而我们可以通过"类比"的途径认识"上帝"。但是,克尔凯郭尔不仅不认同"类比"的可能性,而且他还极力强调,在"上帝"与人之间存在着"绝对的"、"本质性的"差别。① 在《附言》中他指出:"上帝与人之间的绝对差别在于:人是一种具体的存在者,……而上帝则是无限的和永恒的"(Men den absolute Forskjel mellem Gud og Menneske er netop den at Menneske er et enkelt existerende Væsen...; Gud derimod den

---

① *SKS*, vol. 4, p. 251.

Uendelige，der er evig.）。① 在以真名发表的基督教演讲之中，克尔凯郭尔更是采用了这样的比喻性的措辞：上帝与人之间存在着一条不可逾越的鸿沟。正是这条人神之间的"不可逾越的鸿沟"摧毁了"自然神学"的全部理论基础，但是，在强调"上帝"与人之间的"差别"的"绝对性"的问题上，克尔凯郭尔甚至违反了《圣经》的精神主旨。在《创世记》的故事当中，"上帝"参照他自己的形象创造人，这就使得在"上帝"与人之间具有了一定的"相似性"，从而否定了"上帝"与人之间的差别的"绝对性"。根据《创世记》，人不仅得到了"上帝"的祝福，而且还被赋予了管理世间其他被造生物的权利。值得注意的是，我们从《非此即彼》下卷中的威廉法官身上看不出人与神之间的"绝对差别"，相反，我们看到的是"上帝"对人、对婚姻和孩子的祝福。威廉法官还利用了《创世记》的故事来为婚姻辩护，甚至谴责使徒保罗对女性的蔑视。这种自相矛盾的现象在克尔凯郭尔的身上并不少见，因为他从未以追求严密的理论体系为目标，他只是借助不同的假名作者在不同的目的支配之下讨论不同的问题。在面对"自然神学"的时候，克尔凯郭尔举出"人与上帝之间的不可逾越的鸿沟"，成功地阻止了人通过理智来认识"上帝"的可能性，从而把人与"上帝"的关系确立为"信"、"爱"和"服从"，表现出了与正统基督教立场的一致性。但是在论及一个基督教徒如何在现世当中过着"伦理—宗教"生活的问题的时候，这条"不可逾越的鸿沟"则发挥了另一面的作用，它成为了克尔凯郭尔"双重生存"学说的前提，也成为他反对中世纪隐修和神秘主义思想的理论依据。既然人与"上帝"之间存在着"绝对的"差别，既然人只是具体的、有限性的存在者，那么，在我们以无限和永恒为追求目标的前提下，我们还应该立足于现实世界，完成现世交给我们的任务，把"该撒的物"还给该撒，像一个普通人一样地去生活：成长，工作，结婚生

---

① *SKS*，vol. 7，199；*CUP* I，p. 217.

子；与此同时，在内心中永远留有"上帝"的位置，把"神的物"还给"神"。

2. 对"上帝存在的证明"的反驳

"自然神学"作为在理性之光照彻之下对"上帝"的认识，它所考察的主要内容包括三个方面："上帝"存在的证明与反证明；恶的问题；人类的自由和责任与"上帝"绝对的全知之间的悖论性关系。与本书主题直接相关的是对"上帝"存在的证明的批判。

以理性和逻辑的方式"证明"基督教"上帝"的存在，这可谓是中世纪基督教神学家们的一项"发明"。基督教兴起之初最先面对的是受苦受穷的下层人士，因此耶稣及使徒们只须阐发信仰的涵义，而无须从哲理层面上论证"上帝"存在的合理性和必然性。但是，当基督教渐渐地从犹太群体突破而向普世性的宗教扩张的时候，它必定会遭遇到来自希腊理性主义的挑战，因此基督教神学的发展也是不可或缺的。希腊理性主义和希伯来信仰主义在根本上是两种不同质的精神系统。希腊人从来都不信任个人的感觉，而是希望从林林总总的现象背后挖掘出恒定不变的规律、规则，追求像几何学那样过硬的理性证明。柏拉图从道德角度证明过神的存在，而亚里士多德也做过神的宇宙论证明，只是希腊的"神"与人格化的基督教"上帝"在根本上是不同的。与之不同的，"信仰——faith"，源自拉丁词 fides，其主要意思就是对某种无法给出证明的东西的坚定信念，或者说在无可证明的前提下对某种信念义无返顾的接受。"信仰"无须亦无从证明，它的最佳伴侣就是"接受"。但是，在基督教思想史上和哲学史上曾经有一些神学家和哲学家尝试性地以理性去证明"上帝"的存在，希望这些证明能够成为人们相信"上帝"存在的理由，进而成为基督教信仰的强化剂。从经院哲学家安瑟伦的本体论证明开始，在千余年的历史上，基督教思想史上和哲学史上已经积累了关于"上帝"存在的"先天的"和"后天的"无数证明，例如托马斯·阿奎那在 12 世纪提出的五大证明，笛卡尔和莱布尼茨将"上帝"作为其哲学的必然部分的努力。至18世纪之后，关于"上帝"存在的证明不得不把日益发展的科学成果吸收进来，例如有威廉·帕雷（William Paley）在牛顿力学成果基础之上提出的设计论或目的论证明，他用钟表做类比，但因休谟对此类证明的批判而受到削弱。20世纪，滕南特（F. R. Tennant）从概率论出发提出了关于"上帝"存在的或然性证明。应该说这种以理解、求证寻求信仰的思路是有其意义的，它使得原本彼此冲突的希腊理性主义与基督教信仰主义之间产生了融合，既扩展了哲学的问题视域，又提升了"基督教神学"，使之升格为"基督教哲学"。[①]

但是有做出证明的理由就有反对此类证明的理由。克尔凯郭尔借助其假名作者克利马克斯在《哲学片断》中对"上帝"存在的证明思路进行了批判，认为这种做法混淆了哲学和宗教、理智和信仰之间的界限，对信仰的出场构成了阻碍。

克利马克斯并没有一一清理基督教哲学史上关于"上帝"存在的证明，而是首先从根本上对这种证明的思路予以彻底的否定。与前面的写作风格一致，克利马克斯仍然从与苏格拉底的比较入手，只是这一次比较的重心落在了我们是否真正了解自己这一点之上。苏格拉底虽然致力于认识自己并且因此成为了人性的专家，但他仍然对自己究为何人心存疑虑，弄不清自己究竟是一个怪物还是一个友好的、独特的、分有某种神性的存在者。苏格拉底没有做到对自身全然的透明，而克利马克斯"思想方案"中的主角则更是人类理智眼中的"不可知者"，出于权宜之计克利马克斯将之命名为"神"。接下来，克利马克斯直接指出，理智根本

---

① 黄裕生对"上帝"存在的证明问题的意义以及批判有详实而具有启发性的论述。参见黄裕生：《宗教与哲学的相遇——奥古斯丁与托马斯·阿奎那的基督教哲学研究》，南京：江苏人民出版社，2008年。关于历代不同证明的种类和内容可参见约翰·希克《宗教哲学》，何光沪译，三联书店1988年版，第36—70页。

就不应该生出要证明这个不可知者或者说"神"存在的想法，因为"如果神不存在，那么证明这一点就是不可能的；而若他存在，想去证明这一点则是愚蠢的，因为就在证明开始的那一刻，我已经预设了他的存在，……否则我将无法开始这个证明。"[1]这也就是说，对于克利马克斯来说，证明神的存在的行为必须接受的理性质疑就是，我们能否从概念中推导出存在。显然，他的回答是否定的，想去证明某物存在是件难事，因为存在不是靠推导出现的；若想确定存在的实在性，我们并不需要理性的证明，而需要人类的经验。于是他举例说，我们无法证明一块石头存在，而是要证明，有个存在物叫石头；法庭也不是证明某个罪犯存在，而是要证明，某个存在着的被告是罪犯，他触犯了法律。

实际上，克利马克斯是将批判的火力集中在了关于"上帝"存在的本体论证明的思路之上，也就是从概念、思想到存在的道路，这条思路以概念与存在的同一性、尤其是以最高的概念本身即包含有实在性为前提。更耐人寻味的是，克利马克斯并没有指名道姓地讨伐安瑟伦，而是将批判的矛头对准了斯宾诺莎和莱布尼茨这两位17世纪的伟大的形而上学家。克利马克斯在一则注释中完整地引用了斯宾诺莎在《笛卡尔哲学原理》当中提出的"本质包含存在"的命题的拉丁原文。这个命题说："某物依其本性越完美，它所包含的存在也就越多、越必然。反之亦然，某物依其本性所包含的存在越必然，该物就越完美。"[2]根据斯宾诺莎的思路，"存在"和"完美"是神的本质属性，因此，神的存在不仅是自明的，而且在"完美"与"存在"的程度之间还有着一种必然的联系，某物越完美，则存在越多；存在越多，则越完美。克利马克斯没有否认这种推理在逻辑上的正确性，他甚至指出，在从神的概念推导出神的存在的过程中，斯宾诺莎把"存

---

[1] *SKS*, vol. 4, p. 245.

[2] *SKS*, vol. 4, p. 246.

在"当作是神的本质规定性这一点是"深刻的",甚至这里的同语反复也是可以接受的、是无关紧要的。这么说并不等于承认斯宾诺莎的论证没有问题,相反,斯宾诺莎的问题在于,他用语不清,他混淆了"本质"(Væsen)与"存在"(Væren),没有在"理想的存在"(ideel Væren)与"实际的存在"(faktisk Væren)之间做出区分。在这个问题上,表面看斯宾诺莎试图从神的本质属性当中推导出神的"存在",可如此一来,他就是在讨论神的"本质",由此他规避了问题的难点。为此克利马克斯坚决地指出:"就实际的存在而言,去讨论或多或少的存在是毫无意义的。一只苍蝇,当其存在之时,它有着与神同样多的存在。就实际的存在而论,我所写下的愚蠢论点与斯宾诺莎的深刻论点有着同样多的存在,因为就实际的存在而言,起作用的是哈姆雷特的辩证法:在还是不在(at være eller ikke være)。"①

这一句话道破了克利马克斯/克尔凯郭尔否定"证明上帝存在"的思路的关键。在这个问题上,克利马克斯/在克尔凯郭尔与康德思想表现出了高度的一致性。康德认为,一切关于对象的现实性存在的判断都是"综合的",而不是"分析的"。我们不可能仅仅经由概念而不顾及其经验关联就能达到新的对象和"超验的"(transcendent)存在者。如果说某个对象"存在"于现实中,那么,该对象首先就应该"存在"于时空当中并且可以被我们直观,否则它就只是一个概念性的存在。换言之,现实的"存在"就是经验世界的存在,就是"实存—Existenz",而不是可以从概念中"分析"而来的"存在—is"。克利马克斯在这里虽然没有严格选择他的概念,他采用的是丹麦语的系词 være 以及其名词形式 Væren,但是他通过在"实际的存在"与"思想性的存在"、"概念性的存在"之间做出了区分,这一方面很像康德在"客体的逻辑可能性"与其实际存在之间所做出的区分,以此他表明,所谓"存在—Væren"就是在时间和空间中的经验性的

---

① *SKS*, vol. 4, p. 247.

"存在"即"现实"（actuality/Wirklichkeit/Virkelighed），是非逻辑可能的存在或者概念性的存在或者思辨性的存在。正因为如此，克利马克斯才会语出惊人地宣称，在"存在"的层面上，神的存在与一只苍蝇的存在是等值的。这里我们甚至可以揣想，克利马克斯关于"一只苍蝇"的大胆比喻可以让人联想到康德著名的"一百块钱"之说，而他以自嘲的口吻称自己的观点为"愚蠢的评述"这一点除了可能是与安瑟伦的反对者高尼罗的《为愚人辩》相呼应外，似乎也可以让人想到，此时此刻的克利马克斯是在反讽地对待黑格尔对康德采用"一百块钱"的比喻的批判。黑格尔对安瑟伦的本体论证明给予了高度评价，认为这中间表达出了"思维与存在在无限者中统一"的深刻思想和精神性①，对此克尔凯郭尔绝对不会认同，因为他所认可的"存在"只能是在时空中的可经验的"存在"，作为一种逻辑可能性的"存在"或者形而上的可能性的"存在"则不在他关注的范围之内，克尔凯郭尔甚至将之视为是哲学家用来骗人的幌子。于是，同康德一样，克尔凯郭尔彻底否定了关于"上帝"存在的本体论证明的意义，指出本体论证明"充其量只是在展开一个概念"，它是一种精妙的同语反复，而这一点差不多已经是康德所认为的在"对象"与对"对象"的陈述之间是根本不同的两回事的观点的一种重述。

对"上帝"存在的本体论证明的批判帮助康德和克尔凯郭尔捍卫了"上帝"存在的超验性："上帝"并不是在时空当中存在的可感知的经验存在者，"上帝"只存在于精神之中。只不过康德和克尔凯郭尔做出此结论的理论依据和出发点有所区别。康德批判哲学的全部目的在于"划界"：在思辨理性与实践理性之间划清界限，在"知识"和"信仰"之间划清界限。康德"划界"的目的是要在确保理性自身不陷入自相矛盾的前提下，把形而上学知识提升为一门"科学"，把宗教归入道德，最终建立一种"纯

---

① 黑格尔：《哲学史讲录》，第三卷，贺麟、王太庆译，商务印书馆1997年版，第294—295页。

粹理性范围内的"宗教,康德的工作在最终意义上是"理论性的"。所不同的,克尔凯郭尔对本体论证明的拒斥很可能源自他内心深入对"上帝"的敬畏。他深知耶和华所说的"人见我面不能存活"这句话所体现出的超验性的涵义,即"上帝"的"存在"不同于"客体"在经验世界当中的"存在"。从时间的角度说,"上帝"既是"永恒",又将在某个具体的"时间"临现——耶稣化身为人;从空间的角度看,"上帝"作为精神是遍在的。因此,关于"上帝"的"存在"不能以直接性的方式去感知,它需要"信仰"的途径。任何一种在时空当中寻找"上帝"存在的"客观"证据的行为都是对"上帝"的超验性和绝对性存在的"降格",因而也是对"信仰"的损害,其危险在于偶像崇拜,这是耶和华从一开始就警告众人要小心远离的。克尔凯郭尔在多个不同场合强调,"基督教是精神"。我们只有从精神、从"内心性"的角度出发,基督教信仰才能成为"生活世界"中的"大活人"的行动指南和精神皈依,否则信仰很容易沦为"迷信"。克尔凯郭尔十分清楚,一旦"上帝"的超验性和绝对性存在被贬抑和破坏,"上帝"的绝对权威在世俗生活当中就会被"一小部分人"误用,成为其对"他者"拥有权威的冠冕堂皇的理由,于是一个特权阶层出现了。在克尔凯郭尔看来,除了"上帝"对人拥有绝对的权威之外,没有人有权利对他者拥有权威,因而"上帝"存在的唯一性和绝对性保护了人与人之间的平等关系。而这拥有了本不该拥有的权威的"一小部分人"在克尔凯郭尔眼中就是教会和神职人员,他们理所当然地"因为圣事劳碌而吃殿中的物,因伺候祭坛而分领坛上的物",殊不知使徒保罗虽然认可了"传福音的靠着福音养生"的权柄,但他真正想强调的却不是对这权柄的使用,而是摒弃,因为他说"我传福音的时候,叫人不花钱得福音,免得用尽我传福音的权柄。"[1]在接受了"上帝"的唯一的、超验性存在和对人所拥有的绝对权威的前提

---

① 《哥林多前书》9:13—18。

下,克尔凯郭尔对人与"上帝"之间的任何"中介"的存在及其自命的权威产生了根本性的质疑。问题是,如前所述,由于对"道成肉身"的信条的恪守,克尔凯郭尔对"上帝"的超验性存在的捍卫显得不够彻底,因为他毕竟恪守着"永恒将在时间中显现"的原则,相信"上帝"将幻化为具有历史确定性的人,即拿撒勒的耶稣,从而使他的信仰披上了一层确定性的"历史的外衣",从人文主义的角度出发观之,克尔凯郭尔的信仰终未能完全摆脱"迷信"。在这个方面,康德因其把宗教限定在"纯粹理性界限内"的努力超越于克尔凯郭尔之上,而主张"没有宗教的宗教"的德里达亦然。有意思的是,美国学者凯普图认为这一切当归诸德里达的犹太身份,他认为德里达的内心深处始终保持着一种"希伯来式的警惕,一种神圣的恐惧,他不愿说在时间和空间当中呈现的某种东西享有神的盛名。"①

在《哲学片断》当中克利马克斯虽然只清算了关于"上帝"存在的本体论证明这一种形式,但是从他对"存在"的基本态度我们可以肯定地说,他从根本上反对就"上帝"存在所做的任何形式的证明。他甚至提出,那些总想拿出"上帝"存在的证明给人看的人比那些在心里说"没有神"的"愚顽人"更为不可救药,求证"上帝"存在的行为恰恰暴露出了证明者内心的怀疑,好像害怕"上帝"并不存在,或者至少对"上帝"的存在没有把握②,所以才求助于概念和逻辑的帮助以便信得心安理得。在这个问题上,克尔凯郭尔像康德那样要为信仰留下一个"空间",他坚持为信仰开辟一条独特的、超越于理智之外的精神之路,即一个完全不同于苏格拉底的思路的"新的器官"。至此可以说,克利马克斯/克尔凯郭尔

① John D. Caputo, "Looking the Impossible into the Eye: Kierkegaard, Derrida, and the Repetition of Religion", in *Kierkegaard Studies Yearbook 2002*, edited by Niels Jørgen Cappelørn, Berlin: Walter de Gruyter ,2002.
② *SKS*, vol. 4, p.248.

已经彻底否定了"自然神学"的理性主义道路,而换道于"信仰"之途,它拥有理智范围之外的属于它自己的领地。与其让"理智"与"信仰"维持着不合拍的"婚姻",不如让它们各行其道,这样既不"冒犯"理智,亦不"冒犯"信仰。克尔凯郭尔的这一观点符合我们对日常生活的观察。无论对于信仰者还是非信仰者来说,希望通过理性证明来求得信仰的行为都是无意义的,它既不能为信仰增添分量,亦不能迫使一个人从非信仰转向信仰,在一定意义上这种求证的行为还是有害的。历史上很多拥有卓越的理性思考和判断能力的人并没有因为诸种关于"上帝"存在的完美证明而接受基督教信仰,而那些坚定的基督教徒也不会因为有人拿出诸种反对基督教信仰的理由而放弃信仰。正如克尔凯郭尔所说的,对于真正的信仰者而言,"上帝"一直都是存在的,不管证明与否,这是信仰者在"生活世界"当中活动的一个前提和出发点。

三 "圣经批判学"批判

从人本主义的角度出发,基督教是一个历史现象,是人的精神文化产品,它们是历史地发展起来的;而被东西方教会共同奉为经典的《圣经》则是一个人的"作品"的"集合",它们的作者生活在某个真实的历史年代,《圣经》不是来自天上的话语。这个观念对于今人、尤其是生活在缺乏基督教传统的我们来说是一个不争的事实。但是,这样的观念并不一定为基督教徒所认可,尤其是在 19 世纪的欧洲,这样的观念有违正统的基督教信条,因为《圣经》就是一本"大写的书"—the Bible,它是在"上帝"的直接启示之下的、旨在给予人们的信仰和行为以指导的产物;《圣经》是"上帝"与人类的关系的真实记录,是一种准确的、客观的报道。尽管如此,欧洲从很早的时候起就开始了对作为一部"文献"的《圣经》的研究,形成了"圣经学"(Bible studies)传统。从方法论出发,"圣经学"研究可以包括两种完全不同的类型：一种是在肯定《圣经》的神圣来源的前提下对《圣经》所做出的宗教神学的研究，即"圣经解释学"（Biblical interpretation），它是基督教神学的分支。在"圣经解释学"的门类之下又包括了两个方面：一是对《圣经》篇章段落进行神学解释的"解经学"（Exegesis）；另一项内容是剖析对《圣经》做出如是神学解释的解释原则，即"解经原理"（Hermeneutics）。从基督教神学的立场出发，《圣经》就是"上帝之言"，因此是"上帝"给予了我们理解《圣经》的原则。具有反讽意味的是，"上帝之言"在"人间"并没有达成一致的理解，反而成为历史上教派争端的肇因。在历史上，人们对《圣经》采用了字面解读、隐喻解读、类比解读等多种释读方法，至于究竟哪种方法"正确地"贴近了"上帝之言"的本意，人们必须选择，或者依从教会所确立的传统，或者如宗教改革所倡导的那样听从个人的启示。另外，基督教神学还有一个分支名为"圣经神学"（Biblical theology），它从基督教信仰的立场出发，旨在从《圣经》当中揭示出、提炼出"上帝"向人类显现自身的历史，因而它也是一部有关"特殊启示的历史"的学问。

第二种"圣经学"研究的方法是"圣经批判学"（Bibelkritik；Biblical Criticism），在国内学界，Bibelkritik 有译为"圣经考证学"的，但更多是译为"圣经评判学"。① 这是对《圣经》的没有明显倾向性的研究，它主要利用历史学、语言学、典籍考证、考古发掘等现代知识，对《圣经》的卷册和文句进行考证，以鉴别其正误、真伪。在西方语境当中，kritik/criticism 原本指的就是对文本（包括其来源、生成等）所进行的不带偏见的科学的考察和探究，再联系到康德的"批判哲学"的主旨，我认为把 Bibelkritik 译成"圣经批判学"比"圣经评判学"更具有科学性、客观性。相比于宗教

---

① 参见卓新平主编《基督教小辞典》，上海辞书出版社 2001 年版，第 482 页。另参见王美秀、段琦、文庸、乐峰所著《基督教史》，江苏人民出版社 2008 年版，第 286 页。

神学的立场,"圣经批判学"是从"世俗的"的视角出发对《圣经》所做的"学术的—科学的"考察工作,换言之,这种对《圣经》的考证是"外证",区别于从宗教教义出发所做的"内证"。从历史上看,"圣经批判学"始于 18 世纪启蒙运动,至 19 世纪,"圣经批判学"取得了长足的发展,尤其是在新教国家。19 世纪的欧洲社会经历着重大的变革,科学和民主思想在传播,工业化和城市化进程在加剧,结果不仅导致了整个社会进一步向世俗化方向发展,而且使得基督教再次面临来自科学和理性精神的挑战。达尔文的进化论对"创世说"直接构成了挑战,迫使人们怀疑《圣经》的权威性,并且从根本上改变着人们从字面意义上理解《圣经》的传统。在历史学研究方面,德国学者兰克(Leopold von Ranke,1795-1886)倡导撰写"客观的历史",坚信历史研究应该建立在对文献和其他原始材料的广泛考察之上,所有的历史事件都应该被放置在发生于当下的时代背景之下而不是今天的观点视角之下进行考察和研究,对历史事件的主观解释应该尽可能被清除。这个倾向使得学术界开始对古代文献和记载进行再考证和研究。在哲学思潮方面,德国唯心主义(Idealism)在学界占了主流,黑格尔通过其著作和在柏林大学举办的一系列著名的关于历史、宗教、美学和哲学的演讲对德语知识界产生了巨大的影响,他提出的世界从"绝对精神"当中以辩证的方法逐步开显的观点吸引了当时很多学者的注意。正是在这种大背景之下,一些图宾根大学的神学家以"历史的—科学的"态度和方法对《圣经》进行批判性考察,最终形成了代表着 19 世纪"圣经批判学"最高水准的"图宾根学派"(Tübingen School)。在以下的篇幅中,我们首先要讨论的是克尔凯郭尔对把《圣经》作为一部"历史文献"、并且从历史的—批判的立场出发所从事的"圣经学"研究的基本态度。根据克尔凯郭尔对"系统神学"和"自然神学"的批判态度我们不难判断,由于坚决主张把"信仰"与"知识"和"科学"区分开来,他对"圣经学"在根本上是排斥的。接下来,我们要展开克尔凯郭尔对"图宾根学派"、尤其是其代表人物大卫·施特劳斯的思想所做出的间接的回应，从中可以更好地看到克尔凯郭尔在追求精神性的、个人性的信仰与对基督教正统信条——尤其是"道成肉身"—— 的恪守之间的思想张力。

1. 对"批判神学"的批判

在《附言》中，克利马克斯从"历史的观点"出发对基督教进行了考量，在此方向上他首要的考察对象就是《圣经》，因为当我们历史性地探问基督教真理的时候，或者探问什么是、什么不是基督教真理的时候，《圣经》就是一种决定性的文献。克利马克斯的思路是这样的：如果《圣经》是一部历史文献，那么问题的焦点就会集中在《圣经》各卷册的可靠性、真实性，以及它们之间的整体性、连贯性这样的问题之上。克利马克斯用"批判神学"（kritiske Theologie）来总结这项工作，而且还加上了"博学的"限定词。[1] "批判神学"应该不是一个通行的学术名词。根据《克尔凯郭尔文集》集释卷作者的考证，克尔凯郭尔在这里很可能指的是当时新教神学界出现的对《圣经》的保守诠释，其代表人物有德国神学家奥尔斯豪森（H. Olshausen）和丹麦神学家沙林（C. E. Scharling），他们与"图宾根学派"的激进观点存在着分歧。[2] 除了这条简短的背景介绍外，关于"批判神学"没有进一步的信息了。不过，从克利马克斯的论述中可以看到，"批判神学"从事的是对《圣经》的语言学、历史学的批判工作，因此它应该属于"圣经学"和"圣经批判学"。克利马克斯指出，"批判神学"是一项皓首穷经式的工作，它要求研究者拥有渊博的学识和巨大的耐力。一代又一代圣经学者们不敢怠慢地从事着对《圣经》的批判式考察，希望清除《圣经》中不同卷册间的矛盾，最终获得关于基督教教义的完全

---

① *SKS*，vol. 7，p. 33；*CUP* I，p. 25.
② *SKS*，K7，p. 109.

可靠的陈述。表面看,圣经学者们的工作类似于古典学者,他们都是从语言的、历史的角度对古典文献进行批判,以辨明真伪,清除疑惑。但是问题是,《圣经》并不是如同西塞罗、希罗多德作品那样的单纯的"历史文献",《圣经》事关个体的"永恒福祉",因此它要求着个体以无限的激情投身其中,而不是以学术的、客观的态度去构建关于基督教教义的学说。

克尔凯郭尔十分准确地抓住了《圣经》的特点:具有"历史文献"的形态,但并不是一部真正意义上的"历史文献"。根据《圣经》学者的意见,超过一半的《圣经》篇章都以历史文献的面目出现,《旧约》中主要涉及的是犹太历史,《新约》中的"福音书"和"使徒行传"提供了耶稣的生平事迹以及基督教会的早期活动;而那些未曾以历史文献面目出现的篇章从内容上亦与历史事件或人物有关联。① 为什么会如此? 这与犹太—基督宗教上帝的性质有关。当耶和华道出了"我是我所是"(I am who I am)这一富于哲理的句子的时候,他不仅超越于所有具体的形象描绘之上,而且还拒绝了一切用语言对其性质所做出的抽象描述。"我是我所是"意味着"我就是我的言辞、行动和作为",犹太—基督教"上帝"不是超然世外、悠然自得的神祇,而是以向人类显现自身为目的。换言之,犹太—基督教"上帝"必须步入人类的历史,根据自己的计划安排人类的活动。这个性质决定了《圣经》的作者们不约而同地在展开"上帝"之言和行动的时候采用了历史的框架。但是,《圣经》又不是一部完全意义上的"历史文献",而是一部宗教经典,因此《圣经》具有强烈的宗教倾向性。《圣经》作者们从来都不是为了客观如实记录和报道历史线索和事件,他们采用历史的陈述和历史框架是为了满足同时代听众的宗教需求,这一点对像我们这样的缺乏基督教文化背景的人来说反而几乎是自明的。而对《圣

---

① John B. Gabel, Charles B. Wheeler & Anthony D. York, *The Bible as Literature* (third edition), Oxford: Oxford University Press, 1996, pp. 63 - 71.

经》的批判性研究无论对信徒还是非信徒都会有所帮助，因为它可以揭示出不同《圣经》作者所关切的不同问题，由此揭示出基督教教义在不同时代的侧重点，帮助人们了解犹太—基督宗教的思想演变史，这一点当是对"圣经学"研究的公允评价。但是，这个环节并没有落入克利马克斯/克尔凯郭尔的视野。就《圣经》而言，他关心的不是经卷的真伪和成书年代，而是这种对《圣经》皓首穷经式的考证和鉴定工作对一个人成为基督徒将会起到怎样的作用的问题。克利马克斯假设说，学者们如其所愿地成功证明了《圣经》的真伪，虽然从未有人敢怀此妄想，那么，对于那些尚未获得基督教信仰的人来说，这类工作只是一种"直接性的学术性考量"，它有些类似于"自然神学"对"上帝"存在做出的证明，问题是信仰不会从这些学术考量和结论当中自动生成。对于已经拥有信仰的人来说，这类繁琐的知识不仅不能为信仰者增添力量，相反，信仰者将被引入一种危险之中，即把知识与信仰混为一谈。[1] 从另一面说，假如基督教的敌人拿出了否定《圣经》的证明，他们否定各卷的真实性、完整性，甚至认为基督不曾存在过，即便如此，克利马克斯认为，基督教并不会因此被消灭，信仰者也不会因此受到损害，因为如果有人反对基督教，那么，基督教的信仰者也有"同样的自由""接受"基督教，但却不是出自各式各样的证明，而是出自个体对自身的"永恒福祉"的无限的、充满激情的关切，信仰正是从这种主体的关切当中产生。这里，克利马克斯/克尔凯郭尔再次涉及到了信仰的关键：激情和选择；所有神学的证明和长篇大论不仅不能使信仰产生，而且它们还是信仰的敌人。"当信仰开始丧失激情、当信仰开始终止为信仰的时候，证明才是必要的，为的是得到非信仰者的世俗化的敬意。"[2]这种情形一如恋爱：意浓情迷之际，恋人无需理由地爱

---

[1] *SKS*, vol. 7, p. 36；*CUP* I, p. 29.
[2] *SKS*, vol. 7, p. 37；*CUP* I, pp. 30-31.

着对方；而当爱情开始出现裂痕之时，恋人才会收集各种证据为自己当初的选择作证，以维持和强化爱情。这也就是说，倘若我们把《圣经》看作是个体的信仰之源，那么，个体与《圣经》的关系就应该是、且只能是"主观的—主体的"，而对之所做的学术性的批判工作等于把原本"主观的—主体的"、"内在的"关系转化成了"客观的"、对象性的关系，结果，它不仅成了画蛇添足之举，而且还在一定程度上妨碍了信仰的纯粹性。

很显然，克尔凯郭尔击中了"批判神学"的要害，认为"批判神学"的方法论是有问题的。"批判神学"以一种客观的、学术的态度和方法面对《圣经》，这时难免会发生本质性的错位，因为《圣经》在根本上并不是真实的历史事实的记录，而是受到"灵感"启示的、旨在传达"上帝之言"的作品。如果我们把《圣经》作为学术研究的对象，也就是说如果我们以"纯粹客观"的方法对待《圣经》，那么，对《圣经》的批判性研究将是一个永远无法实现的任务，难题总是会不断出现，其间的矛盾足以令人绝望。克利马克斯以路德对《雅各书》的拒斥为例。路德认为，《雅各书》不属于构成基督教信仰的基础的《新约》，理由是它并非出自第一代信徒之手，它所强调的"人称义是因着行为，不是单因着信"[1]与保罗在《罗马书》中所说的亚伯拉罕是因信而非因其行为称义[2]的观点是矛盾的。由此克利马克斯认为，"批判神学"的道路是行不通的，"批判神学"面临的很可能是永无休止的问题和矛盾。应该说，克利马克斯/克尔凯郭尔正确指出了"批判神学"的问题之所在，即对《圣经》所做的语言的、历史的批判永远也达不到学术研究所要求的客观标准，这类批判充其量是从《圣经》中找到支持自己信念的证据以对抗自己所反对的另一类信念，就像路德对《雅各书》的否定，就是因为他需要从《圣经》中找到支持"因信称义"的证

---

[1] 《雅各书》2:20—24。
[2] 《罗马书》4:1—6。

据。当我们从人文主义的立场出发了解基督教的发展史以及《圣经》的形成过程之后，我们不禁要说，克尔凯郭尔此言是非常深刻的。尽管从基督教会、神学家到普通信徒都把《圣经》视为是受到"上帝"的神圣启示的产物，但是从理智的角度出发，《圣经》绝非来自天上，它彻头彻尾地是人类在自身的发展史上的作品。不仅是人的作品，而且在根本上是早期教会为了维护信仰的统一性、维护自己的统治地位从众多文献当中"选定"出来的作品；很多基督教的"正统"信条其实都是通过"大公会议"讨论确立的，这一点也是基督教的一个特色。从时间上看，目前我们在《旧约》中所见的文献早在公元前 1000 年以降即已被书写而成，在此之前它们早已通过口口相传的方式在犹太社区中传播；而《新约》中"马太福音"和"路加福音"的写作年代约为公元 80 至 90 年。[①] 但是，作为教会经典的《圣经》文本的正式确立时代却要晚得多。公元 330 年，君士坦丁大帝委托其神学顾问、该撒利亚主教优西比乌（Eusebius）编选 50 部经典，以皇帝的名义颁发作为教会使用的统一经典。直到 397 年，在第三次迦太基宗教会议上才以教会的名义确定了《新约》的内容和目次，成为后世《新约》的蓝本。[②] 再从内容上看，仅就"福音书"来说，实际存在的"福音书"的数量远远大于收入《新约》的四部，而"四大福音书"传统的确立不过是根据著名教父哲学家伊奈乌斯（Irenaeus）于公元 180 年的积极论证和倡导。[③] 20 世纪 40、50 年代，人们偶然地从死海西北岸的库木朗（Qumran）遗址上的悬崖洞穴中发现了写在羊皮纸上的"死海古卷"（The Dead Sea Scrolls），其中一部分被证实是最原始的犹太圣经文本，还有的则是归在其他人物名下的福音书，例如"玛丽亚·抹大拉福音书"（The

---

① John B. Gabel, Charles B. Wheeler & Anthony D. York, *The Bible as Literature* (third edition), Oxford University Press, 1996, p. 94, p. 103.

② 王美秀、段琦、文庸、乐峰等：《基督教史》，江苏人民出版社 2008 年版，第 54 页。

③ John B. Gabel, Charles B. Wheeler & Anthony D. York, *The Bible as Literature* (third edition), Oxford University Press, 1996, p. 103.

Gospel of Mary Magdalene），以及在埃及发现的"托马斯福音书"（The Gospel of Thomas）。这些考古学发现进一步表明，我们现在的《圣经》在本质上是一部"钦定本"，它反映了早期基督教会与罗马帝国的利益和权力。

具有反讽意味的是，《圣经》的面貌一旦被确立下来，对于接受了基督教信仰的人们来说，它也就成了"真经"（canon），拥有了权威的地位，尽管不同的教派所接受的"真经"略有不同；同时也成为了所有基督教徒的行为"准则"和"标尺"（canon）。即便"圣经批判学"和"圣经考古学"取得了新的研究成果，基督教会和基督信徒们也无意挑战《圣经》的权威地位，亦不会谋求对其内容进行增减。在基督教的历史上，每当人们对教会及其组织方式产生不满和失望情绪的时候，人们便会转向《圣经》，希望从中寻求灵感。克尔凯郭尔也曾借助威廉法官表达了这样的意思：一个人成年后就可以做自己的牧师了，所以他不去教堂，而是自己阅读《圣经》。如此，虽然我们无从考察克尔凯郭尔是否知晓《圣经》形成的背景，或者他获取这类知识的视角是否与我们相似，我们仍然可以大胆地推断说，克尔凯郭尔对《圣经》的态度其实就是"接受还是反对"的"选择"：如果你已经"选择"成为基督徒，那么你也就应接受现有的"钦定本"《圣经》并以之作为权威和指南，而不是试图对《圣经》做出语言的、历史的、科学的批判性考察，因为这类批判并不会引领人们走向基督教信仰。想象一下，假如克尔凯郭尔的时代就已经发现了"死海古卷"从而揭示出了更多的关于《圣经》形成的秘密，克尔凯郭尔很可能只会耸耸肩，说一句"Hvad så"（那又怎么样）。他从一开始就参透了《圣经》，知道搅《圣经》的混水只会给自身带来"绝望"，所有这些历史性的、学术性的客观因素都与个体的"永恒福祉"无关，因此他宁可对之视而不见，在"激情"的作用之下继续着自己的基督教信仰。

这个假想中的"克尔凯郭尔式"的反应在美国作家丹·布朗 2003 年推出的风靡全球的小说《达·芬奇密码》中得到印证。这部情节跌宕起伏、险象环生的小说撷取了基督教文化当中的圣杯传说,并结合了秘密社团锡安会(Priory of Sion)和艺术大师达·芬奇扑朔迷离的画作,揭示了西方历史上的女神崇拜传统。小说主人公罗伯特·兰登是哈佛大学的宗教符号学教授,他对基督教历史上的血雨腥风、阴谋谎言有深入的研究,但是这一切并没有使他排斥信仰。兰登把信仰视为是"建立在虚构的基础之上的东西",是"对于我们想象为真的但却无法证明的东西的接受"。①换从文化哲学的角度出发,信仰本来就是人为的东西,是人的文化产品,是人根据自身的需要为自己设定的虚构的现实。但是这种原本人为的、虚构的现实在一定意义上又是真实存在的,我们在很多情况下其实并不是在直接跟世界打交道,而是在跟人的文化产品——符号、隐喻、艺术作品、宗教仪式等打交道。人们需要信仰作为精神追求和向善的力量,需要信仰以便更好地应对这个世界,甚至需要在信仰的帮助下成为更好的人。这也就是说,真正的信仰应该出自个人的"选择",在这一点上,兰登的态度与克尔凯郭尔是一致的。所不同的是,克尔凯郭尔反对对基督教和《圣经》作出任何历史的、学术的考察,反对以"客观的"态度对待基督教,反对"理智"进入信仰的领域,他只想躲避在"激情"的背后,借助"激情"的力量去信仰。而在兰登教授看来,一个人了解了基督教的历史并不妨碍此人照样成为基督教徒,相反,一个受过良好教育的基督徒更应该了解自己所信仰的宗教的历史,从理智层面上理解信仰的本质,因为所有这些认识都有可能成为信仰的催化剂和起点(小说作者丹·布朗所言)。不难看出,在根本上,兰登教授所走的正是安瑟伦所提出的 *Fides quaerens intellectum* 即"信仰寻求理解"的道路,他信仰,同时并不像克尔凯郭尔那样"放弃"理解,而是要在理解的基础上信仰,使信仰有一个更加坚实的基础。罗伯特·兰登或者丹·布朗的态度

---

① Dan Brown, *The Da Vinci Code*, New York: Doubleday, 2003, p. 369.

在基督教已经进入第三个千年的当今时代是有意义的。设想一下,克尔凯郭尔当年(从《附言》的出版年代来推断应该是 1846 年)尚且因为铁路、蒸汽轮船、电报等发明而使生活变得越来越容易这一点感到"惭愧",那么,今天的技术进步定会令他眼花缭乱,而人类行动的可能性的无限扩大亦会令他目瞪口呆。当达尔文于 1859 年出版他的《物种起源》的时候,克尔凯郭尔已经离开这个世界 4 年之久了,因此他未曾亲历进化论对于基督教创世论和基督教人类学的强烈冲击。不知道克尔凯郭尔是否会对进化论不理不睬,一如既往地躲避在"激情"的保护伞之下执着于自己的信仰。但是,在当今时代,对宇宙和人类起源的科学理论已经通过学校教育而深入人心,"上帝在七天之内创造世界"或许可以被视为是初民的"创世传说"。在这种状况下,仍然有一部分人虔诚地、心安理得地成为基督徒,这是因为,今天的人们更好地理解了信仰的本质,信仰与理性思辨、科学推论无关,信仰只是人们自愿"选择"的结果,而做出这个"选择"的关键在于个体的经验、感受和内在需求。在理解的基础之上的信仰应该比仅仅受"激情"驱动的信仰更加坚定可靠,因为"激情"的力量,正如克利马克斯所说,是"毁灭性的",它最可能导致自身的毁灭。一旦"激情"衰退,人们往往会产生一种"物是人非"的感觉,甚至会有种曾被假象、幻象所欺骗的感觉。这也就是说,仅靠"激情"驱动之下的信仰是危险的,它有可能走向事情的反面。

总而言之,克尔凯郭尔揭示了"圣经批判学"或者"批判神学"的困境,它既不可能成为标准的科学,亦不能直接通达信仰。不过,从人文主义的立场出发我们应该公正地说,"圣经学"研究是有其积极意义和合理性的。通过批判,我们能够揭示出蕴含在《圣经》当中的不同历史时期以及不同人物对基督教义的理解和解释的差异性,从而使我们理解基督教义的演变史以及基督教内部产生意见分歧的原因,这项工作对于基督徒和非基督徒而言都是有意义的。很可惜,克尔凯郭尔不认同这一点,他认为我们与《圣经》和基督教的关系只能是"主观的—主体的",也就是充满激情的"关切—投入"(interesse)的关系,这一点诚然有道理,否则信仰不过是个标签和伪装。不过,克尔凯郭尔走得远了一点,他极端地认为,当事关对个体的"永恒福祉"的无限的、充满激情的关切的时候,《圣经》中的每一个音节都是有意义的,而且有着无限的意义。[①] 如果这不是一种修辞手法,那它就是一种不顾常识和理性评判的言论,是一种盲目的信仰。《圣经》是一部由不同时代、不同作者在不同目的驱动下写就的作品的官方合集,它从一开始就具有丰富多样性。而自从《圣经》被官方确立之后到克尔凯郭尔的时代,当初选择某些篇目的理由恐怕早已不复存在,像《旧约》中对犹太崇拜礼仪的详实描述的"利末记",记载有一长串早已尘封在历史当中的人名和家世的"历代志",如果不是出于历史的兴趣(这种兴趣当然是"客观的"),我们甚至无法从头至尾地阅读,更何谈与它们建立起充满激情的、无限的关切的关系? 再进一步说,由于出自不同时代、不同作者的缘故,《圣经》中存在着观点相左的现象,而克尔凯郭尔本人就曾经借助威廉法官之口,对保罗提出的"生儿育女视为是对妇女的惩罚"与上帝对"生养众多"所施的祝福加以比较,在此基础之上还对保罗进行了批判。这一切都说明,即使我们像克尔凯郭尔那样把《圣经》视为是"真经"和"准绳"(canon),而不是如人文主义者那样将之视为"经典"(classic)或者"文学—书写作品"(literature),对《圣经》进行一定程度上的批判和辨别也是有意义的。

2. 克尔凯郭尔与大卫·施特劳斯

　　在考察了克尔凯郭尔对于"批判神学"的基本态度之后,再来看看他与"圣经批判学"中的"图宾根学派"的代表人物大卫·施特劳斯之间的

---

① *SKS*, vol. 7, pp. 33 - 34; *CUP* I, p. 31.

关系。克尔凯郭尔与施特劳斯之间并无直接的交往，但是有诸种证据表明，克尔凯郭尔不仅了解施特劳斯的著作和思想，而且在反对神迹和迷信的问题上，在使基督教成为"精神"的方向上，两人的立场是一致的。所不同的是，克尔凯郭尔始终对基督教保持着一份虔敬的甚至是畏惧的心理，这一点恐怕与他从小在家庭中所接受的严苛的、"血淋淋的"基督教教育有着极大的关系。因此，他不情愿像施特劳斯那样用哲学去"批判"宗教、"化解"宗教，而是力主使基督宗教立于一个超出人类理智范围之外的地位，"信仰"基督教就是要抛开所有理智的原则而接受"荒谬"——"道成肉身"。于是，"信仰"就被推到了一个"绝对的—无对的—终极的"（ultimate）位置，用克利马克斯的话来说，"信仰"就是"一个特殊的器官"，它不允许有任何形式的"联姻"和"调和"，"信仰"就是"信仰"本身。

"图宾根学派"的创始人是图宾根大学神学系教授费尔南得·鲍尔（Ferdinand C. Baur，1792-1860）。在鲍尔的眼中，基督教并不是一种从天而降的、有着神圣来源的东西，而是一种有其自身的发展轨迹的属人的宗教。鲍尔充分意识到了《新约》中不同教派、不同思想倾向的存在以及它们之间的"矛盾"，他运用黑格尔的辩证法对早期基督教历史进行研究，把彼得的犹太式基督教视为"正题"，保罗的普世基督教视为"反题"，而公元2世纪的公教会则作为综合上述两种矛盾思想的"合题"。鲍尔还进一步根据彼得神学和保罗神学之间的矛盾斗争来尝试着对《新约》各个篇章进行断代，甚至判定其作者。[1] 鲍尔后来还在同样的思路的指引下研究、撰写了多卷本的教会史，直接从自然的、社会政治和思想文化的而非神启的视角来理解教会历史。

---

[1] R. Dean Peterson，*The Concise History of Christianity*，英文影印本，北京大学出版社2002年版，第302页。

　　鲍尔开创的以纯粹的历史批判而非神圣启示的角度来考察《圣经》和基督教发展史的方向在大卫·施特劳斯(David F. Strauss，1808-1874)身上得到了进一步的发扬。施特劳斯不仅因曾在图宾根神学院接受教育和任教而成为该学派的卓越代表，而且他是公认的"青年黑格尔派"或者"黑格尔左派"的代表人物。1835－1836年间他出版了 *Das Leben Jesu kritisch betrachtet*，汉译为《耶稣传》①，以其"唯心主义"(Idealism)的观点和坚决反对超自然主义的态度震惊了神学界和基督教界。仅仅从书名上就可以看出，施特劳斯把耶稣当成了"一个人"，一个"部分自然又部分精神的人物"，一个经历过"踌躇和失败，感性和理性之间，自私目的和一般目的之间"的"内心斗争"的凡人，虽然程度可能与其他人有所不同②，但这里的耶稣绝对不同于自公元325年尼西亚会议钦定的具有神人二性的、终生进行着超人的救赎活动的耶稣的形象。施特劳斯从黑格尔关于"宗教是精神的外化和显现"的观点出发，运用历史批判的方法，以科学和理性的态度坚决否认超人的、超自然的神迹的存在③，全面地而非像有些神学家已经开始做的那样分批次地质疑福音书的历史可靠性④，认为福音书不是目睹的见证人的记录，而是未经批判的来自他人的"传说"，是经过了犹

---

① 大卫·施特劳斯先后出版过多个版本的《耶稣传》。1835－1836年间首次出版的是为神学家而写的《耶稣评传》(*Das Leben Jesu kritisch betrachtet*)；随后他出版有"修订版"(1837)和"修订答辩版"(1838－1839)。1864年，施特劳斯又出版了《为德国人民所作耶稣传》(*Das Leben Jesu für das deutsche Volk bearbeitet*)。目前所见的吴永泉中译本当中未对所依版本做出任何说明，但从书中收录施特劳斯于1864年撰写的"序言"和"英译者附记"以及译者自加的脚注来判断，原作当是《为德国人民所作耶稣传》，译者是在参考德文本的基础上根据英译本译出。
② 大卫·施特劳斯：《耶稣传》上卷，吴永泉译，商务印书馆1999年版，第19—22页。
③ 施特劳斯：《耶稣传》上卷，吴永泉译，商务印书馆1999年版，第10页，第14页，第56页，第224页。
④ 施特劳斯：《耶稣传》上卷，吴永泉译，商务印书馆1999年版，第52—53页。书中这样写道："按真实情况来说，福音书故事的任何单独部分都不可能再被认为是严格历史性的了；必须把全部都扔进批判的坩锅中去，以便看一看在掺进来的杂质分析出来之后，剩下来历史的黄金是什么。"

太人对弥赛亚的期望这种"集体无意识"打造过的"神话"、"传奇"①。施特劳斯希望去除环绕在耶稣头顶上的神迹和神话的色彩,还耶稣一个拥有自然人性的、承载着弥赛亚式的使命的凡人形象,剔除加诸基督教之上的所有的神学教条、偏见和谬误、狂热的迷信以及独断的权威,把基督教树立为一种真正的"精神的宗教"②,一种不借助神迹而让我们可以从中返观自己的精神本性的宗教。显然,施特劳斯全部立论的出发点与正统基督教信条不符,从根本上不利于国教体系和政权的维持,结果当局最终剥夺了施特劳斯在图宾根大学的教职。至 1841 年,官方一纸禁令,所有的"黑格尔左派"被禁止在普鲁士境内的大学任教。③ 而在丹麦,情况亦不例外。虽然黑格尔哲学在一段时间内受到了丹麦大学生和知识界人士的热烈追捧,但是神学界对黑格尔、尤其是"青年黑格尔派"却持怀疑的、排斥的态度。1842 年,哥本哈根大学神学系学生、曾翻译过施特劳斯部分作品的汉斯·布伦施呐(Hans Brøchner)申请参加大学神学学位考试被拒,原因是他赞同施特劳斯的观点,用他自己的话说因为他持有"非正统的信念"④。

---

① 施特劳斯:《耶稣传》上卷,吴永泉译,商务印书馆 1999 年版,第 209—222 页。施特劳斯并没有用"集体无意识"这样的字眼,但是从他对近代"神话学科学"的成就的肯定上看,这个字眼所包含的意思已经出现了。他写道:"近代神话学科学的成就正在于它把神话的原始形式理解为不是由某一个人有意识的产物,尽管在起头它是由某一个人陈述的,但它所以得到信仰,其理由正是因为这些个人仅是表达这种普遍信念的喉舌。"(见《耶稣传》上卷,第 215 页)

② 施特劳斯:《耶稣传》上卷,吴永泉译,商务印书馆 1999 年版,第 13 页。

③ Jon Stewart, *Kierkegaard's Relations to Hegel Reconsidered*, Cambridge: Cambridge University Press, 2003, p. 138.

④ 汉斯·布伦施呐(1820 – 1875),丹麦哲学家。他于 1836 年进入哥本哈根大学神学系学习,1845 年终于以博士论文《论波斯时期的犹太人状况》参加答辩。之后,他曾在克尔凯郭尔青少年时代就读的"公民美德学校"教授希腊语,1857 年获得在哥本哈根大学的教职,3 年后升为教授。布伦施呐是克尔凯郭尔的父亲 Michael Pedersen Kierkegaard 的堂弟 Michael Andersen Kierkegaard 的妻妹的儿子,因此他跟克尔凯郭尔是没有血缘关系的远房表亲关系,两人保持着亲密的友谊。在克尔凯郭尔去世多年后的 1871 – 1872 年间他应邀撰写了对克尔凯郭尔的回忆,回忆录于布伦施呐去世后在丹麦著名文学史家勃兰兑斯(Georg Brandes)主编的《十九世纪》上首次发表。参见 *Encounters with Kierkegaard*, *A Life as Seen by His Contemporaries*, collected & edited by Bruce H. Kirmmse, New Jersey: Princeton University Press, 1996, p. 286, p. 330, p. 336。

同年,另一位深受施特劳斯影响的神学家安德烈亚斯·贝克(Andreas Frederik Beck)因其著作《神话概念或者宗教精神的形式》(*Begrebet Mythus eller den religiøse Aands Form*)而被禁在丹麦教会中获得职位。①

　　我们正是从施特劳斯在丹麦的追随者布伦施呐追溯到克尔凯郭尔与"图宾根学派"之间的关系的。布伦施呐是克尔凯郭尔的远房表弟,二人没有血缘关系,但自1836年初次见面后两人就一直保持着亲密的友谊。据布伦施呐回忆,在他被拒绝参加学位考试之后,他在街上碰到刚从柏林游学归来的克尔凯郭尔,后者关切地询问他的学业和处境,并告诉他自己在柏林时思乡的内容之一就是想见到他。② 从这条线索上断定,克尔凯郭尔不可能不了解布伦施呐的立场和思想,而且他丝毫没有因为布伦施呐作为施特劳斯思想在丹麦的支持者和传播者而影响他们之间的友谊。

　　其次,我们从克尔凯郭尔的私人藏书中找到了"图宾根学派"成员的著作如下③:

　　鲍尔:《基督教的神秘直觉或者基督教哲学》(*Die christliche Gnosis oder die christliche Religions-Philosophie*. Tübingen 1835);《柏拉图主义的基督教或者苏格拉底与耶稣》(*Das Christliche des Platonismus oder Socrates und Christus*. Tübingen 1837)④;《通过和解的基督教教

---

① Jon Stewart, *Kierkegaard's Relations to Hegel Reconsidered*, Cambridge：Cambridge University Press，2003，p. 140. 从贝克文章的标题不难看出,他同施特劳斯一样,试图以"神话"概念来解读基督教经典。克尔凯郭尔藏书的拍卖目录中有这本书。

② *Encounters with Kierkegaard*, *A Life as Seen by His Contemporaries*, collected & edited by Bruce H. Kirmmse, New Jersey：Princeton University Press，1996，p. 224，p. 229.

③ 克尔凯郭尔的私人藏书的拍卖活动于1856年4月8日进行。此处参考的是哥本哈根大学"克尔凯郭尔研究中心"整理的《拍卖条款》(Auktionsprotokol)的电子版,其中收录了克尔凯郭尔的全部藏书目录,包括被拍卖的和未被拍卖的。施特劳斯《耶稣传》的丹麦文版不在被拍卖之列。

④ 这里甚至可以推测,克尔凯郭尔在《哲学片断》中对苏格拉底和耶稣的比较的灵感源自鲍尔。

义》(*Die christliche Lehre von der Versöhnung*. Tübingen 1838)。

施特劳斯《耶稣传》的丹麦文版 *Jesu Levnet*(København 1842)。

此外还有德国神学家巴德尔(Franz von Baader)的《论施特劳斯的〈耶稣传〉》(*Über das Leben Jesu* [*von Strausz*],München 1836),以及遭到施特劳斯激烈批判的德国神学家哈斯写于 1829 年的《耶稣传》(K. Hase, *Das Leben Jesu*,Leipzig 1829)[①]。

由此我们可以进一步断定,克尔凯郭尔应该对"图宾根学派"的立场和观点有所了解,尤其是大卫·施特劳斯的《耶稣传》,虽然从布伦施呐的回忆当中我们没有找到任何关于克尔凯郭尔对施特劳斯的评述,但是上述证据足以支持我们"合法地"从克利马克斯身上读出克尔凯郭尔对施特劳斯及"图宾根学派"的基本立场的回应。

根据布伦施呐的回忆,克尔凯郭尔在他们二人的谈话中常常提到费尔巴哈,称赞费尔巴哈以其"清澈明晰和穿透力"表明他理解了基督教,而这"正因为基督教伤了他的心"。他对费尔巴哈的批评也仅限于不满后者"强烈的感性化"倾向及其带来的"虚弱"。[②] 显然,克尔凯郭尔对像"黑格尔左派"对正统基督教立场的背离并无反感,相反,他公开反对的都是官方教会认可的"正统派",反对的是教会神学的代表人物,如马腾森、格伦德威。这个态度指示着,克尔凯郭尔对作为自由思想者和作为"黑格尔左派"的重要代表的施特劳斯并没有进行激烈的批判,亦未动用反讽、嘲弄等惯常手法,这并不是因为"爱屋及乌",而是自有一番道理。正如他曾经借克利马克斯之口所表达的意思,设若基督教是"内心性"、是主体性,那么只有两类人能够真正对之有所了解,一类是在激情之中将自身的"永恒福祉"建基于与信仰的关系之上的人,另一类则是在同样

---

① 施特劳斯:《耶稣传》上卷,吴永泉译,商务印书馆 1999 年版,第 43—51 页。

② *Encounters with Kierkegaard*, *A Life as Seen by His Contemporaries*,collected & edited by Bruce H. Kirmmse,New Jersey:Princeton University Press,1996,p. 233.

的激情之中拒绝自身的"永恒福祉"的人,他们是"幸福的或不幸的恋人"。① 官方教会认可的教会神学家在一定程度上已经成为官僚机器的一分子,教会在根本上也不过是打着神圣幌子的世俗组织,教会的所作所为其实是对神权的僭越。这是克尔凯郭尔的一个基本态度,只是他本人仍然认同某些"正统"信条,比如在对耶稣之为"神—人"的问题上,他就与"正统"基督教观念保持一致。

克尔凯郭尔虽然没有以直接的方式评论、批判过施特劳斯,但是却以间接的方式回应了施特劳斯对《新约》所做出的历史批判,这种回应主要反映在《哲学片断》第四章《同时代弟子的状况》以及《附言》第一部"基督教真理的客观问题"中的第一章"历史的观点"当中。克尔凯郭尔不仅读过施特劳斯,了解施特劳斯的基本观点,而且他们对基督教的看法还有很多相通之处。但是在根本上,二人存在着严重的分歧。

施特劳斯的工作是在康德对"自然神学"做出致命的打击之后,在自然科学对《圣经》和教会所宣扬的神迹提出质疑的前提下展开的,因此他必须着手讨论这样的问题:没有了理性对"上帝"存在的证明,没有了神迹的支持,基督教将以何种面目出现在世人面前。施特劳斯不相信任何权威,他甚至对《圣经》作为历史文献的可靠性也持有怀疑态度。在这个前提下,施特劳斯从理性主义和历史批判的角度出发,通过对《新约》这一耶稣生平事迹的唯一来源所做的"历史的—批判性的—科学的"考察,把耶稣身上原本不相调和的"人性的"和"神性的"东西区分开来,把一切"不合乎自然和不合乎人的事情"从耶稣的生平当中清除出去,扫除一切

---

① *SKS*,vol. 7,pp. 56－57;*CUP* I,p. 52. 克尔凯郭尔的这个态度可与帕斯卡尔相比。帕斯卡尔认为:"只有三种人:一种是找到了上帝并侍奉上帝的人;另一种是没有找到上帝而极力在寻求上帝的人;再一种是既不寻求上帝也没有找到上帝而生活的人。前一种人是有理智的而且幸福的,后一种人是愚蠢的而且不幸,在两者之间的人则是不幸的而又有理智的。"参见帕斯卡尔《思想录》,何兆武译,商务印书馆1995年版,第123—124页。

神迹和超自然主义的因素,还耶稣一个"真正的人"的形象——一个"历史的耶稣",而非教会和神学所塑造的"神—人耶稣",从而终结神学的概念,把基督教塑造成一种"理性范围之内的"、精神的、人性的宗教。虽然遭遇官方禁声,但是施特劳斯的初衷从来都不是要"打倒—推翻"基督教,他要"打倒"的是宗教中的神迹和教会中的僧侣阶级①,并且在现代科学和理性精神的引领下对基督教进行"改革",使已经陷入衰落的基督教信仰免于崩溃。② 最终,施特劳斯希望通过精神上、道德上和宗教上的自我解放达到政治上的自由③,而正是这一点真正触动了统治当局的神经。

在反对神迹、强调基督教的精神性以及反教会权威的方面,克尔凯郭尔与施特劳斯的立场是完全一致的,虽然他并未像施特劳斯那样旗帜鲜明地要把神迹驱逐出宗教。克尔凯郭尔强调基督教是"精神",认为真正的信仰不是去相信那些可见的神迹,而应该落实在"内心性"(Inderlighed;Inwardness)之上。这个意思是说,所有对基督教和《新约》的理解应该落实在精神的层面上,因为耶稣关于"拯救"和"永恒福祉"的"信息"并不是我们可以"直接地"加以把握的,它们都隐藏在比喻、寓言和故事当中,需要我们以"间接的"方式去领会、体悟和把握。对基督教的这个意思的把握即使不是从别处获得的启发,也是直接来自《新约》的精神。在《福音书》中我们不止一次地看到,耶稣从根本上鄙视神迹、不愿行神迹,因为他想要的只是"主的荣耀",而非他自己的。当耶稣在旷野禁食四十昼夜感到饥饿的时候,试探者要求他把石头变成食物以

---

① 施特劳斯写道:"……一种神秘的、表徵圣恩的超自然的宗教,必然要带来一个高出于全体教徒之上的僧侣阶级。凡想把僧侣阶级从教会里驱逐出去的人,必须首先把神迹从宗教中驱逐出去。"参见《耶稣传》上卷,第14页。

② 在《耶稣传》"序言"当中,施特劳斯这样写道:"我以为宗教改革不是一桩在过去已经完成了的事业,而是必须继续进行并在将来进一步完成的事业。……基督教虽然总的说来是不可少的,但通常所谓的基督教已经有一部分变成绝对不能容忍的了。"参见《耶稣传》上卷,第11页。

③ 施特劳斯:《耶稣传》上卷,吴永泉译,商务印书馆1999年版,第14页。

证实自己是神的儿子,耶稣打禅语似的回答他们说:"人活着,不是单靠食物,乃是靠神口里所说出的一切话。"①当法利赛人居心叵测地求耶稣显神迹的时候,耶稣立刻洞察到了他们的动机,在断然拒绝之余斥责"这世代是一个邪恶的世代。"②每当耶稣不得已行了神迹的时候,他都会无奈地感叹那些希望以神迹得救的人"小信",事后还多半会告诫人们不要向外声张。如果我们把基督教当作一种属人的宗教,那么耶稣毫无疑问就是一个伟大的宗教改革者,他从开始传教的时候就致力于把犹太教改造成一种精神性的宗教,希望以"信仰"替代超自然的神迹,以内心的虔诚和道德水平的自我提升替代对犹太律法主义的形式化的恪守,这应该是《新约》的主旨。但是作为一种宗教,基督教在其确立之初亦无可避免地采用一些神化的手段,通过调动超自然的力量的办法来吸引、蛊惑那些迫切需要改善自身生活处境的下层民众,作为宗教改革者的耶稣亦不例外。为了更大限度地赢得支持者,耶稣不得不向世人的迷信、"小信"妥协,他不得不违背本意,通过行神迹证实自身,否则,他改革宗教的抱负无从实践。在向世人妥协的同时,耶稣的内心却充满"叹息"和"忧伤",也正因为如此,他才会三问彼得"你爱我么"。③ 如此,《福音书》在某种程度上就是一个"大杂烩",在耶稣提出的革命性的思想之余,我们还能看到迷信、对犹太教律法和经文的恪守以及为达到神圣化耶稣的目的而杜撰出来的"故事"和"传奇"。而作为人的作品和早期基督教会的产物的《圣经》更是同时包含了对历史事件的陈述、民间传说、神学考量以及教会的影响。面对这种情况,作为"德国唯心主义"的儿子的施特劳斯才决定以一种"历史的—批判的—科学的"态度去面对《新约》,努力以理

---

① 《马太福音》4:4。
② 对法利赛人让耶稣显神迹的要求,《马太福音》12:39 中,耶稣说:"一个邪恶淫乱的世代求看神迹,除了先知约拿的神迹以外,再没有神迹给他们看。"《路加福音》11:29 内容类似。
③ 《约翰福音》21:15—17。

性的态度把其中的杂质清除出去,从而把基督教树立为一种在理性限度之内的、精神性的宗教。这样的初衷当然无可厚非,问题是,以《圣经》作为"历史批判"的对象在方法论上是有问题的,因为《圣经》根本就不是一个科学研究的对象,批判者很难在提供对《圣经》的解释的时候离开自己的思想立场。在根本上,施特劳斯并不想取消基督教,而只想从内部对基督教进行"改革",这一点影响了他的批判工作,做不到纯粹的"历史的—科学的"性质,而成为一个从《圣经》中寻找有利于个人对基督教的理解和信念的历史证据的过程。在这个方面,从根本上说,施特劳斯并没有脱离"以圣经诠释圣经"的解经学的道路,只是他的出发点和侧重点有所不同。

再进一步,倘若通过对《圣经》的"历史批判"我们真的寻找到了、确立了一个"历史的"、只具有单纯人性的耶稣的形象,那么对耶稣的信仰也会随之土崩瓦解,因为宗教的超越性的基础已不复存在,耶稣只是一个高尚的道德典范,理性界限之内的宗教实际上已经停止为"宗教",而成为了"道德"。应该说,克尔凯郭尔看出了施特劳斯的工作所可能导致的结局,这一点使得他对施特劳斯的态度一直持有"两面性"。一方面,作为自由思想者,克尔凯郭尔从来都认为"基督教是精神"、是"内心性",因此他鄙视神迹和教会权威,在晚年不惜与国教会彻底决裂。在实际生活中他一直对施特劳斯在丹麦的支持者和宣传者布伦施呐保持着深厚的友谊。但是与此同时,克尔凯郭尔从未敢动过放弃基督教的念头。虽然克尔凯郭尔一度与父亲决裂,在他离家进入大学学习的时期,他一度尽情徜徉在哲学、艺术和文学的天地之间,暂时把基督教及神学抛在一旁,但是,在他的整个生命历程当中,这只是一个小插曲,是一个处于青春期的年轻人的反叛行为。作为"继承"自他的父辈的精神遗产,基督教一直是克尔凯郭尔头上的悬剑,在他的内心和写作中,他始终对两个基督教的"正统"信条无法释怀:一是原罪观念,二是作为神—人而在的耶

稣基督。1855 年 10 月 18 日,病入膏肓的克尔凯郭尔在与友人艾弥尔·
博伊森的谈话中曾经提到,他已经可以在平静中祈祷了,他首先祈祷的
是"对(原)罪的宽宥";其次是祈祷他或许可以在死亡来临之际"摆脱绝
望",他承认自己长久以来受到"死亡对上帝是愉悦的"这种说法的震动;
最后一项内容则是当死亡来临之际他或许能够有所预知。[①] 这里不禁想
到,克尔凯郭尔为什么会在临终前如此渴望着"摆脱绝望"? 这种刻骨铭
心的"绝望"或许就源自那种处于思想两极间的巨大张力:一边是希望从
传统的信条、教条的束缚中解放出来的自由的力量,另一边则是无缘由
地施加在他头上的宗教信条,这种张力使得克尔凯郭尔注定成为一个痛
苦的灵魂,促使他转向"间接沟通"的表达方式,结果其思想主张变得"暧
昧多义"甚至"闪烁其辞",也造成了对其思想的阴差阳错式的接受,比
如,他一生都在与基督教"正统派"作对,死后却被"新正统派"奉为思想
源泉。

　　回到克尔凯郭尔对施特劳斯以及"图宾根学派"所做的"圣经批判"
的回应这个问题上。克利马克斯在《哲学片断》的开篇提出要寻找到一
个高于、超越苏格拉底的"思想方案"之后,他就以诗人的面目出场,"重
构"了一个"历史的"耶稣基督的形象,一个曾经在我们中间生活、行走、
讲道、最后死去的"人"。这个人以仆人的形象出场,没有上好的衣服,传
道是他唯一的生活必需品,他的出现成为了从市井坊间到会堂和宫殿的
一则新闻,最后,在经受了诸般磨难、尝尽苦难之后,在干渴和被离弃的
痛苦之中离开了人世。[②] 在注释家的帮助之下我们可以看出,克利马克
斯/克尔凯郭尔在此实际上重述了《福音书》所记载的作为一个"人"的耶

---

① 参见 *Encounters with Kierkegaard*, *A Life as Seen by His Contemporaries*, collected &
edited by Bruce H. Kirmmse, New Jersey: Princeton University Press, 1996, p. 124。

② *SKS*, vol. 4, pp. 238 - 240; pp. 258 - 261. 同时参考 *SKS*, K4, pp. 226 - 229; pp. 253 -
256。

稣的受难史。借助诗人的身份①,克利马克斯/克尔凯郭尔纵情描绘耶稣作为人所有的情致,包括痛苦、忧伤甚至是怀疑,在临终前的极度痛苦之中,耶稣甚至对自己的信念发生过怀疑,高喊"我的神! 我的神! 为什么离弃我?"②克利马克斯/克尔凯郭尔尤其抓住不放的是耶稣的"忧",这"忧"不是来自他所经受的痛苦折磨,而是来自他不被世人所理解的现实。正是在这个环节上,克尔凯郭尔明确地表达了他对"神迹"的态度,而这个态度巧妙地建立在他对《旧约》和《新约》中神的形象及其所传达出的精神主旨的比较之上。

在《旧约》当中,神以一个全能的"要有……"(Let there be...)的"命令"出场,神说"要有光",于是就有了光。③ 作为天地和万物生灵的创造者,《旧约》中的神对人享有至高无上的权威,以致于人无法见神的面,神说,"你不能看见我的面,因为人见我的面不能存活"。④ 神人之间的"不能相遇照面"的约定最大限度地确保了神之超验性存在,确保了耶和华不能作为"偶像"而受到膜拜;同时,这个约定也保证了神对人的至上权威,保证了神人之间横亘着一条永远不可弥合的鸿沟。在《新约》中,神人之间仍然横亘着一条不可逾越的鸿沟,而且克尔凯郭尔将神人之间的差别推至"绝对"。只是,通过克利马克斯的"诗的尝试"可以看到,神并不满意于这种集全部的威严和权威于一身的格局,神所关心的也不再是如何树立起自己"高高在上"的形象以及对人的绝对权威,神所关心的是如何"与人平起平坐"的问题。⑤ 为此,神只能选择一条"下降"的道路,带着全能的爱,神将自身降为最低下的仆人,以爱弥合神人之间的差距和

---

① *SKS*,vol. 4,p. 240.
② 《马太福音》27:46,耶稣的痛苦呼喊在《哲学片断》中被"改写"为"死时被离弃"。
③ 《创世记》1:3。
④ 《出埃及记》33:20;19:21。
⑤ *SKS*,vol. 4,p. 238,p. 240.

鸿沟,以爱和自我牺牲来拯救沉沦的世人。耶稣清楚地看到,如果没有爱的到场,神与人之间永远无法"相遇照面",神将永远作为使人闻而丧胆的震动山谷的"声音"而存在①,神人之间的关系也将维持在"威望"和"服从"之间。只有通过爱,差别才能变成平等;通过平等,理解才有可能。克利马克斯/克尔凯郭尔抓住了《新约》的这一主旨。他指出,相比于神出于爱和拯救人类的决心而甘心负载人类的冒犯,那种作为全能者的"要有……"的命令显得何等轻松。只是,这样做法要付出"代价",即作为"人子"的耶稣不仅享受不到对世人的绝对权威,他甚至沦落得连"枕头的地方都没有",而这中间的根本原因,克利马克斯/克尔凯郭尔一语中的,是因为人们更愿意爱"创造奇迹的全能者,而非将自身降为与你同等地位的人。"②但是,只爱神迹、不爱将自身降格为与我们平起平坐的神这一点从根本上说是对爱的"不忠"(utro),它错失了、曲解了耶稣所宣扬的"爱"的本意——爱不是为了使人屈服,不是为了改变被爱的人,爱旨在改变自己,因为真正的爱只能是自因性的。虽然克利马克斯/克尔凯郭尔没有像施特劳斯那样发誓把神迹从基督教当中清除出去,但是他对神迹的否定和批判的态度是鲜明的。

再进一步看,为什么人类宁可屈从于某种全能的力量,而不愿接受甚至无法理解与我们平起平坐的神的形象呢? 换言之,为什么人们更愿意借助神迹的力量达到信仰呢?

对这个问题克尔凯郭尔没有给出回答。在此我们将给出一个黑格尔式的解答。克尔凯郭尔观察到的这一现象表明,一般意义上的信仰远未企及"精神",人的精神亦未能成长为"自由",也就是说,人还没有意识

---

① 在《出埃及记》19:17—19 中描写了神显于西乃山的情景,"摩西率领百姓出营迎接神,都站在山下。西乃全山冒烟,因为耶和华在火中降于山上,山的烟气上腾,如烧窑一般,遍山大大的震动。角声渐渐的高而又高,摩西就说话,神有声音答应他。"

② *SKS*, vol. 4, p. 239.

到自由的力量。在这种情况下,基督教只是被当作一种从天而降的东西,它靠超自然的、有违理性的神迹来征服人心,这样的信仰至多只能算是"迷信"和"小信"。而"在更为杰出的意义上"(sensu eminentiore)的信仰必须落实到精神的层面,在精神的境界里,信仰不是向一个超越于自然之上的全知全能的"上帝"俯首称臣,而是要更好地认识自己的真性,就基督教而言,也就是要把耶稣通过自我牺牲所传达出来的爱和救赎的精神作为我们生命当中的向导和支柱。不过,克尔凯郭尔本人未必完全赞同这种典型的黑格尔式的解读,尽管他本人也极力强调信仰的"内心性"和精神性。之所以这么说,完全是因为克尔凯郭尔思想中的"两面性"。透过克利马克斯在其诗人身份的掩护下对耶稣的情致的揣摩和体悟这一点来看,耶稣基督在克尔凯郭尔心目中首先是"人子"(son of man);正因为"人子"降格为最低下的人出现在世间,他传达出来的"爱"的信息的分量才最为深重。但是,在情感的层面上,克尔凯郭尔无法只将耶稣基督作为一个"人子"看待,在他的内心里,耶稣不仅是"人子",耶稣还是神的化身,他是"神—人"(God-Man)。克尔凯郭尔并没有止于"历史"的耶稣基督的形象,果若如此,耶稣就是一个跟苏格拉底一样的"人",而克利马克斯/克尔凯郭尔的"思想方案"也就丧失了意义,因为苏格拉底已经是人之至上者了。克利马克斯/克尔凯郭尔想要再前进一步,他想让耶稣成为"神",其步骤是以"历史的"耶稣作为起点,通过"跳跃"达到对作为"神—人"的耶稣的信仰,从而达到个体的"永恒福祉"。这才是克利马克斯/克尔凯郭尔全部"思想方案"的主旨和目的,即确立苏格拉底和耶稣之间、人和神之间、希腊的理智主义和希伯来的信仰主义之间的差别。为此,克利马克斯强调了神与人之间的差别①。他从《福

---

① *SKS*,vol. 4,p. 250.

音书》当中"天空的飞鸟和田野的百合"的寓言入手①,指出我们凡人不可能像天空的飞鸟和田野的百合那样无忧无虑地活着,更不应该天真到相信人可以真的不用为明天的衣食发愁的地步,因为能够那样生活的人只能是一个神,而任何一个在"生活世界"当中挣扎的人都会经历从出生、到成长、到结婚的历程,都必须从事职业,必须考虑明天的生计,否则,其下场可能会很悲惨,他或者将因饥饿而死去,或者需要仰仗他人的施舍而存活。显然,克利马克斯在此强调了作为个体的人生存的"双重性",作为凡人必须同时满足生存的"有限性"和"无限性"的要求,必须在完成"生活世界"对人提出的任务的同时,不忘从精神层面上超越"生活世界"的有限性,而这个思想在根本上与耶稣所说的"该撒的物当归给该撒,神的物当归给神"②的论调是一致的。再进一步,克利马克斯自问自答地提出,我们将从何知晓神人之间的根本性差别呢? 答案是:我们根本不可能"知道"这一点,理智不允许我们了解到这一点,神人之间的差别超出了理智的范围。不仅如此,耶稣作为"神—人"的存在也超出了理智的范围,这种理智的无能为力恰恰为信仰的出场铺平了道路。

　　正是在耶稣作为"神—人"这一超出理智范围的矛盾体而存在的问题上,克尔凯郭尔表现出了与基督教正统观点的一致性。在基督教发展早期,关于耶稣究竟是神是人的问题一直存在着极大的争议。如果说耶稣基督是"上帝"的儿子,那么这种关系是从何时开始的? 父子之间有无高低之分? 作为神的儿子的耶稣与作为人子的耶稣之间的关系如何? 耶稣是全然的神和全然的人吗? 这些搅人的问题考验着教父们的思考力,因为即使是在《福音书》当中也没有给出这些问题的统一的答案。《马太福音》从追溯耶稣的家谱开始,首先将耶稣置于犹太王室的世系之

---

① 《马太福音》6:25—34。
② 《马太福音》22:21。

列,然后才写到"上帝"通过圣灵使童贞女马利亚将自己的儿子派到人间以完成拯救人类的使命。但是在《马可福音》当中,则并没有提到耶稣的神性。其开篇第一句"神的儿子,耶稣基督福音的开头"当中的"神的儿子"也并不存在于所有的抄本。耶稣成为"神的儿子"是他在约旦河接受了施洗者约翰的洗礼之后的事,"他从水里一上来,就看见天裂开了,圣灵仿佛鸽子降在他身上。又有声音从天上来,说:'你是我的爱子,我喜悦你。'"①《马可福音》中的观点被神学家诠释为"收养论"(adoptionist position),也就是说,因为耶稣是一个大好人,所以在他生命的某个时间,也就是完成洗礼的那一瞬间,他被"上帝"收养为儿子,完成向世间传递"上帝"的信息的任务。② 在《约翰福音》中,"上帝"派遣他的儿子到世间拯救人类的行为被演化为逻各斯变成肉身,即"道成肉身"。另外,在《福音书》中,耶稣自称为"人子",他鄙视神迹是因为他想要的是"主的荣耀",而非他自己的,在受尽折磨和羞辱的临终前,耶稣高呼的是"我的神,我的神,为什么离弃我",这些都表明,耶稣应该是把自己视为"人"而非"神"。更为重要的是,只有作为一个"人",耶稣才会向世人的迷信、小信妥协,毕竟,耶稣不止一次在迫不得已的情况下违背自己的意志行了神迹,以向世人证明自身。教会很早就洞察到,所有关于耶稣的本性的争端不利于作为一种组织制度形式的基督教的发展,因此,通过公元325年的尼西亚会议、381年的君士坦丁堡会议和451年的卡尔西顿会议的辩论和决议,教会最终形成了以《尼西亚信经》(The Nicene Creed)为主体的对"三位一体"以及耶稣基督的本性的统一信条。神学最终发挥了它的作用,将芜杂但却丰富的思想规定到统一的认识之下,这一点自是宗教—神学的本性。从此,在"三位一体"和耶稣本性的问题上有了正统

---

① 《马可福音》1:9—11。

② 关于"收养论"的阐述参见 R. Dean Peterson, *The Concise History of Christianity*,英文影印本,北京大学出版社 2002 年版,第 81 页。

的教会信条，"上帝"是圣父、圣子和圣灵的"三位一体"，尽管分歧从未中断过。对"三位一体"的认识直接关系到对耶稣本性的理解，也就是说，耶稣成了"全然的神"和"全然的人"。倘若耶稣不是"全然的神"，那么意味着"上帝"并没有步入人类历史以拯救人类；而若耶稣不是"全然的人"，则意味着他并没有全力拯救人类以及他在其间生活的世界。

但是，"全然的神"和"全然的人"的观念却无法通过理智的检验，不仅如此，在克利马克斯/克尔凯郭尔眼中，如是观念还是对理智的"冒犯"，于是克利马克斯/克尔凯郭尔像康德一样反对不适宜的"联姻"，反对对神的存在进行"证明"，也就是一般意义上的经验性的证明，指出以另一个"器官"也就是"信仰"来面对神的存在，其情形一如康德通过对知识的"终止"而为"信仰"留出空间。只是，康德坚决地把神从时空范畴当中挤了出去，神不是时空当中的可经验的"存在者"，而是超越时空的"存在"，于是神成了"实践理性"的自我"悬设"，如是，康德所说的信仰也就是"纯粹理性范围内"的信仰。与之不同的是，克利马克斯/克尔凯郭尔不甘心让神仅仅成为一个"名字"、一个"理念"——理性自我"悬设"出来的只能是超越时空的"理念"，而不可能是时空当中的"存在者"；他坚持认为，神在时间当中的临现——"道成肉身"是一个"历史事件"，这样一来，克利马克斯/克尔凯郭尔的立场就与正统基督教的立场相一致。只是，与基督教神学当中借助理性的力量力图把"上帝"证明为时空中的经验的存在者的思路不同，他认定这个所谓"历史事实"是理智眼中的"悖谬"，而任何经验的证明又因其在时空范畴当中而与神的本性相违背。对自有永有、在时间中充满的神在时间当中的临现的"历史事实"的"证明"只能通过"单一者"的"内证-心证"来完成。这也就是说，"信仰"才是打开"悖谬"之门的唯一的钥匙，通往信仰并不需要像施特劳斯及"图宾根学派"那样对《圣经》文献做出的"历史的—批判的—科学的"考察的努力。

四 "实践神学"批判

同对"系统神学"的批判一样，克尔凯郭尔的著作中并没有直接出现"实践神学"这样的字眼，这是我们根据他对基督教神学实践的批判而总结出来的。

所谓"实践神学"（practical theology），顾名思义，指的是基督教信仰在日常生活层面的应用和实践活动，它包括了对宗教仪式的执行，对《圣经》教导的传达和灌输以及基督教教育等内容。任何一种宗教体系的形成都以应用和活动为目的，但是基督教却从理路上自觉地把"实践"视为其终极目标。基督教信仰的主旨不是"认识""上帝"，而是"实践"我们从"上帝"那里获得的启示，将其转化为在日常生活层面上的行动，以期培育和改善心灵。在基督教神学当中，"实践"不仅从未受到轻视，它甚至有高于"理论"的意思，这个观点应该是受到了亚里士多德的深刻影响。在《形而上学》当中，亚里士多德指出，"实践是包括了完成目的在内的活动"①，这也就是说，"实践"具有合目的性的意思在内。13 世纪著名的方洛各会经院哲学家邓斯·司各脱则借鉴了亚里士多德的观点，提出用"实践科学"（scientia practica）来描述神学。在努力使神学形而上学化并且成为一门"科学知识"的同时，司各脱认识到，与数学、形而上学相比，作为一门以"上帝"为研究对象的"科学"，神学无疑具有其特殊性和局限性。单从认知的角度来看，人类理智只能认识到作为"无限存在者"的"上帝"，而无法穿透作为"三位一体"的"上帝"。但是，这种特殊性只是表明，"理论科学"和"实践科学"是两种不同的知识类型，前者源于理智权能，它侧重于求知；而后者源自意志机能，它侧重于有目的的行动，它是在意志驱动之下受正确理性引导的行动，带有一定的强制的、命令

① 亚里士多德：《形而上学》，吴寿彭译，商务印书馆 1991 年版，第 178 页。

的意味在内。不仅如此,神学作为"理论知识"的不足恰恰为我们的"实践"打开了一种可能性,即神学不应该以认识"上帝"为终极目的,而应该以"爱上帝"为人生的最终目标。① 到了康德,宗教信仰更是被排除在"理论理性"的权能范围之外,而被设定为"实践理性"的权能。在基督教思想系统当中,"实践"比"理论"具有更高的地位。

不仅如此,在如何"实践"信仰的问题上,基督教从创立之初起就开始了其规定、规范化一系列组织制度和仪式活动的工作,形成了教会和教阶制度,形成了统一的圣事活动。基督教似乎比其他宗教更重视认识和实践的统一性,究其根源,根据英国学者 G. R. 伊万斯的观点,在于基督教信仰的内容本身。基督教的信仰对象即基督,这种信仰要求信仰者"与基督本人成为一体"。保罗在《罗马书》当中所说的,"我们这许多人在基督里成为一身,互相联络作肢体"。② 同样,在《哥林多前书》当中保罗还说过:"我们不拘是犹太人,是希利尼人,是为奴的,是自主的,都从一位圣灵受洗,成了一个身体,饮于一位圣灵。"③因此,从根本上说,基督教的信仰应该是"一个信仰",基督教是一种"团体宗教"(religion of community),④只有在统一之中基督教才有意义,而这种统一性不仅落实在思想认识的层面,它还反映在实践的层面之上。问题是,思想的统一性只是基督教的理想,在现实生活中,基督教如同一切人的产品一样,它不仅未能消除在信仰及信仰的实践层面上的分歧,而且,基督教似乎比其他宗教有着更多的意见分歧,这中间的根源似乎仍然出自基督教信仰本身。"对基督的信仰"如果没有落入到某种超自然的迷信的陷阱当

---

① 关于司各脱的"实践科学"的主张可参见我为学术版《西方哲学史》第三卷撰写的《邓斯·司各脱》一章,江苏人民出版社 2005 年版。

② 《罗马书》12:5。

③ 《哥林多前书》12:13。

④ G. R. Evans, *A Brief History of Heresy*, Oxford: Blackwell Publishing Ltd., 2003, pp. 2 - 3.

中,那么它所要求的就是在"圣灵—神圣精神"(the Holy Spirit)的驱使和推进之下的教众的联合,这一点在《使徒行传》的早期篇章中得到了多处反映,正是这一点从一开始就把基督教教堂与承载着教育和传播犹太律法功能的犹太会堂做出了区分。不过对教会功能的看法并非一成不变。在保罗神学当中,基督教会除了被描述为"圣灵充满的教众团体"(the Spirit-filled community)之外,教会还被视为是基督的神秘肉体,后者经后世神学家的阐发而使教会演化为"基督肉身的延续"(Continuation of Christ's Incarnation)。① 如此一来,问题出现了。如果教会被视为是"基督肉身的延续",无疑这将是对教会组织的一种绝对化,而这与《使徒行传》里所表达的"圣灵充满的教众团体"的观点是相矛盾的。而从人文主义的立场出发,对"圣灵—神圣精神"的强调开启了个体意识的觉醒以及个体自由之维度,因而也增大了分裂的可能性。"圣灵"普照之下,每个人都是"上帝"的儿女,在精神的而非世俗教会组织的层面上,所有人都是平等的,并且都有可能与"圣灵"直接对话。或许正是因为基督教信仰的理念当中潜存着分裂的可能性,而一种宗教如果要在组织制度的层面上成立,它必须拥有统一的信仰,基督教比其他宗教都重视"正统"与"异端"之分,教会在历史上无数次地开展过对"异端"的谴责,以及以此为借口对自由思想者或与教会持不同意见的人士的迫害。所谓"异端"——Heresy,其希腊文 Heresis 的原意只是"思想方式",后来引申为"思想体系或派别"、"错误的教导"。② 更耐人寻味的是,"异端者"的拉丁文形式 haereticus 的原意是"选择"。如此一来,何为"正统"、何为"异端"的区分也就成了一场权力之争:谁掌握了教会、控制了

---

① 关于基督教会的形成及其功能的论述参见 Linwood Urban, *A Short History of Christian Thought*, Oxford: Oxford University Press, 1995, pp. 316 – 318。

② G. R. Evans, *A Brief History of Heresy*, Oxford: Blackwell Publishing Ltd., 2003, p. 65.

话语权,谁就代表着"正统",并且有权指责、谴责其他不同意见为"异端"——历史总是由胜利者书写。随着时光流转、权力更迭、知识增进,原先的"异端"亦有可能"平反昭雪"而成为"正统",甚至成为"圣徒",①基督教一直都在"与时俱进"着。所有这些曲折变化都表明了一点,基督教虽然在建立个体与"绝对他者"之间的关系方面做出了诸种努力,但是作为人类的一种信仰系统,在实践上它难免会受到各种人事因素的影响和干扰,遭受着诸种分歧的困扰。这也就是说,所有关于基督教的理论探讨都与其具体实践本身存在着一定的差距,在关于神学之为"实践科学"的讨论中亦不例外。根据克尔凯郭尔对"系统神学"的批判态度我们可以断定,克尔凯郭尔在根本上认同基督教"实践"的而非"理论"的性质。但是,他的批判精神以及他耳濡目染的新教"虔敬派"教养使得他对以组织制度形式出现的基督教在根本上持怀疑和不信任的态度,这一点导致了他对基督教信仰在"生活世界"当中的具体执行者——"基督教会"及其"实践"提出了激烈的批判,他对"实践神学"的批判正是在这个意义上展开的。克尔凯郭尔在其生命的晚期,也就是自1854年12月开始,以真名在报刊上发表文章、出版小册子,公开与丹麦国教会展开论战。这个行为并非一时冲动,而是由来已久,早在假名写作时期他就通过各种渠道对丹麦国教会及其代表人物进行了批判,只不过批判的激烈和犀利程度无法与晚年的小册子相提并论。在下面的篇幅当中,我们将要梳理克尔凯郭尔在假名写作时期对其生活时代的丹麦基督教会及其实践活动的批判,这个批判集中反映在《附言》一书当中。由于从实践层面上对"实践神学"进行批判,克尔凯郭尔的批判具有较强的针对性,他直指其同时代的丹麦国教会以及有影响的丹麦神学家。可是,对丹麦新教神学

---

① 这样的例子不胜枚举。1431年,英法百年战争期间的法国女英雄贞德曾经被"异端裁判所"以"女巫"罪处以火刑,1456年教廷撤销了对她的判决,1920年封为"圣女"。哥白尼著作一度遭到教会禁止,直到二百年后才得到教廷解禁而获准印行。

思想背景的介绍在汉语学界并不充分,这种历史背景的欠缺直接造成了我们在阅读克尔凯郭尔时的困难。因此,在展开克尔凯郭尔对"实践神学"的批判的时候,我将对其批判的背景进行必要的说明。

1. 丹麦神学界的代表人物:明斯特和格伦德威

在《基督教史》一书当中,关于丹麦神学界的情况先后在"北欧国家的宗教改革"(第11章第8节)和"欧洲大陆其他国家的新教"(第17章第2节)中得到了反映,其篇幅总共占用4页纸,其中提到了与克尔凯郭尔对"实践神学"的批判有直接关系的两位丹麦神学家的名字:明斯特(Jacob Peter Myster,1775-1854)和格伦德威(Nicolai F. Grundtvig,1783-1872)。文中对明斯特的介绍如下:丹麦宫廷牧师,早年崇拜法国革命和理性主义哲学,后来受到康德哲学的影响。1834年到1854年担任西兰岛主教,丹麦教会的"首席领导",代表一种类似自由教会的倾向。而对格伦德威的描述则集中在他对丹麦的宗教生活产生很大改变之上,他主张教会以《使徒信经》为基础,重视教会权威、洗礼和圣餐,主张不要过分强调《圣经》的权威。[①] 这两位被以简约的笔法写入粗线条的中文基督教史著作中的丹麦神学家都与克尔凯郭尔有着密切的关系。

克尔凯郭尔的父亲米凯尔·皮特森·克尔凯郭尔出身于日德兰半岛的穷苦乡间,后由于个人奋斗而成为哥本哈根的富商。如此传奇般的经历使老克尔凯郭尔在社会认同和宗教信仰的问题上具有某种相当的"复杂性",这种"复杂性"又在很大程度上传给了他最小的儿子索伦·克尔凯郭尔。美国历史学教授布鲁斯·克姆斯在其采用社会背景和阶级分析方法所撰写的具有宏大叙事风格的名著《克尔凯郭尔在丹麦的黄金时代》一书中探究了克尔凯郭尔家族的宗教信仰。米凯尔·皮特森·克

---

① 王美秀、段琦、文庸、乐峰等:《基督教史》,江苏人民出版社2008年版,第296页。

尔凯郭尔信奉兴起于 17、18 世纪之交的德国的新教路德宗的派别"虔敬派","虔敬派"教士最早于 1704 年到达丹麦。"虔敬派"强调个体的虔诚,主张阅读《圣经》,反对戏剧、跳舞等世俗化的娱乐,具有个体主义和反教会组织的倾向。但是,"虔敬派"内部亦因主张有所不同而形成了不同的分支,其中有以哈雷教授弗兰克(August Hermann Francke,1663-1727)为代表的"哈雷虔敬派"(Halle Pietism)和以奥地利贵族亲岑道夫(N. L. Zinzendorf,1700-1760)在其领地上所开创的"亨胡特派",意为"主的庇护"(Herrnhutism)。"哈雷虔敬派"极端反对传统的正统教义和宗教仪式,但重视律法;而"主的庇护"派则更重视救世主的受难、鲜血和死亡,有较强烈的情感色彩,因此也被称为是"血淋淋的神学",而这种强烈的感情色彩又与其反理智主义、反教会制度的态度结合了起来。因此,"哈雷虔敬派"获得了丹麦国教会的支持,戏院曾被关闭一段时间,甚至所有的犹太人被强迫参加基督教活动,以期他们在新的世纪皈依基督教,只是其活动仅限于教士阶层;而"主的庇护"派则虽未获王室青睐,但却在民众中有广泛的支持者,尤其是农民阶层中间。1739 年,一个信奉"主的庇护"的普通会众组织"兄弟会"(Brødremenighed)在哥本哈根成立,而米凯尔·皮特森·克尔凯郭尔 1768 年到达哥本哈根当学徒之后立刻参加了该组织,其时他的亲戚已经是该组织的成员。[1] 另外,根据丹麦学者尤金姆·加尔夫所撰写的长达七百页的《克尔凯郭尔传》中所披露的材料,当 1811 年明斯特担任哥本哈根的主要教堂之一"圣母教堂"(Vor Frue Kirke)的助理牧师之后,他以其反对理性主义神学的态度很快赢得了哥本哈根上层社会的关注。1820 年,早已从不名一文的学徒摇身变为哥本哈根富商的米凯尔·皮特森·克尔凯郭尔放弃了"圣灵教

---

[1] 关于"虔敬派"在丹麦的传播以及克尔凯郭尔家庭与该教派的关系的论述参见 Bruce H. Kirmmse, *Kierkegaard in Golden Age Denmark*, Bloomington & Indianapolis: Indiana University Press, 1990, pp. 22 - 35。

堂"(Helligåndskirke)以及曾为他的儿女们行洗礼和坚信礼的布尔牧师(J. E. G. Bull),转向了明斯特。① 每逢星期日上午,克尔凯郭尔一家去听明斯特布道,而晚上小克尔凯郭尔则和父亲一起参加"兄弟会"的活动。② 明斯特还充当克尔凯郭尔的家庭导师和听忏悔者的角色,直到1828年他转至"城堡教堂"而不再可能充当克尔凯郭尔的家庭导师后,他仍然成为克尔凯郭尔父亲位于哥本哈根市中心"新市二号"的豪宅中的座上客,而他的宗教作品和发表的布道文亦受到米凯尔·皮特森·克尔凯郭尔的推崇。根据《克尔凯郭尔传》,老克尔凯郭尔曾许诺给小克尔凯郭尔一块钱,如果他能够高声诵读明斯特的一则布道文;倘若他能把白天听到的布道文写下来的话,他将得到四块钱。③ 很多克尔凯郭尔的传记作者都注意到了笼罩在克尔凯郭尔家族中的忧郁,而其中的原因又被追溯到米凯尔·皮特森·克尔凯郭尔的身上。据推断,米凯尔·皮特森·克尔凯郭尔在日德兰半岛放牧时于饥寒交迫之时诅咒过"上帝",而这个推断源自克尔凯郭尔写于1846年的日记(JJ:416):"对于那个男人来说多可怕啊,他在孩提时代曾在日德兰石南荒地上牧羊,受尽折磨,忍饥挨饿,筋疲力尽,他站在一座山坡上诅咒了上帝——这个男人在82岁的时候无法忘怀。"④克姆斯教授抛开了这种心理分析式的研究方法,他更多地专注于对克尔凯郭尔生活时代的社会变革的分析,专注于米凯尔·皮特森·克尔凯郭尔在历经社会地位的剧变之后对自己的身份认

---

① Joakim Garff, *SAK*, Copenhagen: Gads Forlag, 2000, p. 9.

② Bruce H. Kirmmse, *Kierkegaard in Golden Age Denmark*, Bloomington & Indianapolis: Indiana University Press, 1990, p. 35.

③ Joakim Garff, *SAK*, Copenhagen: Gads Forlag, 2000, pp. 7 - 10. 这里的"一块钱"(rigsdaler)直译为"国家银行币"。根据1840年的物价水平,薪水最高的公务员年薪为1200块,好地段的一套公寓的季租金为170块。

④ *SKS*, vol. 18, p. 278.
　根据尤金姆·加尔夫的《克尔凯郭尔传》,当克尔凯郭尔的哥哥 P. C. 克尔凯郭尔1865年第一次看到这则日记的时候,立刻"泪流满面",说"这是我父亲的故事,也是我们的。"参Joakim Garff, *SAK*, Copenhagen: Gads Forlag, 2000, p. 122.

同所生发的困惑。① 米凯尔·皮特森·克尔凯郭尔出身于日德兰最为贫困的乡村,因此更容易认同充满情感色彩的农民式的"虔敬派"信仰,尤其是亲岑道夫的"主的庇护"的主张。在刚刚步入哥本哈根开始城市生活之际,加入"兄弟会"在一定程度上帮助了米凯尔·皮特森·克尔凯郭尔保持其与原有的生活方式之间的联系,从而保护他不至于在面对全新的城市生活的时候茫然失措。而在稳居哥本哈根的富有阶层之后,米凯尔·皮特森·克尔凯郭尔很自然希望过上一种上流社会的生活,包括宗教生活,于是,后来成为西兰岛主教兼丹麦国教会大主教(Primate)、具有城市化和贵族化作风的明斯特就成为克尔凯郭尔家族的最佳选择。18 世纪末到 19 纪初丹麦教会中占据主流地位的是启蒙时代的理性主义宗教,而明斯特是 19 世纪早期反对理性主义神学的代表之一,他因其在宗教信仰方面所表现出的虔诚、有品位而不过分的特点受到了受过良好教育的城市上层中产阶级的青睐。与明斯特同属反理性主义神学阵营的另一位代表人物是格伦德威,所不同在于格伦德威具有民族主义(nationalist)和平民主义的作风,因此他在新兴的耕种自有土地的农民阶层当中拥有众多支持者。步入 19 世纪 20、30 年代,当格伦德威掀起一场宗教和文化运动的时候,他吸引了很多年轻的"主的庇护"的虔敬派成员加入,包括克尔凯郭尔的哥哥、后来在丹麦国教会担任圣职的 P. C. 克尔凯郭尔,他成为格伦德威最早的以及最具影响力的传播者之一。② 由于彼得的引见,格伦德威也成为米凯尔·皮特森·克尔凯郭尔家中的座上客。

　　总而言之,米凯尔·皮特森·克尔凯郭尔终其一生未能解决自己在身份和社会地位认同方面所产生的困惑,他努力在乡村和城市生活方式

---

① Bruce H. Kirmmse, *Kierkegaard in Golden Age Denmark*, Bloomington & Indianapolis: Indiana University Press, 1990, p. 260.

② Bruce H. Kirmmse, *Kierkegaard in Golden Age Denmark*, Bloomington & Indianapolis: Indiana University Press, 1990, p. 35, p. 39.

之间、在满足于农民式的虔敬信仰与争取主流社会和上流社会认可之间寻求一种平衡。父辈的困惑在两个儿子身上得到了完全不同的解决：大儿子彼得摆脱了虔敬派的影响，成为了一个坚定的格伦德威主义者，他甘心情愿地服务于国教会，并且在"体制"内稳步高升。而小儿子索伦则走上了与兄长完全相反的道路：他从父亲那里接受了更多的"虔敬派"的影响，培养起了一种反理智主义、反教会制度的思想倾向。更为重要的是，作为哥本哈根富有的大批发商最受宠爱的继承人，索伦具备了真正按一个"个体的人"、按照"单一者"生存的物质条件，他不必像他的父亲那样从社会底层一路苦苦打拼，而是坐享父辈带来的物质条件和社会地位。依靠父辈的劳动成果，索伦才有可能终生游离于"体制"之外，在父亲所尊重和爱戴的明斯特主教辞世之后他还公开成为国教会的敌人。在某种程度上甚至应该说，索伦是游离于整个社会发展的进程之外，他按照自己的方式孤独地思考和写作，按他自己的话来说，他属于未来而不是他所生活其中的时代。从这个意义上说，正是索伦·克尔凯郭尔把基督教"虔敬派"信仰体系中所推崇的"个体主义"以及个体的"自由"的思想维度推到了极至。人作为"个体"、作为"单一者"的存在及其所享有的"自由"是"上帝"赋予人的尊严，是人之"神性"的反映。根据《创世记》，"上帝"是按照他自己的样子造人的，因此人在一定程度上是具有"神性"的，即人是"自由的"。"个体主义"和"自由"的观念保证了人与人的平等，因为没有任何世俗的、人为的权威能够加诸另一个"单一者"之上。正是这种"个体主义"的思想视域造就了克尔凯郭尔早期的假名写作，同时也使其后期"基督教时期"的写作摆脱了向特定时代之下的丹麦教民发出吁请和呼告的狭隘性，从而具有了普遍性的意义。如果没有"个体主义"的思想维度，恐怕克尔凯郭尔会是一个乏味的人、顽固不化的人，他固执地不愿看到社会变革所带来的进步面向（任何社会的变革都会带来正面和负面的结果，但像克尔凯郭尔这样的人似乎只愿意看到消极的一面），更不愿跟随时代的脚步。因此，当基督教为了适应现代社会的需要逐渐向开明和宽容的方向发展的时候，当他的同时代人已经把信仰当成一年去几次教堂的日常生活程序来完成的时候，他依然恪守着原罪的观念，并且急切地呼请人们相信，"在上帝面前我们一无是处"，没有"上帝"我们将一事无成。克尔凯郭尔的"个体主义"挽救了他不致落入原教旨主义的境地。当克尔凯郭尔把基督教划归为"精神"、把信仰划归为"内心的沉潜"（inward deepening）的时候，当信仰被指定在"单一者"单独面对"上帝"才能实现的时候，克尔凯郭尔已经从根本上"解构"了组织制度层面上的宗教，基督教就是"内心性"和"个体性"，信仰的意义在于内心的虔诚。在这个问题上，克尔凯郭尔比"虔敬派"的立场走得更远，他彻底地否定了作为一种组织制度形式的宗教存在的必要性。其实，不仅在宗教信仰的层面上，在社会政治的层面，这种"个体主义"也是潜存一定的危险的，只有从哲学的层面上来理解，克尔凯郭尔的"个体主义"才是先进的，人生而自由，都应享受与他人同等的权利。

对于明斯特，索伦·克尔凯郭尔似乎一直抱有某种"幻想"。1850 年 9 月克尔凯郭尔以"反克利马克斯"的假名出版了《基督教的训练》（*Indøvelse i Christendom*），反对将国家与基督教捆捆在一起的所谓"基督教国家"的政治图景，主张将"该撒的"和"神的"分而治之。他曾送了一本签名的书给明斯特，暗中期待明斯特代表国教会"承认"他的批评。根据克尔凯郭尔日记，明斯特没有提出任何实质性的肯定或否定的意见，他只在私下与克尔凯郭尔进行了一次友好的但却闪烁其辞的谈话。明斯特一方面称赞克尔凯郭是一个"有才华的作家"，另一方面又指出这本书毫无用处，只是"每只鸟都应发出它自己的声音"。[①] 克尔凯郭尔显

---

① 参见 Bruce H. Kirmmse, *Kierkegaard in Golden Age Denmark*, Bloomington & Indianapolis: Indiana University Press, 1990, p. 449, p. 520。

然对明斯特的态度不满,但是直到明斯特于 1854 年 2 月 5 日去世,他才发动了对国教会的全面进攻,很可能是因为他不愿开罪明斯特主教。但是对于格伦德威,克尔凯郭尔的态度就有所不同了。从假名写作时期他就对格伦德威及其主张持怀疑和批判态度,认为格伦德威主义是世俗动机、不着边际的审美主义和迷信的"契约式宗教"(pact religion)的粗俗混合体。在《附言》当中克利马克斯对丹麦神学实践的批判很多都是直接针对格伦德威及其追随者的,而对系统神学主张的批判则更多是针对黑格尔主义者马腾森。

2. 与格伦德威的根本分歧:《圣经》还是教会?

公平地说,格伦德威是 19 世纪一位能量充沛且具有多变性的人物。他既是诗人、牧师,又是神学家、语言学家、历史学家,其写作跨越了宗教的界限而延伸至文化和历史领域。在丹麦国内,格伦德威的影响远远大于克尔凯郭尔,尽管在国际范围内情况正好相反。作为牧师,格伦德威所创作的赞美诗至今仍在教众中传唱[①];而他所抒写的充满爱国激情的诗歌以及对北欧神话体系的研究亦唤醒了丹麦民众的民族意识、历史意识和爱国主义热情。作为政治活动家,格伦德威在丹麦社会从君主专制向君主立宪制转换的进程中做出了重大贡献。早在 1838 年,也就是丹麦立宪运动前 10 年,[②]格伦德威就写出了"国王的话,人民的声音,自由在我们中间"这样的诗句;在宗教问题上,他亦提出了人道主义基督教的宣言,写出了"先有人,然后才有基督徒,这才是生活的秩序"的话语。[③]尤其不可忽视的是,格伦德威还是大众教育的倡导者。他主张把宗教教

① 在《丹麦赞美诗》当中共收入格伦德威创作的赞美诗 41 首。参见 *Danske Salmer*, udvalg ved Erling Nielsen, Copenhagen: Gyldendal, 1960, pp. 139 - 228。
② 丹麦立宪运动始于 1848 年,至 1849 年 6 月宪法颁布,未经流血斗争。
③ 转引自 Bruce H. Kirmmse, *Kierkegaard in Golden Age Denmark*, Bloomington & Indianapolis: Indiana University Press, 1990, p. 225, p. 227。

育从学校教育体系中清除出去,使学校成为传播知识和技能的场所。而他在此原则基础之上建立的世俗化的、面向广大公民的免费学校"人民中学"(Folkehøjskoler)的传统至今依然延续着,造福丹麦社会和丹麦公民。

　　格伦德威自 1803 年获得哥本哈根大学神学学位之后,其思想经历了数次重大的转变。早期他满怀浪漫主义的激情呼唤基督教与北欧宗教神话体系的结合,呼唤着一种新型的诗化民族文化的诞生。自 1811 年起,格伦德威开始了一段长达 4 年的自我怀疑和沉寂时期,并且开始彻底否定将基督教与北欧神话相结合的想法,批评它是一种异教的、浪漫主义的混合物,并且走到了另一个极端,提出基督教与文化彼此相反对的观点。到了 1830 年,格伦德威进入了思想的成熟期,他主张文化与基督教分立,并且提出了自己对基督教的全新的、积极的理解,名之曰"无与伦比的发现"(den mageløs Opdagelse)。[1] 在《附言》当中,克利马克斯多次指名道姓地批判过格伦德威的"无与伦比的发现",同时克利马克斯还不忘对格伦德威在青春年少时节热衷于北欧神话时所歌颂的"北欧的希望"、"北欧的青春"等字眼进行冷嘲热讽。根据同时代人的回忆,生活中的克尔凯郭尔在提到格伦德威的名字的时候总是冷嘲热讽,而讽刺的焦点亦集中于格伦德威自诩的"无与伦比的发现"之上。他讽刺格伦德威是一个"天才",而所谓"天才"就是发现了别人没有发现的。根据汉斯·布伦施呐的回忆,克尔凯郭尔曾经把"无与伦比的发现"称作"无与伦比的愚蠢"。[2] 但是真正对格伦德威"无与伦比的发现"的严肃批判则是在《附言》第 1 部、第 1 章第 2 节"关于教会"当中。[3]

---

[1] Bruce H. Kirmmse, *Kierkegaard in Golden Age Denmark*, Bloomington & Indianapolis: Indiana University Press, 1990, pp. 199 – 200.

[2] *Encounters with Kierkegaard: A life as Seen by His Contemporaries*, edited by Bruce Kirmmse, Princeton University Press, 1996, p. 194, p. 246.

[3] *SKS*, vol. 7, pp. 41 – 52; *CUP* I, pp. 34 – 46.

那么,格伦德威自诩为"无与伦比的发现"的具体内容是什么? 在格伦德威的思想历程当中曾经有过一段自浪漫主义的泛神论转向《圣经》的基督教"的阶段,但是他很快就意识到,《圣经》作为一部历史文献充满了矛盾和晦涩,而且《圣经》当中并没有关于"三位一体"、"神恩"等为绝大多数基督教会和教徒认可和接受的信条的明确陈述。于是格伦德威做出了如下推论:《圣经》需要解释,而解释的权利往往给予了神学教授和《圣经》专家,所以《圣经》是不可靠的,由此他开始对正统路德派所推行的以《圣经》作为基督教信仰的唯一绝对权威的所谓"《圣经》原则"(sola scriptura)展开了批判。1825 年格伦德威提出了所谓"无与伦比的发现",它其实就是一种"教会的观点"(kirkelig Anskuelse)。格伦德威直接针对新教路德宗推崇的以《圣经》作为基督教信仰的唯一权威的原则,指出《圣经》只不过是"死的"经卷。他说:"甚至《圣经》也不是有效的,因为它既不是上帝、也不是人、不是精神,它只是一本书,也就是死的东西,它并不会自己说话,只会在精神上和肉体上受人的摆布。因此,如果我们忘记了这一点,在说起《圣经》的时候就好像它能够思想、言说、行奇迹似的,这恰是中世纪迷信的残余。"[1]与"死的"经卷相对的、真正记载着"上帝"的"活的言辞"(det levende Ord)的则是一种"口头传统",它通过耶稣的祈祷、在洗礼和圣餐式中说出的言辞以及《使徒信经》(Apostels' Creed)这些直接出自上帝口中的话而在教众中传播。这种"口头传统"才真正构成了基督教的"生命之源"(Livskilde),相比之下,《圣经》只不过是"光之来源"(Lyskilde)。如此一来,格伦德威在挑战了路德宗教改革所树立的以《圣经》为权威的原则之后转向了教会的权威,恰恰是这一点引起了克尔凯郭尔的警惕。克利马克斯明确指出,格伦德

---

① 转引自 SKS, K7, p. 120。此言出自格伦德威的论文《路德改革真要继续下去吗?》(Skal den Lutherske Reformation virkelig fortsættes?),载于《基督教与历史月刊》,第 1 辑,哥本哈根,1831 年。

威从"《圣经》不可能抵御住怀疑的侵袭"这一点出发提出放弃《圣经》作为可靠的根据,之后他转向了教会,这完全是一个"丹麦的观念"。[①] 在路德的宗教改革中,理解和解释《圣经》的权利并没有局限在神学教授和神职人员之内,而是"下放"给每个信徒本人,路德认为每个基督徒可以自己解读《圣经》并据此做出自己的判断,从而做到直接与"上帝"进行沟通。所以在路德的倡导下,《圣经》才被翻译成了各种民族语言,从而使得普通教众也有可能直接阅读它。路德此举瓦解了天主教会的霸权,开启了宗教信仰层面上的个体主义思想,但他的行动并没有导致彻底的个体主义。路德强调每个基督教徒都可以成为自己的牧师,但是他并没有忘记信徒团体在保留基督教信仰传统、传道和施行圣事的功能。路德强调,信徒团体成员彼此间是有责任的,也就是说,每个基督教徒在身为自己的牧师的同时,他还有责任关心教众群体中的其他信徒,为他们祈祷并提供指导。他从不轻视圣事的功能,认为圣事是"上帝"的恩典传达至人类的渠道。问题是,即便如此,在格伦德威看来,路德通过"《圣经》原则"有瓦解教会和导向个体主义的倾向。为了反对这个动向,格伦德威坚决主张,基督教信仰应该依托于一个教众团体、一个膜拜团体,他希望通过对圣事和《使徒信经》的强调而重振基督教会的权威。如此,克尔凯郭尔与格伦德威的冲突的根源也就暴露无遗。克尔凯郭尔十分珍惜新教所开创的个人主义传统,在从小耳濡目染"虔敬派"反教会制度的思想之后,他把宗教信仰层面上的个人主义推向了极端。他从不认为信仰会存在于教众群体中间,他对 19 世纪所出现的"集体受洗"的现象大加嘲讽,因为"上帝"只会一对一地与个体发生关联。克利马克斯在《附言》中指出:"正是基督教赋予了单个的主体(det enkelte Subjekt)以巨大的意义;基督教只希望与个体单独地建立关联,从而与所有的人以个体的方

---

① *SKS*, vol. 7, p. 42; *CUP* I, p. 36.

式建立关联。"①由此,克尔凯郭尔把教会和长达 1800 年之久的基督教历史排除在信仰的因素之外,使信仰成为了个体与"上帝"之间的一桩"密谋"。这个态度使我们联想到克尔凯郭尔在《畏惧与颤栗》中借助假名作者"沉默的约翰尼斯"笔下的亚伯拉罕。在根本上,"沉默的约翰尼斯"与克利马克斯在《附言》中一直强调的基督教是精神、信仰是内心性的观点是一致的。

《创世记》中的亚伯拉罕独自领受了耶和华的命令,他在绝对的孤独和有意遮蔽自己意图的情况下,执意听从"上帝"的旨意而否弃伦理的信条,准备杀掉自己的儿子以撒作为"上帝"的燔祭。"沉默的约翰尼斯"把亚伯拉罕视为"信仰的骑士",不仅是因为亚伯拉罕把"上帝"的命令视为高于全部世俗的—人世的伦理准则之上,也不仅因为他毫无条件地服从了"上帝"的命令,更是因为,在"上帝"与亚伯拉罕之间不存在任何中介和阻隔,例如教会组织,人与"上帝"的沟通是畅通无阻的。在克尔凯郭尔看来,这才是信仰的真谛,亚伯拉罕式的信仰在时间上是先于作为一种组织制度而存在的基督教的,也是先于基督教会的。从精神上看,作为真正的"信仰的骑士",他超越于教会及教会制度之上。事实上,"教会"的概念并不是一开始就有,至少在耶稣开始传教活动的时候它并不存在,耶稣是作为与掌管犹太人信仰活动的拉比和律法师的对立面而出现的,在某种程度上他也是"异端",尽管那时并没有这个词汇。当耶稣被彼拉多钉死在十字架后,他的弟子们甚至因为害怕而作鸟兽散,他所开创的事业一度面临被终结的危险。只有在"复活"的传闻出现之后,以彼得为首的耶稣的追随者才重新恢复信心,并且开始冒着被迫害的危险四处宣讲福音,基督教的社团和教会也由此建立起来。这段历史告诉我们,"教会"是历史的产物,是人的产物,因而它也是一个世俗的组织。对

---

① *SKS*, vol. 7, p. 54; *CUP* I, p. 49.

于这样的一个世俗组织以及组织制度形式支撑的基督教,克尔凯郭尔有着一种根本的怀疑和不信任。按理说,作为世俗组织的一员的教士阶层跟普通会众一样同是"上帝"的子民,只是在现实中,教会和教士阶层虽不敢说"代神立言",但至少具有了"传达神意"的权威,相应的,教士阶层也成了"为圣事劳碌而吃殿中的物"①的特权阶层。教会和教士阶层在神圣旗号的掩护之下成为人世间的权威,这一点却是有违《新约》所传达出的平等精神的。自从《创世记》定下了"人是按照上帝的样子所造"的基调,人类的尊严以及人与人的平等也就有了"神圣的"依据。在《新约》中,耶稣的宗教改革的主旨之一就是爱和平等,人与人之间的平等,因为所有的人都为"上帝"所爱,所有信仰基督的人都超越了种族、阶层、性别的差异而与基督合一。保罗曾说:"你们受洗归入基督的,都是披戴基督了。并不分犹太人、希腊人;自主的、为奴的;或男或女;因为你们在基督耶稣里都成为一了。"②虽然耶稣宣扬的是一种无等差的神爱的理念,但是在现实生活当中,这种理念却很难现实化,即使耶稣本人也有着明显的倾向性,只不过他的倾向不仅没有遵循和参照世俗的等级,而恰恰是有意要打破这个世俗的等级,希望在信仰的天平上树立起一个新的等级。在《新约》中,耶稣会见来自社会各个阶层的人士,他不仅没有摒弃那些挣扎在社会底层的受疾病和贫穷困扰的人们和被社会所抛弃的罪人,而且在一定程度上把进入天国的希望寄托在这些人身上,因为"骆驼穿过针的眼比财主进神的国还容易呢"。③ 显然他对富人和有权势者不感兴趣。换言之,虽然耶稣的全部努力是希望建立起一个超出人类经验世界之上的新的政治秩序,但在实践中,他的政治诉求却无法脱离人间。

　　克尔凯郭尔揭示出了宗教自身所面临的根本无可化解的矛盾。克

---

① 《哥林多前书》9:13。
② 《加拉太书》3:27—28。中文版《圣经》中"希腊人"写为"希利尼人"。
③ 《马太福音》9:24。

尔凯郭尔认定，信仰是"内心性"，是"精神"，真正的信仰只发生在作为主体的个体与超自然的"上帝"的交往之间，其间不应存在任何世俗组织和权威的阻隔。但是，在具体实践当中，信仰必定要寻求其"外化"的形式，它不得不依托于某种组织、制度和必要的仪式才具有存活和发展的基础。而信仰一旦被"外化"，一旦落入世俗的、人间的组织之手，它也就难以避免地被人性的弱点所腐化，从而成为难以化解的纠纷和激烈斗争的源泉。或许正是这个原因才使克尔凯郭尔把宗教生活的奥秘归诸为"荒谬"？一旦"荒谬"被消除，宗教生活的根基也就不复存在。基督教充满了理论上的矛盾，作为基督教信仰核心的"三位一体"和"道成肉身"的信条根本无法通过理智的审查，克尔凯郭尔认为，它们在根本上与理智为敌，我们必须另有"器官"方能把握。在伦理和实践层面上，基督教的矛盾更是层出不穷。基督教宣称掌握的是绝对真理，但是基督教思想史却充满了谬误和邪说；基督教宣扬平等和博爱，号召人们克服人性中的贪婪、愤恨以及所有遮蔽生命意义的假象，追求一种超越于世俗享乐之上的精神幸福，但是在历史和实践中，它不止一次地步入歧途，成了文化帝国主义和偏狭的教条主义的温床。所有这些都是"荒谬"的表现，虽然这里所说的"荒谬"要远远大于克尔凯郭尔所谓的"荒谬"的内涵。问题是，在把宗教生活的核心归诸"荒谬"之后，克尔凯郭尔仍然心甘情愿地去信仰。他信仰的不是丹麦国教会所领导和实践着的基督教，而是"《新约》基督教"。他认为，如今的信仰太容易了。在国教会的体制之下，成为基督教徒成为了公民的自然权利，信仰早已丧失了深度而只剩下了形式；教士阶层更像对待一般工作那样拿着国教会的工资养活妻子儿女，而不是像《新约》中的使徒们那样过着清贫生活。在19世纪基督教信仰日渐式微的世风之下，克尔凯郭尔提出以"《新约》基督教"为信仰的准绳，在一定程度上是要"调高"基督教徒和基督教会的标准。从人文主义的立场出发，在宗教的影响力日趋下降、世俗化倾向日益严重的世风之下，克尔凯郭尔的思想主张显得既僵化保守，又古怪而不合时宜，明显存在着前启蒙时代的护教论的残迹，他对"原罪"的强调使他与人文主义格格不入。但是我们不要忘记克尔凯郭尔思想张力的另一极，即他对个体的极端重视，正是这一点"拯救"了克尔凯郭尔。克尔凯郭尔根本就没有改革教会运作制度的愿望，他一生中只有短暂的一刻曾想进入"体制"，之后便一直游离于"体制"之外。鉴于此，我们应该更多地考虑克尔凯郭尔对教会制度的怀疑以及他对国教会的猛烈抨击，考虑到他对"个体直接面对上帝"这一新教原则的重申，而这个思想背景往往是西方的神学家们所不愿提及或有愿回避的，他们宁愿把克尔凯郭尔视为是基督教的"殉道者"、教会的改革者甚至带有原教旨主义意味的人物。在这种情况下，我认为，克尔凯郭尔提出"《新约》基督教"为信仰的蓝本其实就是为了绕开、撇开国教会领导下的基督教，真正像耶稣所教导的那样把"该撒的"世界和"神的"世界分开，抛开个体与"上帝"之间的"中介"，让"个体"以"单一者"的面貌直接面向"上帝"。在这一方面，克尔凯郭尔比路德走得更远、更坚决。换言之，"使成为基督教徒变得困难起来"不是说要使那些"准基督教徒们"应对来自外在的压力，而是要使他们真诚地面对自己的内心，看看自己是否已经准备好以"个体"—"单一者"的身份面对"上帝"。克尔凯郭尔想说的是，成为一名基督教徒完全是个体的选择，而不应当成为国家、教区、家庭的决断。信仰不仅不能成为一种集体行为、国家行为，甚至信仰也不是理智认知的产物，信仰完全是个体出自情感和意志的选择，它只关乎一点，即个体是否认同和接受宗教经验及其道德主张。克尔凯郭尔希望通过自己的写作告诉每一个选择成为基督教徒的人，自己并不是教众团体的一分子，而应该是独自站立在"上帝"面前的"个体"、"单一者"，这一点且不论在19世纪并非每个人都能明确地意识到，即使在今天亦不可做过于乐观的估计。克尔凯郭尔本人身体力行了自己的主张。如果说在19世纪他的主张和行为或许因为极端、不合时宜而不被理解,那么,进入 20 世纪以来,克尔凯郭尔的基督教信仰观则显得极具启发性。在对宇宙、世界以及自然和人类历史的科学理解早已深入人心的今天,宗教的意义愈加鲜明地体现在对个体人生的洞察和反省之上,体现在对整个人类生存的意义、目的和价值的理解之上。在当今的历史条件下,在"理智"与"信仰"之间盘根错节的关系被多方梳理的情况下,在形成了科学的世界观和对世界范围内其他宗教的存在的意识的前提下(19 世纪"欧洲中心论"思想使得所有的非基督教徒被视为是"异教徒"),如果有人仍然选择成为基督教徒,这种选择必定出自选择者的个体经验和内在需求,表明选择者愿意把基督教的信条和道德主张视为是自己的人生指南。信仰在今天完全是个体自身的事,这就是克尔凯郭尔的写作向我们开显出来的意义,同时也是选择成为基督教徒在这个现代的—后现代的世界当中的意义。

毫无疑问,克尔凯郭尔对"个体"、"单一者"单独直接面对"上帝"的极端强调否定了教会和教众群体存在的意义,这一点是克尔凯郭尔与格伦德威的根本分歧之所在。只是,宗教活动和宗教礼仪仍然进行着,格伦德威在追求所谓"活的言词"时非常重视"祈祷"、"洗礼"和"圣餐",并在讲道的过程中加入了大量的浪漫主义的审美化的因素,这些行为引起了克尔凯郭尔的强烈反感,因此他没有忘记对教会的具体实践进行批判。

3. 教会实践批判

在克尔凯郭尔的内心里一直存在着一种根深蒂固的"对立"和"分裂":"现象"与"本质"之间并无"统一性"可言。在《非此即彼》的开篇之处,克尔凯郭尔假借虚拟的出版者"胜利的隐士"之口以"内在的就是外在的,外在的就是内在的"戏仿了黑格尔在《逻辑学》中所提出的"现象与本质的统一"的命题,并且毫不犹豫地对此命题及其代表的思辨哲学思维方式提出了怀疑。① 如果说这种怀疑在《非此即彼》当中更多地是出自克尔凯郭尔对个人情感经历的体悟以及对"生活世界"的敏锐观察,那么到了克利马克斯的阶段,这种怀疑则进一步扩展到了对宗教现象的观察和考量的层面之上。他把路德在"可见的教会"(en synlig Kirke;visible Church)即现实的教会与"不可见的教会"(en usynlig Kirke;invisible Church)即理想的教会之间做出的区分进一步对立起来。② 路德认为,只要是由"圣灵"扶持的教会、以"上帝"的话教导人的教会就是真正的教会。真正的教会不会在教义上犯错,但却时常会在事功和行动上犯错。③ 克尔凯郭尔从"虔敬派"传统中汲取的反教会、反教士的态度使得他拒斥"可见的教会"在信仰问题上的作用。克利马克斯采纳了思辨哲学的术语"客观性"与"主体性"对应"可见的教会"和"不可见的教会",认为二者根本无法调和。换言之,正如克利马克斯所指出的,"基督教就是精神、是主体性、是内心性",那么,真正的信仰就不需要"可见的教会"的支撑。而如果"客观性"一定要加入信仰的领域,那它就是一个"不幸的范畴",信奉"客观的"基督教的人也就成了不折不扣的"异教徒",这样的结局是悲喜交加的。④ 至于何谓基督教的"客观性",克利马克斯认为,这些"客观性"的东西指的就是一个人不可能将自身的"永恒福祉"建基其上的东西,在《附言》中他直言不讳地列举了如下方面:(1)教会理论及教会历史;(2)《圣经》批判;(3)格伦德威倡导的《使徒信经》;(4)作为接受信仰之标志的洗礼式。⑤ 前面我们已经讨论了克尔凯郭尔对教会的根本性的怀疑,讨论了他对以图宾根学派为代表的"圣经批判学"的批判,下面我

---

① *SKS*,vol. 2,p. 11;*EO* I,p. 3.

② *SKS*,vol. 7,p. 58,p. 332;*CUP* I,p. 54,p. 364.

③《马丁·路德文选》,马丁·路德著作翻译小组译,中国社会科学出版社 2003 年版,第 145—146 页"论教会"。

④ *SKS*,vol. 7,pp. 48 - 49;*CUP* I,p. 43.

⑤ *SKS*,vol. 7,pp. 30 - 54;*CUP* I,pp. 23 - 49.

们要考察的就是他对于"洗礼"的批判。

为什么单挑出"洗礼"这一仪式进行批判？为了回答这个问题，我们必须从基督教的"圣事"或"圣礼"的起源及意义谈起。从词源上看，"圣事"或"圣礼"（sacramentum）的原意为"神圣的符号"（holy sign），直到公元三世纪，这个词汇才出现在基督教文献当中，德尔图良是最早使用该词的人。经过了拉丁教父的发展，"圣事"的涵义不仅仅指单纯的"符号、迹象"或者"仪式"，而是指具有一定形式的宗教礼仪，它借助某种可见的形式而赋予领受者不可见的基督的爱和祝福，象征或者帮助参加宗教礼仪的人经历生命中的转变。① 在基督教传统中共有七大"圣事"，它们分别是："洗礼"（Baptism）、"圣餐"（Eucharist 或 Holy Communion，天主教称之为"弥撒"即 Mass）、"坚信礼"（Confirmation）、"婚配"（Matrimony）、"告解"（Penance）、"傅油礼"（Unction）、"派立礼或授神职礼"（Ordination）共七项。但是自《新约》时代，基督教会的核心"圣事"只有"洗礼"和"圣餐"两项。根据《马太福音》末章的记载，耶稣命自己的门徒奉圣父、圣子、圣灵的名为各地的人们受洗，而在他被钉上十字架前夜的"最后的晚餐"中亲自施行了"圣餐"，这两项"圣事"相当于是耶稣亲自定立的，因此新教只承认"洗礼"和"圣餐"两项为"圣事"。在历史上，很多教派之争皆因就"圣事"的数目、礼仪形式的分歧而起。16 世纪耶稣会士到明朝的中国传教时曾根据中国的文化传统对"圣事"进行调整，尤其是在与妇女打交道的时候，此举饱受天主教会的批判。可见，宗教礼仪之于宗教生活的意义非同一般。任何一种文化都有一整套具有象征意义的礼仪，通过象征符号和礼仪活动来表达自身的意愿已经成为了人的本性。创建了文化哲学体系的德国哲学家卡西尔就明确希望把人定义

---

① Linwood Urban, *A Short Hisotry of Christian Thought*, Oxford: Oxford University Press, 1995，pp. 255－256.

为"符号的动物",因为人类不再生活在一个单纯的物理宇宙之中,而是生活在一个"符号宇宙"之中;人们被语言、艺术、神话符号和宗教礼仪所包围,而恰恰是借助这些人为的中介,我们才能认识自己。[①] 在具体实践当中,礼仪活动不仅具有标识某些重要的纪念日的功能,还具有激发同一文化群体的忠诚感、责任感和归属感的作用,宗教礼仪对维持教会的权威以及加强教众群体的凝聚力的作用尤为显著。不过,在克尔凯郭尔心目中一直存在着"可见的教会"与"不可见的教会"之分,而且他认为,"外在的"礼仪与"内在的"信仰之间并不能建立起一条"自动的"通道,尤其是,他重视信仰的个体性,反对将个体的、主体的信仰依托在教会领导下的教众群体之中,更何况"外在的"礼仪还是由世俗的教会组织所掌控的,于是他对宗教礼仪的作用表示怀疑,其矛头更是指向标志着入教仪式的"洗礼式"。

在精神层面上,古代教会定立了三种"洗礼式",即水洗礼、圣灵洗礼和血洗礼(即殉道者的洗礼);而在宗教礼仪的层面上,"洗礼式"分为注水洗礼和浸水洗礼两种不同形式。每一种宗教仪式都离不开该宗教由以产生的文化背景,"水"在众多文化传统当中都具有"清洁"、"生命的延续与死亡"等丰富的内涵。自《新约》时代起,"洗礼式"开始与"圣灵的恩赐"、"涤罪"、"死亡与复活"以及"加入基督教教众群体和教会"这些涵义联系在一起。[②] 随着基督教对"原罪"的强化,"洗礼式"的功能不仅在于涤除人们所犯的真实的罪过,而且在于涤清"原罪"。至 16 世纪宗教改革时期,包括路德、加尔文、茨温利在内的主要改革者都主张将"涤除原罪"的功能从"洗礼式"中革除,结果使得婴儿洗礼的意义问题被凸显出来。于是,在瑞士和德国南部兴起了一个宗教改革派别,代表人物为格

---

① 卡西尔:《人论》,甘阳译,上海译文出版社 1985 年版,第 31—34 页。
② 关于"洗礼式"的功能及至宗教改革时期的变化,参见 Linwood Urban, *A Short History of Christian Thought*, Oxford: Oxford University Press, 1995, pp. 291 – 292。

雷贝尔(Conrad Grebel，1498-1526)、曼兹(Felix Manz，？-1527)和胡普麦耳(Balthasar Hubmaier，1480-1528)。他们提出了反对婴儿洗礼、主张当个体成熟到能够做出接受基督教信仰的时候重受洗礼的主张，因此被视为是"重洗派"或"再洗派"(Anabaptist)。"重洗派"的主旨是"信仰者的洗礼"，在信仰问题上他们更加强调个体与"上帝"的直接沟通，希望回归到早期基督教会的单纯状态。在政治上，他们因拒绝服从世俗政权、主张在人间建立"上帝的天国"的公平社会而被视为基督教历史上的"激进宗教改革派"(Radical Reformation)或者"左翼宗教改革派"。"重洗派"反对自君士坦丁以来的政教合一的局面，拒不接受世俗社会完全基督教化的观念。在对待世俗政权的态度上，他们倡导和平主义，拒绝为国家军队效力；同时不承认国家权力，自认是"上帝"的天国的子民。或许正是由于"重洗派"存在着瓦解教会和世俗政权的潜在可能性，或许是该运动与德国农民运动领袖托马斯·闵采尔有关，"重洗派"同时受到天主教会、加尔文和路德的新教教会以及世俗政权的迫害。据《基督教简史》一书，至 1535 年，被迫害致死的"再洗派"教徒达到了 5 万人，其数目可能超过了基督教兴起的前三个世纪当中受到罗马帝国迫害的基督教徒的总数，虽然这种迫害使得"重洗派"朝着更加激进的方向发展。[1]

值得注意的是，克尔凯郭尔在反对婴儿受洗、主张成人才有资格接受洗礼的问题上与"重洗派"的立场是一致的。在《附言》中克利马克斯多次提出质疑，既然"洗礼式"是作为入教仪式，而入教又意味着对基督教信仰的接受，那么，为刚出生 14 天的婴儿受洗意义何在？一个婴儿无论如何是不能做出接受信仰基督教这样的决断的。不仅如此，克尔凯郭尔并没有避讳"重洗派"之为"异端"的地位，相反，他不怕受到"异端"的

---

① R. Dean Peterson, *The Concise History of Christianity*，英文影印本，北京：北京大学出版社，2002 年，第 224—226 页。

指责。他以嘲讽的口吻说,在"全民皆教徒"的情况下一个人若想真正地"成为"基督教徒,此人必须使这种"转变"秘密地发生在个体的内部而不应有任何外在的行动,否则就有落入被指责为"重洗派"及类似的"异端"的危险。① 在婴儿受洗还是成人受洗的问题上,克尔凯郭尔与路德的意见是相反对的。路德不仅赞成婴儿洗礼式,而且还强烈谴责"重洗派",而无论是支持还是反对"重洗"的理由和根据都出自《圣经》中耶稣的一句话:"信而受洗的必然得救"②。"重洗派"据此提出,耶稣的意思是说只有接受了信仰的人才有资格接受洗礼;而路德读出了另外的意思,即"洗礼式"的意义不仅在于对信仰的宣示,同时它还将是对信仰的召唤,这中间有一个信心的问题。路德指出,"重洗派"之所以反对婴儿受洗,其根据在于小孩子尚未获得理智。但事实上理智对信仰并无贡献,相反,小孩子恰恰因为理智尚未形成,反而更容易在教众群体的帮助之下接受洗礼。因为成就"信而受洗的必然得救"的大事的并不是水,而是"与水相联的上帝的话",通过"上帝的话",人们得以在精神上"重生"。路德写道:"上帝若能赐圣灵给成人,也就能赐给孩童。信心是由上帝的话而来,人听了上帝的话以后,就会有信心。孩童在领洗时,就听到上帝的话,因此,他们也会领受信心。"③总之,拒绝婴儿参加洗礼式在路德看来就是忽略了信心的作用,而忽略了信心也就是忽略了"上帝"的恩典,而把得救的希望寄托在了事功之上。

克尔凯郭尔当然不会忽视路德的论证,相反,我们有诸种证据表明他很重视路德的观点,在行文中多以间接的方式对路德的观点进行回应。路德希望在信仰的主体性和客观性两个方面之间力求保持某种平

---

① *SKS*, vol. 7, p. 332; *CUP* I, p. 365.

② 《马可福音》16:16。

③ 《马丁·路德文选》,马丁·路德著作翻译小组译,中国社会科学出版社 2003 年版,第 41 页,第 144 页。

衡。他公开声明，基督徒必须走"中庸之道"，也就是说，既要坚决地与顽固不化的仪式派做斗争，同时也要努力学习遵守一定的礼仪，自觉约束自己的行为，因为礼仪之于基督徒的生活的重要性就好比工程师与建筑家都离不开图样一样。① 与路德不同的是，在信仰的问题上克尔凯郭尔只坚持个体的主体性，并且将之绝对化。在他的心目中，个体之为主体只能单独出场面对"上帝"，因为这一点是"上帝"之为主体对人所提出的起码要求。根据克尔凯郭尔，基督教信仰在本质上只关系到主体及主体的生存问题，因此，它不仅与人的理智无关，而且理智对基督教信仰甚至构成了一种"冒犯"。在这个问题上，路德对"重洗派"的驳斥是不适用的。克尔凯郭尔把信仰与主体的生存联系在一起，这也就等于把信仰变成了一个"生成"和"选择"的问题：即人并不是生而为基督教徒的，而是通过"选择"和"决断"而成为基督教徒；这个选择的动力不在"理智"，而在于"意志"。从"选择"和"意志"能力的角度出发，克尔凯郭尔完全有理由拒绝婴儿洗礼式。在他看来，成为基督教徒、接受基督教信仰是一桩困难的事，只有当个体在思想成熟之后，在经过了个体生活当中痛苦的考验之后才能做出是否接受基督教信仰的决定，因为"信仰是通过绝望和冒犯而赢得的"。② 面对人生中意义如此重大的一个决断，任何一个婴儿都无力做出决断，他的决断只能由"他者"代为完成。往好处说，婴儿接受洗礼式的意义标识着一种可能性，即这个婴儿将来有可能成为基督教徒。往坏处说，婴儿洗礼式与信仰毫无关系，其结果不过是获得教会出具的受洗证书，获得一个基督教徒的名分而已。在某种程度上，婴儿洗礼式的不受批判的流行恰恰说明，基督教信仰正遭遇着名存实亡的危机。

---

① 同上书，第 30—32 页。
② *SKS*, vol. 7, p. 339; *CUP* I, p. 372.

于是,克尔凯郭尔回到了"洗礼式"的本真意义上来,受洗表示接受基督教信仰,而这个接受并不是口头上的、名义上的接受,而是个体对于基督教信仰的"接近"、"占有"(Tilegnelse;appropriation),这个过程是"主体性的"。克利马克斯/克尔凯郭尔指出,其实在路德著作的字里行间都充满着这个概念,他甚至从路德的《教会被掳于巴比伦》(*Von der babylonischen Gefangenschaft*)一文中摘取了一整段话,利用路德对天主教会在圣事问题上的态度的批判来反问:如果没有了对信仰的"接近"、"占有",那么路德的益处何在?[1] 答案很明显:如果没有了对信仰的"接近"、"占有",所谓"圣事"都会沦为"客观的"仪式,沦为表面文章,它缺乏了主体性的投入,缺乏了"内心性"。这样的信仰远离信仰的本真涵义,它不会对个体的生存起到任何帮助。至于路德批判"重洗派"忽略了"上帝"的恩典而只看到人类的事功一事,克利马克斯/克尔凯郭尔回应说,"洗礼式"的意义只表明个体同意加入"可见的教会";至于该个体是否从精神上真正地加入了"不可见的教会",这种"对心的评判"(dømme Hjerter)的权力只在"上帝"。[2] 这也就等于说,在信仰的天平上没有任何世俗的机构和"他者"的位置,只有"上帝"才有资格充当审判官。克尔凯郭尔对信仰之为"主体性"和"内心性"的强调,他对"可见的教会"的根本性的怀疑和反感,这些都使得他远离"可见的教会"及其实践活动,成为了一个不似基督教徒的基督徒。

克尔凯郭尔不仅在反对婴儿洗礼的问题上与"重洗派"立场相同,在反对"政教合一"的问题上,他实际上也与"重洗派"站在了同一阵营。

克尔凯郭尔一贯强调,基督教是有分别的、有区别的宗教,并不是每个人都能够"接近"、"占有"基督教的。可能正是基于这个考虑,克利马

---

① *SKS*,vol. 7,p. 333;*CUP* I,p. 366.

② *SKS*,vol. 7,p. 332;*CUP* I,p. 364;

克斯才把"使成为基督教徒变得困难起来"作为自己的目标,这个目标直指丹麦国教会及其将基督教"自然化"(naturalisere)的倾向,这个倾向正是通过婴儿洗礼式而实现的①。在克尔凯郭尔看来,教会在实践活动中远离了基督教信仰的本意,把原本应该通过个体在战胜了"绝望"和"冒犯"的灵魂拷问之后"选择"成就的事情替换成人的一项自然权利,将"成为基督徒"等同于人的公民权,这种做法只有当"教会"与国家政权两相结合而形成所谓的"基督教国家"的时候才能实现。问题是,"上帝的国"与"该撒的国"是两回事,它们永远不可能合而为一。相应的,一个世俗国家亦不可能做到全民基督教化,基督教应该成为"有分别"的宗教,只有那些真正经历过并且战胜了内心的"绝望和冒犯"的个体才有资格成为基督教徒。于是,与婴儿通过洗礼只是获取了一个基督教徒的"名分"相反对的,当个体通过选择而成为基督徒的时候,他是在"把自己的名字给予基督教"。克尔凯郭尔采用了一个拉丁术语 *nomen dare alicui*,直译为"把自己的名字给予某某",其原意指在罗马时代加入并服务于军队。② 对此我们或许应该理解为,克尔凯郭尔希望每个通过选择而成为基督教徒的个体有可能对基督教做出"贡献",做出"增补";"基督教的历史"并不是由教会的存在为标志的历史,而应该是由选择接受了基督教信仰的个体"层叠累积"而成的历史。也正是从这个角度出发,克尔凯郭尔与"重洗派"的立场有着根本的区别:"重洗派"除了改革信仰之外,真心希望在人间建立起一个和平、平等的"上帝的王国",因此有可能触动当权者的神经;而克尔凯郭尔没有明显的政治诉求,他的做法只关乎个体的信仰,关乎在新的历史条件下,基督教信仰如何才能对个体及个体的生存发生意义的问题。

---

① *SKS*,vol. 7,p. 334;*CUP* I,p. 367.
② *SKS*,K7,p. 339.

　　最后,我们再来看看克尔凯郭尔对加尔文支持婴儿洗礼式的根据的
一种回应,虽然这部分内容是在克利马克斯讨论基督教徒的培养的时候
间接提及的。在反对"重洗派"的时候,加尔文除了像路德一样强调教众
群体对孩童接受信仰的作用之外,他还从《圣经》中耶稣对小孩子的器重
的事例当中寻求证据。① 虽然没有点出"加尔文"的名字,克利马克斯/克
尔凯郭尔却很有针对性地逐节引用了《马太福音》第 19 章第 12 节、24
节、25 节,《马太福音》第 18 章第 2 节,以及《马可福音》第 10 章第 13 节
的内容。在这些内容中可以看到耶稣在对门徒的训话中就小孩子的问
题强调了两点:第一,不要禁止小孩子接近福音,因为在神国的正是像小
孩子这样的人。第二,凡要进入神国的人,若不能回转成小孩子的样子,
断不能进去。应该如何理解耶稣这些话的涵义? 如果仅做字面理解,仿
佛小孩子生来就拥有进入天国的通行证,那么,耶稣的门徒为什么都是
成人而不是孩子? 这些门徒又何苦向成人讲道? 克利马克斯/克尔凯郭
尔不客气地指出,如果对耶稣的话仅做字面的理解,这种基督教观就是
"孩子气的",它使基督教显得滑稽可笑。② "成为基督徒"是桩困难的事,
它要求一个人"悬置"一切伦理的要求,所以耶稣才不允许他的门徒埋藏
自己的父亲,而说"任凭死人埋藏他们的死人,你跟从我吧!"③耶稣也才
违反常理地宣布说,要让父子、母女生疏,因为"爱父母过于爱我的,不配
作我的门徒;爱儿女过于爱我的,不配作我的门徒。"④即便如此,天国的
通行证并不靠我们的作为而赢得,靠的是"上帝"的恩典。因此,克利马
克斯/克尔凯郭尔坚决地认为,从"成为基督教徒"的角度出发,字面意义
上的"小孩子"、"童年时期"的确不是恰当的年纪。一个小孩子的接受能

---

① Linwood Urban, *A Short History of Christian Thought*, Oxford: Oxford University Press, 1995, p. 293.
② *SKS*, vol. 7, p. 540; *CUP* I, p. 594.
③ 《马太福音》7:22。
④ 《马太福音》10:35—37。

力虽然很强,但是小孩子的宗教观念都是"抽象的"、"幻想的",它们当然能够成为接受宗教信仰的基础。只是,小孩子缺乏的是做出决断的能力,只有等到成年后、成熟后,一个人才能够决定自己是否选择成为基督教徒。① 总之,围绕着"成为"、"选择"和"决断"这几个关键词,克尔凯郭尔坚决否定婴儿洗礼式的意义,甚至不惜站在"异端"的立场之上。

---

① *SKS*, vol. 7, p. 545; *CUP* I, p. 601.

第六章 理性透视下的基督教信仰论

一 理性透视下的信仰论

信仰是宗教的基石。在基督教义当中，"信"、"望"、"爱"共同构成三大神学美德和耶稣的三大纲领。保罗指出："如今常存的有信、有望、有爱；这三样，其中最大的是爱。"①根据《福音书》记载的耶稣所言的"最大的诫命"即为"爱"，也就是"尽心、尽性、尽意"地爱"上帝"，以及"爱人如爱己"。② 若要做到"爱上帝"，第一步就得"信上帝"，"信仰"是维系人与"上帝"的关系的重要环节，"上帝"的启示和耶稣的教诲都是在"信仰"的作用下传达至人类并为人类所遵守的。在《圣经》当中，"信仰"被描述为具有移山倒海、起死回生之力。耶稣说："你们若有信心像一粒芥菜种，就是对这座山说：'你从这边挪到那边'，他也必挪去，并且你们没有一件

---

① 《哥林多前书》13:13。
② 《马太福音》22:37。

不能作的事了。"①而耶稣起死回生②、平静风浪③、用五只饼两条鱼喂饱五千人④凡此等等的神迹故事,其焦点亦集中在"信仰"的力度之上,而那些对神力将信将疑之辈则被斥为"小信"。"信仰"的重要性在《圣经》里已经多处指示出,那么,提出并讨论克尔凯郭尔"理性透视之下的信仰论"的意义何在?

为了解答这个问题,我们必须回到本书的中心线索即"基督教哲学"之上。如前所述,"基督教哲学"不同于"基督教神学",它不是从基督教内部出发对基督教义所做的"自我描述",而是从哲学的自由精神出发对基督教原则所做的理解,也就是说,基督教原则是作为哲学的内在要素而纳入哲学的真理体系之中的。从基督教神学出发,"信仰"——faith,源自拉丁词 fides——的主要意思就是对某种无法给出证明的东西的坚定信念,或者说在无可证明的前提下对某种信念义无反顾的接受。"信仰"是遵守人神契约的前提,"信仰"的最佳伴侣就是"接受",对信仰的"证明"就是"你们当信服神"或者"我就是道路、真理、生命"这样的断言、声明。问题是,这种简单的信仰或许适用于那些"劳苦担重担的人",他们在此世遭受的坎坷不平以及无能为力使得他们更愿意、也更容易接受来自彼岸世界的召唤,但是这种信仰却不适用于那些享受着或者有可能享受此世幸福的人们。为了成为一种具有普世价值的宗教,基督教必须发展出一套经得住理性的考量和检验的"信仰论",而这正是"基督教哲学"的工作。在"基督教哲学"的视野之下,"信仰"不再是一个自明的原

---

① 《马太福音》17:20。类似的话语可见于《路加福音》,其中耶稣说:"你们若有信心像一粒芥菜种,就是对这棵桑树说:'你要拔起根来,栽在海里',他也必听从你们。"(17:6)另有《马可福音》中所载耶稣的话:"你们当信服神。我实在告诉你们,无论何人对这座山说:'你挪开此地,投在海里!'他若心里不疑惑,只信他所说的必成,就必给他成了。"(11:22—23)

② 耶稣治病的故事很多,可参见《马太福音》第8、第9章。

③ 《马太福音》8:23—26。

④ 《马太福音》14:13—21;15:34—35。

则,它需要加以理性的论证,包括"证明"和"反证明";通过理性的考量和检验,"信仰"的内容和实质得以进一步阐明,并最终达到巩固和强化"信仰"的目的。

在历史上,这项工作早已经有人做了,这就是从安瑟伦到托马斯·阿奎那所开创的以理性证明"上帝"存在之路。希腊理性主义和希伯来信仰主义在根本上是不同的两类精神系统,甚至在某些方面还相互反对。希腊人不相信、不信任个人的感觉,他们追求从林林总总的现象背后挖掘出恒定不变的规律、规则,追求坚实过硬的理性证明。而希伯来的信仰主义则强调对无可证明的东西、对虚构的东西的接受和信赖。从安瑟伦到托马斯·阿奎那所尝试的是把几何学的证明精神移到信仰"上帝"的领域,成就了一系列关于"上帝"存在的"先天的"和"后天的"证明,这些证明希望能够成为人们相信"上帝"存在的理由,进而成为基督教信仰的强化剂。这条证明之路的开辟在实际上使得"基督教哲学"成为了可能,也使希腊哲学精神得以在基督教思想中保存并延续了下来。只是,有证明"上帝"存在的理由就有反对证明的理由。在历史上,同样有一批颇有见地的思想家强烈反对把哲学的证明精神运用到基督教信仰的领域,认为这种做法混淆了哲学和宗教、理智和信仰之间的界限,而这种反对"上帝"存在的证明的道路本身也是在理性之光的照彻之下完成的,是在明确了理性、理智和信仰的权能界限的前提下做出的。克尔凯郭尔的"信仰论"在很大程度上具有了这种"反证"的特点。

根据克尔凯郭尔的观点,用"理智"求证"上帝"存在的举动如同缘木求鱼,它同时"冒犯"了"理智"和"信仰",因为它错失了作为基督教义核心的"道成肉身"原则,后者在理智眼中恰恰是一种"悖谬"。"上帝存在"不在我们的经验世界当中,因此从"知识"和"理智"的证明当中我们推不出"信仰","信仰"与"知识"无关。"信仰"的出场依靠的是一个"跳跃",它是一个出自个体的自由"意志"和自由选择的"决断",它关乎主体的

"激情"。于是,克尔凯郭尔"信仰论"的核心之一便是剥离"信仰"与"知识"之间的联系,树"信仰"为一个自身具有"强力"(Magt;Power)的特殊的"器官",同时在"信仰"与"意志"、"选择"和"激情"之间建立关联。

一般情况下,人们只要提到"信仰",首先想到的便是其坚定性和确定性,否则"信仰"不可能具有移山倒海的力量,亦不足以成为人生道路上的指南。关于"上帝"存在的理性证明之路的提出亦是为了强化"信仰"的坚定性,因为既然"上帝存在"经过了理性的考量,那它也就具有了普遍性。但是,克尔凯郭尔却剥夺了"信仰"的"确定性",因为基督教"信仰"的对象不具备"直接性",它超越于感觉经验世界之外,只能以"理念"的形式存在于我们的"精神"世界当中。克尔凯郭尔把"确定性"视为是基督教信仰的死敌,认为只有在"不确定性"当中,信仰才能找到它有用的导师。[①] 由此,克尔凯郭尔彻底地打击了人们在宗教信仰领域容易步入的三大误区,即"偶像崇拜"、"盲信"和"迷信",把"信仰"提升到"精神"层面,使"信仰"与个体发自内心的道德需求相联系。这是支撑着克尔凯郭尔"信仰论"的第二个核心。

由于克尔凯郭尔反对自安瑟伦到阿奎那所开创的"上帝"存在的理性证明之路,反对19世纪基督教神学界将"信仰"转化为"知识"的倾向,克尔凯郭尔的"信仰论"很容易被解读为是"非理性主义"和"信仰主义"。但是,克尔凯郭尔在试图把"信仰"从"知识"领域中剥离出来的时候,在他论及"理智"对"信仰"的"冒犯"的时候,他很谨慎地避开了"理性"一词,而是采用了与康德立场相一致的"理智"概念。结果,克尔凯郭尔像康德一样,在把"信仰"从"经验的"、"知识的"领域中分离出去之后,他要使"信仰"成为一个"特殊的器官",用康德的话来说,"信仰"当占据自己特有的"空间"。从这个意义上说,克尔凯郭尔的"信仰论"的出发点不仅

---

① *SKS*,vol. 7, p. 36;*CUP* I,p. 29.

不是"非理性主义"的,相反,它恰恰是理性主义的,是在经过了康德对理性的职权的批判和划分之后的理性主义,是一种有"界限"的理性主义,其表现在于对"理论理性"的滥用和僭越的反对和批判。这一点是"理性透视之下的信仰论"的标题的涵义。

由于克尔凯郭尔的"信仰论"具有批判的、反证的性质,因此我们先从克尔凯郭尔对传统的"信仰论"的批判入手,看看他认为"信仰不是什么",然后再从正面入手,看"信仰"在克尔凯郭尔心目中到底意味着什么。

二　信仰之不可证明性

克尔凯郭尔认定,从理智出发求证"上帝"存在的道路不仅行不通,而且是危险的。理解克尔凯郭尔这一立场的关键在于把握他对"存在"的经验性的理解。在展开克尔凯郭尔对"自然神学"的批判的时候,我们已经讨论了克利马克斯从斯宾诺莎"本质包含存在"的命题入手对"上帝"存在的本体论证明的否定和批判。在克尔凯郭尔看来,"存在"只能是一个"经验的"概念,它需要用经验加以验证。在这个前提下,对"上帝"存在的本体论证明只是在逻辑层面上对"上帝"概念的一种不彻底的展开,是一种形式化的逻辑演绎。不仅是本体论证明,所有关于"上帝"存在的证明都是有问题的。在《附言》中克利马克斯指出,"上帝"作为一个"至上的概念",它不能通过理性证明或推论的方式加以解释,而只能通过个体沉浸于该概念之中的方式得到解释。最后他得出结论说:"最高的思想原则只能间接地(否定地)加以证明。"①根据克尔凯郭尔的日记,这里所说的"间接证明"出自德国哲学家灿得伦堡(F. A. Trendelenburg)在其《逻辑研究》(*Logische Untersuchungen*)一书当中所

----

① *SKS*, vol. 7, p. 201；*CUP* I, p. 220.

提出的"间接证明"一章,也就是首先假设接受某一原则,然后用否定的、归谬的方法来证明其合理性。① 事实上,在否定了本体论证明的思路之后,克利马克斯/克尔凯郭尔真的采用了这种"间接的证明"的方法。他提出,我们首先应该"假设—设定(forudsætter)""上帝"是存在的,就像苏格拉底一样,并且以此"假设—假定"作为我们生存的勇气的源泉。

从实际效果上看,克利马克斯/克尔凯郭尔的"假设—设定"说其实已经是在呼应康德的"悬设"(postulate)说了,只是他却对康德的名字避而不谈,重新谈起了他所推崇的苏格拉底。克利马克斯指出,有人把关于神的存在的"物理的、目的论的证明"(physicoteleologiske Beviis)加诸苏格拉底的头上,尽管苏格拉底实际上并没有做出跟"本体论证明"相同意义上的"证明"工作,他只是从一开始就怀揣着一个信念:"神是存在的",这个信念成为他全部思想活动的起点和开端,成为了他探索自然和人自身的勇气的源泉。② 黑格尔是把"证明"与苏格拉底联系起来的人。在《宗教哲学讲演录》中,黑格尔指出,苏格拉底是提出目的论证明的第一人。③ 在《哲学史讲演录》中,黑格尔则认为,苏格拉底提出了一种"物理学、神学的(physikotheologische)"证明,也就是从自然呈现出来的秩序性、合目的性出发而推出神的存在的论证方式。黑格尔评价这个论证虽然提出了"绝对本质的理智、丰富的思想,而不仅是不确定的存在,但是这个证明还是没有意识到上帝是理念"。④ 克利马克斯当然不愿承认

---

① *SKS*,K7,p. 218. 灿得伦堡(Friedrich Adolph Trendelenburg, 1802 – 1872),德国哲学教授,在柏林任教,著有《亚里士多德逻辑学基要》(*Elementa logices Aristotelicae*)和《黑格尔体系中的逻辑问题》(*Die logische Frage in Hegel's System*)等著作。克尔凯郭尔藏有灿得伦堡的很多著作。

② *SKS*,vol. 4,p. 249.

③ *SKS*,K 4,p. 245.

④ 黑格尔:《哲学史讲演录》,第三卷,贺麟、王太庆译,商务印书馆 1997 年版,第 295 页。克尔凯郭尔指出苏格拉底对神的证明是"物理的、目的论的证明",而黑格尔说的是"物理的、神学的证明","目的论的—teleologiske"与"神学的—theologische"有细微差别,这是否是克尔凯郭尔的引用错误,待考。

苏格拉底实际上是在从事一项"证明"活动,因为苏格拉底对神的存在的"假定—设定"早已瓦解了"证明"的活动,而且正是这个"神是存在的假定—设定"成为了苏格拉底探索自然和认识自己的勇气源泉。同时,黑格尔对苏格拉底的批评似乎也提醒了我们,克利马克斯/克尔凯郭尔之所以不愿提及康德的名字,即使他的观点和用词都已经很接受"悬设"说了,其原因很可能也是因为他不愿意承认"上帝是理念",即使他已经认识到"基督教是精神"、"信仰是内心性",但他仍不愿意放弃对"道成肉身"的信条的恪守。于是,在把"上帝"从"知识论"的管辖范围内清除出去之后,康德把"上帝"的存在作为"实践理性"的"悬设","上帝"仍然是人的"理性"的产物,从而最终把"神学"转化成了"人学"。而在克尔凯郭尔那里,"上帝"的存在是作为一个"永恒的设定",作为我们生存的勇气的源泉;"上帝"的出场不仅不需要任何证明,"上帝"的出场恰恰发生在当我们放弃或者终止求证行为的"瞬间",发生在我们对证明的问题"松手"之际,它在根本上是一个"跳跃"(Spring;leap)。[1]

克尔凯郭尔对"最高思想原则的证明"的态度来自亚里士多德主义者灿得伦堡,因此我们不难看到亚里士多德思想的印迹。亚里士多德认为,对一切事物悉加证明是不可能的,总是存在着一条不能证明的终极规律,而这条规律将成为其他一切原理的起点。[2] 这个观点在康德那里又被推进了一步。康德从他的知识论出发,把自然神学研究所赋予"上帝"的包括"必然性"、"无限性"、"永恒"、"遍在性"以及"全知全能"在内的诸种属性称为"纯粹超验的"(purely transcendental),它们不能隶属于任何一个时空当中的客体,也就是不隶属于我们认识的范围之内。于是,"上帝"被从知识论当中剔除出去,"上帝存在"、"灵魂不朽"和"自由"

_____

[1] *SKS*,vol. 4,p.248.
[2] 亚里士多德:《形而上学》,吴寿彭译,商务印书馆1991年版,第63页。

就成了"实践理性"的一种"悬设","上帝存在"源自我们内在的道德需要,它不可能经由"理论理性"推论出来、证明出来;宗教应当扎根于道德之中。这也就是说,所有"终极的"、"绝对的"、"至上的""理念—原则"之所以"至高无上"、"无双无对",其根据即在于我们无法在经验世界中找到对应物,更不可能从经验出发对其存在加以证明,因为它们都是人的理性的产物。如果我们仍然要用"证明"这个词的话,那么,对理性"悬设"或"投射"出来的"理念"的"证明"就不可能求诸"外",而只能返诸"内"。换言之,"上帝存在"只能是"自己为自己作见证",这个意思在《新约》里通过耶稣的"自我见证"得到了很好的传达。

根据《马太福音》的记载,耶稣在进入耶路撒冷之后,祭司长和长老曾质问他以什么权柄行事。耶稣没有正面回答,反而问"施洗者约翰的权柄从何而来",发问者无言以对。于是耶稣说:"我也不告诉你们我仗着什么权柄作这些事。"[①]耶稣以近于打禅语的方式指明了"自我见证"的意思。在《约翰福音》第5章中,"自我见证"的问题以曲折的方式得以展现。耶稣说,若为自己作证,这见证不真,因此必须另有"见证者"。但是这个"见证者"却不能是人,不是人们通常认为的施洗者约翰,而只是差遣他的"父"。但是,耶稣说:"你们从来没有听过他的声音,也没有看见他的形象,你们并没有他的道存在心里"。[②] 言外之意是,"父的见证"就是耶稣的"自我见证",虽然从字面上看,耶稣此言似乎只是对世人不信神的谴责。在第8章中,耶稣抛弃了此前委婉曲折的态度,向世人宣布"我就是世界的光",自己就是通往"父—上帝"的"道路":"你们不认识我,也不认识我的父;若认识我,也就认识我的父。"在面对法利赛人指责他为自己作证的时候,耶稣强有力地反驳说:"我虽然为自己作见证,我

---

① 《马太福音》21:23—27。
② 《约翰福音》5:31—37。

的见证还是真的，因我知道我从哪里来，往哪里去。"①所有这些《福音书》的引证都指示着一点，对"上帝存在"的"证明"只能是以"信仰"为前提的"自我见证"，它不可能从外在的经验世界内找到证据，否则，从宗教的角度出发，"上帝"之"不可见性"就得不到保证。叶秀山沿着康德哲学的理路做出了同样的推导。叶秀山用"内证"、"亲证"、"印证"这样的词汇来诠释信仰之"证明"的意义，指出"内证"既非"目击见证"，亦非"逻辑论证"，而是"自由者"之间的"相互印证"，故它只能发生在"时间"的"绵延"中，而不可能发生在"空间"的不同的"点"上。② 这个精辟而透彻的解说用哲学的语言进一步揭示出了对宗教信仰的"证明"的意义。所有关于"信仰"的"证明"都不是"科学的"，不是"实证"的，但是它们在"信仰"的"内部"对于"信仰者"而言仍然是有意义的。"信仰者"对共同拥有同一"信仰"的"心心相印"式的"见证"既增强了彼此的"信心"，也强化了"信仰者"之间的维系。其实，当"上帝"存在的本体论证明的始创者安瑟伦提出"信仰寻求理解"的名言的时候，安瑟伦的意思也不是说为了"信仰"我们必须"理解"，仿佛"理解"能够带来"信仰"；而是说为了"理解"我们必须"信仰"，在"理解"之前就应该先有"信仰"。这也就等于把对"信仰"的"证明"转变成一个"向内"的过程，"信仰"成为了一个自足体；而"理解"也不是"向外的"，而是向着"信仰"的"内里"而来，通过对"信仰"的"理解"，不仅个体的"信仰"被注入了强心剂，而且"信仰者"彼此之间的"理解"亦得到了加强。

克尔凯郭尔坚决不认同"证明"的意义。在他看来，对于真正的信仰者来说，对"上帝存在"的"证明"不仅纯属画蛇添足之举，而且还暴露出了求证者的"怀疑"和"心虚"。因为不管证明与否，"上帝"都是存在的，

---

① 《约翰福音》8:13—19。
② 叶秀山:《科学·宗教·哲学——西方哲学中科学与宗教两种思维方式研究》，社会科学文献出版社 2009 年版，第 164—167 页。

证明不能为信仰增添任何分量。相反,那些努力寻求对"上帝"存在的证明的人在内心深处往往害怕"上帝"并不存在,或者至少对"上帝"的存在没有把握,所以他们才会求助于概念和逻辑的帮助以使自己心安理得。把理性的证明行为看做是"怀疑"的结果这一点并不是克利马克斯的独到见解,笛卡尔就曾把严格的理性求证与彻底的怀疑精神紧密地联系在一起。笛卡尔怀疑感觉经验的可靠性,认为人类只能认识自明的真理,或者认识从自明的前提出发通过逻辑推理得出的真理。因此,为了获得可靠的知识,我们首先必须采取一种彻底怀疑的态度,怀疑一切可以怀疑且又不会造成自相矛盾的事物。然后从一个不受怀疑影响的基点出发,通过理性推理来获得知识。所不同的是,克利马克斯并不怀疑感觉经验的可靠性,在他看来,错误的来源不是感觉经验,而是我们在此基础上做出的判断,而他也正是从感觉主义的角度出发有力地批驳了混淆"本质"与"存在"的错误。对于信仰者来说尚且如此,那么,对于那些尚未转向信仰的人而言,这样的"证明"更是毫无用处。如果有人在心里说"没有神",那么无论怎样从逻辑上证明给他看,都无法使其接受信仰。在克尔凯郭尔看来,"信仰"的出场不靠"理智"的帮助,不靠逻辑的推理,而是靠个体终止了"理智"和逻辑之后完成的"跳跃","信仰"的生成只在于个体做出"决断"的"瞬间"。

三 信仰之"不确定性"

《哲学片断》中克利马克斯否定了对"上帝"存在的理性证明的意义,把人们通常认为的信仰的强化剂剥除掉了。如果我们循着克利马克斯的"存在"概念,那么,证明"上帝"在时空中的经验性的"存在"与基督教"上帝"的"永恒性"、"无限性"、"遍在性"等诸种性质就是相冲突的,因为"上帝"是绝对超验性的,因而"自然神学"当中对"上帝"存在的证明要么成为一种"概念的展开",一种逻辑上的同语反复;要么就是试图把"上帝"作为经验的对象,从而威胁到了基督教"上帝"的超验性和精神性存在,有渎神的倾向。于是,在《附言》当中,克利马克斯/克尔凯郭尔又把"确定性"视为信仰的大敌,希望把信仰推到某种"不确定性"(Uvished;Uncertainty)的状态之中。① "不确定性"是一个标记,是个体与"上帝"建立关系的标记。在一则《基督教演讲》当中克尔凯郭尔写道:"走开,可怕的确定性。噢,上帝,把我从绝对确定的想法当中解救出来,只在极端的不确定性中保佑我吧。假如我获得了至上福祉,那么绝对应该肯定的是,我蒙受了天恩的眷顾!"②把信仰与"不确定性"联系起来,这一点又与我们通常的认识相反对。一般认为,信仰总是对某种确定的东西的相信和接受,确定性能够给人以目标感、归属感,能够让人踏踏实实地知道自己信仰的对象是什么,可能的"收益"是什么。信仰之所以能够成为漂泊心灵的抚慰剂(宗教之为鸦片),正是因为信仰的确定性。而信仰某种具有"不确定性"的东西是困难的,我们不仅无法完全认识信仰的对象,更不知道我们的信仰最终能否得到预期的"回报"。但是,如果在这种"不确定"的情况下我们依然能够对信仰保持高度的"激情",这样的信仰一定会坚如磐石。

在克利马克斯/克尔凯郭尔的语汇表中,"确定性"与"客观性"是相对应的,"不确定性"则与"主观性"、"主体性"相呼应。因此,疏离信仰与确定性之间的关系首先意味着反对把基督教信仰当成某种客观的知识体系。"信仰"与"知识"的混淆是克利马克斯对其时代最大症结的诊断。基督教信仰不是一种"知识形态",因为我们信仰的"对象"——"上帝"不是某种具有客观确定性的知识的"对象",而是一个"不可知者",是存在

---

① *SKS*, vol. 7, p. 36;*CUP* I, p. 29.
② *SV 3*, vol. 13, p. 200.

中最大的"不确定性"。克利马克斯的根本出发点来自"上帝"的绝对至上的超越性存在,这是基督教的立教之本。如果"上帝"成了客观的、具有确定性的认知对象,这就会与"上帝"的超越性存在发生矛盾。"上帝"不是具体的存在者,"上帝"就是全部的存在、是存在本身;"上帝"不是认知的对象,而是智慧本身,因此"上帝"不应该表现为任何确定性的形式,这一点正是耶和华强烈反对偶像崇拜、而且一再强调"人见我的面不能存活"①的理路之所在。问题是,有限性的人类如何才能接近超越性的"上帝"并且领会其传递出来的智慧信息呢? 在基督教思想史上,许多具有深刻思辨精神的教父们、经院哲学家们提出了"启示"和"理智认知"两条道路并行的方法。他们在著作中不约而同地感叹,相比于"上帝"的智慧,人类理智是有限的,无论我们如何调动理智也不可能认识"上帝"的全部,于是接受启示就是十分必要的。同时,他们并不轻言放弃,他们在明知不可为的情况下依然努力利用理智开展认知活动。这类感叹无疑有着那个时代人类思想遭受禁锢的烙印,但它也传达出了相当深刻的哲理。如同赫拉克利特曾说的那样,"自然喜欢躲藏起来",对于至上的存在、对于存在本身,无论人类的思维能力如何进步,我们也不可能完全把握其全貌,而这一点又成为人类不断思考并寻求解决问题的尝试的起点。不过,克尔凯郭尔并不认同这种"启示"与"理智认知"并行的办法,他从基督教的核心思想之一悖论性出发指出,对于"理智"(Forstand;Verstand;Understanding)判断力而言,基督教"上帝"的存在本身即是一个荒谬的、不可思议的"悖论",一种最高程度的"不可能性",它表现为"永恒的"即《旧约》中所说的"自有永有的"、神圣的"上帝"要以"人子"的身份在时间当中临现,甚至被钉死在十字架上。这个悖论是被给定的,是信仰者必须接受的前提,如果非要用理智判断力来把握它,那么无论

---

① 《出埃及记》第 20 章、第 33 章。

对"上帝"还是对"理智"都构成了"冒犯"。信仰与理智是相冲突的两类不同质的东西,通达信仰的有效途径不是认识、不是知识,而是"激情"和"爱"。

但是,一旦信仰不再是拥有客观确定性的"知识形态",那也就等于消解了人人都可以通过认知活动来达至信仰的可能性。也就是说,在坚持基督教信仰的悖论性的情况下,人类认知活动所体现出的普遍精神将被消解,信仰将处于一种更大的"不确定性"之中。

事实上,"信仰"之"不确定性"的特点本身即是符合基督教的内在理路的。首先,在犹太—基督教传统当中,信仰的对象具有"不确定性",也就是说,"上帝"的存在不具备感性经验层面上的确定性,用克利马克斯/克尔凯郭尔的术语说,"上帝"是没有"直接性"的。在感性经验的层面上,没有人能看见"上帝",因为任何一种感性层面上的"上帝"最终都不过是人类自我意识的反映。这一点早就被古希腊爱利亚派哲学家克塞诺芬尼所指出。克塞诺芬尼说过,凡人会把自己的体貌特征和声音加诸在自己所幻想的神之上,于是埃塞俄比亚人的神就是黑皮肤、扁鼻子,特拉基人的神则是蓝眼睛、红头发。[1] 克利马克斯/克尔凯郭尔更是尖锐地指出,凡是与"上帝"建立直接关联的都是异教主义,只有当这种直接的关系被打破时,真正的、精神性的神人关系才有可能建立。[2] 换言之,信仰的标记之一便是去除直接的可见性;"上帝"只有在超验的意义上存在才会开显出其精神意义,这一点在犹太—基督教传统中通过"禁止崇拜偶像"的诫命得到了强化。犹太—基督教"上帝"从一开始就具有了超验的性质。耶和华"我是我所是"的自我推介从根本上打破了其存在着可视形象的可能性。每当他必须出场的时候,也总是有遍山的烟气和渐高

---

[1]《西方哲学原著选读》上卷,北京大学哲学系外国哲学史教研室编译,商务印书馆 1989 年版,第 29 页。
[2] *SKS*, vol. 7, p. 221, p. 223; *CUP* I, p. 243, p. 245.

的角声相伴随,摩西只能"听"到神的声音却看不见神的面,甚至耶和华告诫摩西说:"你不能看见我的面,因为人见我的面不能存活"。①在《新约》当中,耶稣谆谆告诫他的门徒,切不可相信什么"基督在这里"、"基督在旷野里"、"基督在内屋中"之类的话,不可相信那些神迹和奇事。②在《约翰一书》中,更有这样的话:"从来没有人见过神;我们若彼此相爱,神就住在我们里面,爱他的心在我们里面得以完全了。"③

这里出现了一个有趣的现象。为了维护"上帝"存在的绝对超验性,从感官经验的角度而论,从《圣经》开始,基督教思想家就否定了人们通过"视觉"认识"上帝"的有效性,而把认识"上帝"的重任交给了"听觉"。除了《旧约》中耶和华将自己的形象掩藏起来而只留给人以可闻的声音之外,保罗在《罗马书》当中更是直言道:"信道是从听道来的,听道是从基督的话来的。"④这个意思在奥古斯丁那里得到了进一步的发挥,他认为"信仰"出自"听觉",而"知识"则出自"视觉"。⑤克利马克斯/克尔凯郭尔在《哲学片断》中多次指明,"上帝"是不可能直接被眼睛捕捉到的,尤其是在"道成肉身"的信条之下,耶稣以低下的仆人形象的出场甚至还可能成为接受信仰的一种障碍,因此与耶稣同时代的弟子在信仰问题上并不比后世弟子具备优势,相反,有时他们的直接性的接触反会具有欺骗性,妨碍他们领会信仰的真谛,甚至使其步入歧途。到了《附言》克利马克斯/克尔凯郭尔进一步指出,如果"上帝"是直接可见的,那么人与"上帝"之间的关系就是"直接性"的,而这种"直接性的"神人关系正是"异教思想"的特点,是"偶像崇拜"。"一个人们可以用手指着的神是偶像,而

---

① 《出埃及记》33:20。

② 《马太福音》24:23—26。

③ 《约翰一书》4:12。

④ 《罗马书》10:17。

⑤ Augustine: *On Free Choice of the Will*, translated by Thomas Williams, Indianapolis: Hackett Publishing Company, 1993, "Introduction", p. xvi.

一种人们可以用手指着的宗教信仰是不完美的信仰。"①只有当这种直接性的关系"断裂"之时，真正的神人关系才有可能确立，而这种"断裂"就是向"内心性"迈进的第一步。在很多多神教体系中，"神"不仅拥有具体的形象，而且其形象往往具有不同寻常的、令人惊叹的品质，像什么"千手千眼"、"三头六臂"。但是在基督教当中，"上帝"却是"不可见的"，同时又是"遍在的"（omnipresent）；正因为"上帝"是"遍在的"，所以"上帝"才是"不可见的"，这个意思是说，我们不能"直接"地用眼睛"看"，但却能够用"心"、用"精神"去"把握"。克利马克斯/克尔凯郭尔从"上帝就是创造本身"这一点入手，指出人们出于自然朴素的情感而把"自然"视为是"上帝"鬼斧神工的"创造"的产物。而既然我们能够亲眼"看到""自然"的面貌，甚至从中"看到"某种类似"设计"或"目的"的东西，那么我们也就等于亲眼"看到"了"上帝"。这种看法是错误的。我们真正能够用眼睛"看到"的只是"上帝"的"作品"，而不是"上帝"本身；"上帝"是"创造"本身，但"上帝"并不"在"（er til）那里。这个"在"跟前一节中"上帝存在"的本体论证明中的"存在"涵义相同，指的都是经验世界里的、同时满足了时间和空间直观性的"在"。于是，克利马克斯/克尔凯郭尔间接地反驳了关于"上帝"存在的设计的或有目的证明，这类证明同时能够为单纯的和复杂成熟的头脑所接受，因而更为流行。从哲学思辨的角度出发，犹太—基督教传统中的"上帝"自出场即被赋予了不可见、不可视的超验性存在的特点，这种对确定性的形象的破除以及使"上帝""隐身"于、"遍在"于自己的"创造"之中的目的就是为了保持"上帝"作为至上理念的超越性、精神性和绝对性。惟有非时空性的、超越于经验之上的存在才能确保"上帝"作为"唯一的"、"至上的"、"绝对的"存在者的存在。"上帝"就是"存在"本身，"上帝"不可能存在于充满了喧哗与骚动的人类的"生

---

① *SKS*，vol. 7，p. 431；*CUP* I，p. 475.

活世界"之中,而只能存在于"另一个"世界之内,即存在于一个"思想的"和"理念的"世界之中。从宗教的角度出发,克利马克斯结合他"使成为基督教徒变得困难起来"的任务指出,"上帝"之所以选择了"躲闪"的出场方式是为了"使人避免犯错",仿佛我们可以直接地与"上帝"建立关系,毕竟直接的关系比之于间接的关系更为简单。反之,"每个人必须依靠自己去寻找并且打破这种直接性的关系"①。

由于"上帝"的"不可视性",在"信仰"的问题上,我们的"视觉"就是靠不住的,而必须仰仗"听觉"。但是"听觉"是否会出错从而造成"幻听"或者"道听途说"的局面呢?克利马克斯/克尔凯郭尔认为是有可能的。当他指摘同时代人在"信仰"问题上步入的误区的时候,他采用的就是一个跟听觉直接相关的词"幻听"(Et akustisk Bedrag),并且把理性神学、国教会和教士阶层归咎为人们"道听途说"的来源。"幻听"存在的可能性进一步提示我们,我们的"听觉"也不是绝对可靠,而这也就把"听什么"的问题推到了前台。"听什么?"要听耶稣的话。于是保罗在说完"信道从听道而来"之后,紧接着又说了一句更为重要的话:"听道是从基督的话来的"。耶稣在所谓的"末世的预兆"当中指出:"天地要废去,我的话却不能废。"②《约翰福音》的开篇更是直言曰:"太初有道,道与神同在,道就是神。"以此,基督教确立了"信仰"的对象,即听"上帝"的话、听基督的话,而我们与"话"之间的关系不可能是直接性的,因而也不可能是确定性的。在这个问题上,叶秀山同样经由康德批判哲学的思路得出了相同的结论。叶秀山指出,在"知识论"里,一般是"眼见是实耳听是虚",而在实践理性所建构的道德王国里,"耳听是实眼见是虚"。大千世界犹如过眼烟云,只有"言"才能传诸久远。因此,所谓"信",也就是"信""他者"

① *SKS*,vol. 7,p. 224;*CUP* I,p. 244.

② 《马太福音》24:35。

之"言",对基督教来说就是"信"《圣经》之言。叶秀山还抓住了《说文解字》中将"信"解为"从人从言"这一点,揭示出了汉语思想与西方思想在关于"信仰"的对象的问题上的共同之处,把"信"落实在"信"他人之"言"之上,"信神"也就是信神之言,①这一点值得我们深思。

"上帝"不是作为有形的"客体"而存在,而是作为"圣灵"、作为"精神"而在,因此人与"上帝"之间不可能建立起直接性的关系。尤其是当"信仰"的对象落实在了"信仰""上帝之言"的时候,这种直接性的神人关系将被进一步打破,因为我们所"信仰"的是"上帝"通过语言和符号向我们传达的"信息",对此只能在精神层面上来把握。所谓"上帝之言",其实就是"上帝"向人做出的"许诺",是"上帝"与人订立的"契约",《旧约全书》、《新约全书》即由此得名。在《旧约》当中,"上帝之言"主要表现为"上帝"与人类所订立的"契约",前提是饱受苦难折磨的犹太民族坚信自己是"特选子民",相信总有一天"上帝"会带领他们摆脱现世的苦难。而在《新约》中,"契约"所传达出的严格的律法精神被"仁慈"所取代,因而"上帝之言"表现为基督耶稣的话,耶稣向世人许诺了一个"天国",在那里,现世的秩序被颠倒了过来,财主进入"天国"比骆驼穿过针眼还难,而所有"劳苦担重担的"人却可以得到安息。无论新旧约书之间的精神旨趣存在着怎样的变化,有一点是共同的,即"上帝"向人类"许诺"的"美好世界"—"天国"都不是、也不可能临现于"空间"之中,"天国"只能临现于"时间";而只在"时间"之绵延中存留的"许诺"不是别的,只能是"理想"和"希望"。所以在基督教中,"信、望、爱"这三大纲领是紧密结合为一体的,若无对"上帝"的全心全意的"爱","信"无从产生,因为"信"有违"知识"和"理智";倘若心中没有对"上帝"的"信",则生存的"望"缺乏了根

①　叶秀山:《科学·宗教·哲学——西方哲学中科学与宗教两种思维方式研究》,中国社会科学文献出版社 2009 年版,第 155—161 页。

基。这也就是说,"上帝"向人类传达的"信息"必须从"时间"、"未来"、"希望"的角度加以把握,它们是作为"希望"和"理想"引领着每个信仰者勇敢地走向"未来"。倘若对"天国"的"许诺"做"空间化"理解,其结果不仅会偏离"信仰"之本意,也就是对"虚构的"、原本不可能的事物的信念,而且还会导致"迷信"和"盲信",会被各种世俗势力利用。"上帝"的"许诺"当从"时间"的角度加以把握这一点或许可以解释《圣经》对"时间"、"时候"的强调,例如保罗所说的"及至时候满足,神就差遣他的儿子"。①作为基督教基本信条的"道成肉身"的主旨就在于,"永恒"将在历史上、在某个特定的时间临现。不仅基督教的"天国"向"未来"敞开,连小孩子在遇到不平但却又无能为力之时都会说"善有善报,恶有恶报,不是不报,时间没到",把自己在目前无力、甚至根本不可能解决的问题托付给"时间—未来"。宗教的产生皆因为"人间"并不总是能够做到"善恶相报",所以人们才会通过"实践理性""悬设"出一个"天国",把此世的秩序颠倒过来,使"善恶相报"的理想得以实现。所有的宗教信徒无一不希望"神的许诺"能够早日兑现,问题是,在基督教当中,"天国"何时降临、何人得以顺利进入这个"天国"却是没有人确切知道的,这两者构成了基督教信仰之"不确定性"的第二个方面。

在耶稣的训导中,"天国"临现的"日子"和"时辰"是没有人确切知道的,甚至"连天上的使者"和"人子"都不知道,"惟独父知道。"②而且,"天国"往往是在人们"想不到的日子,不知道的时辰"才会临现。除了对"天国"来临的具体时间讳莫如深,在进入"天国"的原则、顺序的问题上,《圣经》并没有提供统一的答案,从而加大了信仰之"不确定性"的力度。从散布在《福音书》各处关于"天国"的比喻当中我们至少可以归纳出如下

①《加拉太书》4:4。
② 参见《马太福音》24:36;《马可福音》13:32。

几个要点。首先，进入"天国"是困难的，"因为被召的人多，选上的人少。"①为此，要想进入"天国"必须要通过"窄门"："你们要进窄门。因为引到灭亡，那门是宽的，路是大的，进去的人也多；引到永生，那门是窄的，路是小的，找着的人也少"。② 这两则训导清楚地揭示出，基督教是具有"差别意识"的宗教。在基督教关于个体拯救的"许诺"中，如何获得"拯救"是不确定的，因为拯救的关键不在于个人的事功，而在于"上帝"的"恩典"，这一点尤其为路德所强调，从而"加重"了基督教之于"理智"的"悖谬"性质，使得基督教成为了一种在结果上具有高度不确定性的宗教，因而也是困难的宗教。更有一则"葡萄园工的比喻"，进一步强化了信仰的不确定性。寓言说，"天国"好比清早出去雇人进葡萄园作工的家主，事先讲好工作一天付一钱银子。可是收工结算工钱的时候，从早起就干活的工人发现，自己所拿的报酬和最后一刻才进入葡萄园工作的相同，于是心生不满，而家主则以"我愿意"、"我的东西随我的意思"为理由加以驳斥。③ 这里且不管是否进入"天国"的顺序真是如结论所说的那样"那在后的将要在前；在前的将要在后了"，因为有古卷写的仍然是"因为被召的人多，选上的人少"。这则寓言的关键在于告诉世人，人能否进入"天国"的决断权不在当事者，无关当事者在此世的事功，而在于"上帝"的"意愿"——"我的东西难道不可随我的意思用么"，甚至"上帝"的"意愿"是人无权过问的——"因为我作好人，你就红了眼么？"也就是说，个体能否获得"拯救"进入"天国"，完全靠"听天由命"。在这种高度"不确定性"的情况下，人们所能做的就是保持"警醒"，就像"十个童女的比喻"所揭示的那样，只有事先做好准备的、聪明的"童女"才能迎接到自己的

① 《马太福音》22:14。
② 《马太福音》7:13—14；另参见《路加福音》13:24—25。
③ 《马太福音》20:1—16。

"新郎"。①

任何一种宗教其实都是以"另类的"方式去思考和试图解决"人间"的问题。如果基督教一味强调其"差别意识",强调个体在"拯救"的问题上的"听天由命",似乎无益于基督教的普世化。于是,耶稣在告诫世人进入"天国"的困难的同时,他仍然提出了很多铲除、修正"人间"不平、颠覆现有的社会秩序以建立新秩序的"愿望"和"计划",以达到"扬善惩恶"的目的,给世人以"希望"。说到底,"天国"就是使"人间"不可能实现的"理想""可能化"的场所。耶稣说,当"世界末了"之时,"人子要差遣使者,把一切叫人跌倒的和作恶的,从他国里挑出来,丢在火炉里"。② 在"天国"里,"虚心的人"、"哀恸的人"、"温柔的人"、"饥渴慕义的人"、"怜恤的人"、"清心的人"、"使人和睦的人"、"为义受逼迫的人"将会得到祝福,③所有"劳苦担重担的",将得到安息,而"恶人"——包括"假冒伪善的文士和法利赛人"④都将受到严厉的惩罚。"人间"不可能实现的"善恶相报"在"天国"终于得以实现。此外,在耶稣的训导中,"仁慈"和"宽恕"是至高无上的美德,因此"回头的浪子"、"迷途的羔羊"⑤更受重视。

总之,所有关于进入"天国"的寓言所揭示出的道理切中了宗教的要害:个人的命运并不掌握在自己手中,而是交给一个自我设定的"绝对他者"的手中。换言之,正是因为个人无法在"人间"掌控自己的命运,人们才会"悬设"出一个"天国",以满足"人间"所不可能实现的理想。犹太—基督教传统之所以将个体拯救设定得如此"困难",在很大程度上也是跟犹太民族多灾多难的历史有关,宗教归根结底是人类自我意识的反映。

---

① 参见《马太福音》25:1—13。

② 《马太福音》13:41—42。

③ 《马太福音》5:1—10。

④ 《马太福音》第 23 章。

⑤ 参见《马太福音》18:12—14 中"迷羊的比喻"。

对于克尔凯郭尔来说,他之所以强调基督教信仰的"不确定性",强调基督教是具有"差别意识"的宗教,与他希望"使成为基督教徒变得困难一些"的目标是相一致的。在《附言》中,克利马克斯/克尔凯郭尔讨论过两种不同的宗教:人的宗教或内心性的宗教,即"宗教 A",和基督教,即"宗教 B"。"人的宗教"认为人应当在其自身内部与永恒建立关系,真理就存在于人的内心,因此人有能力按照真理塑造自身、有能力解放自己。而对基督教言,人当与在时间当中显现的"上帝"的启示建立关系,人的拯救并非来自我们对"上帝"的意识,而是来自"上帝"的显现者。这也就是说,"人的宗教"传达出的是一种普遍性的精神,真理就在身内,只要我们返求诸己,就有可能修成正果;而基督教倡导的是一种与普遍精神相反对的"不可能性"和"差别意识",基督教并没有为每个人在天堂预留位置,人无法依靠自己的力量战胜罪从而实现自我解放,人的拯救需要依靠外部的力量。拯救最终取决于"上帝"的恩典,信仰的最终结果并不在我们的掌握之中,正是这一点使得基督教信仰变得如此不确定。只有那些愿意且能够通过"窄门"的人才能最终与"永恒福祉"建立关联,这些人在克利马克斯眼中就是"幸福的和不幸的恋人",他们敢于正视悖论,敢于追求"不可能性",这类人总是激情洋溢的。克尔凯郭尔并不看好那些出于理性的精明算计而定时定量往个人事功的账户上"存款"的平庸之辈,因为这类人自以为能够通过人为的努力赢得"上帝"的恩典,殊不知"上帝"的意志根本不是人类理智所能参透的。在克尔凯郭尔生活的时代,基督教渐渐地蜕变为"知识",甚至拥有了"客观知识体系"的形态;而人们亦与基督教开教之初的情致渐行渐远,信仰不过徒有其名,成为人们日常生活中的一件附属品。更令克尔凯郭尔不满的是,政教合一的局面使宗教缺了"界限",宗教"漫无边际"地渗透到生活的各个层面,但是或许正因为其无"界限",才导致了宗教信仰的深度的丧失。克尔凯郭尔重提信仰之"不确定性",目的在于重新唤醒人们对信仰之本义的思考。

　　至此可以总结说,克尔凯郭尔所谓信仰之"不确定性",指的是信仰对象的"不确定性"和信仰结果之"不确定性"。在这方面,克尔凯郭尔的思路没有脱离《新约》的基本原则。信仰对象之"不确定性"根除了"偶像崇拜",从理路上保证了基督教"上帝"的绝对性和超越性;而信仰结果的"不确定性"呼应了路德宗教改革所提出的"因信称义"的原则,而且打破了急功近利式的"迷信"以及所有在信仰问题上的伪善行径,突显了信仰的"精神性"。克尔凯郭尔心目中的"信仰"不是具有呼风唤雨的超自然能力的"巫术"和"迷信",也不是为了求得某种世俗层面上的回报的"手段"。在个人需要依靠外部力量获得拯救的前提下,真正意义上的信徒不能挖空心思地想着如何"讨好"上帝,从而为自己在天堂赢得一席之地,他所能做的就是"自我弃绝",承认自己在"上帝"面前一无是处,然后"尽心、尽性、尽意"地爱"上帝"。信仰者应该明白,需要"上帝"无边无际的爱的人是我们而非相反,我们需要以"上帝"作为生存的勇气的源泉。信仰者还应相信,"上帝"先爱我们,"上帝"不会滥用他的意志,"上帝"定会做出他公正的选择。在这种情况下,"信仰"成为了个体以"永恒福祉"为目标的"冒险",其本义不在于获得即时性的"回报",而在于个体"精神"的深化和向"内心性"的沉潜,因为我们与"上帝"之间的关系是内在性的、精神性的关系,是主体与主体之间的关系。

四　信仰之为"冒险"

　　基督教信仰具有对象和结果的"不确定性",这一点使得人类获得"永恒福祉"的目标具有了高度的"不确定性"。但是如果一个人发自内心地选择了以"永恒福祉"作为至上的目标,那么即使知道自己永远无法企及之,他仍然会全身心地投入到对"永恒福祉"的追求过程之中。于是，"信仰"在实际上已经成为了个体在其生命的整个历程之中不断"接近""永恒福祉"的过程，它是"无限的"，同时也是个体在追求具有高度"不确定性"的"永恒福祉"时的一场"冒险"之旅。

　　把信仰视为是一场"冒险"，这个说法并非克尔凯郭尔的原创。帕斯卡尔早在 17 世纪即在概率论的基础之上提出了关于信仰的"赌博说"。帕斯卡尔反对就"上帝"存在做出理性的证明，而他的理由与克尔凯郭尔相同，二人都没有回避基督教"道成肉身"的原则是一种与理智相悖的"愚蠢"（Daarskab）；对"道成肉身"不仅不能加以证明，证明反而是对这个原则的扭曲和"冒犯"。对于帕斯卡尔来说，基督教正是因为缺乏证明，它才不缺乏"意义"。换言之，基督教的意义正在于其非证明性上，这一点也是克尔凯郭尔认同的。于是，面对"上帝是否存在"的问题，帕斯卡尔提出了用"赌博"的办法来做出抉择。所有的赌徒都是以确定性为赌注以求赢得不确定，赌博不一定能赢，但却必须"冒险"。在"冒险"的情况下，理智告诉我们，必须要选择于己利害关系最小的一方。因此，在面临"上帝存在"的问题上，帕斯卡尔说："你有两样东西可输：即真与善；有两件东西可赌：即你的理智和你的意志，你的知识和你的福祉；而你的天性又有两样东西要躲避：即错误与悲惨。既然非抉择不可，所以抉择一方而非另一方也就不会更有损于你的理智。这是已成定局的一点。然而你的福祉呢？让我们权衡一下赌上帝存在这一方面的得失吧。让我们估价这两种情况：假如你赢了，你就赢得了一切；假如你输了，你却一无所失。因此，你就不必迟疑去赌上帝存在吧。"①

　　克尔凯郭尔藏有帕斯卡尔两部著作的德文本：一是《论宗教及其他主题的思想》（*Gedanken über die Religion und einige andern Gegenstände*）；另一本是《帕斯卡尔的思想、片断和书信》（*Pascal's*

---

① 帕斯卡尔：《思想录》，何兆武译，商务印书馆 1995 年版，第 110 页。

Gedanken，*Fragmente und Briefe*），因此他应该熟悉帕斯卡尔的作品。虽然在提出信仰之为"冒险"的时候他并未提及帕斯卡尔的名字，而且二人从生活的时代到精神情趣都有所差别，但是在事关宗教和信仰的问题上，二者却有诸多相通之处，且不论他们相同的片断式、格言式的写作风格了。例如，帕斯卡尔认为，就信仰而论，真正的基督徒是罕见的，很多人的相信只是出于迷信。因此，信仰的关键在于"虔诚的心性"，在于出于"内心的情感"的信仰。① 这一点堪与克尔凯郭尔的态度相比。克尔凯郭尔认定，基督教是"有分别的"宗教，因此基督教作为"国教"的存在从根本上冲淡了、瓦解了基督教信仰之于个体生存的本质性的意义。再有，帕斯卡尔认为，宗教是"不确定的"，但正是由于这种"不确定性"，才使我们应该为之努力。② 对此克尔凯郭尔的态度似乎更坚决，他呼吁将"确定性"从信仰的领域中赶出去，他认定只有在不确定性中精神才能找到自己的家园。类似的例子还有很多。择其关键，帕斯卡尔和克尔凯郭尔共同认定，信仰依靠的不是"知识"和"理智"，而是"意志"和"福祉"。在帕斯卡尔那里，"理智"—raison 既有 Verstand 的意思，又有 Vernunft 的涵义，甚至在整个 17 世纪，Verstand 和 Vernunft 都尚未获得康德所赋予它们的区别。③ 从《哲学片断》看来，克尔凯郭尔接受了康德对 Verstand 和 Vernunft 的区分，他像康德一样把"上帝存在"、"道成肉身"挡在"理智"的大门之外。但是与康德相比，克尔凯郭尔似乎又不情愿把"上帝"完全视为"实践理性"的"悬设"，因为他本人跨不过"道成肉身"这块理智眼中的"绊脚石"。于是，他把基督教信仰视为是一个独特的"器官"，"信仰"就是"信仰"，通往信仰的既不是"理智"，也不是"理性"，信仰是"内心性"。绕了一圈，克尔凯郭尔与帕斯卡尔的思想再次契合。帕斯

---

① 帕斯卡尔：《思想录》，何兆武译，商务印书馆 1995 年版，第 123 页。
② 同上书，第 113—114 页。
③ 参见何兆武所做《有关版本和译文的一些说明》，见《思想录》第 472—473 页。

卡尔说:"感受到上帝的乃是人心,而非理智。而这就是信仰:上帝是人心可感受的,而非理智可感受的。"①"信仰"是"心"对于"上帝"的感悟和领受,是精神面向世间最高程度的"不确定性"所做的一次"冒险"。

如果说帕斯卡尔把他的"冒险"建立在了概率论的基础上从而使"信仰"具有了"科学的"依据,那么克尔凯郭尔的"冒险"则完全是"精神"对于"界限"(Grænse;boundary)的一次"冲击"和"突围"。信仰的对象"道成肉身"过不了"理智"这一关卡,它对"理智"构成了直接挑战,它把"理智"逼到了绝处,使得"理智"走投无路。而恰恰在这种情况下,"当理智绝望之时,信仰以内心性之激情胜利地向前推进。"②也就是说,当理智"绝望"之时,如果信仰者仍然要接受"道成肉身",那么他就必须心甘情愿地充当理智眼中的"愚顽人",必须冒着没有理智甚至是与理智相反对的风险,让"意志"出场,不仅接受"道成肉身",而且还将之作为"知识"领域之外甚至是之上的"信仰"的出发点。在经历了没有理智支持和依靠的"冒险"之后,信仰走上的就是一条充满"不确定性"的道路,这一点加重了信仰之为"冒险"的涵义,"冒险"与"不确定性"相互关联。根据基督教原则,个体的"永恒福祉"不是存在于"现在"的某种确定性的东西,而是向个体的"未来"开放。而且,"永恒福祉"也不是以确定的、肯定的方式"储存—存放"于"未来",因为我们与"未来"的关系是不确定的,唯其如此,我们才会以"期盼"的心情去迎接"未来",在对"永恒福祉"的"期盼"之中,我们的生存获得了动力和意义。如果"永恒福祉"是确定性的,那么,"信仰"就不仅不是"冒险",反而堕落成为一种"交易":我们在"此世"的所有善行仿佛是在做"定投",从而最终"换取"进入"天国"的入场券。中世纪教会利用人们的迷信,通过出售"赎罪券"敛财,把"不确定

① 帕斯卡尔:《思想录》,何兆武译,商务印书馆 1995 年版,第 130 页。
② SKS,vol. 7,p. 205;CUP I,p. 225.

性"的"永恒福祉"当作确定性的筹码进行交易,完全违背了信仰的真义,激起了信仰之士的义愤。

于是,精神在冲破了理智的"界限"之后并且向着"不确定性"勇往直前的时候,信仰就成为了一场没有任何算计的"冒险",这样的行为必定得在"激情"的支撑之下才能完成,而这种对"不确定性"的冒险的激情在精明的理智者眼中看来就成为了一种"疯狂",如同"道成肉身"在理智者眼中是"愚蠢"一样。在克尔凯郭尔看来,"在风和日丽之时安安稳稳稳地坐在船上"的景象并不是真正的"信仰";相反,当船出现了破洞的时候,船上的人们不是试图寻找停泊的港口,而是满怀热情地通过排水而使船漂浮在水面上,这才是克尔凯郭尔眼中的"信仰的隐喻"。① 对于理智而言,信仰是一种"不可能性",这既是信仰的缺陷,同时也是使信仰牢固的前提。信仰的这个特点强化了基督教是"有分别的"宗教,决定了能够接受基督教信仰的人只能是一些特殊的人群,他们满怀激情,勇于在背离"理智"的艰险之途中"冒险",并且有足够的精神性承担由此带来的孤独。

五　信仰之为"内心性"

从否定的意义上来看,克利马克斯/克尔凯郭尔竭力反对把对信仰的知识与信仰本身等同起来,认为基督教信仰不是"客观的"知识体系,它不会从学术性的考量之中直接产生,它甚至也不会从耶稣被钉死在十字架上的所谓"历史事件"中直接产生。信仰是一个与"知识"完全不同类的"新的器官",它本身就是有"力量"的;任何想以"知识"来替代信仰的意向和行动都是对信仰的"冒犯"。进一步说,信仰与"客观性"无关。

从肯定的意义上来看,克利马克斯/克尔凯郭尔在阐释他心目中的

---

① *SKS*, vol. 7, p. 205;*CUP* I, p. 225.

基督教信仰的时候明确指出："基督教是精神，精神是内心性，内心性是主体性，主体性本质上就是激情，至上的激情就是对个人的永恒福祉的无限的、个体性的关切。"（Christendommen er Aand，Aand er Inderlighed，Inderlighed er Subjektivitet，Subjektivitet i sit Væsentlige Lidenskab，i sit Maximum uendelig personligt interesseret Lidenskab for sin evige Salighed.）①克利马克斯/克尔凯郭尔几乎是用等量代换的方式逐一列举了事关基督教信仰的三个关键性的名词："精神"、"内心性"、和"主体性"，以及三个有意味的形容词"充满激情的、无限的、个体性的"。虽然克利马克斯/克尔凯郭尔把基督教同时视为是"精神"、"主体性"和"内心性"，但是，我们要把讨论的重心集中在"内心性"（Inderlighed；Inwardness）的概念之上，因为"精神"和"主体性"都是西方哲学史的概念，只有"内心性"才是克尔凯郭尔的原创，它最能传达出克尔凯郭尔"信仰论"的核心。

在西方哲学的语境之下，"精神"与"肉体"、"主体性"与"客体性"往往是以对立的形式同时出现的。从克尔凯郭尔的写作整体出发考察，在展开这些概念的时候，他的确也是考虑到了这些特定的对立组合，而这样的对立组合形式会影响到我们的理解。《非此即彼》上卷中，假名作者在讨论莫扎特的歌剧《唐璜》的时候，对唐璜这一传奇人物的"出身"进行了考察，认为像唐璜这样的登徒子形象只能出自中世纪，他是基督教的产物，其根据在于，中世纪和基督教使"精神"与"肉体"处于极端的对立之中，结果，"肉体"反讽性地被树立为"原则"。② 因此，当读到克利马克斯所说的"基督教是精神"的时候，我们很可能会联想到基督教极端地以"精神"来排斥"肉体"的中世纪时期，仿佛克利马克斯是认同基督教在中

---

① SKS，vol. 7，p. 39；CUP I，p. 33. 类似的话还有："……基督教事关精神，事关主体性，事关内心性。"（参见 SKS，vol. 7，p. 48；CUP I，p. 43。）
② SKS，vol. 2，p. 93；EO I，pp. 87 - 88.

世纪的极端倾向。但是事实正相反,在克尔凯郭尔的作品当中,我们更多看到的是他对希腊式的平衡的认同和向往,即肉体与精神之间的平衡,情感与理智之间的平衡。更进一步看,当克尔凯郭尔提出"生存"的概念以对抗"思辨"的时候,这就表明他绝对不会忽视"肉体"的存在。当克利马克斯强调"基督教是精神"的时候,他的真实目的在于针砭其同时代人对基督教"信仰"所采纳的一种徒有虚名的、缺乏深度因而也是缺乏"精神性"的态度。

再来看看"基督教之为主体性"的命题,这里的情况远比说"基督教是精神"复杂得多,因为与此相关的是对"真理"问题的讨论。而在讨论"真理"的时候,克利马克斯/克尔凯郭尔先是提出了"主体性即真理"的命题,随后又提出了"主体性即非真理"的命题,之所以会出现这种矛盾,其原因在于,克利马克斯利用同一套术语展开了西方思想史上的两种"真理"观,即哲学认识论的"真理"观和基督教的"真理"观。

在思辨哲学的思维框架之内,"真理"是所有"知识"的目标,而"客观性"正是"真理"的标准,也就是说,"真理"作为一种确定性的、科学的知识形态是在"替天说话"。反之,"主观性/主体性"则只能代表个体的"意见",它甚至往往与"错误"相联。但是,当克尔凯郭尔把"真理"定位于一种"本质性的真理"的时候,也就是一种与个体的"生存"有着本质联系的真理,即个体的"永恒福祉","主体性/主观性"和"客观性"所指示的意义被彻底改变了。克利马克斯指出,当我们从客观的角度出发对待"真理"问题的时候,"真理"就成了认知者的一个"对象",认知者应该与该"对象"建立"关系",只是这里考察的却不是这个"关系",而是"真理"的内容,即一个"什么"的问题。反之,如果我们从主体/主观的角度出发思考"真理"问题,我们是从主体的角度出发考察一种个体的"关系"。[1] 这个

---

① SKS, vol. 7, p. 182;CUP I, p. 199.

意思通过对真理的"客观的"和"主观的"表达方式的比较当中更清楚地传达了出来。克利马克斯写道：

> 从客观的角度出发，重心将落在说什么（hvad；what）之上，而从主体的角度出发，重心则将落在怎样（hvorledes；how）说之上。①

这也就是说，如果基督教就是事关个体的"永恒福祉"的"本质性真理"，那么，个体与基督教"真理"的正确的"关系"就不应该是"客观的"，而应该是"主体的/主观的"。我们不是看个体"掌握"了多少关于基督教的"知识—真理"，甚至不是看个体是否通过反思获得了一个"真正的上帝"的观念；任何一种对基督教"上帝"的"客观的"探寻都将以失败告终，因为，根据前述，一个"客观的""上帝"与"上帝"的理念在根本上是相冲突的。于是，个体与基督教真理的正确的关系在于，该个体是否树立起了一种正确的"神人关系"，是否把基督教当成生命的终极目的加以追寻。② 为了强调"神人关系"之于信仰的重要性，克利马克斯甚至构想出了一则容易引人误解的"偶像崇拜者的祈祷"的寓言。

---

① *SKS*，vol. 7，p. 185；*CUP* I，p. 202.

② 克尔凯郭尔将对待基督教真理的态度分为"客观的"和"主体的/主观的"，这一点在今天可以比照于对基督教的宗教学或宗教哲学的研究，以及对基督教采取"自我描述"方式的基督教神学研究。克尔凯郭尔对待基督教神学一直持怀疑和批判的态度，尤其是在 19 世纪，基督教神学试图向着思辨哲学体系的方向发展，这一点使得基督教神学在很大程度上相当于我们今天的以"科学"方式对基督教所从事的宗教学研究。克尔凯郭尔对待基督教的态度不加杂任何学术的、研究性的因素，基督教之于克尔凯郭尔是一种纯粹的生命体验方式，其中包括心理体验和情感体验方式。这一点或许可以解释，为什么他要采取包括假名写作、反讽、隐喻、寓言、论辩等诸种文学化手法的"间接沟通"的方式来阐释自己的思想，以及为什么他的假名著作中会采用"心理学试验"这样的字眼。"间接沟通"的方式使克尔凯郭尔与基督教神学划清了界线，他的写作的目的在于"建设""陶冶"（Opbyggelig；upbuilding）而非"训诫"，他对基督教真理的探寻不在于呼吁使人信奉基督教，而在于使每个人进行自我省察，看自己的人生是否是有价值的、有意义的。正是这一点使得克尔凯郭尔的著作向所有人敞开，其中包括已经拥有基督教信仰的和尚未拥有、甚至不可能拥有基督教信仰的人们。因此，指责没有基督教信仰的人无法读懂克尔凯郭尔的神学学者实际上错失了克尔凯郭尔"间接沟通"的全部意义，错失了克尔凯郭尔著述中的思想张力，从而把克尔凯郭尔塑造成了他本人竭力与之划清界线的基督教神学家。

如果有一个人,他居住在基督教国家之中,怀着关于上帝的正确的知识(Viden)步入了教堂,一个真正的上帝的居所,然后祈祷,但却是不真诚地(i Usandhed)祈祷。另有一人,他居住在一个偶像崇拜的国度,但他却怀着对无限性的全部激情祈祷着,尽管他的双眼落在了一尊偶像之上。那么,他们当中哪一个拥有更多的真理呢?一个是真诚地向神祈祷,尽管他是在膜拜一个偶像;另一个则是以不真诚的态度面对真正的上帝祈祷,因此他真正膜拜的是一个偶像。①

克利马克斯当然不是在为偶像崇拜做辩护,他借这个极端的例子是想说明,偶像崇拜的标志除了直接的可见性之外,还在于"真诚"的匮乏。真正的信仰是"主体性的",它必须调动起主体对"无限"的全部激情;而缺乏了主体情感投入的所谓"相信",因为缺乏激情而只剩下一个"躯壳"、一种"形式",这种徒有其名的、例行公事般的"相信"从根本上说无异于偶像崇拜。一个人即使能够把基督教信条倒背如流,但如果这些信条未能深入到此人的内心而被他的精神所接纳,那么此人仍然是非基督教徒。

于是,当克利马克斯/克尔凯郭尔提出"基督教是主体性"的时候,他的思想背景是思辨哲学及其对"信仰"领域的僭越,他的目标也就成了在思辨哲学的术语框架之下对其同时代"信仰"的客观知识体系化的弊病的批判和校正。他通过观察得出,19世纪的基督教神学有着严重的向思辨知识体系靠拢的倾向。但是就宗教信仰而言,"客观的信仰"是荒谬的,而一旦把信仰当成是"客观的",那么信仰也就变成为一个"教条的体系"。② 为了纠正这个错误倾向,克尔凯郭尔首先要在"信仰"与"知识"之

---

① *SKS*, vol. 7, p. 184; *CUP* I, p. 201.
② *SKS*, vol. 7, p. 197; *CUP* I, p. 215.

间划清"界限",使"客观的信仰"退出信仰的领域。只是他达到此目的的途径是借用思辨哲学的术语,提出了"主体性、内心性即真理"(Subjektiviteten, Inderligheden er Sandheden)的命题。克利马克斯写道:"真理即是内心性。并不存在什么客观的真理,真理只存在于个人的接近过程中。"①如果单纯从西方哲学传统的立场出发,这个命题似乎难逃遭到"唯我主义"的批判的命运。但是,当这个命题提出的时候,克利马克斯/克尔凯郭尔脑海中想到的是他所尊敬和理解的苏格拉底及其"苏格拉底式的智慧",这是他所树立的思辨哲学的对立面;而他希望的就是借助思辨哲学的术语,达到反对思辨哲学的目的。从苏格拉底的立场出发,克利马克斯/克尔凯郭尔强调了认知者作为一个生存着的人的存在,强调了对生存的本质意义的关注。问题是,克利马克斯通过他的"思想试验"已经指出,苏格拉底的立场最终是要被超越的,苏格拉底的智慧所代表的是非基督教思想当中的"最高真理",比之更高的就是基督教的立场,即"悖谬"的立场。跟"悖谬"的严肃性和信仰的严苛性相比,苏格拉底的"无知"就像是一个"聪明的玩笑",他所强调的主体性犹如希腊式的漠不关心。② 由此,克利马克斯/克尔凯郭尔从西方传统中希腊理智主义的"真理"转向了希伯来信仰主义的"真理",也就是基督教指示的"道—逻各斯"的涵义,它蕴含在耶稣所说的"我就是道路、真理、生命"之中。在基督教的语境之下,"真理"不仅是"主体性的",而且还是"个体性的",因为这种"真理"跟我们对外部世界的认识无关,而只与个体的内心世界有关,也就是与"内心性"相关。

但是,这只是基督教真理的意义的一个方面。于是在提出了"主体性即真理"的同时,克利马克斯还提出了另一个命题:"主体性即非真理"

---

① *SKS*, vol. 7, p. 77; *CUP* I, p. 77.
② *SKS*, vol. 7, p. 192; *CUP* I, p. 210.

(Subjektiviteten er Usandhed)①。Usandhed—Untruth 既有认识论意义上的"非真理"、"谬误"的意思,也有伦理意义上的"不老实"的涵义,因此,在基督教的语境之下,"非真理"就是"罪"(Synd),这是基督教的核心概念。② 人生来是有"罪"的,这个"罪"就是人的"致死之疾病"。对这个"疾病"的治疗不可能依靠"主体"自身完成,因为"拯救"既不在于"主体"对"上帝"的"意识",亦不在于"主体"在此世的事功;"拯救"的关键在于"上帝"的恩典,在于"外部"的、"客观的"力量,在于"上帝"的"显现"。由此,克利马克斯回归到了永恒的"上帝"在"时间"中、在内在性中化身为人的"悖谬"之上。应该说,克尔凯郭尔通过克利马克斯之口既强调"基督教之为主体性",以此他希望纠正将"信仰"客观知识化的错误倾向;同时他亦不忘强调基督教真理之"客观性"的面向,不忘基督教"道成肉身"的基本原则。从这个角度说,单纯强调"基督教是主体性"未能涵盖克尔凯郭尔关于基督教信仰的全部内容。

总之,"基督教是精神"、"基督教是主体性"这两个命题对于克尔凯郭尔来说都是具有特定指向的。考虑到这些概念在西方哲学和思想史上的涵义,这两个命题很容易引来误解,需要小心加以辨析。相比之下,"内心性"概念可以免遭误解。"内心性"Inderlighed 的形容词形式 inderlig 在丹麦语中主要有两层意思:一是指"内部的",尤其是指"较深的"、"较内里的",也就是与"深度"有关;另一层意思涉及到情感,指"出自内心的"(fra ens hjerte),它往往与"严肃"、与"热情"有关,因而该词作副词使用的时候与"真诚地"、"真挚地"(hjertelight,oprigtigt)同义。③

---

① *SKS*,vol. 7,p. 190;*CUP* I,p. 207.

② 在《附言》中有这样的句子:"让我们把个体的非真理称作罪。"参见 *SKS*,vol. 7,p. 191;*CUP* I,p. 208。

③ 参见 *Ordbog Over Det Danske Sprog*,vol. 9,Copenhagen:Gyldendal,1976. 在《非此即彼》的汉译本中,Inderlighed 有时译成"内在性",有时译成"真挚性"。参见《非此即彼》上卷,京不特译,中国社会科学出版社 2009 年版,第 58 页。

这里之所以将 Inderlighed 译为"内心性",首先是考虑到二者都直接提到了"心"。汉语中虽然有"心之官则思"的说法,但是在实际语言运用中,"心"却不仅与"思想"有关,更与"内心"和"情感"密切相关,它甚至被提高到了"灵"和"诚"的高度。我们说"心灵",说"心有灵犀一点通",说"心诚则灵"等等,都表明了这种关联。"内心性"离不开"诚",亦离不开"灵",也就是说,作为"内心性"的"信仰"就是在"灵"的启示之下对"上帝"的"诚信"。

"内心性"在克尔凯郭尔的著作中意味着什么,指示着什么? 如他通常所为,克尔凯郭尔并没为"内心性"概念下定义。从克尔凯郭尔写作的整体状况出发,"内心性"首先意味着对情感"深度"的追求。在克尔凯郭尔看来,"信仰"与"理智"和"知识"无关,而与"心"和"情感"有着密切的关联。缺乏情感"深度"不仅是克尔凯郭尔对其同时代人的信仰状况的批判,而且也是他对整个时代弊病的诊断。1846 年,克尔凯郭尔在以真名发表的题为《文学评论》(*En literair Anmeldelse*)的书中,借助一篇发表于 1845 年的小说《两个时代》①,提出了自己对其生活时代的批判。克尔凯郭尔比较了"革命时代"和"当今时代",指出前者是"充满激情的",因而该时代在本质上是"培育人"的;而"当今时代"正好相反,它是"理智的"、"反思性的"和"缺乏激情的"②,整个时代陷于"精明"(Klogskab)之中,明显地缺乏了"个性"(Charakteer)。克尔凯郭尔写道:"个性就是某种被印刻的东西,但是大海没有个性,沙粒没有个性,抽象

---

① 小说《两个时代》(*To Tidsaldre*)有一个副标题"出自一位描述日常生活的作家之手的小说",出版者为丹麦著名的作家、文学评论家以及黑格尔主义者海贝尔(Johan Ludvig Heiberg),作者署名为 Thomsine Gyllembourg,其实就是海贝尔的母亲。这部小说对研究丹麦"黄金时代"的思想文化背景以及克尔凯郭尔的写作背景有重要的参考价值,近年来很受克尔凯郭尔研究界的重视。

② *SV* 3, vol. 14, p. 63.

的理智亦无任何个性可言,因此,个性就是内心性。"①这也就是说,"内心性"是对个体的内心情感的深度的衡量,它是一个人区别于另一个人的根本之所在,这一点可以被当作"内心性"概念的广泛意义。

"内心性"的另一个涵义事关宗教信仰。在克利马克斯看来,"内心性"作为个体的"本质性的存在","内心性就是宗教性,是个体在面对上帝时与他自身的关系,是他在其身内的反思,而痛苦正由此而生。"②这也就是说,"内心性"是真正意义上的宗教性的标志,与"内心性"相关的不是外在的"行动"(action),而是内心的"痛苦"(Lidelse;suffering)——"痛苦是宗教的生命元素"③。外在的行动并不总是能够影响到个体的生存,就算能够改变个体的生存,但却改变不了个体的"内在的生存"(inner existence);就算一个国家被基督教化,"国教"并不能保证在法令要求之下受洗的人在内心里真正接受基督教义。真正的"信仰"在于实现一种"自我转变",一种"向内的沉潜",而不在于看信仰者是否养成按时去教堂礼拜的习惯,是否遵守教会的规约。克尔凯郭尔本人成人后不再去教堂,但是他的全部写作关注的都是基督教信仰的问题,尤其是在新的历史条件下信仰的意义的问题,因此我们无法说他不是一名基督教徒,尽管事实上他早已与教会断绝了关系。不仅如此,克尔凯郭尔发现,做一个名义上的教徒不仅容易,而且"国教"制度的存在使得人们心安理得地做着徒有虚名的基督教徒。人们忘记了,基督教是一种"悖谬性"的宗教,一种具有"不确定性"的宗教,因而也是一种"有分别的"宗教,并不是每个人都能接受基督教义。从这个意义上说,克尔凯郭尔认为,一个人从异教徒转变成基督教徒反而要比基督教国家内的"自然的"基督徒转变成"真正的"基督徒更容易。当丹麦全民生而皆为基督教徒之时,当基

---

① *SV* 3, vol. 14, p. 72.

② *SKS*, vol. 7, p. 397; *CUP* I, pp. 436–437.

③ *SKS*, vol. 7, p. 398; *CUP* I, p. 438.

督教因"大获全胜"的局面而显得"喜气洋洋"之时,信仰的层次也就是最为肤浅之时,它缺乏了深度,缺乏了"内心性"。在真理的层面上,它是"谬误";在伦理的层面上是"不老实"、"不诚信";在信仰的层面上就是"罪"。

从思想脉络上看,克尔凯郭尔对"内心性"的极力强调所坚持的正是耶稣所开创的《新约》传统。耶稣作为宗教改革者出场时必须面对的最大阻力不是来自罗马帝国,而是来自犹太社区内部,来自拉比们对犹太律法的独断性的解释和掌握。这些人专注于对律法的遵从和恪守,对耶稣及其门徒的行为横加指责①,结果"信仰"变得肤浅化、表面化,它表现为对经书和古训的盲从,谬误和伪善大行其道。他们忘记了"信仰"对一个人的内心世界所可能产生的转变,而人心的改变和向善才是"信仰"的本义,而非教条地恪守经文和古训。正是在这种情况下,耶稣才出场挑战拉比们的权威,希望把"信仰"落实在"心里",而不是表面上。为了消除误解,耶稣首先声明,自己并不是来废除律法和先知的,而是来"成全"律法的,而他的"成全"的涵义即在于使这些律法真正落实在"内心性"之上。这里最有说服力的例子便是他对"不可奸淫"的律令的解释。在耶稣看来,一个人只要在心里动了"奸淫"的意念,他就已经触犯了"不可奸淫"的律令。② 从《新约》的主旨来看,耶稣最终还是动摇了"律法"至高无上的地位,转而将"爱"视为是"最大的诫命":"要尽心、尽性、尽意"地爱"上帝",同时还要有"爱人如己"的情怀。③ 一旦提出了以"爱"作为"最大的诫命","信仰"的重心也就从根本上得到了改变。在耶稣之前,人们之

---

① 福音书记载有很多这样的事例。其中有一则是说,耶稣在安息日给人治病却受到了法利赛人的指责,认为他违反了安息日的规则。耶稣义正辞严地回答说,"你们中间谁有一只羊,当安息日掉在坑里,不把他抓住拉上来呢? 人比羊何等贵重呢! 所以在安息日作善事是可以的。"参见《马太福音》12:11—12。

② 《马太福音》5:27—28。

③ 《马太福音》22:37—40。

所以敬畏"上帝"更多地出于对"律法"的遵从以及随之而来的对"惩罚"的畏惧,也就是说,人完全是出于"外力"而非"内力"行事,说明人与"上帝"的关系尚未达到自觉的、自由的层次。在受外来力量的驱动之下的"敬神"很可能会造成"这百姓用嘴唇尊敬我,心却远离我"的伪善。[①] 在耶稣的教导下,人们仍然遵守律法,只是这时的动力不是源自外部,不是因为害怕受到惩罚,而是源自个体内心对"上帝"的"爱",人与"上帝"的关系变成为一种精神上的自觉与自由。因为"爱",人们愿意以律法为行动指南,自觉自愿地生活在"上帝"无所不及的目光的审视之下并且接受"上帝"的督导。于是,"信仰"完全"内化"了,"信仰"的重心落在了"内心性"之上。

在"爱"的教导之下,当人们出于"爱"而行善举之时,这种善举的表现应当着眼于"内心性"。"信仰"离不开行动和事功,"因信称义"所强调的并不是说人们可以无所事事地坐享安逸,而是说我们只应该因"信"、因"爱"而行善,而不应心存"计算"之心,仿佛在此世的每件善事都是向通往"天国"的定期户头上存款似的。不论"事功"意味着"上帝"只观其"心"是否"诚","信"是否"实"。"信仰""上帝"意味着要相信"上帝"之"全知全能",相信我们在此世间的一切行动皆逃不过"上帝"的眼睛,相信"上帝"是公正的和仁慈的,一切人类的算计在"上帝"的面前都只不过是雕虫小技,人类切不可枉费心机。正因为有了"不论事功"的"因信称义",最后一刻才进入葡萄园作工的人与一开始就进入葡萄园作工的人得以获得同等的报酬,而"上帝"对迷途知返的羔羊的喜悦才会更大。如此,出于"爱"的善行就不应该体现在表面上,而应行在暗处。在《马太福音》第6章当中,耶稣教导说:"你们要小心,不可将善事行在人的面前,故意叫他们看见,若是这样,就不能得你们天父的赏赐了。"于是,当一个

---

① 《马太福音》15:1—9;《以赛亚书》29:13。

人施舍的时候，"不可在你面前吹号"，甚至"不要叫左手知道右手所作的"；而祷告也不能故意在会堂里和十字路口进行，而应当在自己的屋中关上门进行。甚至在执行"禁食"令的时候，我们也要像正常时候一样梳洗干净，不要叫人看出自己正在禁食。①

那么，当克尔凯郭尔把信仰的真义建立于"内心性"之上的时候，"内心性"是否还需要任何外在的表现作为验证呢？这个问题也就相当于说，在基督教的语境之下，既然"信仰"为大，"事功"是否仍然有其必要性？耶稣一再强调"拯救"之事在于神而不在于人，强调通往永生之路的是"窄门"。但是，一方面，"上帝"是宽大仁慈有恩典的，"你们祈求，就给你们；寻找，就寻见；叩门，就给你们开门。因为凡祈求的，就得着；寻找的，就寻见；叩门的，就给他开门。"②另一方面，耶稣没有摒弃"事功"的作用，反而说，我们可以从"结果（子）"中把义人和恶人区分开来："凡好树都结好果子，惟独坏树结坏果子。好树不能结坏果子，坏树不能结好果子。"③更进一步的，耶稣采用了一个盖房子的比喻，把依神之言而在此世采取的行动作为通往"天国"的"根基"。耶稣说：

> 凡听见我这话就去行的，好比一个聪明人，把房子盖在磐石上。雨淋、水冲、风吹，撞着那房子，房子总不倒塌，因为根基立在磐石上。凡听见我这话不去行的，好比一个无知的人，把房子盖在沙土上。雨淋、水冲、风吹，撞着那房子，房子就倒塌了，并且倒塌得很大。④

这也就是说，虽然人是"因信称义"，但是人们在此世仍然要向义行善，而且所有的义行善举都应发自内心，发自对"上帝"和邻人的真挚的

① 《马太福音》6:1—18。
② 《马太福音》7:7—8。
③ 《马太福音》7:17。
④ 《马太福音》7:24—27。

爱,而不是出于企图讨好"上帝"的算计之心。尤其值得玩味的是,在耶稣眼中,无论是为迎接新郎而事先预备了充足灯油的童女,还是把房子盖在磐石之上的工人,他们都是"聪明人",他们明白了在"信仰"与"事功"之间的关系。反之,所有只偏重一边的人都是愚蠢的人,他们没有抓住"拯救"的核心。即使在强调"因信称义"的路德那里,善功也并未完全被否弃,其原因在于,人并不是完全属灵的,人必须生活在世间,因此人就不能坐享安逸,而必须管束、操练自己的身体,使身体听从、顺服内心里的信仰。①

克尔凯郭尔对"信仰"与"事功"之间的关系的看法是有所改变的。在克利马克斯的阶段,克尔凯郭尔对"内心性"是否需要外在表现作为依托的问题持否定态度。从"上帝"的理念以及树立正确的"神人关系"的角度出发,克利马克斯写道:"……上帝是一个主体,因此他只在内心性当中为主体性而在。"(... Gud er Subjekt, og derfor kun for Subjektiviteten i Inderlighed.)②在另一处,克利马克斯更是坚决地指出:"真正的内心性不需要任何外在的标记。"(Den sande Inderlighed fordrer slet intet Tegn i det Udvortes.)③如此一来,克利马克斯/克尔凯郭尔把个体"拯救"的希望完全寄托在对"上帝"的信仰之上,也就是对"道成肉身"的信仰之上。更由于"道成肉身"是"理智"眼中的"悖谬",因此我们无法用"理智"对之加以评判,而只能看"信仰"是否调动起了至上的激情,这就进一步促使克尔凯郭尔的"信仰"成为了一桩纯粹个体的事业,它只关涉到个体内在的心意和倾向。但是到了克尔凯郭尔晚期的思想当中,随着他与国教会论战的升级,他不再单纯恪守信仰之"内心性",

---

① 参见《马丁·路德文选》,马丁·路德著作翻译小组译,中国社会科学出版社2003年版,第16页。
② *SKS*, vol. 7, p. 183; *CUP* I, p. 200.
③ *SKS*, vol. 7, p. 376; *CUP* I, p. 414.

而开始了捍卫基督教信仰的"行动"。在不损害神恩的前提下,克尔凯郭尔似乎开始思考起"事功"之意义的问题。在与国教会的论战文章当中,克尔凯郭尔强调耶稣基督作为真正的基督徒的生活样板和楷模,因此每个人,不仅是教士阶层,都应该尽其所能地仿照耶稣基督这一楷模行事,哪怕这一点意味着殉难,否则,一个人无法成为真理的"见证者"。

总之,"信仰"的真义在于"内心性",无论是对律法的遵从还是行善功,都应该是出自对"爱"之"诫命"的自觉遵守,出自"内心性"的要求,而不是为了赢得进入"天国"的"入场券"。如果所有的善行终将有所"回报",那么这"回报"将返诸"内心性",它将落实在行善者内心世界的改善和提高,它将进一步深化主体的精神世界。倘若从基督教"上帝"自足圆满的性质出发,"上帝"并不需要人做任何事情以增加其荣耀,"上帝"需要的是人自身的改变和提高。这也就是说,我们行善举义不仅不是为了做给他人看,甚至都不是为了让"绝对的他者"——"上帝"观看,而是为了满足发自内心的"爱"的欲求,为了自身精神性和"内心性"的提高。[①] 在19世纪社会日益世俗化的局面下,克尔凯郭尔强调信仰之为"内心性",强调"痛苦"作为宗教的生命元素,显得与时代格格不入,仿佛他是在反对启蒙运动以来人在争取自身权利的斗争所取得的成果。或许正是因为这一点,克尔凯郭尔才在20世纪被"新正统派"和"新福音派"所利用。但是,到了21世纪的今天,宗教并没有因为生产力的高度发展和科学的进步而被消解,世界上仍然有一些有识之士愿意接受基督教信仰,在这种情况下,我们能够更清楚地看到克尔凯郭尔信仰观的意义。从克尔凯郭尔竭力割裂政权与宗教的关系这一点来看,从他对"使成为基督徒变

---

① 比如在地震或台风等灾难发生时,部分媒体极尽煽情手法,大张旗鼓地展示社会名流及工商界为灾区捐款的晚会,其景象堪称热闹非凡。而此时此刻,灾区民众正遭受着丧失亲人的痛苦,未来的生活尚无着落,他们的痛苦被某些"在人前吹号"的行善者当成了自己的"善心砝码",善心更是被当成了橡皮膏往脸上贴。这是对慈善事业的肤浅理解和缺乏经验而导致的作秀,更是克尔凯郭尔所批判的"内心性"匮乏的表现。

得困难起来"这一点的强调来看,克尔凯郭尔比启蒙时代的思想更清楚宗教所应具有的特殊的"位置"。信仰只与主体、个体有关,信仰完全是主体与"上帝"之间的一桩"密谋"。一个人成为基督徒不能靠出身,不能因为国教、家庭等客观因素就自然成为基督徒,一个人必须通过"选择"而成为基督徒,并且这种选择是发自主体"内心性"的一种精神追求。

六 信仰的关键词

通过对克尔凯郭尔"信仰论"的讨论,我们已经看到了克尔凯郭尔在事关"信仰"的问题上经常采用的几个关键词:"跳跃"、"悖谬"、"瞬间"、"激情"和"接近"。虽然在展开"信仰论"的内容的时候我们已经从不同角度涉及到了这些概念,但为了达到深入理解克尔凯郭尔"信仰论"的目的,下面我们将以题解的方式逐一对这些关键词做出阐释。在此之下,我们对克尔凯郭尔的"信仰论"可以做出这样的概述:信仰的出场是对"道成肉身"这一"理智"眼中的"悖谬"的"跳跃"。信仰的出场虽然只发生在主体于"瞬间"做出的"决断",但是信仰并非一劳永逸;只要个体做出了信仰的选择,那么,其生命历程中的每一个"瞬间"都应该被作为信仰出场时的"瞬间"来看待,每一个"瞬间"都具有决定性的意义,而"激情"也应自始至终与信仰相伴随。

1. "跳跃"(Springet;leap)

当克尔凯郭尔割裂了信仰与知识之间的关联,否定了我们能够通过理智的证明之路来推导出信仰这一"自然神学"的思路之后,"跳跃"就成了信仰出场的最佳方式。

"跳跃"这个词的灵感来源于德国启蒙运动思想家和诗人莱辛。莱辛曾说过,偶然性的历史真理永远都不可能成为永恒的理性真理的证据；在一个历史叙述的基础之上建立起永恒真理的过渡是跳跃。①《哲学片断》"题记"中所提出的三个问题恰好是对莱辛此言的回应："永恒意识能否拥有一个历史的出发点？这样的出发点如何能够超出历史的关切之外？一个人能否将永恒福祉建立在历史知识之上？"②也就是说，永恒意识与历史事实之间的关系是什么。前面已经说过，克利马克斯所言的"永恒意识"、"永恒真理"拥有一个历史的出发点，而"永恒真理的历史临现"其实就是基督教的"道成肉身"原则，永恒的上帝（真理）将要化身为时间性存在的人在历史当中临现。虽然基督教真理具有一个历史的出发点，但是克利马克斯/克尔凯郭尔却坚决否认从历史真理到永恒真理的必然性的过渡，而是用"跳跃"这个带有鲜明的意象性的词汇来描述这中间的转折。"跳跃"的动作所描述的应该是跳过某个"沟"、"壑"、"坎"，leap over a gap。从这个动作所引申出来的"不同的状态或话题之间的突然转换"的意思在中西文当中似乎都略带贬义，比如我们说某人的思维是"跳跃性的"，写作上出现了"跳跃"，这都是在批评对方思路和写作缺乏逻辑严密性，有擅自转换概念或主题之嫌。英文中的 leap 除了有与上述涵义相同的用法之外，还有"草率行事"、"仓促行事"的意思，于是有了成语 look before you leap，也就是我们说的"三思而后行"；还有 leap/jump to conclusions，即"匆忙得出结论"的意思。从莱辛到克尔凯郭尔都采用了这么一个描述不遵守逻辑规则的词来指示从历史事实到永恒真理之间的转折，其目的就很明显，即他们意欲跨越一个"沟"、"壑"、"坎"，这个"沟"就是"道成肉身"，是"永恒"的历史性临现，也就是说，永

---

① 莱辛（Gotthold Ephraim Lessing，1729－1781），德国图书管理员、学者、诗人及哲学家，代表作有三大名剧《明娜·冯·巴尔赫姆》、《艾米丽亚·伽洛蒂》和《智者拿坦》，在美学方面著有《拉奥孔》。

莱辛此言出自《莱辛全集》（*Lessing's sämmtliche Schriften*）第 5 卷，第 80—83 页。克利马克斯对莱辛的引用参见 *SKS*，vol. 7，p. 92；*CUP*，I，p. 93。

② *SKS*，vol. 4，p. 213.

恒的"上帝"将在某个特定的时间化身为人在我们中间临现。这个"道成肉身"的原则构成了"信仰"的第二个关键:"悖谬"。

2. "悖谬"(det Absurd)

"道成肉身"是基督教的核心观念,在基督教信仰的内部,它不仅透射出了基督教所宣扬的"爱"的原则,而且还是基督教的"信"的基点。也就是说,只有接受了"道成肉身",一个人才能成为真正的基督徒;而要想接受"道成肉身",一个人必须"跳过"人类理智在这个点上为我们设置的一条"鸿沟",因为让理智接受一个同时拥有完整的神性和人性的"神人"的概念是困难的,让理智接受"永恒在时间中的临现"的观念是不可能的,"道成肉身"对于理智而言在根本就是一种"荒谬",它不折不扣地是一个"绝对的悖论"(det absolute Paradox)。"道成肉身"就是理智的"绊脚石",是人类接受基督教原则的最后"界限"。倘若我们试图通过理智的认知路径来把握"道成肉身",其结果不仅行不通,而且必将同时构成对理智和"道成肉身"的"冒犯"。因此,我们只有在"激情"的鼓动之下完成一个"跳跃"的动作,"跨越"过那条理智不可逾越的"鸿沟","跨过"这块理智的"绊脚石",把"荒谬"当作信仰的前提"接受"下来,从而达到对基督的信仰。

克尔凯郭尔通过"跳跃","跨过"、"躲过"了"道成肉身"这个理智的"绊脚石",以此他把信仰确立为一个"特殊的器官",维护了基督教信仰的"特殊性"。同时,对"道成肉身"这一"悖谬"原则的恪守使得克尔凯郭尔回归到正统的基督教信条之上,回归到了简单的信仰之上,正是在这个问题上,他与启蒙哲学家康德产生了重大区别。康德虽然强调要"限制知识"而为"信仰"留出"空间",但是他把"上帝"作为"实践理性"的"悬设",把信仰建立在发自个体内心的道德需求之上,因而康德的信仰观在"纯粹理性范围内",信仰成为了人的道德的至上要求。克尔凯郭尔在展开他关于信仰的思想的时候,却遇到了"道成肉身"的"羁绊"。"道成肉身"原则本身在揭示出了基督教"爱"和"信"的原则的同时,也反映出了基督教自身的矛盾。因为,当"绝对的"、"永恒的"、"遍在的""上帝"将在某个特定的时间化身为人而在历史中临现的时候,基督教"上帝"存在的绝对超验性就会成为一个问题。只有在康德那里,当"上帝"作为"实践理性"所"悬设"出的"理念"的时候,"上帝"才能永远存留在越超于感性世界之外的"理念世界"当中,留存于"思想世界"当中,这样的"上帝"也才能永葆其存在的超验性和绝对性。

3. "激情"(Lidenskab;Passion)

当"信仰"的对象是"道成肉身"这一理智眼中的"悖谬"的时候,"激情"就是不可缺少的。面对"道成肉身",理智无能为力,而所有对基督教信仰的客观的学术考量不能使信仰直接产生,信仰必须在"激情"的推动之下,"跨过"、"跳过""道成肉身"这一理智眼中的"悖谬"方能出场。"激情"是应对"悖谬"、应对理智眼中的"不可能性"的唯一有效手段。这也就是说,正因为基督教是"悖谬",所以才需要"激情"的适时出场,"悖谬和激情彼此相得益彰,而悖谬又完美地适合一个身处生存的极端的人。"①

"激情"与"客观"精神相反对,而与"主体性"紧密相联,因为"激情就是最高程度的主体性"②。如果一个人忘记了自己是一个生存着的主体,那么此人也就丧失了"激情",因而真理也就不可能以"悖谬"的形式出现。在追求"客观性"的过程中,人们总是努力压抑、排除各种情感——其中包括"激情"。问题是,"信仰"恰恰不是"客观性",而是"主体性/主

① SKS, vol. 7, p. 210; CUP I, p. 230.
② SKS, vol. 7, p. 183; CUP I, p. 199.

观性",它事关"主体"的"永恒福祉"。在"客观性"之中,在对基督教的历史和知识的学术性的考量的过程之中,人们恰恰丧失了信仰的条件,丧失了那种无际的、个体性的关切。只有调动"主体性"的"激情",人们才能战胜"悖谬",达到信仰。

"激情"与"确定性"是相反对的,这也就是说,"激情"与"证明"的精神相反对。热恋中的人往往不需要证明对方是自己唯一的挚爱,只有当热恋的温度有所下降的时候,人们才会在心中列举对方的好处,以此作为自己始终不渝地爱对方的理由。对"激情"所做出的选择是不需要理性做出任何证明的,只有当信仰开始丧失激情、当信仰开始终止为信仰的时候,证明才是必要的,为了使自己心安理得,也为了向他人展示自己的坚定性。在反对关于"上帝"存在的证明的问题上,克尔凯郭尔的立场与康德有着一定的相通性,只是,康德在实践理性的批判的基础上主张宗教应该向"纯粹理性范围内的宗教"靠拢,而克尔凯郭尔的宗教在剥除了理智的影响之后进一步向"激情"靠拢,从而成为了对"不可能性"的充满激情的探索。

"激情"虽然是信仰的最佳伴侣,但是依靠"激情"而达成的"信仰"是不牢靠的,用克尔凯郭尔的话语就是缺乏"确定性"的。"一旦激情被移开,信仰将不复存在。"①也许,历史上那些努力寻求通过理性证明"上帝"存在的思想家们正是看透了这一点,才希望走理性的道路,希望使信仰得到理性的肯定,从而使信仰的基础更为牢固。不仅如此,在克尔凯郭尔看来,"激情"的力量本身也潜存着一定的危险性,那就是,"任何一种激情的至上力量都希求着自身的毁灭。"②在克尔凯郭尔的信仰论当中,我们借助"激情"的力量冲撞着理智和思想的"界限",并且在"激情"的助

---

① *SKS*, vol. 7, p. 36;*CUP* I, p. 29.

② *SKS*, vol. 4, p. 242.

推之下"跳跃"过了思想的边界——"道成肉身",然后达到了与知识王国遥遥相对的"信仰"的王国。但是,如果"激情"在冲撞了理智和思想的"边界"之后仍不肯止步而要继续向前,那么它必然还要冲撞其他的"不可能",甚至不惜以自身的毁灭为代价。于是乎,在"激情"支撑之下的信仰最终恐难逃遭到毁灭的命运,"宗教"和"信仰"的"边界"在"激情"的冲撞之下遭到了"解构",最终我们看到的是克尔凯郭尔式的不要任何外在表现的"内心性"的宗教,甚至更有可能行进到德里达式的"没有宗教的宗教"。

4. "瞬间"(Øieblikket;Moment)

信仰必须靠"激情"的作用方能出场,而"激情"的特点在于它的爆发性,"激情是瞬间性的"[①]。由此我们转到了信仰的另一个关键词"瞬间",这是克尔凯郭尔在比较苏格拉底与耶稣的时候就已经明确指出的一个显著差别。

由于信仰不可能从"主体"的长期反思当中产生,也不可能从"主体"对基督教的知识考量当中产生,那么,信仰的出场就只能是一个"跳跃"。从时间的角度来说,信仰只发生在一个"瞬间",它发生在"主体"在经历了理智的"绝望"之后,于"激情"的推动之下最终做出的一个"决断":即"跳跃"过理智不可能理解的"壕沟",步入另一个"天地",以"激情"来应对"悖谬"。反之,反思的无限性将会使信仰的出场无限地延滞。

"激情"相伴之下的信仰在出场时所具有的"瞬间"的性质是容易理解的。问题是,信仰的达成并非只是一次性的、一劳永逸的,"永恒福祉"是个体的绝对的、无限性的目标,因此它要求个体把整个生命历程都当成"瞬间"。并不是说只有"洗礼"或"坚信礼"才算得上是需要做出"决断"的"瞬间",仿佛只此一次,一个人从此就可以高枕无忧地成为基督

---

① *SKS*,vol. 7,p. 183;*CUP* I,p. 199.

徒。就个体而言,生命的历程是一个"内在的历史",其间的每一个"瞬间"都是涵义隽永的。对于信仰者来说,"决断"的"瞬间"应该贯穿在个体整个的生命历程之中,生命中的每一时刻都应该被当成是"决定性"的时刻,当成是我们做出誓言的时刻。在生命的整个历程当中,我们都要为"瞬间"的到来做好准备,时刻准备着做出自己的"决断"。把自己毫无保留地交给"上帝",做出一次这样的"决断"并不难,难的是在生命的每一"瞬间"都做出忠于信仰的正确决断,无论身处顺境还是逆境。克尔凯郭尔批评 19 世纪信仰变得缺乏深度,就是因为人们把"瞬间"理解成了一次性的,把信仰当成了一劳永逸的差事。因此,与"瞬间"紧密相联的且同样涵义隽永的词汇就是"永远"。克尔凯郭尔认为,"上帝"与人之间存在着不可逾越的鸿沟,因此一个信仰者必须在生命的每一"瞬间"不断地去"接近""上帝",使"上帝"不断地充盈到我们生命的整个流程之中,这个"接近"的过程是无尽的。另一方面,由于人的生存所具有的"双重性","人是有限与无限、瞬间与永恒、自由与必然的合成体",因此在对"永恒福祉"这一"无限性"的绝对的追求过程中,我们不断会遇到来自"有限"的阻隔和羁绊,而当此之时就是个体需要做出"决断"的"瞬间"。

> 在激情的决定性的瞬间,客观知识之路分岔了,看起来好像无限的决断已经完成。但是,就在这同一个瞬间,生存者处于时间性之中,主体性的"怎样"被转化为一种奋斗,它受对无限的决断式的激情驱动,并且反复因之振作,但它仍然是一种奋斗。

在克尔凯郭尔的思想视域当中,"生存"是一场无尽的"斗争"(Stræben),信仰亦不例外。信仰从来都不是一劳永逸的,而是一个无尽的"接近""上帝"的过程,这个过程要求个体不断地克服自身的怀疑,不断地克服想要向理智寻求确定性的支持的冲动,而每一次借助"激情"做出"决断"之后,"主体"的信仰也就随之得到了进一步的强化。

第七章　基督教哲学视野下的人

一　人的"双重性"

从柏拉图开始,人就是由"肉体"和"灵魂"所构成,其中"灵魂"意味着"生命",代表着永恒不朽和神圣,而"肉体"则从"灵魂"那里获得"生命",所有的"肉体"都是有变化的、是有死的。基督教在初始阶段从柏拉图哲学当中汲取了这个观点,为基督教人论的"精神性"(spiritualism)特点奠定了基础。吉尔松指出:"人若赚得全世界,赔上自己的生命,有什么益处呢? 培育心灵,净化心灵,从而解放心灵,最终实现对心灵的拯救,这一点看上去就是基督教全部的目的和努力方向。"①基督教上帝被视为"精神",人只能在精神的层面上与神沟通。随着对亚里士多德哲学的吸收和改造,基督教人论的面貌有所改变,"灵魂"与"肉体"之间的统一在基督教的视域之下成为一种"自然"状态,因为这是"上帝"意愿和完

---

① Etienne Gilson, *The Spirit of Mediæval Philosophy*, translated by A. H. C. Downs, London: Sheed & Ward, 1936, p. 168. 吉尔松在此引用了《马太福音》16:26 的话。

成的结果。①

根据前一章的内容，克尔凯郭尔视基督教为"精神"，认为我们与"上帝"之间只能建立起一种"精神性"的关系，否则"信仰"将沦为"迷信"；而且他还提出了"基督教即内心性"的观点，进一步把基督教信仰"内在化"，使信仰成为个体对"永恒性"和"无限性"的一种无尽的追求。只是，"基督教是精神"这一点并不意味着人只是"精神"；"基督教是精神"并没有排斥人的"肉体"存在的事实，而只是说，真正的信仰不同于"巫术"和"迷信"，它只关系到人的"精神"的成长和建构。在人的构成的问题上，克尔凯郭尔似乎不再纠缠于"肉体"与"灵魂"这一对中世纪基督教思想家所关心的概念，在经过了启蒙运动和浪漫主义运动的洗礼之后，尤其是经过了浪漫主义对情感的礼赞以及对个人情感世界的探索之后，克尔凯郭尔接受了人的自然情感，认为美好的人性应该在"肉体"与"灵魂"之间保持平衡，以此他对中世纪的人性观和信仰观持批判态度。对哲学史上惯用的"情感"与"理性"这一对立的概念组合，克尔凯郭尔也不很感兴趣。克尔凯郭尔从"生存"的角度入手，提出了人的"双重性生存"（dual existence）的观点。人被放置于一个动态的、发展的时间之流当中，"生存就是无限与有限、永恒与瞬间所孕育的孩子，因此它是持续不断地斗争着的。"②与之相应的，在《致死之疾病》当中，假名作者"反克利马克斯"把人视为一个"合成体"："人是无限与有限、时间与永恒、自由与必然的合成体，简言之，人是一个合成体。"（Mennesket er en Synthese af Uendelighed og Endelighed，af det Timelighed og det Evige，af Frihed og Nødvendighed，kort en Synthese.）③

---

① Etienne Gilson, *The Spirit of Mediæval Philosophy*, translated by A. H. C. Downs, London: Sheed & Ward, 1936, pp. 174 – 175.

② *SKS*, vol. 7, p. 91; *CUP* I, p. 92.

③ *SV* 3, vol. 15, p. 73; *SUD*, p. 13.

显然，克尔凯郭尔的人论思想是"生存论"的。在"生存论"的视野之下，人首先是"有限性"的存在，人必定生活在特定的空间和时间当中，而且这种"生存"是有终结的，因为人不可能不朽。即使人终将面临死亡，人仍然要在"有限性"之中与时间抗争。但是，如果人只能生活在"有限性"当中，如果死亡作为个体性"生存"的"界限"持续地逼迫和威胁个体生存，这样的"生存"一定充满焦虑，其意义和生存的动力将会成为一个问题。从苏格拉底开始，"灵魂不朽"就成为了哲学家思考的问题，即：作为"有限性"存在的人有向"无限性"而生，并且以"无限性"为生存的终极目的的倾向。"灵魂不朽"关乎每个人的生命意义和价值，倘若对此漠不关心，这样的人必定冥顽不灵。在基督教哲学的视野之下，克尔凯郭尔把"有限性"生存的人所追求的"无限"和"永恒"的目标定为个体的"永恒意识"，为"有限性"的人提供了希望和归宿，从而避免坠入"绝望"的深渊。在《畏惧与颤栗》当中，假名作者"沉默的约翰尼斯"写道：

> 如果一个人没有对于永恒的意识（evig Bevidsthed），如果万物的深处只是某种野性的、发酵般的力量，在黑暗的激情之下它扭动着生产出有意义和无意义的东西，如果万物之下隐藏的是一个巨大的、永远不会抚平的虚无，生命除了绝望之外还能是什么？[1]

通过《哲学片断》的"思想试验"可以知道，克尔凯郭尔所谓的"对永恒的意识"就是基督教的立场，就是在"道成肉身"之中与基督合而为一，从而在"精神"层面上超越"肉体"的死亡，达到精神上的"永恒"和

---

[1] *SKS*，vol. 4，p. 112；*FT*，p. 15. 加缪在《西西弗的神话》当中应该是引述了这段话，虽然没有任何出处说明。"克尔凯廓尔可能会厉声警告说：'如果人对永恒没有意识，如果在一切事物的深处只有野性沸腾的强力主宰，只有它在昏暗不清的激情漩涡内制造着伟大或无价值的事情，如果那毫无基础的、没有任何东西可以填充的空无躲藏在事物的暗处，那么，生活不是失望又会是什么呢？'"参见《西西弗的神话》，杜小真译，三联书店1987年版，第50—51页。

"无限"。

克尔凯郭尔在其著述生涯的开端即通过对审美感性的人的塑造探索了人专注于"有限性"下的生存样态和精神面貌。具有反讽意味的是,这部分内容风格多变,文采飞扬,在很大程度上奠定了克尔凯郭尔作为丹麦语作家的基础,因而似乎比其他作品更容易吸引读者的关注。在没有基督教文化背景的中国,很多作家和艺术家似乎更热衷于阅读克尔凯郭尔反映审美感性生命方式的作品,或者从中汲取灵感,或者与审美感性的人的人生感悟相互印证。[①] 身处不同时代、不同文化背景的艺术家在今天能够对克尔凯郭尔的作品产生共鸣,这无疑说明了克尔凯郭尔对人的生存样态和精神世界的体察和感悟之精深。问题是,如果我们愿意在克尔凯郭尔不同时期、不同风格的作品之间寻找某种连贯性和统一性,如果我们不轻视克尔凯郭尔对自己的写作生涯的总结——"我从始至终都是一个宗教作家",如果我们把"反讽"视为解读克尔凯郭尔整体思想的一把钥匙;那么我们就应该看到,所有这些旨在反映审美感性生命样态的假名作品所意欲揭示的并不是审美感性生命样态的绚丽多彩,而恰恰是在这多姿多彩的"外表"背后所隐藏的"内在"的空虚和无聊。诚如克尔凯郭尔在《非此即彼》的开篇就强调的那样,"内在的"和"外在的"之间并不必然地具有同一性。克尔凯郭尔透过对绚丽多彩的审美感性生活的描述所指示的不是对这种生活方式的倡导,而恰恰是对它的反对,因为在审美感性生活的"直接性"当中缺乏了"永恒"和"无限"的维

---

① 当代著名艺术家张晓刚曾在自己的摄影艺术作品当中大量引用克尔凯郭尔《非此即彼》的内容,由于他采用的是一个有问题的中译本,其中把《非此即彼》当中"间奏曲"的内容误视为是克尔凯郭尔的日记,因此他错误地把所谓的"克尔凯郭尔的日记"与自己的日记糅在一处,作为对其摄影作品的"解说词"。我曾经在 2008 年夏天接到北京 798 艺术区的"北京公社"画廊的邮件,希望将张晓刚引用的"克尔凯郭尔的日记"回译成英文,以方便展览。我查证出,张晓刚所选用的中译本应该是从《人生道路诸阶段》和《非此即彼》当中抽选出来的作品集合《曾经男人的三少女》(江辛夷译,北京:作家出版社,1994 年)。

度。在克尔凯郭尔的笔下,审美感性的人只生活在当下时刻、生活于"直接性"之中,他们有极强的感受能力,能够敏锐地抓住生活的无聊。为了将生活的无聊和空虚驱逐出去,审美感性的人拼命追求快乐,热衷于艺术的创造,希望以感官享受和艺术创造所营造的另一个小世界将无聊和空虚从生命中驱逐出去。只是,所有的欢乐最终都不过是过眼烟云,转瞬即逝,欢乐之后审美感性的人将面临的是无边无尽的虚空。

> 将要发生的是什么? 未来将带来什么? 我不知道,我没有任何预感。蜘蛛从一个定点向下坠到它的目的地的时候,它持续地看见自己面前的一个虚空,在此之中它无法找到落脚点,不管它怎样伸展挣扎。这也是我的状况,在我面前的是一个虚空,驱动我向前的是一个我已经达到而留在身后的目的地。这一生活是反向的、可怕的,让人无法忍受。①

"无限性"的维度和"永恒意识"的缺失直接导致的是审美感性的人对现实的幻灭感和对未来的虚无感,从而最终导致生命意义的丧失。审美感性的人多次发出"生不如死"的感叹:

> 生活是多么空洞和无意义。我们埋藏一个人,陪着他直到入土,向他投撒三铲泥土;我们坐着马车离开回到家;我们为自己前面还有一段漫长的生命而感到慰藉。那么,七乘十年到底有多长呢? 为什么我们不一了百了地结束这一切呢,为什么不留在那里,一同走下墓穴,抽签决定谁是不幸所选中的人,作为最后一个活着的人向最后的死者投撒三铲泥土。②

审美感性的人的感叹早在帕斯卡尔的《思想录》当中就有所类似的

---

① *SKS*,vol. 2,pp. 32-33;*EO I*,p. 24.
② *SKS*,vol. 2,p. 38;*EO I*,p. 29.

反映,帕斯卡尔甚至比存在主义哲学家们更早地意识到人的"被抛"的生存及其荒谬性。

> 我不知道是谁把我安置到世界上来的,也不知道世界是什么,我自己又是什么? 我对一切事物都处于一种可怕的愚昧无知之中。……正像我不知道我从何而来,我同样也不知道我往何处去;我仅仅知道在离开这个世界时,我就要永远地或者是归于乌有,或者是落到一位愤怒的上帝的手里,而并不知道这两种状况哪一种应该是我永恒的应分。这就是我的情形,它充满了脆弱和不确定。①

正是因为帕斯卡尔感悟到了生存的荒谬和虚无,他才需要去探究"灵魂不朽",需要以"永恒福祉"为此生的追求目标。相比之下,克尔凯郭尔似乎并未触及到人的"被抛"的生存状态所揭示的荒谬性,而这一点纯粹是因为他自出生起即"被抛入"其中的"血淋淋的"基督教氛围所致。所以克尔凯郭尔才固执地、义无反顾地认定,所有人都是"上帝的孩子",任何个体,无论他具有多大的原创性,最终都能在"上帝"那里找到维系。那些选择了审美感性生命体验方式的"上帝的孩子"只是暂时迷失了方向,其"生存"必定陷入"绝望",但是,正是从"绝望"之中才有向更高的生活样态、也就是向拥有"永恒意识"的维度的生存样态"跳跃"的可能性。

克尔凯郭尔从其著述生涯的开端似乎就着迷于"两极"之间的对立:Enten—Eller,"非此"—"即彼",结婚还是独身,生存还是死亡,真理还是谬误,成为基督徒还是保持自然人的状态。在"生活世界"当中,在每一个决定性的关口,我们必须做出"选择",而任何的"调和"都只能是"思辨的"、"逻辑的",它只会在现实的铜墙铁壁上撞得粉碎。这个态度很显然与他对黑格尔对代表着传统逻辑学和旧的形而上学的 aut/aut 思路的批判的批判有着直接的关系。作为行动,每一次"选择"必须是二择其一,

———————————

① 帕斯卡尔:《思想录》,何兆武译,商务印书馆 1995 年版,第 92—93 页。

像面对"结婚还是不结婚"这样的选择的时候,不存在什么中间状态。正是在这个意义上,克尔凯郭尔把"选择"的原则视为是伦理的全部意义之所在。"选择是伦理的一个内在的和严格的术语。在更为严格的意义上说,哪里存在着非此即彼的问题,我们总是可以肯定地说,它都跟伦理有着某些关系。"①但是,在随后提出的"绝对的选择"的问题当中,也就是在"善与恶"之间的选择的时候,克尔凯郭尔却告诉我们,"绝对的选择"并不意味着选择善而否弃恶,而是说同时选择善和恶或者将它们排斥在外。② 这一点等于否定了在涉及人的问题时,"非此即彼"的"两极"式的思维模式的适用性。人不可能"非黑即白",甚至不可能"黑白分明",人既不是天使也不是野兽。人的生存是有死的、有限的,同时人又不忘追求"永恒"和"无限"。相应的,人的"生存"是两极性的,而人的心理又是多层面的,这是克尔凯郭尔从一开始即以其深刻的自省能力和对人的敏锐观察而认识到的,"忧郁的人最有幽默感,丰富充实的人往往最有田园性情,放荡的人最道德,而怀疑者最有宗教感"。③ 生存中的人的构成从来都不是简单、纯粹的,人的外表和内心之间永远存在着差距,那种"统一的人"只能作为"概念"存在于哲学家的头脑之中。不仅如此,"人们总是通过自己的对立面才获得自己所欲求的东西,这是人性的不完美。"④所以,克尔凯郭尔强调,我们是在经历了"理智"的"绝望"之后才步入"信仰";而"拯救"的获得必须通过"罪",这中间不存在任何的"中介环节"和"调和"。问题是,如何通过"罪"获得"拯救"?

根据前一章的内容,这个过程是充满"不确定性"的,因而个体之于"永恒福祉"是一场"冒险",是居于"有限性"当中的人对"无限性"的永无止境的"接近—追求"的过程,是人不断地克服"有限性"而向着"无限性"

---

① *SKS*,vol. 3,p. 163;*EO* II,pp. 166 - 167.
② *SKS*,vol. 3,p. 165;*EO* II,p. 169.
③ ④ *SKS*,vol. 2,p. 28;*EO* I,p. 20.

迈进的"斗争"的过程。从"生存"的立场和基督教哲学的视野出发,"生存"就是一场在"生存"的两极间的巨大张力的作用之下的"斗争",这中间充满了"不确定性",而人正是在这种"有限性"和"无限性"的角力之间不断地"生成"着、"发展"着自己。于是,克尔凯郭尔理解的"人"居于"生存"的流程之中,在"有限与无限"、"时间与永恒"这两极间的巨大张力之下,他们每一刻都在"生成"着、"变化"着。于是,"人"没有了"定义",人是不断"生成"着的,这一点是克尔凯郭尔与存在主义者之间最大的相通之处,所不同在于"如何生成"的问题。克尔凯郭尔认定,人必须拥有"永恒意识",否则将坠入万劫不复的"绝望"之深渊;而加缪则在"背弃永恒"的前提下,希望"能够和我所知的并仅仅和我所知的东西一起生活"①,在"荒谬"的引导之下自己创造自我的价值。在克尔凯郭尔眼中,人的"生成"最终是存在着一个"模本"的,他把"上帝"视为是个体"生存"的终极目标,把耶稣基督作为是人生的典范和楷模。由此克尔凯郭尔否认个体能够"创造自我",认为个体只能"选择自我",而且所选择的是个体的"永恒有效性"(evige Gyldighed;eternal validity),②对此萨特和加缪无法同意,因为他们坚持把"上帝不存在"作为人成为"自由者"的根据。

克尔凯郭尔在基督教哲学的视野之下提出的人的"双重性"生存的观点直接关系到他对现代基督教徒的"情致"的理解。克尔凯郭尔生活在后启蒙时代,其时工业革命的兴起和城市化的进程以飞快的速度改变着欧洲文化和精神风俗的面貌,欧洲社会日益向世俗化倾向发展。表面上看,基督教因受到宪法的保护而呈现出一派"大获全胜"的态势,实际上,基督教信仰正在变得日益肤浅,其内里早已被世俗化倾向掏空和抚平,绝大多数人的信仰不过是徒有虚名。在这种情况下,克尔凯郭尔强

---

① 加缪:《西西弗的神话》,杜小真译,三联书店1987年版,第49页。
② *SKS*,vol. 3,pp. 205 - 207;*EO* II,pp. 214 - 215.

调的是,基督教是一种有选择的宗教,作一名基督教徒是困难的。换言之,克尔凯郭尔不认为必须要使全体民众都皈依基督教,仿佛只有做到全民皆教徒才是基督教的胜利;他的"使成为基督教徒变得困难起来"的目标所针对的并不是非基督教徒,而是那些在基督教国家内徒有虚名的教徒。克尔凯郭尔真正想说的是,在明确了基督教之为"有分别的"宗教的前提下,在社会生活日益世俗化的前提下,一个人仍然有自愿选择成为基督教徒的理由。而一旦此人做出了成为基督教徒的选择,那么,这样的人应该过着怎样的生活? 一个"合格的"基督徒在现代社会应该具有怎样的精神面貌? 这才是克尔凯郭尔提出人的"双重性"生存的旨归之所在。

二　现代基督教徒的"双重性"生活

与个体生存的"双重性"相一致,一个现代基督徒的生活仍然不可能脱离其"双重性",即基督徒的生活应该同时具有"有限性"和"无限性"的层面。克尔凯郭尔在著作中多次引用了《圣经》中所说的"人若赚得全世界,赔上自己的生命,有什么益处"的言论,他还指出,只有面向"无限性"的真理才是具有建设性的真理。但是总体观之,除了在《非此即彼》上卷对审美感性生活样态进行描述的时候,克尔凯郭尔讨论过个体生活缺少对"无限性"的追求和"永恒意识"所面临的"绝望"之外,克尔凯郭尔更关心的不是基督徒生活中的"无限性"层面,相反,他更多地是在对基督徒生活当中的"有限性"层面进行肯定和辩护。一个人自愿选择成为基督徒的首要标志便是对"无限性"的追求以及"永恒意识"的确立,倘无对"无限性"的追求,这样的人或者因"精神性"的匮乏而过着浑浑噩噩的生活,这类人因其冥顽不灵而很少进入克尔凯郭尔写作的范围之内;或者因拥有充足的"精神性",只是这"精神性"仅仅寄居于"有限性"之中,像审美感性的人,他们尚未获得"永恒意识",因而仍停留在基督教信仰之外。只是,在克尔凯郭尔看来,在审美感性的人身上存在着由"绝望"向"信仰"飞跃的可能性。

一个基督教徒首先应该生活在"有限性"之中,就像一个真正的"大活人"不应该忘记"生存"的"现实性"而只停留在思想的和逻辑的世界当中一样。只有时刻牢记自己是"无限性"和"有限性"的"合成体"的人,只有在"有限性"的生存进程中努力维持"有限"与"无限"的两极的人,才是有生命的真正的人,而非抽象的存在者。克尔凯郭尔从批判思辨哲学的体系开始,始终以"生存"的"现实性"为出发点,在基督教信仰的领域中,他也没有放弃这一点,更何况耶稣从来没有教人放弃生存的"有限性"和"现实性"。当法利赛人用"是否该给该撒纳税"的问题来试探耶稣的时候,耶稣看穿了他们的伎俩,指着钱上该撒的像和号说:"该撒的物当归给该撒,神的物当归给神。"①这也就是说,世俗生活与对神的追求之间并不矛盾,因为"天国"是面向人的"未来",它只在人的心中,对"天国"的向往并不能替代人在此世的生活。因此,当耶稣说"我就是生命的粮。到我这里来的必定不饿;信我的必定不渴"的时候②;当他教导众人"不要为生命忧虑吃什么、喝什么;为身体忧虑穿什么。生命不胜于饮食么? 身体不胜于衣裳么"的时候③;耶稣并不是说人真的可以放弃对日常饮食的操心和劳作而像"天空的飞鸟"那样"不种、不收、不积蓄在仓里"那样地活着,耶稣想告诉世人的是,人的生存不是单纯地寻求对"有限性"的满足,人的生命中离不开对"无限性"的追求,而且只有当"有限性"与"无限性"紧密结合之后,一个人才能真正地成为优越于其他生物的人。克尔凯郭尔从"生存论"的视角出发充分理解了耶稣关于"天空的飞鸟"的寓

---

① 《马太福音》22:15—21。
② 《约翰福音》6:35。
③ 《马太福音》6:25。

言的内涵。借助克利马克斯之口他指出，能够像"天空的飞鸟"那样无忧无虑地生活当然美好，问题是，这样的生活对于凡人来说是绝对不可能的，其结果或者是寄人篱下，或者因困顿而悲惨地死去。很显然，这里除了"生存论"的视角之外，克尔凯郭尔的另一个出发点就是"上帝与人之间的绝对差别"，在神诸事皆能，而凡人却有所不能。

在对个体生存的"有限性"的理解和肯定的问题上，克尔凯郭尔借助威廉法官这个形象的论述更全面。作为一名普通的基督教徒，一位平凡的公务员、丈夫和父亲，威廉法官承认自己并没有成为完全"精神性"的以至于否定世俗生活的意义。他指出，基督教"上帝"是精神，基督教是精神，虽然在"肉体"和"精神"之间存在着不和谐，但是在基督教中，"感性"（Sandselighed）并没有被彻底"销毁"①，"宗教性并非与人性如此敌对，以至于我们非得先要破除人性才能唤醒宗教性"②。换言之，人的"生存"之"有限性"的维度并不完全是由于"现实性"的逼迫，它同时也出自"上帝"的意愿，得到了"上帝"的祝福。作为"精神"的"上帝"嫉妒一切非精神的东西，这一点无可否认。但是，在基督教思想中，"上帝"还具有一个鲜明的品格，即"上帝"怀有对人类无边无际的、能够掩盖无数的罪并且最终导致自我牺牲的"爱"。"上帝"从来都不应该是自私的，"上帝"不可能号召人放弃世俗生活、弃绝自我而专伺自己。当耶稣向世人宣扬"爱"的原则时候，他并没有把爱悬搁于空中，而是说，要"爱人如爱己"，爱要由己及人。当耶稣宣称"人的仇敌就是自己家里的人"的时候③，这个意思当然不是要世人舍弃家庭成员之间的爱，耶稣是以一种极端的方式告诫世人，基督教倡导的是"大爱"，这种爱不能仅仅局限于亲情之内，而是要突破血缘和亲情关系的束缚，成为一种无疆界的、具有普遍性的

---

① *SKS*，vol. 3，p. 56；*EO* II，p. 49.
② *SKS*，vol. 3，p. 92；*EO* II，p. 89.
③《马太福音》10：36。

爱。正是由于"上帝"对人类的爱,威廉法官认为,基督教没有否认肉体之爱的意义,一个基督教徒同样可以享受男女之爱,因为婚姻关系的缔结不仅得到了"上帝"的首肯,而且还受到了"上帝"的祝福。作为"精神"的"上帝"能够对世俗之爱表示祝福,这一点在威廉法官的眼中是美好的。与此同时,"上帝"对"有限性"的肯定成为了威廉法官赞美女性的根据。女性天生就具有一种理解和把握"有限性"的"原创性"的才能,因此女性从根本上理解生活,能够与"生存"和谐共处,这一点也是女性能够保持优雅、可爱和快乐的天性的原因。①

克尔凯郭尔为什么要肯定和维护基督教徒生活当中的"有限性"层面的意义呢?对这个问题的回答离不开克尔凯郭尔对"信仰"的看法,尤其是他提出的"信仰之为内心性"的观点。在克尔凯郭尔看来,一个舍弃了"生存"中的"有限性"的维度而全力追求"无限性"的人不是一名"合格的"基督教徒,这样的人走的是中世纪神秘隐修主义道路。这些人放弃了"生存"的"有限性"的维度,因而违反了人的"双重性"构成,在克尔凯郭尔看来他们只能算是"弃绝的骑士"(knight of resignation)而非"信仰的骑士"(knight of faith)。

在《畏惧与颤栗》当中,假名作者"沉默的约翰尼斯"借助《旧约》中亚伯拉罕听从"上帝"的旨意把自己的亲生儿子以撒带到"上帝"指定的山上作为燔祭的故事,试图阐明"信仰的骑士"的内涵。在"沉默的约翰尼斯"笔下,亚伯拉罕面临着一项极端的抉择:是服从"上帝"的旨意还是遵从普遍的道德准则,而后者——"不准杀人"——也出现在"上帝"对人类提出的基本道德准则"十诫"之中。在"沉默的约翰尼斯"看来,"信仰"的第一层涵义便是"信仰"与"普遍性"之间的不可通约性,"信仰"不能被缩减为任何普遍性的概念或原则,也不能用普遍性的概念或原则加以理

---

① *SKS*, vol. 3, pp. 293 - 294; *EO* II, pp. 310 - 311.

解,"信仰"就是"悖谬"。如果结合克利马克斯对"信仰"之于"理智"的悖谬性质,这一点似乎容易理解。但是,在"沉默的约翰尼斯"看来,亚伯拉罕之所以能够被视为"信仰的骑士",不仅是因为他违背了"理智"和"普遍性"而选择了"荒谬",更是因为他的沉默——亚伯拉罕必须保守秘密,既保守"上帝"向他下达的旨意的秘密,也保守自己已经做出的抉择的秘密。也就是说,他必须把自己遵从"上帝"旨意的意愿和决心隐藏在内心里,而不是挂在口头上。由此,"沉默的约翰尼斯"提出了一个"弃绝的骑士"的形象以与"信仰的骑士"加以比较。一个"信仰的骑士"首先必须做到"弃绝",亚伯拉罕做到了对"普遍性"的伦理准则的"弃绝",他放弃了亲子之情而选择服从"上帝"的旨意。但是,亚伯拉罕与"弃绝的骑士"在根本上是不同的。"弃绝的骑士"为了追求"天国"而完全放弃—拒绝了"现世—尘世",也就是放弃了人的"双重生存"之一极,因而只能过着与世隔绝的生活,其生活样态必定与普通人的生活有所区别——他对"天国"的追求将会写在脸上。与"弃绝的骑士"不同,亚伯拉罕虽然选择为了服从"上帝"的旨意而"弃绝"亲子之情,但他并没有弃绝整个的世俗生活,也没有把自己对"上帝"旨意的服从贴在脸面上,而是将自己的决定深深地埋藏在内心,从外表看他显得与其他的人没有什么两样,并无任何特别的标记。既然"信仰"只是"内心性",那么信仰的主体就应该保持"沉默",所有的一切都应在"无声"之中发生。这或许就是克尔凯郭尔为假名作者的名字加上了"沉默的"限定词的根本原因。在《畏惧与颤栗》的第一章"心绪"(Stemning)当中,假名作者从不同角度一遍遍地描述着《创世记》第 22 章"亚伯拉罕受试验"的情景①,并且极力加重亚伯拉罕于"沉默"之中在清晨带着儿子向"上帝"指定的山出发的哑剧氛围,从情感和"心绪"上与"信仰之为内心性"的主旨相呼应。亚伯拉罕在打定主意

① *SKS*,vol. 4,pp. 107 - 111.

要去执行杀死爱子的命令之时仍然能够表现得跟没事人一样地不动声色，不是因为亚伯拉罕善于控制自己的感情，而是因为，在他的内心深处怀着对"上帝"的坚定的信仰。亚伯拉罕相信，"上帝"最终会把以撒归还给他，因为以撒的生命是"上帝"给予的，而且通过以撒，亚伯拉罕的子孙将遍布各地。更为重要的是，亚伯拉罕的"相信"皆源自一种"不可能"，也就是说，他是凭借着"悖谬"的力量去"信仰"，这一点才是亚伯拉罕能够成为"信仰的骑士"的关键。相比之下，"弃绝的骑士"由于放弃了世俗生活，他也就缺乏了面临亚伯拉罕式的极端抉择的机会；换言之，他是主动回避了面对这种极端抉择的机会，因而他也就没有机会体验借助"悖谬"的力量而"信仰"的思想深度。

如果说在《畏惧与颤栗》中克尔凯郭尔所塑造的是一个极端境遇之下的无法与"普遍性"保持一致的"信仰的骑士"的形象，那么，《非此即彼》下卷中的威廉法官则是一个在平凡生活境遇当中与"普遍性"和谐共处的"信仰的骑士"。威廉法官的形象看似平凡刻板，尤其是在审美感性的人的才华衬托之下更显沉闷乏味，但是他却代表了现代社会的信仰者的形象，一个能够在"生存"的"有限性"和"无限性"这两极之间保持平衡的人。威廉法官跟所有现实生活世界当中的普通人一样，他热爱自己的工作，能够从工作中寻找到一种责任感和满足感；同时他热爱自己的家庭，也能够轻松地从家庭生活当中获得温情和乐趣。从生存的"有限性"出发，威廉法官批评审美感性的人通过遁入艺术世界而逃避现实，同时他也批评中世纪的隐修主义者割裂"有限性"与"无限性"之间的关联，其行为也是一种懦夫式的逃避。与此同时，威廉法官本人并没有单纯地陷入生存的"有限性"之中而忘掉对"无限性"的追求。虽然身处市井坊间而享受着世俗生活的快乐，但是威廉法官一来没有忘记《圣经》中"得世界而丢性命"的劝诫，二来他像亚伯拉罕一样，在内心深处怀着对"上帝"的无限敬畏，虽然他没有机会面临亚伯拉罕式的极端抉择。威廉法官相信,没有"上帝"我们什么都做不了,更别提在世间建功立业、流芳百世了;正是"在上帝面前我们一无是处"的思想才是"建设性"、"陶冶性"(opbyggelige;upbuilding)的涵义之所在①,同时这种敬畏感也成为了威廉法官能够享受"有限性"生存的根源。不过,克尔凯郭尔本人没有选择自己所塑造的威廉法官那种四平八稳的"伦理—宗教"式的生活。他从年轻的时候就认定,自己无法与"普遍性"和谐共处,因为他有自己的"肉中刺",他只能选择过一种极端的生活。这一点到了他生命的晚期似乎表现得更为突出。在他与国教会展开论战的时期,克尔凯郭尔不再青睐威廉法官式的基督教徒的形象,而是向往着以一种使徒般的"牺牲"作为基督教徒的情愫。

　　威廉法官对"有限性"生存的肯定以及由此而生的对中世纪隐修道路的批判在克利马克斯那里得到了"辩证性"的延伸。在威廉法官的眼中,中世纪的问题在于无法正视"有限性",无法将其与"无限性"有效地结合起来以致造成了对"有限性"的"弃绝"。到了克利马克斯这里,他则从"上帝"与人之间的"绝对差别"的角度出发衡量中世纪隐修主义道路,指出其错误在于人忘记了自己与"上帝"之间的"绝对差别",以及与之相适应的人的"谦卑"(Ringhed;humility)。② 人从被创造的那一刻起就是"有限性"与"无限性"之间的合成体,因此,人与"上帝"之间的关系的最为"谦卑"的表达就是,承认我们的"人性",承认人的"有限性"的生存,并且积极地"享受"着这种"有限性"。如此一来,中世纪的隐修者实际上是在以其全部的热情试图超越"人性",从而使自己更像"上帝"。这样的行为是渎神还是极度的虔敬? 这里,克利马克斯的观点出现了一个扭结点。从否定的一面看,他与威廉法官一样,认为宗教性不应该与"人性"

---

① *SKS*, vol. 3, p. 320; *EO* II, p. 339.
② *SKS*, vol. 7, p. 446; *CUP* I, p. 492.

如此对立,相反,人的"有限性"的、"时间性"的生存状态是"上帝"赋予的,违反"人性"就是与"上帝"的意愿作对。倘若结合信仰的"非确定性"的本质,那么隐修者希望通过泯灭"人性"而达至人原本不具备的"神性",这种行为的实质是想以"事功"代替"神恩",这是渎神之举。而从肯定的一面说,与威廉法官不同的是,作为一名时代的批判者,克利马克斯这个"角色"看到了中世纪因追求"无限性"而达到与"有限性"的割裂的隐修主义道路背后所蕴含的"激情",因而他将中世纪的信仰比喻为"热情洋溢的青春时代",换言之,克利马克斯认可了选择隐修道路的人所具有的虔敬品质。相比之下,克利马克斯生活时代的宗教信仰的状况更像是倒退到了"儿童时期",很多人——尤其是哥本哈根市民与基督教的关系退化到了每星期天上午(当然还有宗教节日)到教堂听牧师讲道的地步。[①] 他们利用一天的时间集中地思考自己与"上帝"之间的关联,然后用这一天的集中思考换得了在一周的其他日子里不用考虑与"上帝"的关系的"许可证",人们或者陷入直接性的生存样态之中,或者陷入对"有限性"世界的各种角色及其相关义务和责任的实现之中,以至于人们认为这个世界可以不需要"上帝"而照样运转。显然,在克利马克斯眼中,这种状况比起中世纪的隐修主义道路更为低下。中世纪隐修主义步入了极端,它忽视了、误解了"上帝"对人性的"爱";而 19 世纪的人们把个体与"上帝"之间的关系建立在每周一次的教堂拜访之上,这却是"信仰"缺乏深度的表现。

那么,一个扎根在现代社会中的基督教徒应该拥有怎样的面貌呢?如果说威廉法官所代表的是以"职责"和"天命"为核心的新教伦理的基督教徒的形象,那么,自命为"幽默家"的克利马克斯(他本人否认自己就是一名"宗教个体")则在设法"去除"掉一个基督教徒只知响应"天命"的

---

① SKS, vol. 7, pp. 428 - 430; CUP I, pp. 472 - 474.

召唤而克勤克俭地履行人生"职责"的过程中所显现出来的刻板和无趣。克利马克斯的出现以及他对威廉法官这个形象所可能做出的"修正"的原因之一，让我们大胆地推测，就是 1844 年在哥本哈根的现代化游乐园 Tivoli 的开业。19 世纪 40 年代的哥本哈根仍然是一个比"集市"略大一些的城市，而当时的巴黎和伦敦都开始具有"大都市"的规模了，因此 Tivoli 的开业不仅为哥本哈根市民提供了星期日午后休闲娱乐的地方，而且在根本上开启了一种真正的都市生活方式。在 Tivoli 开业的当年就受到了批评家的批判，认为 Tivoli 的出现对家庭生活和新教倡导的崇尚劳动的价值是一种破坏，同时它也应该对不同等级间的界限的消除负有责任。[①]　不管怎么说，"游乐园"的出现都成为克利马克斯在思考现代社会的基督教徒的精神面貌时必须考虑的一个背景。于是，克利马克斯在《附言》中花了 30 多页的篇幅构想了一个"修道院还是游乐园"的寓言，尽管他所说的"游乐园"还不是 Tivoli，而是位于皇家园林"鹿苑"（Dyrehaven）当中的 Bakken，一座比之于 Tivoli 还显得十分乡气和粗糙的传统的游乐场。[②]　而自从《哲学片断》就开始尝试着冲破思想的"界限"的克利马克斯在此提出了一个打破常规的选项：现代社会的基督教徒会选择进修道院还是去游乐园；什么样的人更像是一个基督教徒，是"谦卑"地承认自己的"人性"从而"谦卑"地接受"有限性"生存中的乐趣的人，还是一个以无限的热情"弃绝"此世的生活，泯灭"人性"，绝望地想使

---

① 关于 Tivoli 的兴建以及它对哥本哈根社会所造成的影响，参见 George Pattison, *Kierkegaard，Religion and the Nineteenth-Century Crisis of Culture*，Cambridge：Cambridge University Press，2002，pp. 54 - 58。

② "鹿苑"（Dyrehaven，英文为 Deer Park）是一座位于哥本哈根北部的皇家园林，在克尔凯郭尔的时代，"鹿苑"开始向公众开放，成为哥本哈根市民休闲娱乐的地方。每年夏季 6 月 24 日以后的一个月的时间内，"鹿苑"当中的一处名为 Bakken 的林间空地会搭上帐篷、摆上桌子，并且有杂耍、杂技和小丑表演等市民喜闻乐见的娱乐活动出现，这段时间也被称为"鹿苑时间"（Dyrehavs-Tiden）。后来，Bakken 渐渐发展成一座位于"鹿苑"内部拥有现代设施的游乐园。在《附言》的英译本中，Dyrehaven 被译为 amusement park，此译法抽去了"鹿苑"的历史背景。

自己成为神的人。克利马克斯让寓言的主人公选择了游乐园。从外表看他与所有其他人别无二致,但是,由于寓言的主人公在扎根生存的"有限性"的同时,心怀人类的"谦卑"和对"上帝"的绝对意识,因此他的内心与他人有所不同,他深知,如果没有"上帝"我们将一事无成,"在上帝面前我们一无是处。"

这里必须加以说明的是,在克利马克斯的用语中,寓言的主人公并没有被视为是基督教徒,而只是被称之为"宗教个体"(en Religieus),一个"隐蔽内心性的骑士"(skjulte Inderligheds Ridder; knight of hidden inwardness)。[①] 这里我们涉及到了克尔凯郭尔著作中的一个令人困惑的重要论点,即"宗教 A"和"宗教 B"的区分,在这个问题上克尔凯郭尔思想的内在张力再次暴露无疑。根据克利马克斯,所谓"宗教 A"(Religiousness A)指的是"内在的宗教",也就是说,"永恒"是"内在性"的;而"宗教 B"(Religiousness B)是"悖谬的宗教"(paradoxical religiousness),也就是特指基督教,基督教的标志就是"绝对的悖论",这一点使得基督教成为一种"特殊的"、"有区别的"宗教。克利马克斯认为,"宗教 A"是"宗教 B"的前奏,二者之间的根本差别在于"悖谬"的品质。而所谓"悖谬",根据克利马克斯在《哲学片断》当中所展开的"思想试验",指的就是"永恒"的"有条件的"临现,"永恒"将在特定的时间、特定的地点才能出现,这也就是基督教"道成肉身"原则的涵义。问题是,"宗教 A"和"宗教 B"的区分在克利马克斯的论述当中是存在着矛盾的。根据克利马克斯,"宗教 A"以"隐蔽的内心性"为标识,也就是说,一个处于"宗教 A"阶段的个体正确地理解了生存的"双重性",因此他会像其他的人一样生活,他从来不认为自己比其他人更出色,更不会选择其他人不可能选择的生活道路,比如进入修道院,完全地与世隔绝,或者成为殉

---

① *SKS*, vol. 7, p. 452; *CUP* I, p. 499.

道者。但是,"宗教个体"具有一种深刻的"内心性",那就是"在上帝的面前我们一无是处",这种意识将贯穿于个体生活的每一个"瞬间"。"在宗教的意义上,个体的任务是要明白,他在上帝面前一无是处,或者说他要变得什么也不是,并且就这样地在上帝面前活下去。他需要让这种无能为力的意识经常性地呈现在他面前,而它消失之际也就是宗教感消失之时。"①在克利马克斯看来,"宗教 A"已经是一种成熟的宗教意识了,但它却只是基督教的前奏而尚未达到基督教。根据这个思路推论,那么,无论是威廉法官还是"修道院还是游乐场"的寓言所描述的"宗教个体"在克利马克斯眼中都还不是基督教徒,虽然他们已经十分接近基督教徒了。为什么如此说? 这些"宗教个体"的身上还缺少什么因素而尚未达到基督徒的标准呢?

根据克利马克斯,基督教是一种"有区别的"宗教,并不是每个人都能成为基督教徒,成为基督教徒是困难的,所谓"被召的人多,选上的人少"。要想成为基督教徒,个体不仅要具有"罪过意识"(guilt-consciousness),也就是"在上帝面前我们一无是处",并且把这种"罪过意识"深藏于"内心",同时还必须弃绝"理智",沉潜于"荒谬"之中,借助"悖谬"的力量在生活的每一个"瞬间"牢牢地抓住"罪"(Synd;Sin)。根据《哲学片断》尾声处的"喻意"部分所揭示的,"罪"才是基督教信仰的前提和出发点,只有从"罪的意识"出发,个体才能通过对"道成肉身"的"信仰"得到"拯救"。这是正统基督教的思想路径,它被克利马克斯接受了。从这个思路进行推论,"宗教个体"与基督教信仰之间就存在着一道隔膜,即"宗教个体"缺少了"罪的意识"。"宗教 A"之所以能够被视为是一种"成熟的"宗教意识,其原因在于,处于该阶段的"宗教个体"在享受着"有限性"的生活的同时,没有忘记随时随地提醒自己,"在上帝面前我

---

① *SKS*, vol. 7, p. 419; *CUP* I, p. 461.

们一无是处"，也就是说，"宗教个体"已经意识到了个体对"上帝"的绝对依赖，并且主动地做到了在"上帝"面前的自我"弃绝"。问题是，这种依赖和"弃绝"是"宗教个体"通过自我反思而达到的，也就是说，这种"宗教意识"是来自个体内部的，而非来自外部，因此，"在上帝面前我们一无是处"还不是基督教的"罪的意识"。根据《哲学片断》中苏格拉底的立场与神的立场的比较，如果我们在根本上是处于"非真理"状态，那么，我们不可能凭借自己的力量意识到自己的"非真理—谬误"。这也就是说，个体不可能从自身内部通过"回忆—反思"的办法获得"罪的意识"，"罪的意识"只能是一个给定的前提，而对"罪"的消弥则需要依靠来自外部的力量，来自"神"—"拯救者"而非在苏格拉底式的助产术的帮助下反思着的自我。

至此我们可以看到，克利马克斯对"宗教 A"与"宗教 B"所做的区分最终回到了基督教的正统思路之上，即"罪的意识"、"道成肉身"以及"拯救"，这个正统思路完整地体现在了《哲学片断》结尾处的"喻意"部分当中。在"宗教 A"当中，个体"宗教意识"的获得和宗教生活方式的选择所依靠的都是个体的"内心性"和"主体性"，如此一来，"宗教 A"把个体的"拯救"归诸个体自己，归诸主体的自我关切以及对"在上帝面前我们一无是处"的认同和接受。但是，在"宗教 B"即基督教当中，个体的"拯救"却应该来自外部。因此，如果用路德宗的神学术语来表述，"宗教 A"与"宗教 B"的区分其实是围绕着"事功"和"神恩"而展开，因为"宗教 A"阶段当中的个体的自我"弃绝"仍然隶属于"事功"的层面，它尚未达到借助"悖谬"的力量去"信仰"的程度。这也就是说，一个拥有"隐蔽的内心性"的"宗教个体"能否获得基督教式的"拯救"，其关键不在于该个体是否做足了"虚己"和自我"弃绝"的功夫，是否将其对"上帝"的观念隐藏于"内心性"之中并且表现在每一个决定性的"瞬间"，而是要看"上帝"的"恩典"的降临。从这个意义上说，克利马克斯所说的"隐蔽内心性的骑士"

就是"沉默的约翰尼斯"笔下的"弃绝的骑士"，他们还不是"信仰的骑士"，所不同在于二者的侧重点。"沉默的约翰尼斯"重视"弃绝"，而单纯的"弃绝"很容易走上与世隔绝的隐修主义道路；而克利马克斯更重视"内心性"，他甚至用"隐蔽的"一词来强化"内心性"的分量，因此"宗教个体"不可能选择完全的自我"弃绝"之路，而是选择过着"双重性"的生活。

　　但是，一旦提及"内心性"的概念，矛盾出现了。根据前述，"内心性"恰恰是克利马克斯对于基督教信仰的本质的描述。克利马克斯在行文过程中多次强调，"真正的宗教性就是内心性"，而这里的"宗教性"应该既包括"宗教 A"，亦包括"宗教 B"，这是因为，对"道成肉身"的"信仰"在根本上只能归诸"内心性"，归诸个体的内心倾向和激情，因为"道成肉身"在理智眼中就是"悖谬"，它只能凭借"激情"的力量加以接受。如此，对"内心性"的强调似乎暗示着，每个人都有可能接近"上帝"，"内心性"概念从根本上模糊了"宗教 A"和"宗教 B"的区分。"宗教 A"与"宗教 B"、"内在的宗教"与基督教的区分其实完全可以归结为一点，即个体对"道成肉身"这一理智眼中的"悖谬"的态度；而衡量一个"宗教个体"能否被称为基督教徒的关键在于看该个体是否摒弃"理智"而走上了"悖谬"之路，是否在"悖谬"的、不可能的情况下仍然相信自己将"因信称义"。这样一来，克尔凯郭尔等于把个体的"拯救"交给了"外部"的力量，因此他在一定程度上不得不面临着在"拯救"的问题上存在着"被动等待"的倾向的批判。"宗教 A"和"宗教 B"的人为区分暴露了克尔凯郭尔思想的内在张力。克尔凯郭尔一直希望把基督教信仰拉入到"内心性"的层面，这一点与他从小受到的路德宗"虔敬派"的熏陶以及他所信奉的《新约》精神有着直接的关联，因为耶稣基督在开始其伟大的宗教改革事业的时候，其目的就在于使信仰向个体的"内心性"沉潜。由于对"内心性"的强调，克尔凯郭尔根本无法协调与教会的关系，早期他漠视教会的存在，后期则采取了主动进攻的策略。问题是，克尔凯郭尔对"内心性"和"个体性"的强调原本有可能使他把"宗教神学"（theology）提升为"人类学"（anthropology），有希望把个体拯救的希望交还到个体自己手中，让人自己掌握自己的命运，而不需要通过被动等待一个外在的超越性的"神"来"拯救"自我。事实上，克利马克斯/克尔凯郭尔所构想的"宗教 A"已经触及到了"人类学"的层次，并且已经向人的自我解放迈出了第一步。从宗教学的角度出发，"宗教 A"是一种更为"成熟的"宗教意识。首先，"宗教 A"通过把信仰沉潜为"隐蔽的内心性"而彻底破除了偶像崇拜的误区。其次，"宗教 A"能够成功地解决"生存"中"有限性"与"无限性"之间的平衡问题，无论是威廉法官还是寓言中的"宗教个体"，他们既能忠实地履行"有限性"的"生存"中的职责和义务，又敢于享受"生存"的乐趣，同时他们从未敢忘记人的"谦卑"，他们心怀"谦卑"不断地追求更高的"无限性"。这样的个体身上所体现的难道不就是现代社会的基督教徒应有的"双重性"的生存样态吗？克尔凯郭尔的问题在于，他无法将基督教的基本信条从记忆中抹去，或者说无法摆脱他的家庭从他小时候起就以近乎粗暴的方式强加在他头上的基督教教育的影响，这种影响所造成的他对基督教正统信条的恪守使他执意通过克利马克斯之口把基督教推到一种"特殊的"、"有分别的"宗教的位置之上，执意将"宗教 B"、也就是基督教凌驾于"宗教 A"之上，让原本可以代表现代社会的基督教徒形象的威廉法官和"宗教个体"止步于基督教的大门之外。如此一来，克尔凯郭尔不得不面临着两个批评：一是他对"道成肉身"的恪守使他未能彻底地使基督教成为"精神"。只要"道"要成为"肉身"，"永恒"要在"时间"中临现，那么，"上帝"存在的绝对超越性就没有得到完全的保证，因而偶像崇拜的痕迹也未能完全清除干净。克尔凯郭尔可能面临的另一个批评就是，他没有回答一个基督教徒应该拥有怎样的"双重性"生存的问题，也就是说，一个人应该如何背负着"罪的意识"而在"有限性"的"生存"之中活下去的问题，这对于关心个体"生存"问题的克尔凯郭尔来说意义至关重大。而这样的结果可能有两个，或者，克尔凯郭尔不得不承认克利马克斯难以就"宗教 A"与"宗教 B"之间的区分自圆其说，而只能承认这个构想纯粹是画蛇添足之举。或者，克尔凯郭尔心目中的基督教徒不可能在"双重性"生存的两极间保持平衡，他最终还得步入修道院，成为"殉道者"，就像克尔凯郭尔在其后期与国教会论战时所呼吁的那样。显然，步入修道院的选择与克尔凯郭尔的著作所传达的个体"生存论"的思想是矛盾的。从克尔凯郭尔的个人生活来看，他就没有掌握好"生存"的两极间的平衡。或许由于深刻的"罪的意识"的存在使克尔凯郭尔自感无法与现实当中的"普遍性"相谐调，而他对人的"双重性"生存的敏锐体悟又使他无法抛开"生存"的"有限性"。这种"生存"的两极间的巨大张力使得克尔凯郭尔成为了生活中的痛苦灵魂，同时也造就了他作为一个具有辩证性思想和心理试验式写作风格的思想家的存在。

三　现代基督教徒的"情致"

克利马克斯的创造者克尔凯郭尔喜欢冲破思想的"界限"。他想让思想去发现什么是自身不能思考的，并且从中获得无穷的乐趣。这里，我们也想尝试着冲破克尔凯郭尔思想中的"界限"，冲破他借克利马克斯之口在"宗教 A"与"宗教 B"之间设立的人为"界限"，并且停止在"罪过意识"和"原罪"之间做出区分。那么，从"宗教性即内心性"、"基督教即精神"的立场出发，处于"宗教 A"阶段的"宗教个体"以及威廉法官应该成为现代社会的基督教徒的典型代表。下面要讨论的问题是，一个现代社会的基督教徒应该拥有怎样的"情致"？

何为"情致"—pathos？在欧洲语文中，pathos 源自希腊文 páthos（形容词形式 pathetisk 亦源自希腊文 pathētikós），其原意为"痛苦"、"经验"和"情感"，后来演生为在经验和艺术表现当中能够激起怜悯和同情的因素,以及所有共鸣性的怜悯的情感。在新版丹麦文《克尔凯郭尔全集》当中,注释者们把 Pathos 等同于克尔凯郭尔的另一个概念 Lidenskab。[①] 在讨论"信仰"以"跳跃"的方式出场的时候,Lidenskab 被诠释成"激情",因为只有通过"激情",人们才有可能跨越"理智"的阻碍而达到对"悖谬"的把握。但是事实上,Lidenskab 及其英语对应词 Passion 本身都有"被动忍受"或"痛苦"的涵义,因此,在涉及到一个现代基督教徒的"情致"的时候,即使我们把 pathos 等同于 Lidenskab,这种"激情"也应该表现为"隐蔽"的形式,而不应该从外表上反映出来。

为什么要去探究基督教徒的"情致"呢?不同时代的基督教徒有着不同的"情致"。在基督教兴起初期,基督教徒所追求的"情致"就是仿效耶稣基督,成为一名"殉道者"。在漫长的中世纪,基督教徒为了全身心地追求"上帝"而主动断绝了与"有限性"生存的联系,因此"隐修"就成为他们所追求的典型"情致",当然还有加入十字军为信仰而战的殉道。到了克尔凯郭尔生活的 19 世纪,在启蒙运动把"神的"和"该撒的"世界分开之后,在工业革命的兴起开始改变着传统的生产和生活方式的时候,探究现代社会的基督教徒的"情致"就显得尤其重要,因为从外表上我们已经看不出一个基督教徒与其他人有什么差别,他们扮演着自己在世俗社会中所承担的各种角色并承担相应的职责。甚至应该说,如果"内心性"是信仰的有效标记,那么,一个基督教徒就不该让人一眼认出,而应该把关于"上帝"的观念和对"上帝"的敬畏深藏于内心之中。对于 19 世纪和平环境之下的基督教徒来说,他们一来不需要为信仰而斗争,更没有多少机会去为信仰殉难。正如威廉法官所指出的,现代社会的男人已经不需要像中世纪的骑士那样通过屠龙而赢得爱人的心,相应的,一个现代基督教徒也不一定通过自我牺牲来证明自己信仰的坚定性。在现

---

① *SKS*, K 7, p. 297.

代社会中,为信仰而战的场所有了改变,它不再表现为对异教国家的征战杀伐,而且这种狭隘的为信仰而战的行为早已背离了耶稣所宣扬的博爱精神;信仰的战场就在平凡的日常生活之中,发生在温馨的起居室里。现代社会中人们选择信仰基督教的意义不在于通过每周日去教堂参加礼拜活动而与"上帝"建立关联,它更多地落实在,当人们从教堂回到家中之后,他应该知道如何在日常生活的点滴之间,在满足生活所提出的各项要求和履行各种职责的同时不忘培育个体灵魂的重任。在这种情况下,现代基督教徒区别于其他非基督教徒的地方就在于他们的"情致",在于他们的情感世界。我们要看,一个人在内心深处是否把"上帝"作为"生存"的终极目标;是否在"生存"的每一时刻不断地在内心深处提醒自己,"在上帝面前我们一无是处",这一点能够使其在实现"有限性"目标的时候永远不会忘记心怀"谦卑"地向"无限性"目标靠拢。这样的一位基督教徒的外表必定是"幽默"的,而内心则是"痛苦"的。这也就是说,"幽默"和"痛苦"是现代基督教徒的首要"情致"。

在《附言》当中,假名作者克利马克斯一再强调,自己不是什么"宗教个体",而只是"幽默家"①;或者干脆自我描述为"幽默的试验心理学家"(en humoristisk experimenterende Psycholog)②。反之,他笔下的"宗教个体",也就是我们大胆地越过克利马克斯在"宗教 A"和"宗教 B"之间所设立的"界限"之后而推出的现代基督教徒的典型,他们在根本上不是什么"幽默家",但是他的外表却像是一位"幽默家"。也就是说,一个"宗教个体—基督教徒"是把"幽默"作为自己的"伪装"(incognito),"幽默是伦理和宗教境界之间的分界线"。③

"幽默"在汉语文化中几乎没有被当作"概念"而讨论过,虽然没有人

---

① *SKS*, vol. 7, p. 454; *CUP* I, p. 501.
② *SKS*, vol. 7, p. 438; *CUP* I, p. 483.
③ *SKS*, vol. 7, p. 455; *CUP* I, pp. 501 – 502.

对"表里不一"甚至是"玩世不恭"的言行感到陌生。这种"表面不一"、内外不一致就是"幽默"的特点,它源自个体在理想性与现实性之间、自我与世界之间的不谐调一致。如果从"宗教性即内心性"的立场出发,那么一个基督教徒原本不仅不允许直接地将其"隐蔽的内心性"表露出来,而且该个体还应该努力使自己看上去跟其他人一样,因而"幽默"就成了基督教徒的"伪装"。一个"幽默家"和一个以"幽默"作为"伪装"的基督教徒都明白,要把"上帝"的观念贯穿到生命的每一"瞬间"、贯穿到生活的每个细节之中;而他们之间的差别在于,"幽默家"没有在"激情"之中与"上帝"建立起真正的关联,而基督教徒却把绝对的宗教热情和精神的成熟深藏于"内心性"之中。因此,一个基督教徒不可能做到"表里如一",他对"上帝"的"绝对"服从和义务与他应该在世俗社会当中所扮演的角色之间必定存在着巨大的裂隙。问题是,"该撒的物"和"神的物"应该各得其所,基督教从来没有要求人们放弃这个世界。相反,一个基督教徒无论心中怀有怎样的对"上帝"的敬畏之心,他都得像其他人一样在"生活世界"之中生存,否则,一切都只能返回到中世纪的修道院之路。在外表上,一个基督教徒只是这个充满"喧哗与骚动"的"生活世界"中的普通一员,他必须承担各种社会角色,尽职尽责地履行各类角色所带来的义务。而在内心深处,一名基督教徒应该在其生命历程的每个"瞬间"都与"上帝"建立起"绝对"的关联,他必须毫无条件地履行"上帝"的命令。在世俗的"生活世界"当中,也就是在"该撒的国"中,一个基督教徒应该建功立业,尽其可能地表现得无所不能;相反,在与"上帝"的关系之中,也就是在"神的国"里,一个基督教徒则应该拥有清醒的认识,即"在上帝面前我们一无是处",没有上帝我们将一事无成。这种"内在"与"外在"之间的极度不谐调将导致个体采取"幽默"的态度:在对待"上帝"的时候无限地严肃,而在对待有限的世俗事物的时候则有所保留。于是,一个以"幽默"为"伪装"的基督教徒不可能像狂热分子那样选择成为基督教的

"殉道士",他不会选择遁入修道院,因为他从不自视自己高人一等;他会执着地选择留在世俗的"生活世界"之中,像其他人一样地生活。只是,在"生活世界"中的磨砺丝毫没有减损他内心深处对"上帝"的无限"激情";正是由于这种"激情"的存在,他心怀对"上帝"这个"绝对他者"的敬畏和服从而忠实地、充满热情地实践着自己对"上帝"的誓言。

一个以"幽默"作为"伪装"的基督教徒的内在的"情致"必定是"痛苦"。任何一种"幽默"的态度背后都包含着"痛苦",而一名基督教徒的内心世界和外在世界的巨大反差必定加重了这"痛苦"的分量。一个基督教徒既不能否弃现世,否则就会落入重返中世纪道路的可能;同时也不能忘记对"无限"和"永恒"的追求,否则就会陷入缺乏精神性的世俗生活方式之中。基督教徒不仅应该分清"神的国"和"该撒的国",而且应该能够同时回应它们对自身提出的不同任务和要求。但是,要做到同时忍受世俗生活与超越的宗教生活之间的差距和矛盾并且努力保持"生存"的两极间的平衡,这样的灵魂必定是"痛苦"的。

除了因"生存"的两极间的巨大张力带来的"痛苦"之外,一名基督教徒的"痛苦"还来自基督教信仰的"不确定性"的折磨。基督教信仰的"不确定性"既包括了"上帝"作为非直接可见的、超越性的精神存在的"不确定性",也包括了在个体"拯救"问题上的"不确定性"。由于这种"不确定性"因素的存在,基督教信仰不可避免地成为了个体向着"客观不确定性"的"冒险"。一个人确立了自己的"信仰"并非如通常所认为的那样一劳永逸地解决了个体"安身立命"的问题,而是恰恰相反。当一个人做出成为基督徒的选择之后,这仅仅意味着他在信仰的旅途上刚刚迈出了第一步。在他整个生命历程当中,他应该持续地倾听"上帝"的声音,把生命的每个"瞬间"都当成是具有决定性意义的"瞬间",而且这一切都是在他不敢去揣想自己对"上帝"的服从是否能够得到响应的前提下进行的。这也就是说,真正的基督教徒随时都在接受来自"上帝"的考验,这种对

"信仰"具有高度持续性的和充满激情的追求使得信仰变得并不轻松。

基督教徒的"痛苦""情致"还来源于作为"内心性"的信仰所具有的绝对个体性的本质。在"内心性"理论的支持下,基督教信仰就是一桩纯粹个人的事业,是"个体"与"上帝"之间的"密谋"。人当以个体的形象出场面对"上帝"的思路并非克尔凯郭尔的首创,但无疑得到了他的强化,他将个体称之为"单一者"(den Enkelte)即是明证。从理路上讲,人以"单一者"出场是作为一神教的基督教对人提出的要求。基督教的"上帝"是唯一的、至上的、全能的、绝对的存在,因此,人只有以"单一者"的面目才有资格与之相遇。为了强化这一点,克尔凯郭尔还采用了思辨哲学的"主体"概念,指出"上帝即是主体,因此,他只为主体性在内心性中存在。"①作为"主体"的"上帝"只能与另一个"主体"建立关系,因为真正的关系只存在于"主体"与"主体"之间。克尔凯郭尔进一步指出,"可以肯定的是,每个人在一定意义上都是一个主体"。② 这样一来,人以"主体"或者"单一者"的形象出场就成了"上帝"之于人的"神圣"要求。不仅如此,个体与"上帝"之间的关系还应当是"绝对"的,这个意思表现在克利马克斯所说的我们应当"与绝对建立绝对的关系,与相对建立相对的关系"③这句话之中。这个"绝对关系"保证了个体有资格、有勇气超越于伦理关系之上,就像亚伯拉罕一样。当亚伯拉罕下决心听从"上帝"的指令杀死自己唯一的、无辜的爱子的时候,当他为了履行对"上帝"的绝对职责而不得不向自己的妻儿隐瞒真相的时候,他的内心承受着常人难以想象的巨大压力,他孤独而沉默。在常人眼中,他的举动将被视为疯狂;从以"普遍性"为指归的伦理出发,他的行为是犯罪;即使在教会权威的眼中,他对"上帝"指令的绝对服从又极有可能被视为是自我中心式的狂

---

① *SKS*, vol. 7, p. 183; *CUP* I, p. 200.
② *SKS*, vol. 7, p. 122; *CUP* I, p. 130.
③ *SKS*, vol. 7, p. 392; *CUP* I, p. 431.

妄自大。在这种压力之下,个体难免会有"瞬间"的"恐惧"和"怀疑"。但是,通过战胜这"瞬间"的"恐惧"和"怀疑",该个体就在信仰的道路上又前进了一步。可以说,当个体以"单一者"出场面对"上帝"的时候,当信仰成为"个体"与"上帝"之间的密谋的时候,个体所承受的巨大压力必定会带来主体的"痛苦"。正因为如此,人们更愿意躲在"公众—会众"背后,通过成为"会众"的一分子这种更为"安全"的方式做一名基督教徒,但是这一点在克尔凯郭尔看来违背了"上帝"对人提出的"神圣"要求。克利马克斯说过:"即使个体的数额犹如海里的沙子一样多,成为主体这一任务也将落在每个人的头上"。① 除了强化人当以"个体"、以"单一者"的形象出场的涵义之外,这句话的意思还是说,上帝所播撒的福音并非是遍在的、内在的,它需要每个人自己以"内心性"的全部激情去追求。这一点就是基督教"特殊主义"情致的鲜明表现,也是基督教与其他宗教的区别之所在。

最后,造成基督教徒的"痛苦""情致"的根源在于基督教的"特殊性",也就是人生而有"罪"的信条。当克尔凯郭尔通过使人以"个体"、以"单一者"面目出场面对"上帝"的时候,一方面他强调人与"上帝"的关系是"绝对"的,另一方面,他从来没有据此而忘记基督教的另一条基本原则,即人与"上帝"的关系是不对等的,在"上帝"与人之间存在着"差别",而这个"差别"又被他进一步推向了"本质的"、"绝对的"程度。人神之间的差别对于人的要求是"谦卑",也就是说,人在"上帝"面前承认自己的卑下,并且坚信"上帝"对此比我们知道得更清楚。② 具体说,"上帝"是纯全的主体,而人则"多少是一个主体";"上帝"是整个的"存在"、是"一",而人只是具体的"存在者";"上帝"是"永恒的"、"无限的",而人是"时间

---

① *SKS*, vol. 7, p. 148; *CUP* I, p. 159.
② *SKS*, vol. 7, p. 446; *CUP* I, p. 492.

性的"、"有限的"。更为重要的一点是,"上帝""全知全能","上帝"就是"真理"(Sandhed)本身;而人从一开始就处于"谬误"和"罪"(Usandhed)之中,人"被抛"入"罪"的境地也是造成基督教徒的"痛苦""情致"的根源。在这个问题上,克尔凯郭尔完全站在了正统基督教的立场之上。有谁能够在背负着"原罪"的前提下,在单独出场面对"上帝"并且随时随地接受来自"上帝"的考验的情况下保持一种单纯的快乐呢?"痛苦"必定是基督教徒的典型"情致"。

把"痛苦"视为是基督教徒的典型"情致"的目的与克尔凯郭尔从事写作的目的是一致的,那就是"使成为一名基督徒困难起来"。克尔凯郭尔从未想使全世界的非基督教徒都皈依基督教,相反,他希望揭示出的恰恰是基督教的"特殊主义",揭示出基督教作为一门"有分别的"宗教的存在。克尔凯郭尔面对的是那些已经生活在所谓"基督教国家"里且合法地拥有基督教徒的身份的人们。他通过对"原罪"立场的强调,通过对"会众"迷梦的破除以及对基督教信仰中所有的迷信和偶像崇拜倾向的批判告诉世人,选择成为一名基督教徒是"困难的",其"情致"必定是"痛苦"的。

结语　思想世界的"独舞者"

　　克尔凯郭尔是一个不合时宜的人。他生活在已经出现了"游乐园"这种世俗娱乐方式的 19 世纪中期,生活在一个人们早已习惯把成为基督教徒当成是人的一项"自然权利"的时代。在这种形势下,克尔凯郭尔逆流而上,极力主张"使成为一名基督教徒变得困难起来",重申基督教"道成肉身"原则之于"理智"的"悖谬性",重申基督教的"原罪"观念,希望人们时刻牢记,"在上帝面前我们一无是处"。在一个普遍意识到人的尊严和价值的后启蒙的时代,克尔凯郭尔的呼请听上去与时代格格不入,而且多少带有些反启蒙的甚至是基督教原教旨主义的味道。所幸,克尔凯郭尔拥有自我"救赎"的"法宝",不仅使他免于陷入宗教极端主义的境地之中,而且直到今天,我们仍然能够从他的著作中读出"建设性"(opbyggelig;upbuilding)的意味。这个"法宝"集中体现在克尔凯郭尔假名写作时期的作品当中,即他在写作中极力张扬的个体主义维度,包括个体的"双重性生存"和"选择"的原则。克尔凯郭尔把作为绝对一神教的基督教所开创的"个体"的维度以及新教改革进一步规定的个体单独面对"上帝"的主张推向了极至。在他的思想视域中,人以"个体"的面目在现实的"生活世界"之中生存着,每个个体面临的都是一项"双重生存"的任务:既要在"有限的""生活世界"之中、在时间之流中努力活下去,同时又要时刻以"无限"和"永恒"为生存的终极目的。在克尔凯郭尔看来,生存中如果缺失了"永恒意识"的维度,这样的生存必定陷入"绝望"的深渊。而且,他所谓的"永恒意识",尽管经过了重重的伪装,其实就是对基督教"上帝"的意识,是对"道成肉身"的信仰。只是,克尔凯郭尔坚决反对把"永恒意识"的确立变成由教会操纵之下的"集体行为",提出"永恒意识"的确立必须以"个体"为单位,是"个体"以"单一者"的面目直面"上帝"之时,通过调动个体的情感和意志的自由"选择"的结果。真正的信仰是"单一者"与"上帝"之间的"密谋",它落实在个体的"内心性"之上,与任何外在于个体的世俗组织——包括基督教会——无关。信仰的达成既不靠理智的证明,也不靠对基督教文化传统的继承,更不能靠政教合一的政治局面;信仰是个体满怀"激情"地在"生活世界"之中进行"选择"的结果,它只关乎个体的"内心性",关乎个体灵魂的培育。克尔凯郭尔此举是继康德通过"理性批判"为信仰留有"空间"之后的对信仰的"地盘"的进一步界定和巩固。如同康德把信仰置于一个拥有自主的合法性的"王国"之中,克尔凯郭尔同样视信仰为一个"特殊的器官",把信仰变成是"个体"自由"选择"的结果。如果这种信仰主张对于生活在19世纪的基督教国家当中的绝大多数教民来说显得有些莫名其妙,那么,在现代以及后现代社会它的意义得到了充分的开显。在科学观念已经深入人心的21世纪,信仰更多地出自个体的经验和情感追求,它是个体对于宗教信条的同情、支持和赞同的结果。

除了在信仰的问题上极力反对理智的僭越以及基督教神学在理智主义和信仰主义之间建立的错位"联姻"之外,克尔凯郭尔其实是一个喜欢冲破"边界"的人,一个极具冒险精神的人。在探寻基督教的根本原则"道成肉身"的时候,克尔凯郭尔一任思想冲破理智的边界,去思考理智所不可能思考的东西，从而把基督教的安身立命之本归诸"悖谬"之上。在写作中，克尔凯郭尔更是喜欢突破各种"学科—科学"的边界，他的作品介于哲学、文学、心理学（其至是试验心理学）之间，既是思辨的—创造性的文学，又是思辨的—抒情的哲学，有时还是以思辨的和想象的方式对人的深层心理世界的探究。在生活中，克尔凯郭尔同样没有遵守任何"界限"。他曾经构想出了生存三境界论，但是他本人最终却成为了一个批判审美感性生活方式的审美家，一个虽向往伦理生活世界但却因胆怯或某种莫名的原因而止步其外的人，一个与基督教会无法融洽相处的基督教徒。克尔凯郭尔对各种"界限"的尝试性的突破使他成为了哲学史的"另类"人物，造就了基督教神学界对他的带有错位性质的追捧，同时也使得他被后现代主义重新发现。克尔凯郭尔就像他所塑造的克利马克斯，是一个一心只为"上帝的荣耀和自己的快乐"而在思想的世界中轻松起舞的"独舞者"，一个敢于拿自己的生活但却绝对不是任何"他者"的生活"冒险"的人。[①]　正是这一点化解了克尔凯郭尔身上所有不合时宜的、偏激的、反启蒙的东西，它成就了克尔凯郭尔的自我"救赎"。

[①] *SKS*, vol, 4, p. 217.

主要参考文献

一、克尔凯郭尔著作

Søren Kierkegaards Skrifter, 28 text volumes and 28 commentary volumes, edited by Niels Jørgen Cappelørn, Joakim Garff, Jette Knudsen, Johnny Kondrup, and Alastair Mckinnon. Copenhagen: Gads Forlag, 1997-present.

Samlede Værker, third edition, vols. 1 – 20, edited by A. B. Drachmann, J. L. Heiberg, H. O. Lange, and Peter P. Rohde. Copenhagen: Gyldendal, 1962 – 1964.

Either/Or, vols. 1 – 2, translated by Howard V. Hong & Edna H. Hong, New Jersey: Princeton University Press, 1987.

Concluding Unscientific Postscript, vols. 1 – 2, translated by Howard V. Hong & Edna H. Hong, New Jersey: Princeton University Press, 1992.

The Sickness unto Death, translated by Howard V. Hong & Edna H. Hong, New Jersey: Princeton University Press, 1980.

Fear and Trembling, translated by Howard V. Hong & Edna H. Hong, New Jersey: Princeton University Press, 1983.

二、外文文献

Augustine, *On Free Choice of the Will*, translated by Thomas Williams, Indianapolis: Hackett Publishing Company, 1993.

Karen L. Carr & Philip J. Ivanhoe, *The Sense of Antirationalism : The*

Religious Thought of Zhuangzi and Kierkegaard, New York: Seven Bridges Press, 2000.

C. Stephen Evan, *Faith Beyond Reason*, Edinburgh: Edinburgh University Press, 1998.

G. R. Evans,*A Brief History of Heresy*, Oxford: Blackwell Publishing Ltd. , 2003.

Hans W. Frei,*Types of Theology*, edited by George Hunsinger & William C. Placher, New Haven and London: Yale University Press, 1992.

John B. Gabel, Charles B. Wheeler & Anthony D. York, *The Bible as Literature* (third edition), Oxford: Oxford University Press, 1996.

Joakim Garff,*SAK : En Biografi*, Copenhagen: Gads Forlag, 2000.

Etienne Gilson,*The Spirit of Mediaeval Philosophy*, translated by A. H. C. Downs, London: Sheed & Ward, 1936.

The Cambridge Companion to Kierkegaard, edited by Alastair Hannay & Gordon D. Marino, Cambridge: Cambridge University Press, 1998.

Immanuel Kant, *Critique of Pure Reason*, transalted and edited by Paul Guyer & Allen W. Wood, Cambridge: Cambridge University Press, 1998.

George Pattison, *Anxious Angels : A Retrospective View of Religious Existentialism*, London: Macmillan Press Ltd. , 1999.

Bruce H. Kirmmse,*Kierkegaard in Golden Age Denmark*, Bloomington & Indianapolis: Indiana University Press, 1990.

Encounters with Kierkegaard : A Life Seen by His Contemporaries, collected & edited by Bruce H. Kirmmse, New Jersey: Princeton University Press, 1996.

R. Dean Peterson, *The Concise History of Christianity*, Beijing: Peking University Press, 2002.

Roger Poole, *Kierkegaard : The Indirect Communication*, Charlottesville: Virginia University Press, 1993.

Kierkegaard : A Critical Reader, edited by Jonathan Rée & Jane Chamberlain, Oxford: Blackwell Publishers, 1998.

Duns Scotus,*Philosophical Writings*, translated by Allan Wolter, Indianapolis: Hackett Publishing Company, 1987.

Jon Stewart, *Kierkegaard's Relations to Hegel Reconsidered*, Cambridge: Cambridge University Press, 2003.

Linwood Urban, *A Short History of Christian Thought*, Oxford: Oxford University Press, 1995.

Keith Ward,*God*,*Faith* & *The New Millennium*:*Christian Belief in an Age of Science*,Oxford:Oneworld Publications,1998.

John Wild,*Human Freedom and Social Order*:*An Essay in Christian Philosophy*,Durham:Duke University Press,1959.

三、中文译著

《西方哲学原著选读》上卷,北京大学哲学系外国哲学史教研室编译,商务印书馆1989年版。

威廉·巴雷特:《非理性的人》,段德智译,上海译文出版社1992年版。

黑格尔:《小逻辑》,贺麟译,商务印书馆1994年版。

黑格尔:《哲学史讲演录》,贺麟、王太庆译,商务印书馆1997年版。

加缪:《西西弗的神话》,杜小真译,三联书店1987年版。

康德:《实践理性批判》,韩水法译,商务印书馆1999年版。

卡西勒(通译"卡西尔"):《启蒙哲学》,顾伟铭等译,山东人民出版社1988年版。

卡西尔:《人论》,甘阳译,上海译文出版社1985年版。

马丁·路德:《马丁·路德文选》,马丁·路德著作翻译小组译,中国社会科学出版社2003年版。

詹姆斯·利奇蒙德:《神学与形而上学》,朱代强、孙善玲译,四川人民出版社1990年版。

帕斯卡尔:《思想录》,何兆武译,商务印书馆1995年版。

萨特:《存在主义是一种人道主义》,周煦良、汤永宽译,上海译文出版社1988年版。

大卫·施特劳斯:《耶稣传》(全二卷),吴永泉译,商务印书馆1999年版。

约翰·希克:《宗教哲学》,何光沪译,三联书店1988年版。

亚里士多德:《物理学》,张竹明译,商务印书馆1991年版。

亚里士多德:《形而上学》,吴寿彭译,商务印书馆1991年版。

四、中文著作

黄裕生:《宗教与哲学的相遇》,江苏人民出版社2008年版。

《西方哲学史》(学术版)第3卷"中世纪哲学卷",黄裕生主编,江苏人民出版社2005年版。

《西方哲学史》(学术版)第5卷"启蒙时代的法国哲学",尚杰著,江苏人民出版社2005年版。

尚杰：《从胡塞尔到德里达》，江苏人民出版社 2008 年版。

王美秀、段琦、文庸、乐峰：《基督教史》，江苏人民出版社 2008 年版。

叶秀山：《思·史·诗》，人民出版社 1988 年版。

叶秀山：《科学·宗教·哲学——西方哲学中科学与宗教两种思维方式研究》，社会科学文献出版社 2009 年版。

赵敦华：《基督教哲学 1500 年》，人民出版社 1994 年版。

《基督教小辞典》，卓新平主编，上海辞书出版社 2001 年版。

克尔凯郭尔主要著作简写

CUP I *Concluding Unscientific Postscript* I, trans. by Howard V. Hong & Edna H. Hong. Princeton: Princeton University Press, 1992, *KW*, vol. 12.1.

CUP II *Concluding Unscientific Postscript* II, trans. by Howard V. Hong & Edna H. Hong. Princeton: Princeton University Press, 1992, *KW*, vol. 12.2.

EO I *Either/Or* I, trans. by Howard V. Hong & Edna H. Hong. Princeton: Princeton University Press, 1987, *KW*, vol. 3.

EO II *Either/Or* II, trans. by Howard V. Hong & Edna H. Hong. Princeton: Princeton University Press, 1987, *KW*, vol. 4.

FT *Fear and Trembling*, trans. by Howard V. Hong & Edna H. Hong. Princeton: Princeton University Press, 1983, *KW*, vol. 6.

KW *Kierkegaard's Writings*, vols. 1 - 26, trans. by Howard V. Hong & Edna H. Hong. Princeton: Princeton University Press, 1978—2000.

PF *Philosophical Fragments*; *Johannes Climacus*, *or De omnibus dubitandum est*, trans. by Howard V. Hong & Edna H.

Hong. Princeton: Princeton University Press, 1985, *KW*, vol. 7.

SKS *Søren Kierkegaards Skrifter*, vols. 1 - 28, K1 - K28, ed. Niels Jørgen Cappelørn, Joakim Garff, Jette Knudsen, Johnny Kondrup, and Alastair Mckinnon. København: Gads Forlag, 1997—2013.

SUD *The Sickness unto Death*, trans. by Howard V. Hong & Edna H. Hong. Princeton: Princeton University Press, 1980, *KW*, vol. 19.

SV 3 *Samlede Værker*, third edition, vols. 1 - 20, ed. A. B. Drachmann, J. L. Heiberg, H. O. Lange, and Peter P. Rohde. København: Gyldendal, 1962—1964.

重印后记

几乎不敢相信,《生命与信仰》距离首版已经整整十年了。时光如白驹过隙,怎不令人感叹。我有个不算好的习惯,就是对自己发表过的作品从来不看第二眼。这次借再版修订之机,我才第一次仔细地通读了全书,感觉自己更像是一名读者而非作者,有些内容、尤其是第二部"基督教信仰论"的内容,我都不记得自己当时是怎么写的了。这次通读全书还有一个收获,那就是我忽然意识到,责任编辑鲁从阳先生曾为本书的编辑花费了很多功夫,之前竟然浑然不觉,显得有些无礼。借再版的机会,特向鲁从阳先生表示诚挚的感谢。同时也要感谢"纯粹哲学丛书"的项目负责人戴亦梁女士对这套书的支持。

在"作者的话"中我曾经回顾了《生命与信仰》的写作历程。十年过去,在自我反思之下,这个背景比当时更加清晰。《生命与信仰》是我在向国际克尔凯郭尔研究界学习和补基督教思想史课之后的一个阶段性总结,书中表现的是在德国古典哲学和丹麦社会向现代国家转化进程中宗教生活演变的背景之下对克尔凯郭尔的认识。如果今天仍然在这个背景之下写作同样主题的书,我对克尔凯郭尔的基本认识、尤其是关于他身上自由思想与基督教信仰之间的张力的认识不会有太大改变,当然会深化,而这个深化就应该是另外一本书的内容了。

鉴于此,这次再版不做结构和观点的调整,而做一些小的修订,包括:文字的进一步精炼;改正一些过于武断的说法;修正克尔凯郭尔著作中出现的人名、地名和术语的翻译。这个最后的任务最终却成为这次修订的主要内容,原因在于我是在出版了《生命与信仰》之后,才完成了克尔凯郭尔最重要的两部哲学著作、同时也是本书的重点讨论对象《哲学片断》(2013)和《最后的、非科学性的附言》(2017)的翻译出版工作,它们分别收入十卷本《克尔凯郭尔文集》的第四和第五卷。理想的方式应该是,先完成翻译,彻底吃透原著,再来写书。但在当今学术评价体系之下,我没有选择这条理想之路,而是反向为之。借这次再版的机会,我把书中的几段引文替换成经我打磨过的翻译文字,对克尔凯郭尔书中出现的人名、地名统一按照丹麦语读音进行了翻译。在克尔凯郭尔著作标题的翻译上,我参考了我们的《克尔凯郭尔文集》中其他卷册的译法,用京不特的译名《畏惧与颤栗》替代了《恐惧与颤栗》,因为"畏惧"比"恐惧"更好地展现了亚伯拉罕献祭以撒故事中对上帝的"敬畏"之心。对于克尔凯郭尔在不同时期以真名 S. Kierkegaard 发表的各种 Opbyggelige Taler 和 Christelige Taler,这次改掉了"训导文"的说法,取 Taler 的丹麦语原意"演讲",与克尔凯郭尔多次表达的自己并无"布道"和"训导"的"权威"的初衷彻底吻合。

我还对两个频繁出现在书中的术语重新做了译解,需要特别加以说明。

一是克尔凯郭尔著作中出现的"审美"一词,典型的用法有"审美境界"、"审美生活方式"、"审美者"。中文中"审美"一词与 aesthetic 对应已有诸多不如意之处,当它与克尔凯郭尔的 det Æsthetiske 相呼应时,滋生误解的几率似乎更大,因此近年来我已改用"审美感性"一词,向 aesthetic 的原意靠拢。在翻译克尔凯郭尔日记选的时候,我还看到他采用的 det Æsthetisk－Sandselige 的说法,那更是不折不扣的"审美－感性"的意思了。

第二个改动频繁的是对克尔凯郭尔在信仰问题上的关键词Inderlighed(英译 inwardness)的翻译。之前我用"心性"与之对应,但很快发现,这个译名容易与儒学和佛学中的"心性"(mind－nature)相混淆。《克尔凯郭尔文集》的主要译者京不特在翻译过程中根据词意并结合语境将之译为"内在性"或者"真挚性",非常贴切。只是考虑到"内在性"在哲学上一般与 immanent 对应,所以我在翻译《附言》一书时将之译为"内心性",取"内在性"和"真挚性"的合集。但书中所引何兆武先生所译帕斯卡尔时,仍保留"心性"的译名。

十年前在本书收尾之际,我心中所想的下一个课题是受克尔凯郭尔影响的艺术家如何"拯救"克尔凯郭尔的"绝望",但这个课题一直未能启动,未来几年内仍将继续悬置。2012 年,因一个偶然的机缘,我重新"发现"了尼采,并且一直追索到国际学界近年来在克尔凯郭尔与尼采的比较研究上的工作,感到兴奋不已。更有意思的是,我在无意之间走上了跟我的导师汝信先生相同的道路。他在上世纪 80 年代哈佛访学归来后,就开始注重这两位被雅斯贝尔斯誉为"使我们睁开了双眼"的哲学家。希望自己能在新的历史条件和学术背景下,循着克尔凯郭尔和尼采的潜在对话的线索,做点更系统的研究工作,从一个新的视角,重新理解克尔凯郭尔和尼采对德国古典哲学的批判,以及对现代哲学乃至未来哲学的开显。今年年初我刚刚完成《克尔凯郭尔文集》第十卷"日记选"的翻译,这个项目终于即将迎来圆满的结束。明年将是新的起点。对于学者来说,有事可做,总是幸福的事。

新版"纯粹哲学丛书"采用了以叶秀山老师书法为背景的全新封面,《生命与信仰》能够拥有这样的封面,我尤感欣慰。

2020 年 6 月 1 日

于北京夕照寺